René SCHWANDER
34, Rue d'Audincourt
MONTBÉLIARD (Doubs) Tél. 159

HISTOIRE
DES
DEUX
RESTAURATIONS

L'auteur et l'éditeur de cet ouvrage se réservent le droit de le traduire ou de le faire traduire en toutes les langues. Ils poursuivront, en vertu des lois, décrets et traités internationaux, toutes contrefaçons ou toutes traductions faites au mépris de leurs droits.

HISTOIRE
DES
DEUX
RESTAURATIONS

JUSQU'A L'AVÉNEMENT DE LOUIS-PHILIPPE

(DE JANVIER 1813 A OCTOBRE 1830)

PAR

ACH. DE VAULABELLE

CINQUIÈME ÉDITION
REVUE AVEC LE PLUS GRAND SOIN PAR L'AUTEUR

TOME PREMIER

PARIS
PERROTIN, ÉDITEUR DE BÉRANGER
41, RUE FONTAINE-MOLIÈRE, 41

1860

L'auteur et l'éditeur se réservent le droit de traduction et de reproduction à l'étranger

HISTOIRE

DES DEUX

RESTAURATIONS

JUSQU'A L'AVÉNEMENT DE LOUIS-PHILIPPE

CHAPITRE PREMIER

L'émigration à la mort de Louis XVI. — Départ du comte d'Artois pour Saint-Pétersbourg, et de Monsieur pour l'Italie; séjour de ce dernier à Turin, puis à Vérone. — Mort de Louis XVII. — Manifeste de Louis XVIII à son avénement. — Journée du 13 vendémiaire. — Expédition de Quiberon et de l'Ile-Dieu; lettre de Charette; sa mort. — La Prusse traite avec la République. — Continuation de la guerre avec l'Autriche; invasion de l'Italie par le Directoire; le Sénat de Venise et Louis XVIII; départ de ce prince pour l'armée de Condé; Pichegru; sa première négociation avec les Bourbons; ce général est rappelé par le Directoire. — Louis XVIII se retire à Blackenbourg; lettre de ce prince à Pichegru. — Agences royalistes; arrestations; conspiration de Pichegru et d'une partie des membres des conseils; journée du 18 fructidor. — L'Autriche traite avec la République. — Louis XVIII quitte Blackenbourg et se retire à Mittau; sa cour. — Coalition entre la Russie, l'Angleterre et l'Autriche; passage de Souwaroff à Mittau. — Chouannerie. — Négociation de Louis XVIII avec Barras; lettres patentes. — Succès des alliés en Hollande et en Italie; situation de la République; victoires de Brune et de Masséna, à Berghem et à Zurich. — — Bonaparte arrive d'Égypte; journées des 18 et 19 brumaire.

Tous les pouvoirs tombés accusent de leur chute les complots de leurs adversaires ou les intrigues de leurs successeurs. Ces reproches, invariablement renouvelés à chaque renversement de dynastie, ont été reproduits de notre temps par les partisans et par les membres eux-mêmes des deux familles descendues du trône, l'une en 1814, l'autre en 1830. Ce ne sont pourtant pas les partisans de l'ancienne royauté qui ont amené l'abdication de Fontainebleau ! Napoléon avait creusé lui-même l'abîme dans lequel il est tombé; et, malgré leur nombre, les alliés se seraient probablement épuisés en vains efforts, si l'empereur, dans l'enivrement de sa puissance, n'avait pas brisé un à un tous les liens qui pouvaient attacher la France au maintien et à la durée de l'édifice impérial. La branche aînée des Bourbons ne saurait pas davantage imputer sa perte aux Bourbons substitués à sa place. Louis XVIII et Charles X mirent quinze ans à préparer de leurs propres mains les éléments de la tempête au milieu de laquelle leur dynastie disparut. A ces deux époques, points extrêmes de cette histoire, l'élévation des successeurs du pouvoir tombé fut, chaque fois, un résultat, pour ainsi dire, inattendu, et le fruit d'intrigues ou de calculs nés au sein même de l'événement.

Vingt-deux ans séparent la chute de l'ancienne monarchie, en 1792, du rétablissement de ses princes, en 1814. Durant la première moitié de cette période, les frères de Louis XVI demandèrent successivement le renversement du nouvel ordre politique à l'invasion étrangère, à la guerre civile, aux conspirations et aux complots. C'est à l'histoire de la République et du Consulat qu'appartient le récit des efforts alors tentés par les royalistes et par les Bourbons; les intrigues, puis les protestations de ces princes, après 1804, sont du domaine des historiens de l'Empire. Nous n'emprunterons donc à ces deux époques que les faits indispensables à la parfaite intelligence des événements qui ont amené la première Restauration.

1793—1799. Louis-Stanislas-Xavier, depuis Louis XVIII, et alors connu sous le titre de Monsieur, se trouvait en Westphalie, dans la petite ville de Ham, près Dusseldorf, quand, le 28 janvier 1793, il apprit la mort de son frère aîné, le roi Louis XVI. Les nombreux émigrés réunis à ce moment de l'autre côté du Rhin se partageaient en deux catégories principales : les émigrés de première origine, c'est-à-dire ceux qui, déniant à Louis XVI et aux états généraux le droit de modifier l'exercice du pouvoir royal, d'amoindrir les privilèges de la noblesse et du clergé, n'avaient pas même voulu rester les témoins de ce qu'ils appelaient les « audacieuses usurpations des révolutionnaires, » et étaient allés, dès 1789, 90 et 91, solliciter l'intervention des puissances voisines; puis les retardataires, c'est-à-dire les royalistes qui, demeurés en France tant que le trône de Louis XVI était demeuré debout, n'avaient franchi la frontière que pour échapper aux menaces ou aux coups de la dictature conventionnelle.

Les premiers, fiers de l'antériorité de leur recours à l'étranger et de leur fidélité intraitable à tous les abus de l'ancienne monarchie, auraient repoussé Monsieur, s'ils l'avaient osé, lui reprochant avec amertume d'avoir pactisé, au début de la Révolution, avec quelques-unes des idées nouvelles. Les derniers venus étaient surtout l'objet de leurs dédains; ils les accusaient de n'avoir émigré que dans le but de partager la gloire ainsi que les bénéfices d'une rentrée victorieuse préparée par eux seuls, achetée au prix de plusieurs années d'exil volontaire et de coûteux sacrifices. « Mais nous sommes déjà beaucoup trop nombreux! s'écriaient-ils à la vue de chaque nouvel arrivant; si cela continue, la France entière sera bientôt de notre côté; et, au retour, nous n'aurons plus personne à punir! »

Outre les retardataires, la seconde catégorie comprenait les *politiques*, c'est-à-dire les émigrés magistrats, membres des deux assemblées, Constituante ou Législative, financiers, etc., qui affectaient d'apporter au service de l'émigration quelque expérience des affaires ou des opinions conciliables avec les progrès du siècle. Les émigrés de cette catégorie, comme les retardataires, se ralliaient autour de Monsieur. Les premiers, ainsi que les officiers de tous les grades et de toutes les armes, les femmes, les jeunes gens, se groupaient autour du comte d'Artois.

La mort de Louis XVI aurait dû suspendre toutes les querelles. Loin de là : accueillie par les amis du comte d'Artois comme une expiation de la sanction donnée aux décrets qui avaient aboli les droits féodaux et constitué civilement le clergé; regardée par les amis de Monsieur comme le résultat douloureux mais inévitable de la faiblesse et des hésitations du monarque, cette mort souleva une question de titres et de prérogatives qui rendit plus profonde encore la séparation des deux partis. En droit monarchique, le roi n'avait pas cessé d'exister; il vivait dans la personne du Dauphin. Mais, mineur et prisonnier, Louis XVII ne pouvait exercer le pouvoir royal. Qui devait gouverner en son nom? Là était le débat. — Le comte d'Artois tient dans ses mains l'épée de la monarchie; à lui la régence, disaient les partisans de ce prince. — Monsieur est le chef de la famille, répliquaient les politiques; les lois du royaume, comme la tradition, lui donnent la tutelle du jeune roi et le gouvernement.

On soumit le cas aux souverains; pas un d'eux ne daigna répondre. On interrogea leurs ministres; ils gardèrent également le plus absolu silence. A ce moment, il est vrai, les armées de l'Autriche et de la Prusse venaient de battre les troupes républicaines à Aldenhoven, à Nerwinde, à Famars, à Pirmasens, à Kaiserslautern; Mayence était reprise; Condé, Valenciennes, le Quesnoy, Landrecies, venaient de capituler. Ces succès avaient grandi les prétentions des envahisseurs; au début de la guerre, ils ne poursuivaient que la restauration du principe monarchique; vers le milieu de 1793, après le supplice du roi, leur but avait changé; ils ne rêvaient rien de moins que la conquête et le partage de la France. La lutte entre les deux frères de Louis XVI dura plusieurs mois; des deux côtés on écrivit, on discuta; à la fin, les deux partis, lassés, convinrent d'une transaction : — Monsieur fut régent, le comte d'Artois reçut le titre de LIEUTENANT GÉNÉRAL DI ROYAUME.

Ce partage fait, les deux frères, fatigués du lourd et soupçonneux protectorat des cabinets de Vienne et de Berlin, quittèrent l'Allemagne. Le comte d'Artois alla à Saint-Pétersbourg solliciter de l'impératrice Catherine une intervention plus désintéressée que celle de la Prusse et de l'Autriche. MONSIEUR, appelé sur les côtes de Provence par les insurgés de Lyon et du Midi, et par les royalistes qui venaient de livrer Toulon aux Anglais et aux Espagnols, partit pour Gênes. Le comte d'Artois fut gracieusement accueilli par Catherine II; cette souveraine se montra prodigue de protestations; elle promit au prince une armée, qui ne se mit jamais en marche, et lui donna, pour s'ouvrir, en attendant, le chemin de Paris, une épée enrichie de diamants que le comte, aussitôt son retour, s'empressa de vendre 4,000 livres sterling (100,000 fr.) à un juif de Londres [1]. MONSIEUR, à peine arrivé à Turin, y avait appris la chute de Lyon, ainsi que la reprise de Toulon par les armées républicaines; gendre du roi de Sardaigne, il voulut séjourner dans cette cour; mais, obligé de la quitter après une résidence de quatre mois, il demanda vainement un asile à

[1] Voici ce qu'on lit, à propos de cette épée, dans les *Mémoires du comte de Vauban:*
« C'était une épée d'or, dont le pommeau était surmonté d'un très-gros diamant, et sur la lame de laquelle étaient inscrites ces paroles : « *Donnée par Dieu, pour le roi.* » Cette épée avait été bénite dans la cathédrale de Saint-Pétersbourg, avec le plus grand cérémonial. A l'audience du départ, au milieu de sa cour, dans l'appareil de toute sa grandeur, l'impératrice s'avança vers le comte d'Artois, et, la donnant elle-même au prince, lui dit : « Je ne vous la
« donnerais pas, si je n'étais persuadée que vous périrez plutôt que de différer
« de vous en servir. » Le prince prit l'épée et dit, avec trop peu de physionomie:
« Je prie Votre Majesté Impériale de n'en pas douter. » L'heure du dîner sépara la cour. Le comte d'Esthérazy et moi ne fûmes pas plutôt seuls, qu'il me dit : « Que pensez-vous de ce que vous avez vu? — Beaucoup de gran-
« deur dans l'Impératrice, lui dis-je. — Oui, assurément, me répondit-il. Et
« M. le comte d'Artois? — Il a reçu cette épée, lui répliquai-je, comme un
« homme qui ne s'en servira pas. » Je vis que le comte d'Esthérazy le crai-
« gnait. »

son parent, le duc de Parme. Enfin il put s'arrêter, au mois de mai 1794, dans les États de Venise, à Vérone, où il organisa sa maison et son conseil. Un des premiers soins de ce conseil, que composaient le duc de Lavauguyon, le marquis de Jaucourt et le baron de Flacheslanden, fut de profiter des événements du 9 thermidor et de la réaction qui suivit cette journée, pour établir à Paris une agence royaliste. Cette agence, au mois de novembre 1794, comptait six membres : MM. de Lavilleheurnois, Duverne de Presles, l'abbé Brottier, le chevalier Despomelles et les deux frères Lemaître, noms ignorés, mais que leur obscurité même dérobait plus facilement à l'attention des autorités conventionnelles.

Outre Vérone, l'émigration, à cette date, comptait deux autres centres d'action ou d'intrigue : Londres, où séjournait le comte d'Artois depuis son retour de Russie, et d'où il correspondait avec les insurgés vendéens et bretons; puis l'armée de Condé, sans quartier général fixe, et dont les différents corps opéraient à la suite des armées coalisées. Ces corps, dans le cours de l'année 1794, et durant les premiers mois de 1795, suivirent la fortune des armées de la Prusse et de l'Autriche. A cette époque, les troupes républicaines, victorieuses à leur tour, avaient refoulé l'invasion au delà du Wahal et du Rhin. Les efforts du comte d'Artois, dans les départements de l'Ouest, n'avaient pas eu un meilleur succès : les 17 février et 20 avril 1795, les Vendéens et les insurgés bretons firent leur première soumission au gouvernement de la République. Les intrigues de Monsieur, pour réparer le double échec subi par la cause royale à Lyon et dans le Midi, furent également sans résultat pendant la première année de son séjour à Vérone. Toutefois, ce prince et son frère s'occupaient d'une revanche, le premier, en organisant à l'aide de l'agence royaliste de Paris le mouvement de vendémiaire; le second, en préparant avec le gouvernement anglais l'expédition de Quiberon ainsi que sa descente à l'Ile-Dieu, lorsqu'un événement, impatiemment attendu par leur entourage, vint changer les titres que tous deux avaient jusqu'alors portés. Louis XVII mourut le 8 juin 1795 (20 prairial an III) dans la prison du Temple. Le régent prit aussitôt le nom de Louis XVIII, le comte d'Artois devint Monsieur. Le nouveau souverain notifia son avénement à toutes les cours étrangères et aux sujets de son royaume, en faisant suivre son nom du titre de *roi de France et de Navarre*.

Vainement la France révolutionnaire avait jugé et fait exécuter un roi; vainement elle était parvenue à comprimer toutes les résistances intérieures et à repousser sur tous les points l'invasion étrangère; pour l'émigration et pour ses chefs, rien n'était changé : la France, pour eux, était encore la monarchie de Louis XV, et ils ne voyaient dans l'énergique population de ses villes, de ses campagnes et de ses camps, qu'un troupeau de sujets mutinés à peine dignes de pardon. Les passages suivants du manifeste publié par Louis XVIII, à l'occasion de son avénement, donneront la mesure des illusions qui dominaient encore ce prince au début de sa royauté :

« Les impénétrables décrets de la Providence nous ont transmis, avec la couronne, la nécessité de l'arracher à la révolte. Des hommes impies et factieux vous ont entraînés dans l'irréligion et la révolte. Depuis ce moment, un déluge de calamités a fondu sur vous de toutes parts.

« Vous fûtes infidèles au Dieu de vos pères, et ce Dieu, justement irrité, vous a fait sentir tout le poids de sa colère ; vous fûtes infidèles à l'autorité qu'il avait établie pour vous gouverner, et un despotisme sanglant, une anarchie non moins cruelle, se succédant tour à tour, vous ont sans cesse déchirés avec une fureur toujours croissante. Vos biens sont devenus la pâture des brigands à l'instant où le trône est devenu la proie des usurpateurs; la servitude et la tyrannie vous ont opprimés dès que l'autorité royale a cessé de vous couvrir de son égide. Propriété, sûreté, liberté, tout a disparu avec le gouvernement monarchique.

« Il faut revenir à cette religion sainte qui avait attiré sur la France les bénédictions du ciel; il faut rétablir ce gouvernement qui fut pendant quatorze siècles la gloire de la France et les délices des Français, qui avait fait de votre patrie le plus florissant des États, et de vous-mêmes le plus heureux des peuples.

« Tous les Français qui, abjurant des opinions funestes, viendront se jeter au pied du trône, y seront reçus. Il est cependant des forfaits dont l'atrocité passe les bornes de la clémence. Ces monstres (les régicides), la postérité ne les nommera qu'avec horreur, la France entière appelle sur leurs têtes le glaive de la justice... »

Le retour pur et simple à la royauté de droit divin, le rétablissement de la noblesse et du clergé dans la plénitude de leurs priviléges et de leurs richesses, voilà les conditions du pardon que Louis XVIII offrait à tous les Français repentants qui viendraient abjurer au pied de son trône leurs erreurs des six dernières années. Après s'être mis ainsi en mesure avec ses sujets révoltés, le nouveau roi organisa son gouvernement et sa cour. Il eut un ministre des affaires étrangères, le duc de Lavauguyon; un chancelier, M. de Flacheslanden; un capitaine des gardes du corps, le comte d'Avaray; un premier gentilhomme de la chambre, le duc de Fleury; puis des ambassadeurs chargés de prouver aux puissances qu'elles ne devaient accorder ni trêve ni merci à la République, et que tous les rois étaient intéressés, autant que lui-même, à seconder, par l'invasion de nos provinces frontières, les complots des agences royalistes de l'intérieur.

La réaction thermidorienne vint merveilleusement en aide au travail de ces agences. L'ouverture de toutes les prisons de la République jeta sur la scène politique un nombre considérable de royalistes qui n'avaient pas osé ou qui n'avaient pu émigrer; des lois d'amnistie et un régime de large tolérance donnèrent aux exilés volontaires les plus ignorés ou les moins compromis la facilité de rentrer. Cette masse de mécontents se mit à la tête de la réaction. Proscrits la veille, ils se firent proscripteurs. Aidés par quelques Conventionnels en mission, naguère Montagnards fougueux, et qui voulaient faire oublier leur exaltation révolutionnaire en l'abritant derrière des exagérations nouvelles, les royalistes organisèrent dans plusieurs provinces, dans celles du Midi surtout, des massacres où furent immolés bon nombre de républicains énergiques. Ces représailles sanglantes étaient difficiles à Paris, siége de la Convention, centre du gouvernement. Les éléments royalistes y étaient cependant nombreux. L'agence, chargée de les employer, les organisa, non pas en vue de vengeances isolées, mais pour un coup de main politique : elle résolut d'attaquer le gouvernement lui-même. Le 5 octobre 1795 (13 vendémiaire an IV), les gardes nationaux des quartiers opulents, entraînés sous le prétexte de sauver la liberté menacée par la constitution que préparait alors la Convention nationale, se portèrent sur les Tuileries, pour dissoudre cette assemblée. Un petit nombre de soldats conduits par le général Bonaparte, et soutenus par quelques patriotes résolus, ainsi que par le peuple des faubourgs, firent avorter cette insurrection, qui, fomentée au nom du droit républicain violé, n'avait pour but que le rétablissement de la monarchie.

Cet échec ne fut pas le seul que la cause royale éprouva dans le cours de 1795. Plusieurs mois auparavant, une flotte anglaise avait jeté sur la plage de Quiberon un corps nombreux d'émigrés au nombre desquels, par une fatalité étrange ou par la plus odieuse des prévisions, se trouvait la presque totalité des officiers de notre ancienne marine. Les Vendéens, de leur côté, obéissant à l'appel du comte d'Artois, avaient une seconde fois pris les armes. Arrêtée par le général Hoche et trahie par la rivalité jalouse et par l'impéritie de ses principaux chefs, l'expédition de Quiberon subit l'échec le plus complet : des dix mille émigrés débarqués dans la presqu'île, quelques-uns seulement revinrent en Angleterre. Le soulèvement de la Vendée n'eut pas un meilleur succès. Tout dépendait de la présence du comte d'Artois au milieu de l'insurrection. Le prince resta plusieurs semaines à l'Ile-Dieu, en vue de la côte; mais, sourd aux supplications des insurgés qui l'attendaient sur le rivage, il refusa opiniâtrément de débarquer. Vainement le commandant de la frégate anglaise le *Jason*, qui l'avait conduit, eut-il recours lui-même aux prières et aux menaces pour décider Monsieur à cet acte de facile courage; ce prince ne voulut rien entendre; il fallut le ramener à Portsmouth. A la suite de ce départ, Charette écrivit la lettre suivante à Louis XVIII :

« Sire, la lâcheté de votre frère a tout perdu. Il ne pouvait paraître sur cette côte que pour tout perdre ou tout sauver. Son retour en Angleterre a décidé de notre sort. Aujourd'hui il ne nous reste plus qu'à périr inutilement pour le service de Votre Majesté.

« CHARETTE. »

Charette ne se trompait pas. L'insurrection, après s'être péniblement maintenue pendant quelques mois, fut comprimée par le général Hoche, accouru en Vendée avec les troupes qui venaient de détruire le corps expéditionnaire de Quiberon; Charette lui-même, réduit à quelques soldats et blessé, fut pris le 23 mars 1796 (3 germinal an IV), et fusillé à Nantes le 29 (9 germinal).

Le ministère anglais présenta le désastre de Quiberon comme un échec sans importance. « Dans cette affaire, dit négligemment William Pitt à la Chambre des communes, le sang français *seul* a coulé. — Oui, sans doute, s'écria Sheridan indigné; mais en revanche l'honneur anglais a coulé par tous les pores! » La cour de Londres se montra moins accommodante à l'égard de l'avortement inévitable du mouvement vendéen que le comte d'Artois devait appuyer de son nom et de sa personne : car, cette fois, la destruction du brave corps d'officiers qui, durant la guerre de l'indépendance américaine, avait si souvent triomphé des escadres anglaises dans les mers de l'Inde et sur l'Atlantique, ne pouvait plus compenser les frais de cette insurrection; aussi lord Grenville, parlant du retour inopiné du comte d'Artois à MM. de Woronzoff et de Starenberg, ambassadeurs de Russie et d'Autriche, se plaignait en ces termes :

« Vous connaissez, messieurs, les efforts et les sacrifices que le gouvernement britannique n'a cessé de faire pour les royalistes; vous savez que M. le comte d'Artois ayant désiré aller en Vendée, nous avons mis en mer une expédition digne de S. A. R. Mais, à peine embarquée, S. A. a fait des démarches pour revenir; voici deux lettres originales par lesquelles elle demande instamment son retour. Je ne lui ai pas répondu; et cependant j'apprends que S. A. est arrivée d'elle-même sur le *Jason*; faites donc quelque chose pour ces gens-là ! »

Le découragement exprimé par lord Grenville avait également gagné la Prusse, quand, trois mois avant le second soulèvement de la Vendée, elle s'était décidée à signer le traité de Bâle et à reconnaître la République française. L'irritation qu'avaient donnée au cabinet de Berlin les folles illusions et les allures fanfaronnes de l'émigration, était même allée plus d'une fois jusqu'à la colère. Les émigrés, dans plus d'une circonstance, avaient eu à se plaindre de la brutalité des troupes et des autorités prussiennes; on ne s'était pas contenté de les injurier, de les insulter, au retour de la première campagne; on les avait maltraités; les soldats prussiens avaient pillé leurs équipages, leurs effets les plus nécessaires, même leur linge. La paix faite, les émigrés purent, en outre, lire cette inscription sur des poteaux plantés à la porte des villes, ainsi qu'aux carrefours des routes de la Prusse et de quelques petits États qui avaient accédé au traité de Bâle : *Défense de passer aux vagabonds et aux émigrés.* Ceux-ci surent se venger; ils écrivirent à leurs amis, ils imprimèrent dans leurs brochures « que les soldats de Frédéric-Guillaume étaient dignes de fraterniser avec les *pa-*

triotes, et que tous les généraux prussiens étaient des *philosophes*[1]. »

La Prusse, nous l'avons dit, avait fait la guerre dans des vues de conquête et de partage beaucoup plus que dans l'intérêt de la royauté française et de l'émigration. Le même mobile avait armé l'Autriche. Mais il existait cette différence dans la position des deux cours, que le cabinet de Berlin, n'ayant pas perdu un seul village dans la lutte, avait pu traiter sans faire ni demander le moindre sacrifice, tandis que le cabinet de Vienne, auquel la guerre avait enlevé la Belgique, devait poser, comme condition première de toute négociation, la restitution de ce riche territoire. La restitution fut demandée. Le gouvernement républicain avait répondu d'avance, en déclarant les provinces belges partie intégrante de la République. Décidée à les recouvrer, l'Autriche continua la guerre. C'étaient la méfiance ombrageuse et les mauvais vouloirs de cette puissance qui avaient en grande partie décidé le voyage, puis le séjour de Louis XVIII en Italie; la continuation des hostilités força ce prince à changer encore une fois de résidence.

Le Directoire voulut pousser cette guerre avec vigueur. En même temps qu'il faisait attaquer l'Autriche sur le Rhin, il lançait une armée sur les possessions italiennes de cette puissance. Les troupes françaises chargées d'opérer au delà des Alpes furent confiées au général Bonaparte; on sait la rapidité de sa marche et de ses premiers succès. Effrayé par l'approche de nos régiments, qui venaient de signaler leur entrée en Italie par les victoires de Montenotte, Millésimo et Mondovi, le gouvernement vénitien ne crut pas devoir tolé-

---

[1] Voici la traduction littérale d'un *avis* affiché par ordre du landgrave de Hesse-Cassel à l'entrée de toutes les villes et de tous les bourgs de son landgraviat :

« Il est défendu à tous juifs, mendiants, vagabonds, ou émigrés français, de séjourner plus de vingt-quatre heures dans ce lieu. »

rer plus longtemps sur ses domaines le séjour du chef de l'émigration ; redoutant d'attirer sur lui-même la colère du vainqueur, il chargea le sénateur Carlotti de signifier à Louis XVIII l'ordre de quitter immédiatement le territoire de la République. Le prince répondit :

« Je partirai; mais j'exige deux conditions : la première, qu'on me présente le livre d'or où ma famille est inscrite, afin que j'en raye le nom de ma main; la seconde, qu'on me rende l'armure dont l'amitié de mon aïeul Henri IV a fait présent à la République. »

L'agent du sénat fit à cette noble protestation une réponse que Louis XVIII refusa de recevoir. L'ordre avait été notifié le 13 avril 1796 ; le 21, huit jours après, le prince prit la route du Brisgaw ; il se rendait au quartier général du prince de Condé. Cette direction nouvelle lui était indiquée par une négociation entamée depuis plusieurs mois entre le prince et le général Pichegru, négociation que des nouvelles assez récentes présentaient comme arrivée à son terme.

Pichegru n'était pas de ces hommes pour qui l'estime publique et le sentiment d'une gloire justement acquise sont la récompense suffisante des services rendus ; le cœur chez lui n'était pas au niveau de l'intelligence. Jaloux de toutes les réputations qui s'élevaient à côté de la sienne, on l'entendait journellement blâmer les opérations des autres généraux en chef, ainsi que les ordres du gouvernement. D'un autre côté, les grands commandements, à cette époque de notre histoire révolutionnaire, n'avaient pas encore donné aux généraux en chef une grande existence ni une grande fortune. La probité sévère imposée par la Convention à tous ses délégués, et dont la tradition vivait encore dans les hauts rangs de l'armée, était un nouveau grief de Pichegru contre l'établissement républicain.

Il était difficile que son mécontentement échappât aux agents que l'émigration, aidée par les subsides de l'ennemi, entretenait près des quartiers généraux voisins de la frontière. Les régiments commandés par Pichegru composaient l'armée de Rhin-et-Moselle, échelonnés sur la rive gauche du Rhin, depuis Huningue jusqu'à Mayence, ils faisaient face à l'armée de Condé, disséminée par détachements le long de la rive droite. Un de ces hardis entremetteurs politiques qui sont à la recherche de toutes les corruptions eut la pensée de mettre ce voisinage à profit pour gagner Pichegru. Il parvint jusqu'à lui. Pichegru l'écouta ; la négociation fut immédiatement entamée. La dignité de maréchal de France et le gouvernement de l'Alsace, le cordon rouge, le château de Chambord avec son parc, un million comptant, une rente de 200,000 livres et un hôtel à Paris, voilà quelles furent les offres faites à Pichegru, qui les accepta, heureux de se livrer à des conditions si magnifiques. On exigea des gages. Pichegru, chargé de seconder avec son armée un mouvement que l'armée de Sambre-et-Meuse devait opérer en avant de Mayence, fit manquer l'opération en faisant battre ses troupes, en laissant forcer ses lignes et enlever toute son artillerie par Clairfayt. Les gages étaient donnés, on s'occupa de conclure : ici, les deux parties cessèrent de s'entendre. Pichegru voulait passer le Rhin, grouper autour de lui l'armée autrichienne et l'armée de Condé, puis, la jonction faite, proclamer Louis XVIII, arborer le drapeau blanc, repasser le fleuve à la tête de toutes ces forces, et marcher sur Paris après avoir successivement occupé toutes les places mises sous son commandement, et qu'il aurait confiées d'avance à des officiers gagnés au complot. Ce plan était repoussé par le prince de Condé. Ce prince désirait que le mouvement fût exclusivement français ; il voulait que Pichegru débutât par lui livrer Huningue et deux autres places où les émigrés proclameraient eux-mêmes le roi, et arboreraient le drapeau blanc ; c'était seulement après l'accomplissement de ces préliminaires qu'il consentait à mêler ses soldats à ceux de Pichegru, et à marcher ensemble sur Paris.

Chacun d'eux, comme on le voit, se disputait le premier rôle. Disons-le pourtant : dans cette discussion, le prince émigré montrait un sentiment de nationalité que n'avait pas le général de la République. Ce n'est pas tout : Pichegru, avant d'arborer le drapeau blanc, voulait des garanties plus solides que les promesses transmises par les intermédiaires de la négociation; il exigeait un engagement écrit de la main du prince. Ce dernier éluda longtemps la demande. Sa résistance ne prenait pas sa source dans le dégoût qu'inspire la trahison à tous les cœurs honnêtes ; ce qui lui répugnait, c'était d'abaisser l'orgueil de sa race et de son rang jusqu'à entrer en correspondance directe, écrite, avec un parvenu républicain. Il dut pourtant céder; il écrivit [1].

Les échecs volontaires essuyés par Pichegru, devant Mayence, avaient éveillé les soupçons du Directoire; quelques indices sur la négociation qui se suivait augmentèrent sa défiance. Pichegru, dans les premiers jours d'avril 1796, reçut inopinément l'ordre de quitter l'armée, et se vit obligé de se rendre à Paris.

La contre-révolution royaliste, à cette époque, entrait dans un nouvel ordre d'efforts. Jusqu'à ce moment, elle avait procédé par voie d'*insurrection*. Mais le nombre et l'énergie des dévouements qu'exigent les luttes de cette nature n'existaient plus dans les masses; la force insurrectionnelle du parti roya-

---

[1] Voici, au sujet de cette lettre, quelques détails sur la lutte qu'un des négociateurs de l'affaire eut à soutenir contre le prince de Condé; c'est le comte de Montgaillard lui-même qui parle:

« Il fallut *neuf* heures de travail, assis sur son lit, à côté de lui, pour lui faire écrire au général Pichegru une lettre de neuf lignes. Tantôt il ne voulait pas qu'elle fût de sa main; puis il ne voulait pas la dater ; puis il ne voulait pas l'appeler le *général Pichegru*, de peur de reconnaître la République en lui donnant ce titre ; puis il ne voulait pas y mettre l'adresse; puis il refusait d'y apposer ses armes; enfin il combattit pour éviter d'y placer son cachet. Il se rendit à tout enfin, et lui écrivit qu'il devait ajouter pleine confiance aux lettres que je lui avais écrites en son nom et de sa part. » (*Pièces trouvées à Venise, dans le portefeuille du comte d'Antraigues*, p. 9.)

liste s'était successivement épuisée dans les soulèvements de Lyon et du Midi, dans les guerres de la Vendée et dans la prise d'armes de vendémiaire ; ainsi affaiblie, la contre-révolution dut recourir à un autre mode d'attaque : elle *conspira*. La trahison concertée avec Pichegru fut le premier pas des Bourbons dans cette voie nouvelle ; cette tentative venait d'avorter par le rappel du général, quand Louis XVIII arriva sur les bords du Rhin.

Le séjour de ce prince à l'armée de Condé fut d'assez courte durée ; les défiances de l'Autriche ne lui permirent pas de le prolonger au delà de quelques semaines. Ce fut à Blackenbourg, dans le duché de Brunswick, qu'il transporta sa petite cour. Il y arriva dans les derniers jours de juin 1796. Une fois installé dans cette résidence, il s'occupa d'imprimer une nouvelle activité et une même direction aux nombreuses agences qui se formaient à cette époque sur tous les points du territoire ; toutes devaient porter leurs efforts sur la composition des administrations communales et départementales, sur les choix du corps électoral, et agir de manière à faire dominer l'élément royaliste dans les municipalités et les Directoires de chaque département, comme dans les deux Conseils composant le Corps législatif. Le renversement de la Révolution par les pouvoirs légaux de la République devint le mot d'ordre du parti. Les circonstances étaient singulièrement favorables. Le pouvoir exécutif, partagé entre cinq personnes de caractères différents et d'opinions souvent opposées, manquait de décision et d'énergie ; les bases du système électif, d'un autre côté, étaient assez larges pour permettre tous les choix ; grâce à la liberté dont jouissaient la presse et la parole, on pouvait, en outre, tout imprimer et tout dire ; enfin, les changements apportés depuis 1789 dans toutes les positions et dans toutes les fortunes mettaient à la disposition des royalistes une masse considérable d'individus ruinés ou dont l'existence était déclassée, et auxquels venait se joindre la foule des ambitieux trompés de tous les précédents régimes. Ces nombreux éléments de trouble et d'agitation furent bientôt en travail. Chaque matin, cinquante à soixante journaux provoquaient ouvertement au renversement de la République; chaque soir, plusieurs théâtres offraient aux applaudissements d'un public passionné des pièces écrites dans un esprit hostile aux nouvelles institutions et au nouveau pouvoir; dans tous les lieux de réunion publique, on n'entendait circuler que des propos calomnieux ou de grossières plaisanteries contre le Directoire, ses membres et ses ministres.

Les membres de l'agence royaliste de Paris, dupes de ces manifestations, que pourtant ils soldaient en partie, crurent leur triomphe assuré. Ils perdirent toute mesure. L'audace de leur langage et de leurs démarches contraignit le Directoire à sortir enfin de sa tolérance léthargique; le 31 janvier 1797, il adressa aux deux Conseils législatifs (les Anciens et les Cinq-Cents) un message dans lequel il annonçait la découverte d'une vaste conspiration contre-révolutionnaire, ainsi que l'arrestation des principaux coupables et la saisie de leurs papiers. L'abbé Brottier et ses deux collègues, Duverne de Presles et Lavilleheurnois, figuraient parmi les individus arrêtés. Ces arrestations et ces saisies, simple incident dans la lutte engagée entre la contre-révolution royaliste et le gouvernement républicain, mettaient aux mains du Directoire quelques conspirateurs et quelques correspondances; mais elles ne lui livraient pas la conspiration. Le danger, pour la République, était ailleurs que dans l'agence et dans ses membres.

Pichegru n'avait point renoncé à ses projets de Restauration royaliste. Nommé, quelques jours après son rappel de l'armée, à l'ambassade de Suède, il avait refusé de quitter la France et s'était rendu à Arbois, sa ville natale, où ne tarda pas à le joindre un des agents les plus actifs de l'émigration. Cet agent lui remit 72,000 livres en or fournies, partie par

Louis XVIII, partie par M. Wickham, résident anglais à Francfort, ainsi qu'une lettre du roi, dont nous citerons les passages suivants :

« Je dépose en vos mains, Monsieur, toute la plénitude de ma puissance et de mes droits; faites-en l'usage que vous croirez nécessaire à mon service. Si les intelligences précieuses que vous avez à Paris et dans les provinces, si vos talents et votre caractère surtout pouvaient me permettre de craindre que quelque événement impossible à prévoir vous obligeât à sortir du royaume, c'est entre M. le prince de Condé et moi que vous trouveriez votre place. Si j'en connaissais une plus digne de vous, je vous l'offrirais.

« Je me flatte que M. Wickham continuera de *fournir avec la même générosité les secours que vous pourrez désirer*. Je sens combien ils deviennent nécessaires lorsqu'il faut plus que jamais former et diriger l'opinion publique. Ne négligez rien pour produire cet effet, dont l'importance est si majeure.

« M. Louis Fauche[1] vous remettra cette lettre; je lui ai donné mes pouvoirs, afin que, dans le cas où vous jugerez à propos de faire faire *des démarches auprès des généraux de l'armée d'Italie*, elles n'éprouvent pas le moindre retard : vous êtes le maître de décider à cet égard. »

Cette lettre de Louis XVIII, datée de Mutzingen, le 9 juin 1796, faisait de Pichegru le chef politique de la contre-révolution; il accepta ce rôle. Nommé par ses compatriotes membre du conseil des Cinq-Cents, il se rendit à Paris, décidé à renverser la République à l'aide des pouvoirs politiques chargés de la maintenir. On ne pouvait espérer d'atteindre ce but qu'en disposant de la majorité dans les deux Conseils législatifs; Pichegru s'efforça d'obtenir cette majorité en ralliant successivement autour de lui, d'abord, les membres que leurs opinions ou leurs intérêts attachaient encore à l'ancien régime; ensuite les monarchistes modérés, désignés sous le nom de *constitutionnels de* 89, puis un assez grand nombre de révolutionnaires repus qui désiraient placer leur position et leurs nouvelles richesses sous la protection d'un gouverne-

---

[1] Fauche-Borel, ancien imprimeur à Neufchâtel (Suisse).

ment plus solide que le gouvernement directorial. La coalition d'intérêts aussi divers ne pouvait être l'œuvre d'un jour. Ce travail était pourtant assez avancé, quand l'arrestation des trois principaux membres de l'agence royaliste et la saisie de leurs papiers vinrent porter l'effroi parmi les conspirateurs des Conseils.

Ce trouble, toutefois, ne fut que passager. Le bruit causé par le message du Directoire ne tarda pas à se perdre au milieu du retentissement occasionné par les prodigieuses victoires de notre armée d'Italie, et par les discussions violentes qui agitaient chaque jour les séances des Conseils eux-mêmes. Pichegru se remit donc à l'œuvre. Mais, dans l'intervalle, quelques dévouements avaient été ébranlés. Plusieurs pièces saisies chez l'abbé Brottier et publiées par le Directoire prouvaient que, dominés par les plus incurables illusions, les princes exilés n'avaient renoncé à aucune de leurs prétentions à la monarchie absolue. Pichegru insista auprès de Louis XVIII sur la nécessité de calmer les inquiétudes des partisans d'une constitution. Ce prince lui envoya une proclamation où se trouvait ce passage :

« Français, nous avons dit à nos agents et nous leur répétons sans cesse : Rappelez notre peuple à la sainte religion de nos pères et au gouvernement paternel qui fit si longtemps la gloire et le bonheur de la France ; expliquez-lui la *constitution* de l'État, qui n'est calomniée que parce qu'elle *a été méconnue;* instruisez-le à la distinguer du *régime qui s'était introduit depuis longtemps ;* montrez-lui qu'elle est également opposée à l'anarchie et au *despotisme;* consultez les gens sages et éclairés sur les parties dignes de perfection dont elle est susceptible, et faites connaître les formes qu'il faut adopter pour travailler à son *amélioration.* »

Ce langage n'avait plus le caractère absolu des déclarations contenues dans la proclamation d'avénement [1]. Louis XVIII cessait d'exiger le retour pur et simple au régime de 1788 ; il

[1] Voyez page 7.

faisait enfin la part du temps, part bien faible, à la vérité mais que Pichegru, dans ses commentaires officieux, prenait soin d'amplifier et de grandir. Les élections de l'an V (mai 1797) vinrent augmenter, dans le Corps législatif, les forces de la conspiration; elle s'y développa et compta bientôt des complices jusque dans le sein du Directoire lui-même. Barras, Rewbell, Laréveillère-Lépeaux, Carnot et Barthélemy étaient alors Directeurs. Carnot, esprit politique peu étendu, savait l'existence de la conjuration, mais il n'en apercevait qu'imparfaitement le but; mécontent de ses collègues et de la direction qu'ils donnaient aux affaires, scandalisé par les dilapidations qui se commettaient sous ses yeux, et que ses réclamations isolées ne pouvaient empêcher, il acceptait sans répugnance la possibilité d'un changement dans la politique et dans le personnel du gouvernement. Barthélemy était mieux instruit; les royalistes pouvaient compter sur son concours. Ce double appui, quelque puissant qu'il fût, ne donnait pas le gouvernement. Les trois autres Directeurs, formant la majorité, constituaient par cela seul le pouvoir directorial. Cette majorité ne put être entamée; ce fut avec elle que la lutte dut s'engager.

Malgré le renfort apporté par les dernières élections, le parti royaliste n'avait cependant pas dans les deux Conseils une supériorité assez décidée pour attaquer résolûment le Directoire et l'abattre par un coup de majorité. Ses meneurs songèrent à gagner quelques corps de troupes auxquels on remettrait l'initiative ainsi que l'exécution matérielle du complot; Pichegru et ses collègues se réservaient le soin de compléter la révolution en la légalisant à coups de décrets. 80,000 livres sterling (2,000,000 de francs) avaient été envoyées par le cabinet de Londres pour faciliter le mouvement; mais ces fonds furent retenus ou dissipés par les mains auxquelles on les confia. Il fallut attendre de nouvelles ressources. D'un autre côté, à mesure qu'approchait le moment d'agir, les dissentiments qui séparaient les différentes fractions politiques réunies contre le gouvernement devenaient plus manifestes et plus profonds. S'emparer de l'autorité ne suffisait pas. Quel serait le pouvoir qui remplacerait le pouvoir existant? Là on cessait de s'entendre. Les uns, comme nous l'avons dit, exigeaient le rétablissement de l'ancien ordre de choses; ceux-ci demandaient la Constitution de 1791; ceux-là n'acceptaient la Monarchie que dans les conditions actuelles, c'est-à-dire avec Louis XVIII à la place du Directoire. Le temps se perdait au milieu de tous ces débats, que Pichegru s'efforçait en vain d'ajourner après la victoire. Non-seulement on n'avançait pas, mais on laissait au gouvernement la facilité d'obtenir des renseignements plus complets sur la conjuration et le loisir de disposer tous ses moyens de défense.

Les premiers indices du complot furent donnés aux trois Directeurs par les révélations de l'abbé Brottier. Une correspondance volumineuse, saisie à Venise par le général Bonaparte sur un des principaux agents de l'émigration, le comte d'Antraigues, vint ensuite éclairer d'une vive lumière tous les points de ces révélations restés dans l'obscurité. Plusieurs de ces lettres, écrites de Paris, donnaient les détails les plus circonstanciés sur le plan adopté par Pichegru et par ses amis des deux Conseils; elles disaient les moyens d'action convenus, citaient un grand nombre de noms, et ne laissaient ignorer que le moment choisi pour l'exécution. Ce moment, nous venons de dire les motifs qui l'avaient retardé. Le Directoire prit immédiatement la résolution de faire avancer vers le siége du gouvernement plusieurs corps de troupe, dont il confia le commandement au général Augereau, qui venait d'arriver d'Italie avec les pièces les plus essentielles de la correspondance de d'Antraigues, et que Bonaparte avait recommandé comme un républicain sur l'énergie duquel le Directoire pouvait compter.

Accablé sous le discrédit où sa désunion, l'incapacité de

plusieurs de ses membres et l'improbité de quelques autres l'avaient fait tomber, le Directoire aurait peut-être manqué de la force nécessaire pour aller plus avant, s'il n'avait été soutenu par les *Adresses* que la lecture des journaux et les bruits d'une contre-révolution prochaine dictaient aux différentes armées de la République. Ces Adresses, empreintes du plus ardent patriotisme, protestaient avec une rare violence contre les discours des membres royalistes des Conseils ; les soldats y adjuraient le Directoire de se délivrer de ses adversaires ; ils y appelaient la vengeance nationale sur les partisans de la Royauté, sur les *amis de l'Étranger*, et annonçaient la résolution de marcher, au besoin, sur Paris. L'Adresse de l'Armée d'Italie, apportée par Augereau, était surtout remarquable par sa véhémence ; et, fait plus grave, le jeune chef de cette armée, dont les victoires étonnaient alors l'Europe et tenaient la France entière attentive, Bonaparte, ne s'était pas borné à approuver cette manifestation des troupes sous ses ordres, il l'avait appuyée par un *ordre du jour* où se trouvait ce passage : « Soldats, je le sais, votre cœur est plein d'angoisses sur les « malheurs de la patrie ; mais, si les menées de l'Étranger pou- « vaient l'emporter, nous volerions du sommet des Alpes, « avec la rapidité de l'aigle, pour défendre cette cause qui « nous a déjà coûté tant de sang ! »

Un tel langage permettait l'audace aux trois Directeurs. La Constitution exigeait un vote des Conseils pour que même un régiment pût approcher de Paris à une distance moindre de douze lieues. Barras et ses deux collègues n'hésitèrent pas à violer cette disposition ; ils enjoignirent à Augereau de franchir la limite constitutionnelle. Avertis, par la marche de ce général et de ses troupes, que les trois Directeurs connaissaient le complot et s'apprêtaient à engager la lutte, Pichegru et ses amis ne voulurent pas être prévenus et se décidèrent à brusquer l'événement. Arrêter Barras, Laréveillère et Rewbell, ainsi que les représentants les plus dévoués aux principes de la République, les décréter ensuite d'accusation, puis les déporter, tel fut le plan adopté par Pichegru.

L'adjudant général Ramel, commandant les grenadiers de la garde du Corps législatif, était gagné ; les conspirateurs se croyaient dès lors sûrs du concours au moins passif de ses soldats ; 1,000 à 1,200 royalistes, armés secrètement, avaient en outre promis de se tenir à leur disposition ; enfin ils comptaient sur l'appui de plusieurs bataillons de la garde nationale parisienne, notoirement hostiles à la Révolution, que la Convention avait licenciés après le 13 vendémiaire, et que, en prévision de l'événement, un décret des Conseils venait de réorganiser. Ces forces, quelque misérables qu'elles fussent, suffisaient pour une attaque à l'improviste. La matinée du 18 fructidor (4 septembre) fut fixée pour ce coup de main.

Les *triumvirs*, pour emprunter le langage des royalistes, bien que sur leurs gardes, auraient peut-être été pris au dépourvu, si, le 17 au soir, un membre des Conseils, dit-on, un jeune débauché perdu de dettes, affirment le plus grand nombre[1], ne fût venu vendre aux trois Directeurs le secret de la conspiration. Ceux-ci ne perdirent pas de temps : les troupes d'Augereau franchirent les barrières de Paris dans la nuit même ; les maisons des principaux conspirateurs furent immédiatement cernées ; le Directoire, en un mot, procéda avec une rapidité si grande et un tel ensemble, qu'à six heures du matin toutes les arrestations étaient terminées. A huit heures, les députés qui n'avaient pas trempé dans le complot, avertis de l'événement, se rendirent au lieu de leurs séances ; mais les salles de chaque Conseil étaient fermées ; des soldats en gardaient les portes ; on leur annonça que provisoirement les Cinq-Cents se réuniraient dans la salle de l'Odéon, et les Anciens à l'amphithéâtre de l'École de médecine. Ils s'y rendi-

[1] Le prince de Carency, fils aîné du duc de Lavauguyon, alors premier ministre de Louis XVIII.

rent. Une série de résolutions, adoptées le soir même, annulèrent les élections de 49 départements, condamnèrent à la déportation 2 membres du Directoire, 65 membres des deux Conseils et un certain nombre de fonctionnaires et de journalistes. 67 journaux, tant de Paris que des départements, furent en même temps supprimés.

Nous citerons parmi les condamnés :

Directoire : Carnot, Barthélemy;

Conseil des Anciens : Barbé-Marbois, Dumas, Lafon-Ladébat, Lomont, Muraire, Portalis, Rovère, Tronçon-Ducoudray, etc.;

Conseil des Cinq-Cents : Aubry, Job-Aimé, Boissy-d'Anglas, Bourdon de l'Oise, Cadroy, Couchery, Dumolard, Gibert-Desmolières, Henri Larivière, Imbert-Colomès, Camille Jordan, Lemarchand-Gomicourt, Lemerer, Mersan, Madier, Pastoret, Pichegru, Quatremère de Quincy, Saladin, Siméon, Villaret-Joyeuse, Willot, etc.;

Divers : l'ex-ministre de la police Cochon, l'employé de la police Dossonville, les généraux Miranda et Morgan, l'écrivain Suard, l'ex-conventionnel Mailhe, l'adjudant général Ramel.

Tous ne subirent pas leur peine; bon nombre parvinrent à s'échapper.

Ces proscriptions, qui frappaient sur les premiers pouvoirs de la République, furent l'affaire de quelques heures; personne ne résista; pas un coup de fusil ne fut tiré.

Les royalistes étaient bruyants; ils se croyaient nombreux. Vivant au milieu des classes riches ou élégantes, et prenant les sympathies de ce monde privilégié pour l'expression du sentiment public, il leur semblait que la France entière fût leur complice : cependant la contre-révolution n'agitait que la surface du pays. Le peuple des camps, comme le peuple des villes, n'avait encore rien perdu de sa ferveur républicaine. Or on ne change pas un gouvernement en gagnant quelques hommes : l'intrigue ne produit jamais que des résultats éphémères; le peuple seul fait les révolutions.

En admettant donc que le parti de l'émigration et de l'Étranger eût réussi à proclamer les Bourbons dans la matinée du 18, le peuple et la troupe, soulevés au nom de la Révolution au raient renversé, dès le soir même, Pichegru et ses complices. Ce fut l'isolement du parti royaliste au milieu de la nation qui donna précisément aux trois Directeurs la force de tout oser : dans cette circonstance, ils purent impunément violer la Constitution ; car il s'agissait de sauver la cause révolutionnaire, qui était la cause nationale, de conserver intacts les intérêts, les droits conquis par la France nouvelle au prix de huit années d'efforts et du sang d'un demi-million de citoyens.

En même temps que le Directoire, par la journée du 18 fructidor, brisait le faisceau royaliste si péniblement formé par les chefs de l'émigration et par leurs complices des Conseils, Bonaparte forçait l'Autriche à reconnaître enfin l'existence de la République. Des préliminaires de paix avaient été signés à Léoben dès le 18 avril (1797); le 17 octobre, le traité définitif fut conclu à Campo-Formio. Cette paix, particulière au cabinet de Vienne, ne liait pas ceux des autres États de l'empire d'Allemagne qui n'avaient pas encore traité avec la République. La ville de Rastadt fut choisie pour négocier l'accession de ces puissances, au nombre desquelles figurait le duché de Brunswick. Il devenait, dès lors, assez difficile pour Louis XVIII de prolonger son séjour à Blackenbourg; on le lui fit entendre. Obligé de solliciter un nouvel asile, il s'adressa à l'électeur de Saxe; l'électeur refusa. Deux refuges lui restaient ouverts : l'Angleterre, toujours en lutte contre la République, et la Russie, restée jusqu'alors simple spectatrice des événements. Louis XVIII ne voulait pas quitter le continent; il écrivit à Paul Ier. Non-seulement ce souverain consentit à le recevoir dans ses États, mais il lui promit des secours annuels considérables, et lui offrit de prendre à sa solde l'armée de Condé, que la paix entre l'Autriche et la République allait contraindre de se disperser. Louis XVIII s'empressa de tout accepter. L'empereur lui avait laissé le choix de sa résidence ; il désigna Mittau, capitale du duché de Courlande. Arrivé dans cette ville le 20 mars 1798, il y réorganisa sa cour et son gouvernement, qui furent ainsi composés : le comte d'Avaray, — favori, confident intime, — ministre de la maison ; le duc de Villequier, premier gentilhomme de la chambre ; le comte de Cossé, premier maître d'hôtel ; le duc de Guiche, capitaine des gardes ; M. de Saint-Priest, ministre des affaires étrangères ; le marquis de la Chapelle, ministre de la guerre ; le marquis de Jaucourt, ministre sans portefeuille. Le marquis de Sourdis, le vicomte d'Agout, le chevalier de Montaignac et le chevalier de Boisheuil étaient écuyers ; la chancellerie comptait deux maîtres des requêtes, MM. de Guillermy et de Courvoisier ; enfin, l'abbé de Frimont, confesseur du roi, trois abbés, chapelains et secrétaires tout à la fois, constituaient l'aumônerie. Deux subsides étrangers, formant ensemble près de 700,000 fr., composaient la liste civile du prince : la Russie donnait 200,000 roubles (environ 600,000 fr.); l'Espagne, 550,000 réaux (près de 85,000 fr.). Chacun des personnages attachés à la maison ou au cabinet du prince était logé, chauffé, entretenu aux dépens de sa liste civile, et recevait, en outre, 200 livres par mois.

Les derniers mois de 1797 et la première moitié de 1798 furent employés par Louis XVIII, partie en négociations auprès des différentes cours, afin de les décider à reprendre les armes, partie en correspondances actives avec les agents officiels ou officieux qui s'efforçaient, en France, de renouer la trame rompue par la journée du 18 fructidor, et de rallumer le feu encore mal éteint de la guerre civile. Ce double travail aboutit au résultat que ce prince espérait. L'Autriche n'avait abandonné la Belgique à la France et reconnu l'indépendance des provinces du nord de l'Italie, réunies sous le titre de République Cisalpine, qu'après quatre années de guerres et d'éclatantes défaites. De tels sacrifices blessaient trop profondément sa puissance et son orgueil pour qu'elle ne saisît pas la première occasion favorable de déchirer les stipulations de Léoben et de Campo-Formio. Excitée par l'Angleterre et par la Russie, qui consentait enfin à entrer dans la coalition, l'Autriche se prépara de nouveau à combattre. Le cabinet de Naples était à sa dévotion; elle excita les passions monarchiques de cette petite cour, fit éclater une rupture entre la branche des Bourbons qui régnait dans cette partie de l'Italie et le Directoire, et prit prétexte des hostilités qui suivirent, pour rappeler son plénipotentiaire de Rastadt, conclure une alliance offensive et défensive avec les cabinets de Londres et de Saint-Pétersbourg, et pour attaquer, au mois de mars 1799, le gouvernement républicain.

De nouvelles prises d'armes en Vendée et en Bretagne répondirent à cette agression. Ces mouvements, toutefois, ne présentaient ni l'ensemble ni la force des insurrections précédentes. Décimée par les combats, ruinée par le pillage et par les réquisitions, la population des bourgs et des villes de ces contrées aspirait au repos. Les habitants des campagnes eux-mêmes commençaient à comprendre que le régime issu de la Révolution était plus favorable au développement de leur bien-être moral et matériel que le régime de l'ancienne monarchie. Quelques attroupements armés, excités par les agents qui correspondaient avec la petite cour de Mittau, des vols nombreux, des incendies, force assassinats encouragés par les chefs de tout rang qui étaient en relation directe avec Londres et le comte d'Artois, voilà surtout ce que produisirent les soulèvements vendéens et bretons en 1799 et en 1800; ce fut l'époque où fleurit la chouannerie, espèce de taquinerie politique à coups de fusil, guerre de coups de main et de grandes routes, qui ne put jamais s'élever au-dessus des proportions d'un désordre local dont la répression devenait une simple affaire de police militaire et de gendarmerie. Le temps des insurrections était décidément passé.

Nous devons placer ici un fait qui intéresse l'histoire particulière de la famille de Bourbon. Au mois de mai 1799, arriva à Mittau Marie-Thérèse, fille de Louis XVI et de Marie-Antoinette, longtemps enfermée au Temple, et que la Convention avait échangée, le 26 décembre 1795, à Reichen, près Bâle, contre MM. de Sémonville et Maret, le général Beurnonville et les représentants du peuple enlevés par Dumouriez. Cette jeune princesse était restée jusqu'alors à Vienne, dans la famille de sa mère. Le prince Charles, frère de l'empereur François II, avait demandé sa main. Cette union présentait de brillants avantages à l'orpheline ; mais son respect pour les dernières volontés de son père, qui lui avait recommandé d'épouser son cousin le duc d'Angoulême, fils aîné du comte d'Artois, la lui fit refuser. Son mariage avec ce prince, déception amère pour la femme, triste mensonge pour l'épouse, fut célébré un mois après son arrivée, le 10 juin, dans la grande galerie du château des anciens ducs de Courlande [1].

Le cabinet de Saint-Pétersbourg, par le traité qui venait de l'unir à l'Angleterre et à l'Autriche, s'était obligé de fournir à la coalition un contingent de quarante mille hommes. Lorsque ce corps d'armée, placé sous le commandement de Souwaroff, traversa la Lithuanie pour entrer en Pologne, le général russe vint visiter la cour de Mittau : les félicitations et les encouragements ne lui furent point épargnés ; en prenant congé de Louis XVIII, Souwaroff lui baisa la main et lui dit :

---

[1] La duchesse d'Angoulême avait quatre ans lorsque Paul Ier visita la France sous le nom de *comte du Nord*. On raconte que ce prince, avant son départ, se rendit à Versailles pour prendre congé, et passa toute une journée dans l'intérieur de la famille de Louis XVI. Au moment de quitter le palais, Paul prit la jeune princesse dans ses bras et l'embrassa.

« — Adieu, lui dit-il, je ne vous verrai plus, car jamais je ne reviendrai en France.

« — Eh bien, monsieur le comte, j'irai vous voir, moi, » lui répondit l'enfant.

Douze ans après, elle vint en effet chercher un asile dans les États du *comte du Nord*.

« Sire, le plus heureux jour de ma vie sera celui où je répandrai la dernière goutte de mon sang pour vous mettre en état de remonter sur le trône de vos pères. »

Souwaroff put croire un instant qu'il rouvrirait, en effet, le chemin de Paris aux hôtes de son maître. Entré en Gallicie à la fin d'octobre 1798, il avait opéré sa jonction, à deux mois de là, avec les troupes autrichiennes, et, dans les premiers jours de mars 1799, il aidait les généraux de François II à délivrer le royaume de Naples et à refouler les régiments républicains au pied des Alpes et sur la rivière de Gênes. Paul ne s'était pas borné à l'envoi d'une armée en Italie : une flotte russe, chargée de troupes de débarquement, aidait, en outre, les Anglais à reconquérir, pour le compte de la maison d'Orange-Nassau, la Hollande, devenue la République Batave. De son côté, Louis XVIII ne restait pas inactif. Pendant que la nouvelle coalition attaquait nos frontières sur trois points différents, il s'efforçait de concourir au but commun par les seuls moyens qu'il sût et pût employer : il conspirait. Nous avons dit l'insignifiance des prises d'armes essayées dans les départements de l'ouest; un résultat plus important ne tarda pas à absorber toute l'attention du Prétendant. Un de ses agents, alors en mission à Paris, lui offrit d'acheter le directeur Barras.

Le vicomte Paul de Barras appartenait à la plus vieille noblesse de Provence. Ancien officier au régiment de l'Ile-de-France, il affectait, au milieu de ses collègues des assemblées législatives, une allure toute militaire. La hardiesse de son attitude, sa haute stature, la force de sa voix, qui, lorsqu'il parlait, emplissait toute la salle, l'emportement avec lequel il lançait les quelques phrases qu'il parvenait à former, lui donnaient un air de courage et de résolution qui firent jeter les yeux sur lui, lors de la double lutte de la Convention contre la Commune, en thermidor, et contre l'insurrection royaliste de vendémiaire. La part qu'il prit à ces deux journées le porta au Directoire. Membre de la majorité directoriale en fructidor, ses collègues, Laréveillère-Lépeaux et Rewbell, tous deux avocats, lui avaient facilement abandonné le premier rôle dans cet événement, sorte de coup d'État militaire. Les royalistes, dans leurs incurables illusions, avaient, dès lors, attribué à l'importance et à l'action personnelles de ce Directeur un succès qui était l'unique résultat de leur faiblesse comme opinion et comme parti. En gagnant Barras, il leur semblait donc gagner la République et le gouvernement républicain lui-même. Aussi la joie fut grande dans la petite cour de Mittau quand on y apprit que le terrible proscripteur de 1797 était disposé à se vendre à la royauté.

La position du Directoire, dans les derniers mois de 1799, explique le changement survenu, non dans les opinions de Barras, qui n'eut jamais la moindre conviction politique, mais dans la marche de ses idées. Barras et ses collègues n'avaient usé de l'espèce de dictature dont la journée du 18 fructidor les avait investis que pour opérer, dans le commandement des armées, dans les finances et dans l'administration, les changements les plus fâcheux. Cette victoire semblait avoir épuisé leurs forces. L'effort accompli, leur énergie s'était affaissée. Tous les ressorts du pouvoir s'étaient successivement détendus. Les séances des Conseils législatifs eux-mêmes se perdaient en dénonciations ayant pour résultat habituel de fréquentes mutations dans le personnel du Directoire et des départements ministériels. Le palais du Luxembourg, habité par Barras, était devenu un bazar où d'effrontées courtisanes et des intrigants de tous les régimes vendaient les emplois de toute nature et tenaient boutique ouverte de fournitures, de marchés pour les armées, et de radiations d'émigrés. Les autorités des provinces, subissant à leur tour l'influence du relâchement du pouvoir central, laissaient, pour ainsi dire, sans répression les désordres publics et privés. Les royalistes, désireux d'activer la décomposition du gouvernement républicain, ajoutaient encore au désordre en portant, sous prétexte de guerre civile, le meurtre et l'incendie sur tous les points du territoire. Chaque jour on apprenait l'arrestation de plusieurs voitures publiques, le pillage d'un bourg, l'embrasement de quelque ferme ou l'assassinat de citoyens dévoués à la Révolution. Les impôts ne rentraient qu'avec peine. Un grand nombre de receveurs, victimes ou complices de bandits de bonne maison, soldaient leurs comptes avec des procès-verbaux d'effraction. Toutes les caisses étaient vides. Nos armées elles-mêmes n'échappaient pas au découragement général : confiées à des chefs que le gouvernement laissait sans direction ou à des généraux incapables; attaquées, comme nous l'avons dit, en Italie, sur le Rhin et en Hollande, elles faiblissaient sur tous les points.

Barras, au milieu même des débauches qui remplissaient sa vie, entrevoyait l'avenir que la corruption de son administration, la faiblesse ou la nullité de ses collègues, préparaient au gouvernement directorial. Déjà il sentait le pouvoir échapper à leurs mains. Trop faible et trop décrié pour arrêter le mouvement, il se crut du moins capable de le conduire, et consentit à le diriger en faveur de Louis XVIII. La contradiction entre ses actes en fructidor et ce nouveau but n'était qu'apparente : en 1797, il avait défendu sa position ; en 1799, il voulait assurer sa fortune ; les circonstances avaient changé ; le mobile était resté le même.

Les premières négociations entre Barras et la cour de Mittau eurent lieu vers le mois d'avril 1799, par l'entremise du marquis de la Maisonfort, type assez curieux des émigrés *politiques* de cette époque. M. de la Maisonfort avait la prétention de « marcher avec son siècle. » Voici les principaux passages de la lettre qu'il écrivit à Louis XVIII en lui proposant le concours de Barras :

« Des cinq Directeurs, Barras est celui qui a le plus de prépondérance et d'énergie. Au milieu de quatre avocats, c'est un *gentilhomme* et, quoi qu'on en dise, attaché à des sentiments monarchiques, parce que, en sa qualité de gentilhomme, il les a *sucés avec le lait* de son enfance.

« Sire, Barras est l'homme le plus commode à récompenser; il ne veut imiter Monck que par l'action qu'il fit, il n'en veut pas les récompenses. La raison lui dit qu'il serait une *monstruosité* dans votre cour; il ne songe donc à y conserver ni place, ni crédit, ni honneurs; il veut seulement *sûreté* et *indemnité*.

« Un des plus grands avantages du plan de Barras, Sire, c'est que, s'il veut *en finir* avec la République, il veut que vous *en finissiez* avec la Révolution. Il ne passera pas, comme le feraient l'avocat Merlin, le théophilanthrope Laréveillère, l'atrabilaire Rewbell et le diplomate Treilhard[1], tout un hiver à vous faire cinq cents pages de *constitution;* il veut que vous soyez ici *sans préambule et sans restriction.* »

Ce langage, il ne faut pas l'oublier, était celui d'un homme de *progrès;* il donne la mesure de l'aveuglement où devaient rester plongés les *stationnaires* de l'émigration.

La négociation fut assez vivement conduite : Barras, au mois de juillet, recevait des lettres patentes signées du roi, contre-signées par M. de Saint-Priest, ministre des affaires étrangères, scellées du grand sceau, et dans lesquelles il était dit :

« Que le général Paul de Barras, voulant rétablir la monarchie dans la personne de Louis XVIII, S. M. se chargeait de lui donner *sûreté et indemnité* : sûreté, en engageant sa parole sacrée de s'interposer entre Paul de Barras et tout tribunal quelconque qui voudrait connaître de ses opinions et de ses votes, et d'annuler, par son pouvoir souverain, toute recherche à cet égard; indemnité, en lui promettant une somme équivalente à *deux années* de ses bénéfices dans les fonctions de Directeur, c'est-à-dire douze millions de livres

---

[1] Tous quatre Directeurs, et remplacés, à quelques mois de là, par Sieyès, Roger-Ducos, Gohier et le général Moulin. Cette lettre est des premiers mois de 1799.

tournois au moins [1], sans comprendre deux millions à distribuer aux principaux coopérateurs, et les autres sommes nécessaires aux frais du mouvement à effectuer dans Paris. »

Tous les détails de cette intrigue furent communiqués aux cours de Saint-Pétersbourg et de Londres, qui s'engagèrent à faire les fonds de l'opération.

Un mouvement contre-révolutionnaire dans Paris n'était pas aussi facile que les agents royalistes essayaient de le faire croire à Louis XVIII. Barras ne partageait pas leurs illusions; aussi plaçait-il ses espérances moins dans les dispositions de l'esprit public en faveur de l'ancienne monarchie et de ses princes que dans les progrès des armées coalisées vers nos frontières du nord et de l'est, et dans les complications, l'abattement et le désordre qui seraient l'inévitable résultat d'une invasion victorieuse.

Les événements, dans les premiers jours de septembre, semblaient seconder ces pensées de trahison. A cette date, les troupes anglo-russes, débarquées en Hollande, faisaient des progrès rapides vers notre frontière de Belgique, tandis que l'armée austro-russe, placée sous le commandement de Souwaroff, pénétrait en Suisse et menaçait la Haute-Saône et la Franche-Comté; mais ce double mouvement fut heureusement arrêté, pour ainsi dire, le même jour : le 19 septembre, Brune gagnait la bataille de Berghem, et forçait les Anglais et les Russes de se rembarquer; à cinq jours de là, le 24, Masséna écrasait à Zurich le principal corps austro-russe, et contraignait Souwaroff de repasser les Alpes. Ces deux victoires délivraient la France de la crainte de l'invasion.

Forcés de renoncer, pour le moment du moins, à l'espérance d'une Restauration par l'étranger, les partisans de la maison de Bourbon se résignèrent à attendre leur succès d'une nouvelle crise politique intérieure. Cette crise se pro-

[1] Le traitement de chaque Directeur n'était que de 100,000 francs par an.

duisit plus tôt qu'ils ne le pensaient; et, cette fois encore, elle les surprit beaucoup plus qu'elle ne leur profita. Vingt jours après la bataille de Zurich, le 14 octobre, on apprenait à Paris que le général en chef de l'armée d'Égypte, Bonaparte, venait de débarquer en Provence.

Nous l'avons dit, le pouvoir exécutif, à cette époque, était sans force, les Assemblées législatives sans influence, les corps constitués sans considération, l'esprit public sans énergie. La majorité des citoyens, mécontente et lassée du Directoire, voulait maintenir la République, mais avec d'autres gouvernants et une autre administration. Comment et par qui opérer ce changement que tous les partis pressentaient, auquel tous aspiraient? Un moment, les regards s'étaient dirigés, d'abord, vers Hoche, enlevé prématurément aux espérances des amis de la Révolution; ensuite, vers Joubert, jeune général que la partie énergique de l'opinion républicaine avait porté, peu de temps auparavant, au commandement en chef de l'armée d'Italie, pour lui préparer précisément la voie à un rôle dominant. Mais Joubert venait de tomber mortellement frappé sur le champ de bataille de Novi (15 août). Les partis, plus impatients et plus incertains que jamais, lui cherchaient donc un successeur, lorsque, au milieu de cette lassitude et de cette attente inquiète de tous les esprits, le nom déjà célèbre et singulièrement populaire de Bonaparte fut soudainement prononcé.

Placé au premier rang des généraux de la République par ses campagnes d'Italie; vainqueur en Orient, alors que les chefs de nos armées d'Europe étaient partout repoussés ou battus, Bonaparte avait un nom qui, pour la France, était un symbole de victoire. Quand on le croyait encore sur le Nil, rejetant dans leurs déserts ou sur leurs vaisseaux les Arabes, les Turcs ou les Anglais, et que ses bulletins, datés du Kaire, du Mont-Thabor, de Saint-Jean-d'Acre et d'Aboukir, étaient dans toutes les mains, exaltaient toutes les imaginations, son arrivée soudaine ajoutait au merveilleux qui s'attachait à sa personne. Six mois plus tôt ou quelques mois plus tard, revenu d'Égypte sans l'autorisation du gouvernement, il eût probablement passé devant un conseil de guerre. Mais, au moment où il débarqua, le besoin d'un changement était si universel, si profond, on avait une telle impatience de voir se produire une situation et un homme, que sa présence inattendue, fait providentiel pour le plus grand nombre, causa partout et chez tous une sorte de commotion électrique. Un écrivain, témoin oculaire des faits qu'il rapporte, et adversaire passionné des deux journées de brumaire ainsi que de leurs résultats, Dulaure, a raconté en ces termes la sensation produite par cette nouvelle :

« Dans la séance du 22 vendémiaire an VIII (14 octobre 1799), la discussion sur un projet de finances fut interrompue par un message du Directoire; plusieurs citoyens, des grenadiers et un corps de musique accompagnaient le messager d'État. Cette entrée joyeuse et extraordinaire présageait un événement heureux. Aussitôt la salle retentit de cris de joie, d'acclamations de *vive la République!* L'Assemblée se lève tout entière et répète ces cris. On venait d'apprendre que Bonaparte, débarqué à Fréjus, allait arriver à Paris. L'enthousiasme était excessif; des députés montent à la tribune, parlent avec ce désordre éloquent qui peint l'ivresse du contentement : l'un demande que le Conseil déclare que les armées de la République n'ont point cessé de bien mériter de la patrie; un autre s'écrie : « C'est aujourd'hui qu'il faut faire retentir le
« chant des victoires ; c'est aujourd'hui qu'il faut parer de
« fleurs la statue de la Liberté; peuple français, c'est aujour-
« d'hui ta fête ; tes guerriers ont triomphé de toutes parts, et
« le héros dont la gloire est inséparable de ton indépendance
« et de ta grandeur vient de toucher le sol de la République[1]. »

[1] Baudin des Ardennes, membre du conseil des Anciens, homme de mœurs graves et d'une probité sévère, à la nouvelle de l'arrivée de Bonaparte en

« Ces éclats d'une joie insensée, ajoute Dulaure, étaient le prélude d'une prochaine catastrophe. »

L'enthousiasme, pour employer l'expression de Dulaure, qui saisit le Corps législatif à cette nouvelle peut donner la mesure de l'émotion que produisit dans les masses l'arrivée du général en chef de l'armée d'Orient. Tous les regards furent aussitôt tournés vers lui : tous les chefs militaires présents à Paris, les membres les plus influents des deux Conseils et jusqu'aux Directeurs eux-mêmes, se pressèrent autour du jeune général. Par cela même qu'un changement de gouvernement était dans toutes les pensées, et que l'opinion publique désignait Bonaparte comme l'homme de la circonstance, chacun s'efforçait de l'attirer à ses plans de reconstruction politique ou de rénovation sociale, ou plutôt chacun cherchait à s'associer à sa fortune.

Le Gouvernement et les Conseils se partageaient en trois fractions politiques principales : les *immoraux* ou les *pourris*, dirigés par Barras ; les *Jacobins*, qui, depuis la mort successive de Hoche et de Joubert, se ralliaient autour de Bernadotte, ministre de la guerre ; les *modérés*, que conduisait le directeur Sieyès. « M'associer à ces derniers, a dit Bonaparte, m'exposait à de grands périls ; avec les Jacobins je n'en courais aucun ; ils m'offraient de me nommer *dictateur* ; mais, après avoir vaincu avec eux, il m'eût fallu presque aussitôt vaincre contre eux. Les clubs ne supportent pas de chef durable ; il leur en faut un pour chaque passion. » Bonaparte écouta les modérés. Quinze jours s'étaient à peine écoulés depuis son retour, que l'abbé Sieyès, activement secondé par l'ancien évêque d'Autun, Talleyrand, ministre des affaires étrangères, et par l'ex-oratorien Fouché, ministre de la police, concertait avec ce général, avec son frère Lucien

---

France, en ressentit, dit-on, une joie si vive, qu'il se livra à des actes étrangers à son caractère, et fut, le soir, attaqué d'une goutte remontée dont il mourut. (*Note de Dulaure.*)

Bonaparte, président du conseil des Cinq-Cents, et les principaux membres du conseil des Anciens, le renversement de ce gouvernement directorial dont chaque parti désirait, poursuivait la chute, mais avec la pensée de l'opérer à son profit [1].

Bonaparte était arrivé à Paris le 24 vendémiaire (16 octobre). A vingt-cinq jours de là, le 18 brumaire (10 novembre) au matin, le conseil des Anciens, convoqué par la commission des inspecteurs, se réunit en séance. Les membres étaient

[1] Outre les causes générales qui portaient l'abbé Sieyès à vouloir changer le faible gouvernement établi par la Constitution de l'an III, ce Directeur avait à venger, contre cette Constitution, un grief en quelque sorte personnel. Sieyès n'avait pris une part active qu'aux premiers travaux de l'Assemblée constituante. Vainement Mirabeau, lors de la discussion des principales dispositions de la Constitution de 1791, l'avait appelé, en ces termes, à la tribune : « J'ai prié, conjuré l'abbé Sieyès de nous doter de ses idées ; il m'a refusé ; je vous le dénonce, et vous conjure, à mon tour, d'obtenir son avis, qui ne doit pas être un secret ; d'arracher enfin au découragement un homme dont je regarde l'inaction et le silence comme une véritable calamité publique. » Sieyès ne répondit pas à cet appel, qui devint pour lui, auprès des contemporains, un brevet de penseur de génie ; il resta silencieux, non-seulement pendant le reste de la session, mais encore au sein de la Convention nationale, dont il fut membre, et où il ne monta guère à la tribune que pour abjurer, par peur, à la suite de l'évêque constitutionnel de Paris, Gobel, ses croyances religieuses, et faire hommage, à la Raison, de ses lettres de prêtrise. « Que fait donc Sieyès ? demandaient ses anciens admirateurs. — Il revoit et achève sa Constitution, » répondaient ses amis. Il y avait près de cinq années que nombre de gens, sur la parole de Mirabeau, attendaient cette œuvre secrète comme le dernier mot du système représentatif, lorsque la discussion de la Constitution de l'an III offrit enfin à Sieyès l'occasion de produire au grand jour son mystérieux travail. Le projet qu'il présenta, combinaison obscure, confuse, compliquée, peu saisissable dans ses détails, fut repoussé dans la séance du 2 thermidor. « Au moment où le président en prononça le rejet, a dit le Conventionnel Delbrel, le dépit et le mécontentement de Sieyès se manifestèrent ouvertement. Un député qui siégeait près de moi me les fit remarquer et me dit : « Ce faiseur d'utopies est tellement orgueilleux, tellement tenace dans ses idées, que si, d'un projet présenté par lui, on retranchait *une seule virgule*, il n'hésiterait pas, s'il en avait l'occasion et les moyens, à faire une révolution pour obtenir le rétablissement de sa virgule. » Sieyès n'avait jamais pardonné à la Constitution de l'an III la préférence qu'elle avait obtenue contre son propre travail, et sa rancune persistante contre cette Constitution n'était pas un des moindres motifs qui le portaient alors à vouloir la renverser

peu nombreux. A dix heures, le représentant Cornet[1] monte à la tribune et dénonce à ses collègues une conspiration qui menaçait la patrie et la liberté de dangers plus grands encore que tous ceux qu'elle avait pu courir depuis 1792. « Si des mesures ne sont pas prises, s'écrie l'orateur, l'embrasement devient général, nous ne pourrons plus en arrêter les dévorants effets, il enveloppe amis et ennemis, la patrie est *consumée*, et ceux qui échapperont à l'incendie verseront des pleurs amers mais inutiles sur les cendres qu'il aura laissées sur son passage. Vous pouvez, représentants, le prévenir encore; un instant suffit; mais, si vous ne le saisissez pas, la République aura existé, et son squelette sera entre les *mains* des vautours qui s'en disputeront les membres décharnés. »

Tout le discours du représentant Cornet était dans ce style. Le représentant Regnier[2] le remplace à la tribune, sort un papier de sa poche, et, sans la moindre explication, lit un projet de décret contenant les dispositions suivantes : Les deux Conseils composant le Corps législatif sont transférés dans la commune de Saint-Cloud; ils s'y réuniront le lendemain à midi; toute continuation de fonctions et toute délibération leur sont interdites dans un autre lieu; enfin le Conseil confie au général Bonaparte l'exécution du décret, ainsi que la garde du Corps législatif, et place sous son commandement exclusif la garnison de Paris, les gardes nationales sédentaires, ainsi que toutes les troupes qui peuvent se trouver dans la 17ᵉ division militaire[3].

Les membres dont on redoutait l'opinion ou l'énergie n'avaient pas été convoqués : le décret passa donc sans opposition. A peine était-il rendu, que l'orateur Cornet se hâtait de

---

[1] Depuis comte de l'Empire, sénateur, pair de France, etc.
[2] Depuis duc de Massa, grand juge, etc.
[3] L'article 102 de la Constitution de l'an III portait: « Le conseil des Anciens peut changer la résidence du Corps législatif; il indique, en ce cas, un nouveau lieu et l'époque à laquelle les deux Conseils sont tenus de s'y rendre. »

le porter au général Bonaparte. Ce dernier reçut ce message au milieu d'un nombreux état-major réuni depuis le matin à sa demeure de la rue Chantereine, et fit immédiatement afficher dans Paris deux proclamations imprimées à l'avance, et dans lesquelles sa nomination se trouvait annoncée; où il invitait tous les citoyens à la confiance et à l'union; déclarait que la République avait été mal gouvernée depuis le 18 fructidor, et promettait au peuple la liberté, la victoire et la paix. Ces soins pris, Bonaparte se rendit à la salle du conseil des Anciens, qui venaient, eux aussi, de faire leur proclamation au peuple français, et là, ce général prêta *serment de fidélité* à la *Constitution de l'an III* et à la République. Tout le reste du jour se passa en négociations et en préparatifs destinés à assurer le succès des mesures arrêtées pour le lendemain.

Sieyès, comme on l'a vu, était un des principaux complices de la conjuration; il y avait entraîné son collègue Roger-Ducos, qui, dès le matin, s'était furtivement échappé du Luxembourg pour se réfugier dans le palais du conseil des Anciens. L'ex-abbé Sieyès, prétextant un cours d'équitation qu'il suivait depuis quelques semaines, s'éloigna à cheval de la demeure dictatoriale, et vint rejoindre son collègue. Une fois réunis, tous deux écrivirent leurs démissions. Restait Barras, Gohier et le général Moulin.

Barras avait alors perdu toute influence. C'était, nous l'avons dit, en s'aidant de l'énergie et des intérêts révolutionnaires qu'au 9 thermidor, au 13 vendémiaire, au 18 fructidor, il avait pu exercer une action directe, puissante, sur ces trois journées. Cet appui ne le soutenant plus, il se trouvait sans force. Ses négociations avec les émigrés le plaçaient d'ailleurs dans une fausse position qui lui ôtait toute hardiesse. Aussi, soit qu'il craignît d'avoir à lutter contre une volonté plus énergique que la sienne, soit qu'il se crût soupçonné ou trahi, un seul mot de Bonaparte, transmis par M. de Talleyrand, lui fit donner sa démission; puis, sur un geste de ce général, dont il offrait de se rapprocher, il partit pour sa terre de Grosbois, et disparut pour toujours de la scène politique.

Les meneurs savaient qu'ils n'auraient pas aussi bon marché de Gohier et de Moulin. Gouvernants sans intelligence et sans décision, leur profonde nullité était rachetée par une probité rigide. On n'essaya donc pas de les corrompre ni de les intimider. On prit un parti plus rapide et plus sûr : Moreau, à la tête d'un corps nombreux de soldats dévoués au nouveau généralissime, envahit le palais directorial, s'empara de toutes les issues extérieures, et, plaçant des postes et des sentinelles dans tous les corridors et à toutes les portes intérieures, il tint les deux Directeurs emprisonnés dans leurs appartements.

Cette séquestration de deux Directeurs, la démission des trois autres, la translation des deux Conseils au village de Saint-Cloud, et la dictature militaire confiée au général Bonaparte, laissaient le champ libre aux adversaires du gouvernement directorial. L'effort, toutefois, restait incomplet; le Corps législatif existait encore; il fallait non-seulement le dissoudre, mais substituer un pouvoir nouveau au pouvoir de la veille. Ce fut l'œuvre du jour suivant.

Le château de Saint Cloud, devenu propriété nationale, était, depuis longtemps, nu et abandonné. La nuit tout entière fut employée à mettre les deux principales galeries de cet ancien palais en état de recevoir les membres des Conseils. Les ouvriers, malgré leur diligence, n'avaient pas encore terminé ce travail le 19 brumaire (11 novembre) au matin, à l'heure fixée pour l'ouverture de chaque séance. Les Anciens devaient se réunir à dix heures, les Cinq-Cents à midi. Ce fut seulement deux heures plus tard que les membres de chaque Conseil, impatients de délibérer, purent enfin décider les ouvriers à leur céder la place. Le conseil des Anciens s'assembla le premier. Dès l'ouverture de la séance, les membres qui, faute de lettres de convocation, n'avaient pu assister à la réunion de la veille, demandèrent à connaître les motifs et le but de la translation des deux Assemblées. On leur répondit que, malgré la justice de cette réclamation, il était impossible de satisfaire leur curiosité. Ils insistèrent avec force : Regnier alors s'irrita, et dit qu'il était indécent d'exiger des explications publiques, quand ces révélations pouvaient donner l'éveil aux hommes qui mettaient la patrie en danger. — Mais quels sont ces hommes? quel est ce danger? répliquaient les récalcitrants.

Ces questions, renouvelées à plusieurs reprises, restèrent encore sans réponse. Il devenait cependant difficile aux membres de la majorité de continuer à siéger sans être bientôt obligés de rompre le silence; l'un d'eux, pour gagner du temps, propose de notifier la constitution du conseil au Directoire et aux Cinq-Cents, et de suspendre toute délibération jusqu'au retour des messagers. Cet expédient, qui permettait à l'Assemblée de se maintenir en séance sans qu'il y eût de discussion, est immédiatement adopté, et le représentant Cornudet[1] prend l'engagement de révéler le complot, dès que les réponses à ces deux messages seront connues. Ces réponses, la majorité ne l'ignorait pas, devaient se faire attendre longtemps: les Cinq-Cents, en effet, ne délibéraient pas encore, et le Directoire, dont le siége légal était à Paris, n'existait plus. Enfin, vers les deux heures et demie, le messager d'État envoyé au Luxembourg revint avec la lettre suivante du secrétaire général Lagarde :

« Le messager d'État que vous avez chargé des pièces ci-jointes me les a présentées. Je n'ai pu les recevoir, parce que quatre membres du Directoire ayant donné leur démission[2], et le cinquième[3], ayant été *mis*

---

[1] Depuis comte, sénateur, pair de France, etc.
[2] Le secrétaire général du Directoire se trompait. Le général Moulin, à la vérité, avait échappé pendant la nuit à ses gardes; mais il s'était retiré sans donner sa démission. Il n'y avait que trois directeurs démissionnaires : Sieyès, Roger-Ducos et Barras.
[3] Gohier.

en surveillance par ordre du général en chef Bonaparte, chargé par le décret d'hier de veiller à la sûreté du Corps législatif, *il ne se trouve plus de Directoire.*

« Salut et respect.

« LAGARDE. »

A la lecture de cette lettre, les membres qui, jusqu'alors, avaient insisté pour obtenir des explications, demandent avec un surcroît d'énergie à être éclairés sur ces démissions de quatre Directeurs. On leur oppose la résolution précédemment prise de ne rien révéler avant de connaître officiellement la constitution définitive des Cinq-Cents. Une vive discussion s'engage; mais, à ce moment, le général Bonaparte paraît à l'entrée de la salle; un grand nombre de voix l'invitent à s'avancer et à monter à la tribune; il cède à ces instances, et, enhardi par les témoignages de sympathie qui accueillent ses premiers mots, il harangue l'Assemblée. Sa parole, incertaine au début, s'anime par degrés; dans plusieurs passages, elle s'élève à l'éloquence la plus haute; le tableau qu'il trace de la République telle qu'il l'avait laissée lors de son départ pour l'Orient et telle qu'il vient de la retrouver à son retour produit surtout une vive impression. En terminant, il se tourne vers les soldats qu'il avait laissés groupés aux portes de la salle : « Si quelque orateur soldé par l'étranger, leur dit-il, ose prononcer contre votre général les mots *hors la loi*, que la foudre de la guerre l'écrase à l'instant! Songez que je marche accompagné du dieu de la guerre et du dieu de la fortune! — Je me retire, ajoute-t-il en s'adressant aux membres du Conseil ; vous allez délibérer : ordonnez, j'exécuterai. »

Les quelques mots adressés par Bonaparte aux soldats prouvent qu'il ne méconnaissait pas les dangers de sa position : depuis 1792, en effet, un simple décret de mise *hors la loi* avait toujours suffi aux Assemblées pour les délivrer de leurs adversaires les plus redoutables. Quand le général fut sorti, les membres qui n'étaient pas dans le secret de l'événement préparé pour la fin de la journée revinrent à la charge et renouvelèrent leurs questions. Cornet se récria ; insister, disait-il, c'était nier la conspiration ; or Bonaparte lui-même venait de la dénoncer ; Bonaparte en avait donc imposé à l'Assemblée ! il en avait donc menti ! Cornet paraissait dominé par l'indignation la plus vive. Un de ses collègues vint à son secours en proposant de renouveler le *serment de fidélité* à la République et à la *Constitution de l'an III.* La motion fut si longuement appuyée, si longuement combattue, que le Conseil discutait encore, lorsque plusieurs représentants accourent annoncer que les Cinq-Cents viennent de se dissoudre. C'était l'instant attendu. Nous devons dire ce qui s'était passé dans cette dernière Assemblée.

Les Cinq-Cents n'avaient pu entrer en séance que vers les deux heures. La plupart des membres ne connaissaient que fort imparfaitement les événements de la veille. Si la majorité était composée d'hommes timides, mais sincèrement attachés à la Constitution de l'an III, un certain nombre de députés, qui avaient conservé la ferveur et l'énergie républicaines des premiers temps de la Révolution, étaient résolus, non-seulement à résister, mais encore à comprimer vigoureusement toute tentative contre-révolutionnaire, et à faire une sévère justice des coupables. La séance ouverte, plusieurs membres se précipitent à la tribune pour protester contre le décret de translation. L'un d'eux, Delbrel, ayant mis une certaine véhémence dans son langage, est interrompu par Lucien Bonaparte, alors président du Conseil. « Les baïonnettes ne nous effrayent pas, s'écria Delbrel ; nous sommes libres ici ! » Des cris de *vive la République ! point de dictature ! à bas les traîtres !* accueillent ces paroles. Le débat s'engage immédiatement sur les mesures que le Conseil doit adopter. Un membre demande que chaque député, avant toute discussion, soit tenu de renouveler son serment de fidélité à la Constitution de l'an III, et de jurer qu'il s'opposera à l'établissement de toute tyrannie. La proposition est adoptée par tous les membres présents, aux cris de *vive la République! vive la Constitution!* On procède à l'appel nominal, et chaque membre, montant à son tour à la tribune, prête le double serment demandé. L'Assemblée décrète ensuite qu'elle notifiera son installation au Directoire, et qu'elle invitera le conseil des Anciens à lui confier, dans un message, les motifs de la translation du Corps législatif à deux lieues de Paris. Quelques instants après ce vote, un des huissiers remet au président une dépêche cachetée, que Lucien ouvre et dont il donne communication. C'était la démission de Barras. La lecture de cette pièce soulève une discussion des plus animées. L'Assemblée commençait à entrevoir la vérité. « Eh bien, s'écrient plusieurs membres, occupons-nous de remplacer immédiatement Barras! Formons une liste de candidats! » Le représentant Grandmaison appuie la proposition : « La situation où nous sommes cache un danger, ajoute-t-il; mais ce danger quel est-il? où est l'ennemi? Nul ne peut ou n'ose le dire; car, évidemment, quelques-uns d'entre nous savent d'où nous sommes partis et où nous allons. »

A ce moment, un bruit confus, venant du dehors, interrompt l'orateur. Tous les regards se portent involontairement vers les portes de la salle, qui, s'ouvrant presque aussitôt, laissent apercevoir un nombreux détachement de grenadiers armés que précède le général Bonaparte. Les grenadiers s'arrêtent, et se groupent sur le seuil de la porte; Bonaparte s'avance seul vers la tribune.

C'était la première fois, depuis 1789, qu'un général osait pénétrer dans l'enceinte du pouvoir législatif sans y avoir été mandé. L'audace d'une telle démarche, chez un chef militaire, réveille la fierté des plus timides; toutes les dissidences d'opinion disparaissent devant cet outrage à la souveraineté du Conseil. Une longue clameur d'indignation s'élève de toutes les parties de la salle; les cris de *à bas le dictateur! hors la loi! mort au tyran!* partent de tous les bancs. Bonaparte, troublé, s'arrête. Intimidé par l'aspect de cette Assemblée nombreuse dont la solennité était augmentée par le costume éclatant de ses membres, il sent son énergie faiblir. Dans ce moment, un membre placé sur un des bancs inférieurs, Bigonnet, quitte sa place, s'avance vers le général, étend les mains vers lui, et s'écrie : « Que faites-vous, téméraire? vous violez le sanctuaire des lois ; sortez! » Bonaparte, à cet instant, était très-pâle ; il semblait frappé de stupeur; un officier s'approche, et lui dit quelques mots; le général s'appuie sur son bras, rejoint lentement son escorte, et se retire.

L'agitation produite par cet incident fut longue à se calmer. Nous avons dit que Lucien Bonaparte présidait la séance. Le retour de son frère, ainsi que le plan adopté pour le porter au pouvoir, était en grande partie son œuvre ; et le succès reposait presque tout entier sur l'influence et sur l'autorité que lui donnait la présidence du Conseil; il essaya d'apaiser l'orage. « Sans doute, disait-il aux députés qui assiégeaient la tribune, le général venait de faire une démarche irrégulière, inconsidérée; mais l'intention était bonne : il voulait rendre compte au Conseil de la situation. » Ces explications trouvaient peu de crédit; la majorité n'était pas disposée à l'indulgence. « *Il vient de ternir sa gloire!* » s'écriaient bon nombre de députés; « *Il s'est conduit comme un roi!* » ajoutaient les plus animés. Plusieurs membres demandèrent que le général fût traduit à la barre pour rendre compte de sa conduite. Cette proposition était le préliminaire évident d'une mise en accusation: Lucien se hâta de la faire connaître à son frère.

Ce dernier, entouré par un corps nombreux d'officiers qui le sollicitaient d'en finir par un coup de main, était alors en proie à cette irrésolution qui devait exercer une si grande influence sur les deux époques critiques de sa carrière, en 1814 et en 1815; la résistance étonnait et semblait paralyser son génie. Qui pouvait dire, au reste, l'action que la représentation nationale exerçait encore sur les soldats? Les troupes, depuis dix ans, étaient accoutumées à regarder la législature comme le pouvoir suprême de la République. Depuis dix ans, les décrets des Assemblées étaient des ordres souverains respectés de tous et partout acceptés avec soumission. Les Conseils, d'ailleurs, avaient leur garde particulière ; les grenadiers qui la composaient étaient nombreux ; tous devaient leur position à la protection des représentants, et ils occupaient les postes les plus rapprochés des deux salles. La reconnaissance, l'habitude du devoir, leurs serments, dans le cas d'un décret de *mise hors la loi*, ne pouvaient-ils pas l'emporter sur les ordres d'un chef qui, lui-même, ne les commandait précisément qu'en vertu d'un décret rendu seulement la veille ?

Lucien, en annonçant à son frère la marche que prenait la délibération, ajoutait qu'il était nécessaire que tous deux pussent se concerter ; mais, seul au milieu d'une assemblée où tous les esprits étaient exaltés par le sentiment d'un grand péril et par l'indignation, il n'osait quitter le fauteuil de la présidence. Bonaparte donne aussitôt l'ordre à un fort détachement de pénétrer dans la salle et d'*enlever* le président, que menaçait, disait-il, *une bande d'assassins*. Le détachement obéit. A la vue des soldats qui se présentent à la porte intérieure de l'enceinte des séances, Lucien se lève, fait signe au détachement de s'arrêter, déclare que, puisque l'Assemblée persiste à accuser son frère, il ne lui appartient pas de conduire le débat, de mettre aux voix une condamnation ; et, posant sur le bureau son manteau, sa ceinture et sa toque, il sort de la salle. Cet incident, que la position du président rendait naturel, ne suspendit pas la séance. Le représentant Chazal monta au fauteuil, et la discussion continua. Les Assemblées sont impuissantes pour l'action : elles délibèrent quand il faudrait frapper. Les deux Bonaparte étaient réunis depuis longtemps, et déjà ils avaient arrêté leur plan d'attaque, que les Cinq-Cents, malgré le nombre des orateurs qui s'étaient succédé à la tribune, cherchaient encore une décision.

Lorsque Lucien était arrivé au milieu des troupes, l'état-major de son frère se montrait fort agité par une nouvelle qui courait alors dans tous les rangs. Un des soldats qui avaient accompagné le général dans la salle des Cinq-Cents, le grenadier *Thomé*, pressé contre une des parois de la porte d'entrée, avait eu la manche de son uniforme déchirée par un clou que les ouvriers n'avaient pas eu le temps de rabattre. Cette déchirure, lorsqu'elle fut aperçue, servit d'abord de texte aux plaisanteries des camarades. Ensuite vinrent les suppositions et les commentaires. Bientôt, la sottise et la crédulité aidant, le clou fut transformé en un poignard dirigé contre le général et son escorte; on ne se borna pas à raconter, on affirma; les témoignages se produisirent en foule; c'était à qui aurait vu le stylet ainsi que la main qui avait frappé. Le hasard avait donc merveilleusement disposé les esprits, quand Lucien, à la suite d'une assez longue conférence avec son frère, monte à cheval au milieu de la cour du château, et, du haut de cette tribune improvisée, harangue les troupes groupées autour de lui et de son frère; il leur dit : « que l'immense majorité du conseil des Cinq-Cents était en ce moment sous la terreur de quelques représentants à stylets qui assiégeaient la tribune, présentaient la mort à leurs collègues, enlevaient les délibérations les plus affreuses, et osaient parler de mettre *hors la loi* le général chargé de l'exécution du décret rendu par le conseil des Anciens. — Au nom du peuple et comme président du conseil des Cinq-Cents, s'écria Lucien en terminant, vous, général, vous tous, soldats et citoyens qui m'entendez, je vous confie le soin de délivrer la majorité de vos représentants! Vous ne reconnaîtrez pour législateurs de la France que ceux qui vont se rendre auprès de moi. Quant à ceux qui resteraient dans la salle, que la force les expulse! *Vive la République!* »

Cette allocution ardente empruntait une grande puissance à la position officielle de Lucien. Comme président du Conseil, il avait la police de la salle des séances, et la force armée se trouvait à ses ordres. Les soldats lui obéissent. Un fort détachement placé sous les ordres du général Leclerc, beau-frère des Bonaparte, se porte aussitôt vers la salle, précédé par de nombreux tambours battant la charge, et pénètre dans l'enceinte. A la vue des représentants qui continuaient à discuter avec calme, les premiers rangs hésitent à avancer. Poussés par les soldats marchant derrière eux, entraînés par Leclerc, ils arrivent pourtant jusqu'aux premières banquettes occupées par les députés. A ce moment, la plupart des représentants sont debout et adressent à la troupe et à ses officiers les interpellations les plus véhémentes. Leclerc fait un signe; un long et fort roulement de tambours couvre toutes les voix. Formés d'abord en colonne serrée, les soldats se déploient dans toute la largeur de cette longue galerie, et, s'avançant l'arme au bras, ils refoulent lentement les députés, les invitent à se retirer, et finissent par faire vider tous les bancs. Les Cinq-Cents n'opposèrent qu'une résistance passive. Il n'y eut ni violence ni tumulte. Les députés ne sautèrent point par les fenêtres; ils ne s'enfuirent pas, laissant leurs vêtements aux buissons du jardin, ainsi qu'on l'a faussement raconté. Sortis de la salle, tous allèrent déposer au vestiaire leur manteau, leur ceinture et leur toque. Le plus grand nombre prit ensuite la route de Paris; cinquante environ restèrent à Saint-Cloud, et ce fut cette fraction, reconstituée presque immédiatement en Conseil, qui, le soir, et malgré le serment de fidélité à la Constitution de l'an III que ses membres venaient de prêter, rendit, de concert avec le conseil des Anciens, un décret qui détruisait cette même Constitution, déclarait le Directoire dissous, et créait, sous le nom de Consuls de la République, une commission exécutive provisoire, composée des ex-directeurs Sieyès et Roger-Ducos, et du général Bonaparte. Ces Consuls étaient investis de la plénitude du pouvoir directorial, et avaient pour devoir et pour mission

« d'*organiser l'ordre* dans toutes les parties de l'administration, de rétablir la tranquillité intérieure et de procurer à la France *une paix honorable et solide*. » Par l'article 5, les deux Conseils s'ajournaient au 1ᵉʳ ventôse (20 février) suivant. Une disposition spéciale chargeait une commission de vingt cinq membres, élus par les deux Conseils, de rédiger la nouvelle Constitution.

La retraite volontaire de la majorité du Directoire, préparée par son membre le plus influent et par ses principaux ministres, d'accord avec la majorité du conseil des Anciens et le président du conseil des Cinq-Cents, en d'autres termes, le concert d'une partie des pouvoirs légaux de la République avec le général Bonaparte venait de donner à ce dernier le gouvernement de la France.

CHAPITRE II

Constitution de l'an VIII ; établissement du gouvernement consulaire ; retraite de Sieyès — Propositions de Louis XVIII et du comte d'Artois au Premier Consul. — Fermeture de la liste des émigrés ; leur rentrée en France. — Machine infernale. — Complot de Topino-Lebrun, Ceracchi, Demerville et Aréna. — Déportation de 130 républicains. — Découverte des auteurs de l'explosion du 3 nivôse. — Louis XVIII est obligé de quitter Mittau et de se réfugier en Prusse ; il séjourne à Memel, à Kœnisberg, et s'arrête à Varsovie. — L'Angleterre traite avec la République. — Proposition des autorités prussiennes de Varsovie à Louis XVIII ; réponse de ce prince ; déclaration des membres de sa famille. — Conspiration de Georges Cadoudal ; Moreau ; suicide de Pichegru ; condamnations. — Le duc d'Enghien : son enlèvement, sa condamnation et sa mort ; rôle de M. de Talleyrand et de Murat. — Établissement de l'Empire ; adresses ; manœuvres politiques : Bonaparte, empereur. — Protestation de Louis XVIII. — Affaire Coulon. — Entrevue de Louis XVIII et du comte d'Artois à Calmar ; le premier y reçoit l'ordre de ne plus rentrer en Prusse ; il demande et obtient de revenir à Mittau. — Déclaration du 2 décembre 1804 ; lettre explicative : le parti royaliste ; tableau de l'opinion publique à Paris en 1806. — Traité d'alliance entre Alexandre et Napoléon. — Louis XVIII quitte une seconde fois Mittau ; il s'embarque à Riga et arrive à Yarmouth ; il ne peut débarquer. — Communication du gouvernement anglais à Louis XVIII, qui obtient de séjourner en Angleterre, et fixe sa résidence à Gosfield-Hall.

1800-1807. — La révolution accomplie par les décrets du 19 brumaire an VIII (10 novembre 1799) avait eu principalement pour objet de donner au pouvoir la force et la stabilité nécessaires pour reconstituer l'administration, faire succéder l'ordre au désordre, en un mot, mettre un terme à l'anarchie et à la désorganisation qui paralysaient, depuis plusieurs années, tous les ressorts de la puissance publique. Les vingt-cinq membres chargés, par les Conseils, de rédiger la nouvelle loi politique ne se contentèrent pas de remédier à la faiblesse du gouvernement ; par un effet de cette déplorable mobilité, de cet emportement irréfléchi, qui sont dans le caractère de notre nation, cette commission se porta à l'excès opposé : elle se précipita d'un extrême dans un autre. Tous les pouvoirs furent concentrés sur un seul homme ; ce ne fut pas un Premier Magistrat que les commissaires mirent à la tête de la République, mais un véritable Monarque auquel ils abandonnaient, outre la nomination d'un *Conseil d'État* chargé de la préparation exclusive des lois, la composition d'un *Sénat conservateur*, dont les attributions multiples comprenaient : d'abord, le choix des membres d'un *Tribunat* et d'un *Corps législatif* ayant pour mission, le premier, de délibérer sur les lois, le second, de les adopter ou de les repousser sans discussion ; ensuite, la prérogative d'expliquer, d'interpréter les différentes dispositions de la Constitution, c'est-à-dire la faculté de changer celle-ci. Le nombre des Consuls, à la vérité, demeurait fixé à trois membres ; mais ils cessaient de se trouver égaux en droits et en titre[1], et à Bonaparte seul étaient ré-

---

[1] Dès la première séance qui suivit les journées de brumaire, Bonaparte avait fait cesser cette égalité, et s'était attribué la prépondérance sur ses deux collègues : « La crise était chaude, a-t-il dit, et me rendait bien nécessaire ; il fallait un président ; je saisis le fauteuil, et mes deux collègues n'eurent garde de me le disputer. Ducos, d'ailleurs, se prononça dès cet instant une fois pour toutes : « Je pouvais seul les sauver, » disait-il, et, dès lors, il se déclara toujours de mon avis en toutes choses. Sieyès se mordit les lèvres, mais il dut en faire autant.

« Dans cette première réunion, et dès que nous fûmes seuls, a ajouté Napoléon, Sieyès alla mystérieusement regarder aux portes si personne ne pouvait entendre ; puis, revenant à moi, il me dit avec complaisance et à demi-voix, en me montrant une commode : « Voyez-vous ce beau meuble ? vous ne vous « doutez peut-être pas de sa valeur ? » Je crus qu'il me faisait considérer un meuble de la couronne, et qui peut-être avait servi à Louis XVI. « Ce n'est « pas du tout cela, me dit Sieyès en voyant ma méprise ; je vais vous mettre « au fait : il renferme huit cent mille francs ! » Et ses yeux s'ouvraient tout grands. « Dans notre magistrature directoriale nous avions réfléchi qu'un Di« recteur sortant de place pouvait fort bien rentrer dans sa famille sans possé« der un denier, ce qui n'était pas convenable. Nous avions donc imaginé cette « petite caisse, de laquelle nous tirions une somme pour chaque membre sor« tant En cet instant, plus de Directeurs ; nous voilà donc possesseurs du reste. « Qu'en ferons-nous ? » J'avais prêté une grande attention, et je commençais

servées, sous le titre de *Premier Consul*, toutes les attributions du pouvoir exécutif le plus énergique, le plus étendu, ainsi que la désignation d'un second et d'un troisième consuls, qui n'avaient plus que voix *consultative*. Ce partage irrita profondément Sieyès; il avait espéré la dictature du nouvel établissement politique; ses plaintes furent vives; elles cessèrent devant une indemnité splendide qui le décida à aller ensevelir silencieusement sa déconvenue au sein du Sénat, où le suivit son collègue Roger-Ducos. Bonaparte les remplaça par Cambacérès et par Lebrun [1].

Promulguée le 22 frimaire an VIII (13 décembre 1799), un mois après le renversement du gouvernement directorial, la Constitution nouvelle ne mettait pas seulement aux mains d'un jeune général de trente ans toute la grandeur et toutes les forces de la Révolution; elle enlevait au peuple l'exercice de tous ses droits politiques et supprimait la liberté de la presse, la liberté d'élection, la liberté de la tribune, en un mot, tout ce qui est l'essence des gouvernements représentatifs. La gestion même des intérêts des communes cessait d'appartenir aux citoyens, et se trouvait dévolue sans partage aux

---

enfin à comprendre. Je lui répondis: « Si je le sais, la somme ira au trésor « public; mais, si je l'ignore, et je ne le sais pas encore, vous pouvez vous « partager, vous et Ducos, qui êtes tous deux anciens Directeurs; seulement, « dépêchez-vous, car demain il serait peut-être trop tard. » Mes collègues ne se le firent pas dire deux fois. Sieyès se chargea hâtivement de l'opération, et fit le partage, comme dans la fable, en lion. Il fit nombre de parts : il en prit un comme plus ancien Directeur, une autre comme ayant dû rester en charge plu longtemps que son collègue, une autre parce qu'il avait donné l'idée de ce heureux changement, etc.; bref, il s'adjugea six cent mille francs, et n'en envoya que deux cent mille au pauvre Ducos, qui, revenu des premières émotions, voulait absolument réviser ce compte et lui chercher querelle. A chaque instant, tous les deux revenaient à moi, à ce sujet, pour que je les misse d'accord; je leur répondais toujours: « Arrangez-vous entre vous; surtout, soyez silen- « cieux; car, si le bruit remontait jusqu'à moi, il vous faudrait abandonner le « tout. »

[1] Après avoir réussi à renverser la Constitution de l'an III, Sieyès avait espéré pouvoir enfin doter la République de ce mystérieux système politique qu'il tenait en réserve depuis la Constituante, système que ses amis vantaient

agents du pouvoir exécutif. Ce résultat de l'audacieux coup de main politique de brumaire surprit les Bourbons sans les déconcerter; loin de là : en ramenant la France aux institutions monarchiques, cet événement les confirma dans la conviction que, demeurée profondément royaliste, la France appelait de tous ses vœux le retour de l'ancienne royauté ; et que, simples incidents dans son évolution révolutionnaire, les changements qui s'y succédaient ne faisaient que déplacer les influences dominantes et changer le nom de ses éphémères gouvernants. Bonaparte venait de remplacer Barras au timon des affaires; les Bourbons oublièrent Barras et s'adressèrent à Bonaparte.

Ce n'était pas la première fois que l'émigration songeait à gagner ce général à la cause royaliste. La lettre écrite par Louis XVIII à Pichegru, le 9 juin 1796[1], autorisait ce dernier à tenter quelques démarches auprès des généraux de l'armée d'Italie. Le soin de ces démarches fut confié au comte de Montgaillard, que l'on chargea, quelque temps avant le 18 fructidor, d'offrir à Bonaparte, au nom de ses maîtres, la vice-

---

d'après ses propres affirmations, et sur lequel il gardait un silence d'oracle. Il le soumit, en effet, aux Consuls ses collègues ; mais Bonaparte en avait brusquement repoussé les dispositions principales en les qualifiant de « nouveauté bizarre, de création monstrueuse, composée d'idées hétérogènes qui n'offraient rien de raisonnable. » Sieyès venait de siéger, au sein de la commission consulaire, l'espace de quelques semaines ; à sa sortie de cette commission, où il n'avait donné que des preuves de la plus complète impuissance, il reçut, pour prix du mois qu'il y avait passé, la toute propriété du magnifique domaine national de Crosne. On sait la somme considérable que déjà il s'était adjugée à son entrée dans la commission : son concours au coup d'État de brumaire lui fut ainsi payé deux fois.

Ce prêtre était aussi orgueilleux que cupide. Aumônier d'une princesse de France, il disait un jour la messe devant elle ; un accident oblige la princesse de se retirer ; ses dames la suivent. Sieyès, très-occupé à lire son missel, ne s'en aperçoit pas dans le premier moment ; mais quand, en se retournant vers l'assistance, il se voit abandonné par tout ce qu'il y avait de grands seigneurs, et réduit, pour auditoire, à la basse domesticité, il ferme brusquement le missel et se retire, s'écriant : « Je ne dis pas la messe pour la canaille. »

[1] Voyez p. 18.

royauté de la Corse, la dignité de maréchal de France et le cordon bleu. Mais la négociation dut rester à l'état de projet. L'agent des Bourbons ne put aborder Bonaparte, qui, dans ce moment-là même, envoyait à Paris le portefeuille du comte d'Antraigues, pressait le Directoire de frapper les royalistes, provoquait dans son armée des manifestations en faveur de la République et proposait de marcher à la tête de toutes ses troupes au secours du gouvernement directorial. Les circonstances, après le 18 brumaire, semblaient plus favorables. Les propositions arrivèrent de deux côtés.

Ce fut l'abbé de Montesquiou, un des membres de l'agence royaliste de Paris, qui, par l'intermédiaire de Lebrun, alors troisième consul et ancien secrétaire du chancelier Maupeou, fit parvenir à Bonaparte une lettre écrite de la main même de Louis XVIII. Dupe des rapports de ses correspondants, et voyant, comme eux, dans le Premier Consul, un nouveau Monck qui, en s'éloignant chaque jour des traditions de la République, préparait évidemment le retour à la Monarchie, ce prince n'admettait pas que Bonaparte poursuivît un autre but que le rétablissement de l'ancienne royauté. Sa lettre, écrite sous ces impressions, était ainsi conçue :

« Quelle que soit leur conduite *apparente*, des hommes tels que vous, monsieur, n'inspirent jamais d'inquiétude. Vous avez accepté une place éminente, et *je vous en sais gré*. Mieux que personne, vous savez ce qu'il faut de force et de puissance pour faire le bonheur d'une grande nation. Sauvez la France de ses propres fureurs, vous aurez rempli le premier vœu de mon cœur; rendez-lui son Roi, et les générations futures béniront votre mémoire. Vous serez toujours trop nécessaire à l'État pour que je puisse acquitter par des places importantes la dette de mes aïeux et la mienne.

« Louis. »

Cette lettre étrange, où Louis XVIII parlait en monarque rappelant son devoir à un sujet, et dans laquelle il croyait avoir habilement concilié le respect qu'il devait à sa race et à son titre avec les prévenances auxquelles l'obligeait la position de l'homme dont il réclamait les services, causa une profonde surprise à Bonaparte; il ne sut s'il devait y répondre; son hésitation parut trop longue à l'impatience du Prétendant, qui, ne pouvant plus attendre et croyant n'avoir pas suffisamment intéressé à son rétablissement l'ambition ou l'avidité du Premier Consul, lui écrivit une seconde fois en ces termes :

« Depuis longtemps, général, vous devez savoir que mon estime vous est acquise. Si vous doutiez que je fusse susceptible de reconnaissance, marquez vous-même votre place, fixez le sort de vos amis. Quant à mes principes, je suis Français : clément par caractère, je le serais encore par raison.

« Non, le vainqueur de Lodi, de Castiglione, d'Arcole, le conquérant de l'Italie et de l'Égypte, ne peut pas préférer à la gloire une vaine célébrité. Cependant *vous perdez un temps précieux* : nous pouvons assurer le repos de la France; je dis *nous*, parce que j'ai besoin de Bonaparte pour cela, et qu'il ne le pourrait sans moi.

« Général, l'Europe vous observe, la gloire vous attend, et je *suis impatient* de rendre la paix à mon peuple.

« Louis. »

Bonaparte voulut mettre un terme aux illusions du prince émigré; il lui répondit :

« Paris, le 20 fructidor an VIII (7 septembre 1800).

« J'ai reçu, monsieur, votre lettre; je vous remercie des choses honnêtes que vous me dites.

« Vous ne devez pas souhaiter votre retour en France; il vous faudrait marcher sur cinq cent mille cadavres.

« Sacrifiez votre intérêt au repos et au bonheur de la France; l'histoire vous en tiendra compte.

« Je ne suis pas insensible aux malheurs de votre famille; je contribuerai avec plaisir à la douceur et à la tranquillité de votre retraite.

« Bonaparte. »

Louis XVIII avait abandonné à l'abbé de Montesquiou le soin de faire connaître à Bonaparte le prix dont on entendait payer son concours : c'était la dignité de connétable avec la direction de la guerre. Le Premier Consul ne laissa pas à M. de Montesquiou le loisir de lui soumettre ces singulières propositions; le soir même du jour où la seconde lettre de Louis XVIII lui fut remise, Bonaparte fit signifier à l'abbé qu'il eût à quitter immédiatement la France ou à cesser d'être le correspondant des Bourbons.

Le comte d'Artois, pour agir de son côté, n'avait pas attendu les confidences ou les ordres du roi son frère. Peu de jours après l'établissement du Consulat, une dame, qui était fort avant dans l'intimité du prince, la duchesse de Guiche, avait quitté Londres, chargée de sonder le nouveau chef de la République. Cette dame pénétra facilement auprès de madame Bonaparte, que sa naissance et son premier mariage mettaient en contact naturel avec les personnes de l'ancienne cour. La duchesse fut invitée à déjeuner à la Malmaison : pendant le repas, elle amena la conversation sur Londres, sur l'émigration ainsi que sur les membres de l'ancienne famille royale, et raconta négligemment que, se trouvant peu de jours avant son départ chez le comte d'Artois, on avait demandé devant elle à ce prince quelle serait la récompense accordée par la famille royale au général Bonaparte, dans le cas où il rétablirait les Bourbons. « Nous le ferions d'abord connétable, aurait répondu le Comte; tout ce qu'il demanderait ensuite lui serait accordé, et, comme ce ne serait pas encore assez, selon moi, nous élèverions sur le Carrousel une haute colonne surmontée de la statue de M. Bonaparte couronnant les Bourbons. »

Madame Bonaparte, ainsi que l'espérait la duchesse de Guiche, rapporta cette conversation à son mari, immédiatement après le déjeuner. A quelques heures de là, l'amie du comte d'Artois recevait de la police l'ordre de reprendre dans la nuit même la route de Londres. Bonaparte, à l'occasion de cette double démarche, déclara publiquement que, tant qu'il gouvernerait, les Bourbons ne rentreraient pas en France. Il ajoutait, au sujet des négociations entamées avec Barras et que l'abbé de Montesquiou avait fait connaître à Lebrun : «Si, au 18 brumaire, j'avais connu cette affaire, j'aurais immédiatement fait fusiller Barras, avec ses lettres patentes attachées sur la poitrine. »

Peu de jours après, le Premier Consul portait à la cause des Bourbons des coups plus funestes que ne pouvait l'être l'avortement de cette double tentative de négociation : il rappelait les déportés de fructidor, ouvrait la frontière à un nombre considérable d'exilés volontaires de toutes les catégories, fermait la liste des émigrés, facilitait les radiations, les opérait même de sa main, et commençait à placer dans les administrations publiques tous les anciens privilégiés qui consentaient à s'attacher à sa fortune. Déjà la faiblesse de certains Directeurs, la complicité salariée de leur entourage, celle de quantité de hauts fonctionnaires, et la complaisance des autorités municipales d'un grand nombre de localités avaient ouvert une assez large voie au retour des émigrés; Bonaparte l'élargit encore au profit de sa politique; son avénement au Consulat devint, pour l'Émigration, le signal d'une sorte de rentrée en masse. Le vide commençait donc à se faire autour des frères de Louis XVI dans les derniers jours de 1800, quand un revirement inattendu de la Russie vint ajouter une déception nouvelle aux mécomptes qui accueillaient partout et depuis si longtemps les espérances de ces princes.

On a vu que Paul Ier avait embrassé avec feu la cause des Bourbons, et que, non content de défrayer la cour de Mittau et de prendre à sa solde l'armée de Condé, il s'était empressé de mettre au service de l'Emigration une force navale et deux corps expéditionnaires considérables. Ses vaisseaux avaient opéré en Hollande conjointement avec une flotte anglaise. Brune, par sa victoire de Berghem, avait fait échouer cette expédition, que commandait en chef le duc d'York, fils du roi d'Angleterre. Mais les résultats de la défaite n'avaient pas été semblables pour les deux cours : les troupes russes, toujours placées en première ligne par le duc d'York, s'étaient rembarquées après des pertes considérables, n'emmenant avec elles que des blessés, tandis que le prince anglais, ménageant le sang de ses soldats, et laissant ses alliés supporter tout le poids des régiments républicains, s'était uniquement occupé de capturer la flotte hollandaise et d'en emmener les bâtiments dans les ports britanniques. D'un autre côté, soit incapacité, soit jalousie, les généraux autrichiens n'avaient que faiblement appuyé Souwaroff dans sa malheureuse campagne contre Masséna. Paul, voulant tout à la fois sauver l'honneur de ses armes et se venger, accusa la perfidie anglaise, ainsi que l'ineptie du Conseil Aulique, du double échec qu'il venait d'essuyer en Hollande et en Suisse; et, changeant inopinément ses alliances et sa politique, il reporta sur la France et sur Bonaparte toute la chaleur de ses affections. Ce fut encore l'Émigration qui paya les frais de cette brusque conversion. Non-seulement le tzar rappela ses troupes, mais il supprima tout subside à ses hôtes du château ducal de Mittau, puis leur enjoignit d'avoir à quitter soudainement cet asile lointain. L'ordre de ce brusque départ parvint à Louis XVIII dans la saison la plus rude de l'année, au mois de janvier. Ses amis de Saint-Pétersbourg essayèrent de lui obtenir un délai. Paul se montra inexorable. Un récent attentat dirigé par quelques royalistes contre la vie du Premier Consul, de cet homme l'objet de sa subite admiration, peut seul expliquer ce caprice de brutale colère.

Le 3 nivôse an IX (24 décembre 1800), à cinq heures et demie du soir, Bonaparte venait de quitter les Tuileries pour se rendre à l'Opéra, lorsque, arrivé aux premières maisons de la rue Richelieu, une forte secousse fait vaciller sa voiture, en brise les glaces, et l'arrache en sursaut au demi-sommeil où il était plongé. « Nous sommes minés! » s'écrie-t-il. Au même moment une détonation terrible, prolongée, se fait enendre; une épouvantable explosion de poudre enflammée, mêlée de mitraille, ébranle tout le quartier. Bonaparte en fut quitte pour la secousse; mais quarante-six maisons de la rue Saint-Nicaise furent à demi renversées, vingt-huit personnes grièvement blessées, huit tuées sur le coup. Un tonneau fortement cerclé en fer et en bois, rempli de poudre, de clous de toutes les grosseurs, de balles de tous les calibres, et placé sur une charrette de porteur d'eau, venait de causer cette effroyable catastrophe. La charrette était attelée d'un petit cheval que gardait une pauvre jeune fille à laquelle on avait promis douze sous pour ce service. La jeune fille était mise en pièces; il ne restait plus que les pieds et les jambes de cette infortunée. Les bandes de fer appliquées aux roues de la voiture avaient été lancées à une très-grande distance; les autres débris furent trouvés épars et fort éloignés les uns des autres. On parvint à réunir quelques vestiges du cheval et de la charrette; on les rapprocha et on en composa un signalement que l'on fit connaître au public par la voix des journaux. Tous les marchands de chevaux de Paris et de la banlieue, les grènetiers, les loueurs de voitures, furent vainement appelés et interrogés; durant plusieurs jours, les recherches les plus actives demeurèrent sans résultat.

Un procès que le tribunal criminel de la Seine était à la veille de juger, et dans lequel se trouvaient impliqués plusieurs républicains fougueux, porta d'abord, sur les hommes de ce parti, les soupçons du Premier Consul et de son entourage. Les accusés avaient été arrêtés le 18 vendémiaire (10 octobre) précédent, dans les circonstances suivantes.

Quelques membres de l'ancienne Société des Jacobins, dont l'exaltation s'était maintenue au niveau des passions de 1793, entre autres le peintre Topino-Lebrun, le sculpteur Céracchi, et un ancien membre du conseil des Cinq-Cents, le Corse Aréna, se réunissaient habituellement chez un ancien employé du Comité de salut public, nommé Demerville, qui se trouvait alors sans emploi. Bon nombre de réfugiés italiens s'y rencontraient avec eux. Tous se montraient exaspérés contre le chef du nouveau gouvernement ; les Italiens lui reprochaient de protéger le Pape et de ne pas rétablir la République romaine ; Aréna et ses amis l'accusaient d'avoir détruit, en France, la liberté. Il fallait, disaient-ils, trouver un Brutus pour frapper le nouveau César. Toutefois, déclamateurs plus bruyants que redoutables, leur colère se perdait en propos violents et en vaines menaces, lorsque l'un d'eux introduisit dans la réunion un militaire sans emploi, nommé Harrel, qui passait pour un caractère des plus décidés. Les mécontents virent dans cet officier un vengeur suscité par le génie révolutionnaire : ils l'initièrent à leur pensée, et lui en proposèrent l'exécution. Harrel, effrayé, s'ouvrit à un commissaire des guerres, et, sur le conseil de ce dernier, se hâta de révéler les faits à M. de Bourrienne, secrétaire particulier de Bonaparte, ainsi qu'au général Lannes, commandant de la garde des Consuls. Harrel était dans la misère : la police, immédiatement avertie, lui remit quelque argent, en lui enjoignant de se prêter à tout ce qu'on lui proposerait. Harrel n'hésita donc pas à déclarer à Demerville et à ses amis, qu'il était prêt à se sacrifier, si quelques auxiliaires résolus pouvaient le seconder : or il connaissait, disait-il, plusieurs républicains énergiques qui consentiraient probablement à joindre leurs bras au sien. Ces hommes étaient des agents de police qui furent d'autant mieux accueillis par la réunion, que, dans l'emportement de la passion révolutionnaire dont ils semblaient dévorés, ils n'admettaient, pour agir, ni hésitation, ni délai. Des poignards et des pistolets, fournis par Topino-Lebrun, furent donnés à Harrel et aux agents ; un jour fut fixé pour l'exécution du complot, et le 18 vendémiaire an IX (10 octobre 1800), au moment où le Premier Consul, dont la garde avait été doublée, venait assister à la représentation d'un opéra nouveau, Harrel et les agents de police, tous armés jusqu'aux dents, étaient arrêtés dans un des couloirs de la salle de spectacle. Céracchi se trouvait dans une autre partie de l'édifice, mais sans armes; Aréna, Topino-Lebrun et Demerville n'avaient pas quitté leurs demeures; tous n'en furent pas moins arrêtés, et traduits devant le tribunal criminel.

Le gouvernement et les journaux firent grand bruit de ces arrestations; l'opinion prit l'alarme, et une vive irritation éclata dans une partie de la population parisienne contre l'ancien parti républicain. Cette agitation n'était pas encore calmée, et l'émotion publique conservait encore une partie de sa force, lorsque l'explosion de la rue Saint-Nicaise, ses effroyables ravages, ses victimes, dont on exagéra d'abord le nombre, ajoutés au péril couru par le Premier Consul, vinrent jeter une véritable épouvante dans les esprits. Pour Bonaparte, comme pour la foule, les auteurs des deux tentatives devaient appartenir au même parti politique; l'explosion du 3 nivôse avait évidemment pour but de venger l'avortement du complot du 18 vendémiaire; en un mot, les républicains étaient les seuls coupables. Vainement certains indices de police semblaient désigner le parti royaliste : les partisans de la Monarchie, quels qu'ils fussent, trouvaient dans Bonaparte autant de sympathie que les partisans de la République lui inspiraient de crainte et de haine; il repoussa tous les avertissements, et, sur son ordre, Fouché, qui s'était constitué le surveillant des hommes de cet ancien parti révolutionnaire, dont il avait été longtemps un des membres les plus fougueux, les plus impitoyables, dressa une liste de cent trente citoyens signalés par leur attachement énergique au régime républicain. Ces proscrits étaient tous les anciens collègues, les vieux amis de Fouché, qui les savait innocents; il ne les livra pas moins sans remords; et un sénatus-consulte les condamna au bannissement, sans autre forme de procès, sans que le moindre renseignement fît soupçonner chez ces infortunés la complicité même la plus lointaine à l'explosion du 3 nivôse. La vérité ne tarda cependant pas à être connue. Un mot prononcé par un cocher de fiacre, dans un banquet que donnèrent tous les conducteurs de voitures de place de Paris au cocher qui, le jour de l'événement, conduisait la voiture de Bonaparte, mit enfin sur la voie; la police suivit la trace; elle acquit la certitude que les coupables appartenaient au parti royaliste.

L'instruction judiciaire faillit cependant se trouver arrêtée dès les premiers pas : la police croyait avoir obtenu même les noms des auteurs de l'attentat; mais les juges ne tardèrent pas à se convaincre que ces noms n'étaient que des désignations de fantaisie destinées à égarer les recherches. On n'ignorait pas qu'un chef de chouans fameux, Georges Cadoudal, dirigeait, du fond de sa retraite dans le Morbihan, tous les efforts individuels de son parti; Fouché eut la pensée d'envoyer directement auprès de lui des agents de bonne maison, que leurs antécédents royalistes introduisirent auprès de ce partisan redoutable, et qui parvinrent à en obtenir les détails les plus précis. Cinq personnes avaient conçu et exécuté l'attentat du 3 nivôse : l'ancien officier de marine Saint-Réjant, et quatre individus éprouvés dans les horreurs des guerres civiles de l'Ouest, Carbon, dit le *Petit-François*, Picot-Lemoëlan, Coster-Saint-Victor et Joyau. Les trois derniers étaient parvenus à se réfugier en Angleterre; Carbon et Saint-Réjant, arrêtés sur les indications mêmes de Georges, furent traduits devant le tribunal criminel de la Seine le 1er avril 1801, et exécutés le 21 [1].

L'attentat du 3 nivôse était une transformation nouvelle de la lutte des chefs de l'Émigration contre la Révolution. Après les insurrections des provinces de l'Ouest et des principales villes du Midi, étaient venus les soulèvements de gardes nationales et les conjurations au sein des pouvoirs publics; ces dernières tentatives n'ayant pas eu un meilleur succès que l'in-

---

[1] Trois mois auparavant, le 9 janvier, Topino-Lebrun, Céracchi, Aréna et Demerville avaient comparu devant le même tribunal, qui les condamna à la peine de mort; ils furent exécutés le 30.

surrection, l'élément royaliste, d'ailleurs, perdant chaque jour de son importance et de son énergie, les partisans de la maison de Bourbon finissaient par recourir aux complots, aux attaques individuelles, ressource désespérée, protestation dernière de tous les partis qui se retirent ou s'éteignent. L'histoire doit le dire : Louis XVIII ne prit jamais aucune part à ces attentats odieux[1]; il faut en laisser le triste honneur au comte d'Artois, aux chefs de chouans qui l'entouraient à Londres, et dont les passions brutales étaient entretenues et soldées par le gouvernement anglais; car, au 3 nivôse, comme à toutes les époques précédentes de notre Révolution, comme dans les années qui suivirent, ce fut l'Angleterre qui provoqua et soudoya les insurrections, les conjurations, les complots, les puissantes coalitions armées, que la République, le Consulat et l'Empire eurent successivement à comprimer ou à combattre; elle y a dépensé plus de 20 milliards.

Ce fut un mois après l'explosion de la machine infernale, lorsque l'on avait connu à Saint-Pétersbourg les véritables auteurs de cet attentat, que Louis XVIII, sa famille et sa petite cour reçurent l'ordre de quitter Mittau. Il leur fallut s'éloigner sur-le-champ. Ce voyage sous un ciel glacé, au milieu de forêts ou de steppes couvertes de neige, mit à de rudes épreuves la résignation du chef de la maison de Bourbon, ainsi que le courage de la jeune orpheline qui avait quitté les splendeurs de la cour de Vienne pour les douleurs de ce triste exil. L'intensité du froid, la difficulté des chemins, forcèrent plus d'une fois les voyageurs de quitter leurs voitures, et de faire à pied de longs trajets qui n'étaient pas toujours sans périls. Un jour, entre autres, les exilés s'égarèrent, et ce fut seulement après toute une soirée et toute une nuit de la

---

[1] « Jamais, a dit Napoléon à Sainte-Hélène, je n'ai trouvé Louis XVIII dans une conspiration directe contre ma vie, ce qui a été, l'on peut le dire, permanent ailleurs. Je n'ai jamais connu de ce prince que des plans systématiques, des opérations idéales, » etc.

marche la plus pénible, la plus douloureuse, que Louis XVIII, déjà courbé sous le poids de graves infirmités, fut assez heureux pour trouver l'hospitalité dans la misérable cabane d'un paysan lithuanien.

Le chef de la maison de Bourbon se dirigeait sur le point le plus rapproché de la frontière prussienne. La cour de Berlin avait consenti à lui donner asile, mais en mettant pour condition qu'il serait traité comme un simple gentilhomme, et qu'il prendait le seul titre de comte de Lille. Louis XVIII atteignit enfin Memel ; il s'y reposa quelque temps, vint ensuite habiter Kœnigsberg, qu'il ne tarda pas également à quitter pour Varsovie, où il fixa définitivement sa résidence.

Ce fut durant le séjour du Prétendant dans l'ancienne capitale de la Pologne, alors simple chef-lieu d'une province prussienne [1], que la maison de Bourbon se vit abandonnée par le seul Cabinet qui reconnût encore ses droits à la souveraineté de la France.

En moins de neuf ans, tous les États de l'Europe, puissants ou faibles, délaissant la cause de l'ancienne Monarchie et les droits de ses princes, avaient successivement reconnu la République française :

1° L'Etat de Gênes, par ambassade extraordinaire, en 1792 ;

2° L'empire ottoman, par déclaration du 27 mars 1793 ;

3° La Toscane, par traité du 9 février 1795 ;

4° La Prusse, par le traité de Bâle du 5 avril 1795 ;

5° La Hollande, par traité du 16 mai 1795 ;

6° L'Espagne, par traité signé à Bâle le 22 juillet 1795 ;

7° Hesse-Cassel, par traité du 28 juillet 1795 ;

8° Le Danemark, par déclaration du 18 août 1795 ;

9° La Suisse, par traité du 19 août 1795,

10° La République de Venise, par ambassade extraordinaire, le 30 décembre 1795 ;

[1] Depuis le partage de 1795.

11° La Suède, par ambassade, le 23 avril 1796;

12° La Sardaigne, par traité signé à Paris le 28 avril 1796;

13° Le Wurtemberg, par traité du 7 août 1796;

14° Bade, par traité du 22 août 1796;

15° Parme, par traité du 5 novembre 1796;

16° Les États-Unis, par ambassade extraordinaire, le 30 décembre 1796;

17° Le pape, par le traité de Tolentino du 19 février 1797,

18° La Bavière, par traité du 24 juillet 1797;

19° Le Portugal, par traité du 19 août 1797;

20° L'empereur d'Autriche (une première fois), pour ses États héréditaires et comme roi de Hongrie et de Bohême, par le traité de Campo-Formio du 7 octobre 1797;

21° Naples, par traité du 10 octobre 1798;

22° La Russie, par traité du 8 octobre 1800;

23° L'empereur d'Autriche (une seconde fois), agissant tout ensemble comme souverain à titre héréditaire et comme empereur d'Allemagne, par la paix signée à Lunéville le 9 février 1801.

L'Angleterre seule avait constamment résisté. Elle dut céder à son tour : le 27 mars 1802, ses plénipotentiaires signèrent, à Amiens, un traité de paix avec la République. Ce traité complétait l'abandon des Bourbons par l'Europe. Toutes les capitales virent alors flotter le drapeau tricolore sur la demeure des représentants de la France; le pavillon républicain fut reconnu et salué sur toutes les mers du globe.

Il y a plus : la religion elle-même vint consacrer ce délaissement universel. C'était comme souverain temporel que le pape avait traité à Tolentino; comme chef du catholicisme, il reconnut la République et traita avec elle par le concordat signé à Paris le 18 avril 1802. La plupart des évêques qui avaient suivi le parti royal dans l'étranger se soumirent; ceux qui voulurent lui rester fidèles perdirent leur siége. Ainsi, dès les premiers mois de 1802, la République, sanctionnée par l'universalité des citoyens, victorieuse par ses armées, était non-seulement acceptée et reconnue par tous les rois, par toutes les puissances du monde, mais elle l'était encore par toutes les religions, et notamment par la religion catholique, apostolique et romaine.

C'est à cette période de l'exil de la maison de Bourbon que se rapporte un incident qui fit assez grand bruit, et que nous devons expliquer.

La Prusse, comme on l'a vu, avait mis des conditions assez dures à l'asile que lui avait demandé Louis XVIII. Bien que ces conditions fussent fidèlement observées, la cour de Berlin craignit pourtant que sa condescendance ne devînt à la longue un motif de mécontentement pour le nouveau chef de la République. Elle lui fit donc demander, par son ambassadeur à Paris, si le séjour prolongé du Prétendant sur le territoire prussien lui portait quelque ombrage. Bonaparte répondit que ce séjour le laissait profondément indifférent. Le Cabinet de Berlin, enhardi, désira savoir si le Premier Consul verrait sans répugnance le gouvernement prussien allouer quelques subsides au comte de Lille. Bonaparte répondit encore qu'il ne trouverait pas mauvais que la Prusse donnât quelques secours au chef des Bourbons, pourvu qu'elle prît l'engagement de contraindre son protégé à rester tranquille et à s'abstenir de toute intrigue.

Cette tolérance, les secours qui en furent le résultat, excitèrent le zèle de quelques hauts fonctionnaires prussiens. Élevés dans le respect du droit monarchique, et persuadés qu'ils feraient un acte agréable à la fois à leur maître, qui recherchait alors les bonnes grâces de la France, et à Bonaparte, dont les vues ambitieuses et les projets de grandeur souveraine n'étaient plus un secret pour l'Europe, ces personnages proposèrent à Louis XVIII de renoncer pour lui et les siens à tous leurs droits au trône de France. Ils ajoutaient que, pour prix de ce sacrifice, Bonaparte assurerait au Prétendant et à sa famille de vastes établissements domaniaux en Italie et les indemnités pécuniaires les plus splendides.

Bonaparte, évidemment, n'avait pu autoriser une semblable ouverture. Il s'en est toujours défendu avec chaleur. Quel intérêt, en effet, pouvait avoir, pour lui, cette renonciation? quel bénéfice en aurait-il retiré? Il voulait régner sans doute; mais il ne pouvait précisément ceindre la couronne qu'en vertu du principe qui avait renversé les Bourbons, le principe de la souveraineté nationale; et il y aurait eu de sa part une étrange maladresse à vouloir s'appuyer sur des droits de famille contre lesquels la France venait de protester par dix ans d'une guerre acharnée, et qu'elle proscrivait encore dans la personne des frères du dernier roi. Les autorités prussiennes de Varsovie obéirent-elles à une inspiration de propre mouvement, ou à des instructions venues de Berlin, ainsi qu'on l'a dit? ou bien leur démarche fut-elle provoquée, encouragée, par Louis XVIII lui-même, désireux, dans ce moment d'abandon absolu, de rappeler l'attention sur sa personne et sur sa cause? Nous n'affirmons rien. Ce qui est certain, c'est qu'au mois de mars 1803 M. de Meyer, président de la régence de Varsovie, fit à Louis XVIII la proposition de renoncer au trône, et que ce prince remit au fonctionnaire prussien cette réponse si connue :

« Je ne confonds pas M. Bonaparte avec ceux qui l'ont précédé; je lui sais gré de plusieurs actes d'administration, car le bien que l'on fera à mon peuple me sera toujours cher; mais il se trompe s'il croit m'engager à transiger avec mes droits : bien loin de là, il les établirait lui-même, s'ils pouvaient être litigieux, par la démarche qu'il fait en ce moment.

« J'ignore quels sont les desseins de Dieu sur ma race et sur moi; mais je connais les obligations qu'il m'a imposées par le rang où il lui a plu de me faire naître. Chrétien, je remplirai ces obligations jusqu'à mon dernier soupir; fils de saint Louis, je saurai, à son exemple, me respecter jusque dans les fers; successeur de François Ier, je veux du moins pouvoir dire comme lui : *Tout est perdu, fors l'honneur.* »

Cette lettre cachait une grande habileté sous une forme

où la simplicité des expressions s'alliait à la noblesse de la pensée ; elle reçut la publicité la plus étendue ; tous les journaux étrangers la reproduisirent. La sensation qu'elle causa fut assez grande pour entraîner tous les autres membres de la famille de Bourbon à prendre part à cette protestation et à joindre leur voix à la voix du chef de leur race ; le comte d'Artois, les ducs d'Angoulême et de Berri, le duc d'Orléans, le prince de Condé, les ducs de Bourbon et d'Enghien, et le prince de Conti, signèrent, à cette occasion, la déclaration suivante :

« Nous, princes soussignés, frère, neveux et cousins de Sa Majesté Louis XVIII, roi de France et de Navarre, pénétrés des mêmes sentiments dont notre souverain seigneur et roi se montre si glorieusement animé dans sa noble réponse à la proposition qui lui a été faite de renoncer au trône de France et d'exiger de tous les princes de sa maison une renonciation à leurs droits imprescriptibles de succession à ce même trône, déclarons :

« Que notre attachement à nos devoirs et à notre honneur ne pouvant jamais nous permettre de transiger sur nos droits, nous adhérons de cœur et d'âme à la réponse de notre roi ;

« Qu'à son illustre exemple, nous ne nous prêterons jamais à la moindre démarche qui puisse avilir la maison de Bourbon ;

« Et que, si l'injuste emploi d'une force majeure parvenait (ce qu'à Dieu ne plaise !) à placer de fait, et jamais de droit, sur le trône de France tout autre que notre roi légitime, nous suivrions avec autant de confiance que de fidélité la voix de l'honneur qui nous prescrit d'en appeler, jusqu'à notre dernier soupir, à Dieu, aux Français et à notre épée. »

Bonaparte connut ces documents par les agents de la République à l'étranger et par les journaux. Il était alors en plein travail de sa dictature impériale. Ces refus retentissants à des demandes qu'il n'avait point faites l'irritèrent profondément. Blessé dans son orgueil, inquiété dans ses plans d'ambition, il attendit durant toute une année le moment de repousser l'accusation de Louis XVIII et des siens, et de détruire jusqu'à l'apparence même d'un accord possible entre les Bourbons et lui ; l'occasion venue, sa réponse, comme on le verra, fut terrible.

Les craintes exprimées par les princes, dans le dernier paragraphe de leur protestation, reposaient sur des actes qui leur donnaient une grande apparence de fondement. Bonaparte venait de se faire nommer Consul à vie. Cette souveraineté viagère laissait encore le trône vacant, mais elle en rapprochait le nouveau dignitaire : encore un pas, et il y montait. Les amis du comte d'Artois le décidèrent facilement à rechercher les moyens d'empêcher l'accomplissement de cette espèce de sacrilége; mais, au lieu d'en appeler à son épée, ainsi qu'il l'avait si solennellement promis, ce prince s'en remit, pour conjurer le péril, aux efforts désespérés de quelques-uns des émigrés et des chefs chouans encore attachés à sa fortune. Le gouvernement anglais, le 18 mai 1803, avait de nouveau déclaré la guerre à la France ; il vint en aide au frère de Louis XVIII en mettant à sa disposition plusieurs navires, en lui fournissant des armes ainsi que des sommes assez considérables; et ce fut grâce à ces subsides que, les 2 fructidor an XI (20 août 1803), 30 frimaire et 25 nivôse an XII (21 décembre 1803 et 15 janvier 1804), Georges Cadoudal, chef de la chouannerie bretonne, qui s'était retiré en Angleterre immédiatement après l'arrestation de Saint-Réjant et de Carbon ; les trois accusés coutumaces, complices de ces derniers, Picot-Lemoëlan, Coster-Saint-Victor et Joyau ; quinze à vingt autres chefs chouans, ainsi que le marquis de Rivière, les deux frères Armand et Jules de Polignac, et le général Pichegru, réfugié à Londres après s'être échappé de Cayenne, où l'avait déporté le Directoire au 18 fructidor, débarquèrent, la nuit, sur les points les plus déserts de la côte de Normandie et de Bretagne. Deux de ces débarquements eurent lieu au pied de la falaise de Béville, immense berge taillée à pic et dont les conjurés ne purent atteindre le sommet qu'à l'aide de cordes tendues et manœuvrées par des complices ; le troisième débarquement s'effectua dans une petite baie du Morbihan. Un quatrième avait été préparé ; mais le navire chargé de l'opérer ayant été aperçu, les royalistes qu'il portait renoncèrent à descendre. A mesure qu'arrivaient les conjurés, on les confiait à des guides du parti, qui, marchant seulement la nuit et par des chemins de traverse, les déposaient, chaque matin, dans des fermes et des maisons isolées où leur gîte était disposé à l'avance. Les guides, qui les prenaient à quelques lieues de Paris, étaient chargés de leur faire franchir les barrières et de les conduire au domicile désigné pour chacun d'eux.

Le complot avait été divisé en deux parts : d'abord l'assassinat du Premier Consul, puis l'établissement d'un pouvoir nouveau. Georges et ses chouans s'étaient chargés du meurtre ; on se reposait, pour l'exécution de la partie politique de la conjuration, sur l'influence et l'énergie de Pichegru et sur la complicité du général Moreau.

Si la grande majorité des citoyens, satisfaite du calme et de la régularité que Bonaparte avait fait succéder aux luttes de la Convention et aux désordres du Directoire, acceptait sans murmurer la dictature consulaire ; si une notable portion avait accueilli avec reconnaissance la fermeture de la liste des émigrés, le retour des proscrits de tous les régimes et le rétablissement du culte catholique ; en revanche, il existait dans la partie active de la population, dans certains corps de l'armée surtout, une répulsion assez vive contre toutes les mesures qui tendaient à réhabiliter les hommes ou les choses de l'ancien régime, et contre tous les actes qui semblaient annoncer chez le Premier Consul la pensée de substituer sa dictature militaire au système d'égalité consacré par douze années de révolution. Lors de la promulgation du concordat, une grande cérémonie religieuse avait solennisé cet événement dans la métropole de Paris. Bonaparte s'y était rendu avec un nombreux cortège. Au retour de Notre-Dame, jetant les yeux sur un groupe de généraux qui l'avaient accompagné,

et dont le visage exprimait le mécontentement, il s'adressa
à l'un d'eux, républicain convaincu et chef militaire aussi
distingué par son talent qu'estimé pour son caractère, le général de division Delmas : « Eh bien, général, lui dit-il, est-ce
que la cérémonie ne vous a pas semblé brillante ? — Oui, sans
doute, elle était belle, répondit Delmas; mais il y manquait
le million d'hommes qui se sont fait tuer pour détruire toutes
ces capucinades ! »

Ces mécontents se groupaient autour de Moreau. Doué
d'une grande bravoure personnelle, général illustré par d'éclatantes victoires, renommée pure sous le rapport de l'argent,
mais caractère faible et bon, que menaient ses alentours et
que dominait une femme remuante, ambitieuse, Moreau était
sans fermeté dans l'esprit, et manquait des qualités qui font
l'homme politique. Nous avons dit la part qu'il prit au coup
de main de brumaire; son dévouement pour Bonaparte fut
alors sans réserve. Mais, plus tard, lorsque la personnalité de
l'ancien général de l'armée d'Italie devint dominante, et que,
s'étant fait nommer Consul *à vie*, il eut ainsi assuré et fortifié
dans ses mains toute l'influence et tous les pouvoirs, on excita
la jalousie de Moreau, on s'efforça de lui persuader que, lui
aussi, il avait droit à la première place, et que les intérêts de
la France, comme ceux de sa propre gloire, lui ordonnaient
de combattre et de renverser la nouvelle dictature. Moreau
entendait toutes les plaintes, écoutait les mécontents, mais
sans jamais s'engager.

D'un autre côté, demeuré étranger aux faits politiques de
la Révolution, Moreau n'avait aucun acte, dans sa vie, qui pût
mettre une barrière infranchissable entre lui et les Bourbons
ou la Monarchie. Loin de là : placé d'abord, en 1794 et
en 1795, sous les ordres de Pichegru, il commandait en chef
l'armée du Nord en 1796, au moment même où son ancien
général, investi du commandement de l'armée de Rhin et
Moselle, négociait sa première trahison avec le prince de

Condé; Moreau se tint à cette époque dans une inaction qui pouvait faciliter la trahison de Pichegru. Il y a plus : lorsque ce dernier, masqué par la réputation qu'il avait acquise en Hollande, préparait avec une partie du Directoire et des Conseils le mouvement contre-révolutionnaire que fit avorter le coup d'État de fructidor, Moreau découvrait, dans un fourgon du général autrichien Klinglin, des correspondances qui prouvaient les négociations de Pichegru avec le prince de Condé, ainsi que les trames qu'il ourdissait alors à l'intérieur. Durant plusieurs mois, Moreau déroba au gouvernement la connaissance de ces papiers auxquels pouvait être attaché le salut de la République[1]; chose triste à dire! il ne les publia qu'après le 18 fructidor, lorsque le parti royaliste était abattu et Pichegru dans les fers. Cette tardive révélation priva Pichegru et ses compagnons de la seule consolation qui reste aux partis vaincus, l'intérêt public.

Pichegru et Georges Cadoudal, une fois entrés dans Paris, avaient donc immédiatement cherché à s'aboucher avec Moreau, convaincus qu'ils pouvaient compter sur lui. Quelques semaines auparavant, à Londres, où des affaires d'intérêt venaient de l'appeler, un ancien aide de camp de ce général, l'adjudant commandant Lajolais, avait, en effet, garanti aux royalistes le concours dévoué, sans réserve, de Moreau, qui, disait-il, avait pour lui la France entière, et pouvait disposer de toute l'armée. Pichegru et Cadoudal, dès leur première conférence avec Moreau, purent s'apercevoir que son ancien aide de camp s'était beaucoup trop avancé. Après avoir entendu leurs propositions : « Vous vous méprenez étrangement sur la véritable situation de la France, leur dit Moreau. Dans l'état pré-

---

[1] C'est à Offenbourg, après le passage du Rhin (20 avril 1797) que Moreau s'était emparé du fourgon du général Klinglin; le général Reynier assistait à son ouverture; ce fut lui qui reconnut l'écriture de Pichegru; il engagea Moreau à transmettre sur-le-champ les papiers au Directoire; Moreau promit de le faire, mais les garda durant quatre mois.

sent des choses, je ne pourrais rien pour *vous autres*, je n'oserais pas même répondre de mes aides de camp; mais j'ai des partisans dans le Sénat, et, le Premier Consul mort, je serais nommé immédiatement à sa place. Vous, Pichegru, vous seriez examiné sur le reproche qu'on vous fait d'avoir trahi la cause nationale; ne vous le dissimulez pas, un jugement vous est nécessaire; mais je réponds du résultat : dès lors vous seriez second Consul; nous choisirions le troisième à notre gré, et nous marcherions tous de concert et sans obstacle. » Georges, que Moreau n'avait jamais vu, et dont Pichegru venait de lui faire connaître l'opinion politique, réclama vivement pour lui cette troisième place. « Cela ne se peut, lui dit Moreau, vous paraissez ne pas vous douter de l'esprit de la France; vous avez toujours été *blanc*, et vous voyez que Pichegru aura à se laver d'avoir voulu l'être. — Je vous entends, répliqua Georges en colère; quel jeu est ceci, et pour qui me prenez-vous? Vous travaillez donc pour vous autres seuls, et nullement pour le roi? S'il devait en être ainsi, *bleu* pour *bleu*, j'aimerais encore mieux celui qui s'y trouve. » Et ils se séparèrent fort mécontents, Moreau priant Pichegru de ne plus lui amener « ce brutal, ce taureau dépourvu de bon sens et de toute connaissance. » Les deux généraux se rencontrèrent seuls, dans une nouvelle entrevue. Moreau répéta que l'unique résultat qu'il fût raisonnable et possible d'espérer dans le cas où Bonaparte viendrait à être renversé ou à disparaître, était sa propre élévation à la première magistrature de la République. Pichegru se montra irrité, et dit, en sortant, à un de ses complices qui l'attendait : « Il paraît que ce b......-là a aussi de l'ambition et qu'il voudrait régner. Eh bien, je lui souhaite beaucoup de succès; mais, à mon avis, il n'est pas capable de gouverner la France pendant deux mois. »

Le langage de Moreau, mais surtout ses prétentions personnelles, déconcertaient les conjurés royalistes. Les jours se passaient en courses et en entrevues sans résultat. La police, pendant ce temps, ne restait pas oisive. Elle savait qu'un certain nombre de chouans, guidés par Georges et accompagnés par Pichegru, avaient quitté Londres et se trouvaient à Paris. Mais là s'arrêtaient ses informations. Ses recherches, quelque actives qu'elles fussent, n'avaient encore amené aucune découverte, quand, le 18 pluviôse (8 février), trois semaines après le dernier débarquement, le hasard vint encore la mettre sur la voie.

Il existait, rue du Bac, au coin de la rue de Varennes, un marchand de vin dont la maison servait de rendez-vous habituel à plusieurs des conjurés; la police, avertie par quelques buveurs officieux, la fit surveiller. Plusieurs de ses agents étaient en observation dans le cabaret lorsque entra le nommé Louis Picot, chef de chouans, compagnon affidé de Georges, et que ses cruautés envers les soldats républicains avaient fait nommer le *Boucher des bleus*. Les gens de police ont un instinct merveilleux; la vue de Picot frappa vivement un des observateurs; il s'en approcha et lui fit quelques questions. Picot répondit aux demandes de l'agent en déchargeant sur lui un pistolet, dont la balle alla se perdre dans le mur; terrassé aussitôt et fouillé, on le trouva porteur de deux pistolets, d'un poignard à lame carrée, bronzé, et garni en argent, de cinq cartouches à balles, d'une poire à poudre et d'une forte somme en or.

Il avait en outre sur lui un nom et une adresse qui firent immédiatement fouiller une maison de la rue Saint-Sauveur. L'individu dont le nom se trouvait ainsi livré était sorti; mais on saisit quelques papiers dans sa chambre; on s'empara en même temps d'une lettre qui venait d'être remise pour lui, et deux agents s'établirent dans la loge du concierge. Le locataire ne tarda pas à rentrer; on l'arrêta : c'était un des conjurés arrivés d'Angleterre, Hyacinthe Bouvet de Lozier. Vainement il offrit, d'abord vingt-cinq louis pour son évasion, ensuite deux louis pour obtenir la faculté de brûler quelques papiers, les agents le conduisirent à la préfecture de police. On voulut l'interroger ; mais tous les efforts du préfet et de ses auxiliaires furent en pure perte ; il refusa obstinément de répondre.

Bouvet de Lozier, dans sa prison, se livra au plus violent désespoir et essaya de se suicider en s'étranglant avec sa cravate ; secouru à temps, il revint à la vie. Son exaltation prit alors un autre cours ; il annonça l'intention de faire des révélations, et écrivit, en effet, une déclaration dont voici le préambule :

« C'est un homme qui sort des portes du tombeau, encore couvert des ombres de la mort, qui demande vengeance de ceux qui, par leur perfidie, l'ont jeté, lui et son parti, dans l'abîme où il se trouve. »

Après quelques autres phrases de début, Bouvet de Lozier poursuivait en ces termes :

« Un général qui a servi sous les ordres de Moreau, Lajolais, fut envoyé par lui auprès du prince, à Londres. Pichegru était l'intermédiaire. Lajolais adhéra, au nom et de la part de Moreau, aux points principaux du plan proposé.

« Moreau avait promis de se réunir à la cause des Bourbons ; mais, une fois les royalistes rendus en France, Moreau se rétracta. Dans les nombreuses conférences qui eurent lieu entre Pichegru, Georges et lui, il manifesta ses véritables intentions, déclara ne pouvoir agir que pour un dictateur, non pas pour un roi, et leur proposa de travailler pour lui.

« De là l'hésitation, les dissensions et la perte presque totale du parti royaliste.

« J'ai vu Lajolais à Londres, puis le lendemain de son débarquement avec Pichegru, et plusieurs fois à Paris, entre autres les 25 et 26 janvier, quand il vint prendre Georges et Pichegru à la voiture où j'étais avec eux, boulevard de la Madeleine, pour les conduire à Moreau, qui les attendait à quelques pas de là. Il y eut entre eux, aux Champs-Élysées, une conférence qui nous fit présager ce que proposa Moreau ouvertement dans l'entrevue suivante qu'il eut avec Pichegru seul : savoir, qu'il n'était pas possible de rétablir le roi, et il proposa de le mettre à la tête du gouvernement sous le titre de dictateur, ne laissant aux royalistes que la chance d'être ses collaborateurs et ses soldats.

« Je ne sais quel poids aura près de vous l'assertion d'un homme arraché depuis une heure à la mort qu'il s'était donnée lui-même, et qui voit devant lui celle qu'un gouvernement justement offensé lui réserve.

« Mais je ne peux retenir le cri du désespoir et ne pas attaquer ici l'homme qui m'y réduit.

« BOUVET,
« *Adjudant général de l'armée royale, etc.* »

Cette déclaration, œuvre de désespoir, comme le disait son auteur, et dirigée exclusivement contre Moreau et son ancien aide de camp, fut suivie de plusieurs interrogatoires dans lesquels Bouvet renouvela ses accusations contre le général, mais sans donner la moindre indication sur le nombre et sur la demeure de ses complices. Toutefois le gouvernement se trouvait averti; il recourut aux mesures de précaution les plus énergiques; les barrières de Paris furent fermées; on ne put entrer ou sortir qu'après avoir subi les plus sévères investigations; la population fut officiellement informée que 50 à 60 assassins soldés par l'Angleterre et par le comte d'Artois pour égorger Bonaparte se cachaient dans la capitale. Le jugement des crimes de trahison et des attentats contre la personne du Premier Consul fut provisoirement enlevé au jury; enfin, on déclara que toutes les personnes donnant asile à Georges et à ses complices seraient poursuivies comme auteurs du crime principal, si, dans un délai de vingt-quatre heures, elles n'en faisaient pas la déclaration à la police. La crainte s'empara de tous les recéleurs; les déclarations arrivèrent en foule, et bientôt la police parvint à mettre la main sur la plupart des compagnons de Georges. Les deux frères Armand et Jules de Polignac, ainsi que le marquis de Rivière, entre autres, arrêtés chez une ancienne religieuse, furent trouvés couchés dans le même lit. Georges et Pichegru, dans le premier moment, ne purent être découverts. Quant à Moreau, son arrestation avait été proposée au Premier Consul par le conseiller d'État Réal, préfet de police, aussitôt après la déclaration de Bouvet de Lozier. Bonaparte s'était refusé à l'accorder : « Moreau est un homme trop important, dit-il au préfet de police ; il m'est trop directement opposé ; j'ai un trop grand intérêt à m'en défaire pour m'exposer ainsi aux conjectures de l'opinion. — Mais si pourtant il conspire avec Pichegru ? avait répliqué Réal. — Alors, c'est différent : produisez-en la preuve, montrez-moi que Pichegru est ici, et je signe immédiatement l'ordre d'arrestation. »

La police se mit aussitôt à l'œuvre. On se présenta à un quatrième étage, chez un ancien religieux, frère de Pichegru. Saisi par les suppôts de Fouché, cet homme prit peur et demanda ce dont on l'accusait. « Me ferait-on un crime, s'écriat-il, d'avoir reçu la visite de mon frère ? J'ai été le premier à lui peindre son péril et à lui conseiller de s'en retourner. » La police n'alla pas plus loin ; elle venait d'apprendre ce qu'il lui importait de savoir, et le 25 pluviôse (15 février), sept jours après la déclaration de Bouvet, Moreau, arrêté à sa terre de Grosbois, fut conduit à la tour du Temple et immédiatement interrogé. Moreau, dans ce premier interrogatoire, déclara ne connaître ni Georges ni ses complices, ne rien savoir de l'arrivée de Pichegru en France, et repoussa énergiquement toutes les insinuations tendant à lui faire avouer qu'il avait vu ce général et qu'il eût le moindre renseignement sur sa présence et sur sa demeure à Paris.

Treize jours après, le 8 ventôse (28 février), Pichegru fut également arrêté. A dix jours de là, c'était le tour de Georges.

Logé, à son arrivée à Paris, rue du Bac, chez le marchand de vin où l'on avait saisi Picot, Georges quitta bientôt cette retraite pour habiter successivement quai de Chaillot, n° 6 ; rue du Carême-Prenant, n° 21 ; rue du Puits-l'Ermite, près du Jardin des plantes ; puis enfin chez une fille Hizay, qui, alliant aux mœurs les plus dissolues un royalisme ardent et la dévotion la plus fervente, portait constamment à son cou un médaillon renfermant de prétendues parcelles de la vraie croix. Cette fille avait loué, rue de la Montagne-Sainte-Geneviève, deux pièces placées à deux étages différents. La chambre du rez-de-chaussée avait été convertie par elle en une boutique de fruitière; la pièce du premier étage, où elle couchait, recélait Georges et deux de ses complices.

Quelles que fussent les précautions dont s'entourât la fille Hizay, son apparition dans le quartier et quelques maladresses dans son rôle de fruitière, éveillèrent les soupçons des voisins. La police fut avertie. Inquiet du nombre des désœuvrés qu'il voyait rôder autour de la maison, Georges voulut changer de retraite. Le 18 ventôse (10 mars), vers les sept heures et demie du soir, il s'arma d'un poignard et de deux pistolets, monta dans un cabriolet que lui amena Léridan, un des conjurés, et crut pouvoir s'échapper à la faveur de la nuit. « Où faut-il aller? lui demanda Léridan. — Ma foi, je n'en sais rien, répondit Georges; mais va toujours devant toi et fouette fort. » Le cabriolet remonta la rue de la Montagne-Sainte-Geneviève, prit successivement la rue des Amandiers, la place Saint-Étienne-du-Mont, la rue Saint-Étienne-des-Grès, le passage des Jacobins, remonta vers la place Saint-Michel, et là, tournant subitement à droite, entra dans la rue des Fossés-Monsieur-le-Prince, qu'il descendit avec la plus grande rapidité.

Deux inspecteurs de police, les nommés Buffet et Caniole, placés en observation devant la boutique de la fille Hizay, n'avaient pas quitté la voiture depuis la sortie de Georges. La vitesse que venaient de lui imprimer ses conducteurs leur fit craindre de perdre sa trace; ils se décidèrent à l'arrêter. Tous deux s'élancèrent à la bride du cheval. Georges, d'un coup de pistolet, casse la tête de Buffet, et, sautant à terre, lâche un second coup de feu sur Caniole, qu'il atteint au côté. Caniole ne tombe pas sur le coup; il conserve assez de force pour courir après Georges. Au bruit des deux détonations, aux cris à *l'assassin!* poussés par Caniole, les voisins sortent, les passants s'attroupent, quelques agents accourent; Georges est entouré et saisi avant d'avoir pu faire usage de son poignard, caché entre son gilet et sa chemise. On le terrasse, on le désarme, on le garrotte, et il est conduit à la préfecture de police au milieu d'une foule immense attirée par le seul bruit de son nom, nom redoutable et redouté à ce moment de terreur publique, et qui défrayait les nouvelles de tous les journaux, les conversations de toutes les familles. Fouillé à son arrivée à la préfecture, on trouva sur lui 67,300 francs en billets de caisse, 300 francs en or et des bijoux précieux. Deux jours auparavant, dit-on, il avait en outre déposé, chez un de ses amis, une somme en or assez considérable.

Nous ne rapporterons pas les détails du procès qui suivit. Nous ne placerons sous les yeux du lecteur que quelques passages des interrogatoires subis par quelques accusés, entre autres par Georges et par Moreau, interrogatoires qui expliquent et confirment ce que nous avons dit sur la double face du complot :

« — Que veniez-vous faire à Paris? demanda-t-on à Cadoudal.

« — *Attaquer* le Premier Consul.

« — Quel rôle deviez-vous jouer lors de l'attaque?

« — Celui qu'*un des ci-devant princes français, qui devait se trouver à Paris,* m'aurait assigné.

« — Le plan a donc été conçu et devait donc être exécuté d'accord avec les ci-devant princes?

« — Oui, citoyen juge.

« — Connaissez-vous Pichegru?

« — Je l'ai connu à Londres.

« — Vous l'avez vu à Paris, vous avez été ensemble à Chaillot, nous en avons la certitude.

« — Je ne vous répondrai pas là-dessus ; je n'ai logé nulle part.

« — De quelle nature étaient vos moyens d'attaque contre le Premier Consul?

« — Des moyens de *vive force* [1]. »

---

[1] Interrogatoire du 28 ventôse (20 mars).

On ne pouvait révéler avec plus de netteté le rôle que les amis du comte d'Artois se réservaient dans l'entreprise Tous les complices de Georges ne se montraient pas aussi sincères; deux jours auparavant, on avait interrogé le marquis, depuis duc de Rivière :

« — Quels sont les motifs de votre voyage et de votre séjour à Paris?

« — Je venais m'assurer de l'état des choses et de la situation politique intérieure, afin d'en faire part aux princes, qui auraient jugé, d'après mes observations, s'il était de leur intérêt de venir ou non en France.

« — Quel a été le résultat de vos observations sur la situation politique, le gouvernement et l'opinion?

« — En général, j'ai cru voir en France beaucoup d'égoïsme, d'apathie, et un grand désir de conserver la tranquillité[1]. »

Voici la déclaration de Moreau sur la partie politique du complot :

« Je n'ai point dit à Roland (coaccusé) que je logerais volontiers Pichegru si je n'avais à craindre que mes domestiques le reconnussent ; je lui ai dit que j'aurais du plaisir à rendre service à Pichegru, mais que je ne le logerais pas.

« Roland est venu, à la vérité, une seconde fois chez moi pour parler de Pichegru... Dans le mois de pluviôse dernier... il me dit que Pichegru était logé chez lui et qu'il désirait me voir. Je lui dis que j'enverrais Fresnières, mon secrétaire, chez lui, Roland, pour savoir ce que Pichegru désirait.

« Le soir, en sortant de table, on me dit que quelqu'un me demandait ; je passai dans ma chambre : je fus étonné d'y trouver Pichegru, n'ayant encore reçu aucune réponse par Fresnières, qui n'avait point dîné chez moi...

« Après avoir entendu Pichegru, qui me parla des ci-devant princes français et des chances que présentait la descente en Angleterre[2], et après lui avoir entendu dire que les formes monarchiques rétablies par

[1] Interrogatoire du 26 ventôse (18 mars).
[2] Les préparatifs de cette descente se faisaient alors au camp de Boulogne. L'inquiétude, à Londres, était bien plus vive que les écrivains anglais ne l'ont dit. Le complot de Georges Cadoudal se lie aux terreurs très-réelles que causait au gouvernement britannique cette menace d'invasion.

le Premier Consul donnaient des espérances auxdits ci-devant princes, je lui répondis que les ci-devant princes n'avaient de partisans en France ni dans les armées, ni dans les autorités constituées, ni parmi les citoyens, presque tous acquéreurs de biens nationaux, et moi le premier, puisque j'étais propriétaire d'une terre qui avait appartenu au Prétendant.

« J'ajoutai que le gouvernement était tellement constitué, que vouloir l'attaquer serait la plus haute des folies...

« Le lendemain, Roland, envoyé par Pichegru, me demanda, au nom de ce dernier, si je n'avais pas moi-même des prétentions à l'autorité. Je lui répondis que ce serait une autre folie... »

Moreau avait fait un premier mensonge : la dernière partie de la déclaration dont nous venons de reproduire les passages essentiels était-elle plus véridique ? Il l'affirma, la plupart de ses coaccusés persistèrent à le démentir. Quoi qu'il en soit, aucun fait de participation matérielle ne lui fut opposé. Sa renommée, ses services, d'ailleurs, plaidaient pour lui; ses juges ne le condamnèrent qu'à deux ans de prison, ainsi que Jules de Polignac, Louis Léridan, Jean Roland et la fille Marie Hizay. Vingt accusés furent condamnés à mort; le reste fut absous. Les prévenus étaient au nombre de quarante-sept.

Des vingt condamnés à mort, Georges Cadoudal, son frère Pierre-Jean Cadoudal, Louis Ducorps, Louis Picot, Coster-Saint-Victor et Joyau, deux des complices de Saint-Réjant et de Carbon dans l'affaire de la *machine infernale*, Burban, Mercier, Lelan, Mérille et Roger furent seuls exécutés; les huit autres, Armand de Polignac, Bouvet de Lozier, de Russillion, Rochelle, de Rivière, d'Hosier, Lajolais et Armand Gaillard, obtinrent des lettres de grâce du Premier Consul.

Pichegru, comme on le voit, ne figura pas au nombre des condamnés: il s'était soustrait à son sort par un suicide. Les détails de son arrestation méritent d'être rapportés; voici comment les a racontés Napoléon :

« Pichegru fut victime de la plus infâme trahison; c'est vraiment la dégradation de l'humanité; il fut vendu par son ami intime ; cet homme que je ne veux pas nommer, tant son acte est hideux et dégoûtant [1], ancien militaire, qui, depuis, avait fait le commerce à Lyon, vint offrir de le livrer pour cent mille écus. Il raconta qu'ils avaient soupé la veille ensemble... La nuit venue, l'infidèle ami conduisit les agents de police à la porte de Pichegru, leur détailla les formes de la chambre, ses moyens de défense. Pichegru avait des pistolets sur sa table de nuit, la lumière était allumée, il dormait ; on ouvrit doucement la porte avec de fausses clefs que l'ami avait fait faire exprès ; on renversa la table de nuit, la lumière s'éteignit, et l'on se colleta avec Pichegru, éveillé en sursaut ; il était très-fort ; il fallut le lier et le transporter nu ; il rugissait comme un taureau ! »

Cette arrestation, nous l'avons dit, avait eu lieu le 8 ventôse (28 février) ; le 16 germinal (6 avril) suivant, Pichegru fut trouvé mort dans sa prison ; il s'était étranglé. Pichegru n'avait pas osé braver l'éclat d'un procès où sa complicité permanente avec l'ennemi et avec l'émigration, depuis 1796, aurait été mise au grand jour : général, il avait trahi la République et son armée, qu'il fit volontairement battre et décimer par l'ennemi ; proscrit, il s'était vendu aux adversaires les plus acharnés de sa patrie, et il ne venait de rentrer en France que pour conspirer, lui, général républicain, avec des chouans devenus ses compagnons de complot. Pichegru voulut échapper à l'exposition publique de toutes ces hontes et à l'horreur de l'échafaud. L'esprit de parti accusa le Premier Consul de cette mort. L'accusation est absurde. Quel intérêt pouvait avoir Bonaparte à ce que Pichegru ne fût pas publiquement écrasé sous le poids de toutes ses trahisons, et à devancer de quelques semaines l'œuvre du bourreau ? Avait-il à craindre l'influence de l'ancien vainqueur de la Hollande ? Mais Pichegru n'avait plus la moindre action sur l'armée : sorti de

---

[1] Il se nommait *Leblanc*.

France depuis dix ans, il était inconnu à une partie des soldats; les autres l'avaient oublié, et ses trahisons, divulguées par Moreau lui-même, ôtaient tout souvenir de ses services à ceux qui auraient pu se les rappeler. « Si j'eusse été porté au crime, a dit Napoléon, ce n'est pas sur Pichegru, qui ne pouvait plus rien, que j'eusse dû frapper, mais bien sur Moreau, qui, en cet instant, me mettait dans le plus grand péril. Si, par malheur, ce dernier se fût aussi donné la mort dans sa prison, il aurait rendu ma justification bien autrement difficile, par les grands avantages que je trouvais à m'en défaire. Quel crime m'aurait été plus profitable que l'assassinat du comte de Lille et du comte d'Artois? La proposition m'en fut faite plusieurs fois par... et par...; il n'en eût pas coûté 2 millions: je l'ai rejetée avec mépris et indignation : aucune tentative n'a été faite, sous mon règne, contre la vie de ces princes. Lorsque toutes les Espagnes étaient en armes au nom de Ferdinand, ce prince et son frère don Carlos, seuls héritiers du trône d'Espagne, étaient à Valençay, au fond du Berri; leur mort eût mis fin aux affaires d'Espagne; elle était utile, même nécessaire. Elle me fut conseillée par...; mais elle était injuste et criminelle. Ferdinand et don Carlos sont-ils morts en France[1]? » Napoléon l'a dit avec vérité: « Pichegru se vit dans une situation sans ressource; son âme forte ne put envisager l'infamie du supplice; il désespéra de ma clémence ou la dédaigna, et se donna la mort. »

[1] *Mémoires de Napoléon.* Les deux noms laissés en blanc dans les *Mémoires* sont ceux de Fouché et de M. de Talleyrand. M. de Montholon, en nommant le premier, dans ses *Récits de Sainte-Hélène*, ajoute: « L'empereur nous disait que Fouché lui avait offert plusieurs fois de le défaire de tous les princes de la famille royale, à raison d'un million par tête. » Quant à M. de Talleyrand, nous tenons d'un autre compagnon de l'Empereur à Sainte-Hélène, que ce dernier disait à cette occasion : « Le prince de Bénévent ne comprenait rien à mes scrupules; il ne voyait dans un acte de cette nature qu'une simple mesure politique, que l'accomplissement d'un de ces devoirs rigoureux commandés aux gouvernements par le salut public et par le besoin de leur conservation. »

Un déplorable événement, qui précéda de quelques jours le suicide de ce général, prouve qu'en effet Bonaparte n'avait pas besoin de la complicité des ténèbres pour les coups qu'il voulait porter. Il lui suffisait de faire un signe : ses ordres, quelque terribles qu'ils fussent, trouvaient immédiatement des tribunaux et des juges qui s'empressaient de les exécuter.

L'instruction du procès Cadoudal durait déjà depuis plusieurs semaines, et les juges, malgré leur zèle, ne pouvaient éclaircir un point que Georges s'obstinait à laisser dans l'obscurité. « Un des ci-devant princes français, avait-il dit dans son interrogatoire, devait arriver à Paris. » Quel était ce prince? Était-il venu? Georges refusait de répondre à ces questions. Ses coaccusés, interrogés sur les mêmes faits, se montraient tous d'accord sur l'attente où ils étaient de l'arrivée d'un des membres de l'ancienne famille royale; plusieurs ajoutaient qu'il devait avoir assisté à quelques-unes des conférences tenues entre leurs chefs, mais aucun d'eux ne l'avait positivement vu ni ne pouvait dire son nom. Chaque jour ces déclarations étaient transmises à Bonaparte, en même temps qu'une foule de bruits recueillis par la police sur de nouvelles tentatives ourdies contre sa personne par d'autres chouans demeurés cachés dans Paris, où ils épiaient, disait-on, l'occasion d'accomplir l'assassinat que Georges n'avait pu consommer. Toutes ces nouvelles l'irritaient, l'exaspéraient : « En 1800, s'écriait-il, on a voulu me faire sauter au moyen d'un baril de poudre; aujourd'hui on veut m'égorger sur une grande route. Je suis incessamment menacé de machines infernales, de fusils à vent, de complots, d'embûches de toute espèce. Les Bourbons croient-ils donc qu'on peut verser mon sang comme celui des plus vils animaux? Mon sang, pourtant, vaut bien le leur! Jamais je n'ai personnellement rien fait à aucun d'eux; je leur rendrai la terreur qu'ils veulent m'inspirer; je ferai impitoyablement fusiller le premier d'entre eux qui me tombera sous la main! » Mais les investigations les plus actives ne demeuraient pas seulement sans résultat; on savait, en outre, d'une manière certaine, que, des deux fils du comte d'Artois, l'aîné, le duc d'Angoulême, habitait Varsovie avec sa jeune épouse et Louis XVIII, et que le second, le duc de Berri, était à Londres auprès de son père. Ce dernier, à la vérité, avait annoncé publiquement que, cette fois, il viendrait partager le péril de ses amis, et que, décidément, *il enfoncerait son chapeau*; mais les renseignements les plus positifs prouvaient que ce prince, l'objet des allusions de Georges, n'avait pas quitté l'Angleterre. L'entourage du Premier Consul s'épuisait donc en conjectures vaines, quand une voix, celle d'un ancien évêque, alors ministre des affaires étrangères du Consulat, après avoir été ministre des relations extérieures du Directoire, la voix de M. de Talleyrand, prononça le nom du duc d'Enghien.

« J'étais seul un jour, a raconté Napoléon; je me vois encore à demi assis sur la table où j'avais dîné, achevant de prendre mon café : M. de Talleyrand accourt m'annoncer une trame nouvelle; il me démontre avec chaleur qu'il est temps enfin de mettre un terme à de si horribles attentats, de donner une leçon à ceux qui se sont fait une habitude journalière de conspirer contre ma vie; qu'on n'en finira qu'en se lavant dans le sang de l'un d'entre eux; que le duc d'Enghien devait être cette victime, car il pouvait être pris sur le fait, faisant partie de la conspiration actuelle; qu'il avait paru à Strasbourg; qu'on croyait même qu'il était venu jusqu'à Paris; qu'il devait pénétrer par l'Est au moment de l'explosion, tandis que le duc de Berri débarquerait par l'Ouest. Or, ajoutait l'empereur, je ne savais pas même précisément qui était le duc d'Enghien; la Révolution m'avait pris bien jeune; je n'allais pas à la cour; j'ignorais même où il se trouvait. M. de Talleyrand me satisfit sur tous ces points. Mais s'il en est ainsi, m'écriai-je, il faut s'en saisir, et donner des ordres en conséquence! Le sort du prince se trouva dès lors décidé. » M. de Talleyrand venait de mettre sous les yeux du Premier Consul les rapports de plusieurs agents diplomatiques annonçant la présence de ce jeune prince à Ettenheim, sur le territoire de Bade, à quelques pas de notre frontière du Rhin; il se cachait, disait-on, et faisait de fréquentes absences. D'autres rapports, arrivés par la voie de la gendarmerie, ajoutaient que plusieurs fois on l'avait aperçu dans les rues de Strasbourg. En rapprochant ces faits, Bonaparte demeura convaincu que le duc d'Enghien, ainsi que l'affirmait M. de Talleyrand, était le prince dont Georges avait parlé. Cette conviction devint d'autant plus forte, que, dans ce moment, l'accusé Léridan, le plus fidèle compagnon de Georges, après avoir longtemps résisté aux demandes des juges instructeurs, venait de déclarer : « qu'un prince était positivement à la tête du complot; que ce prince devait être venu à Paris; que lui, du moins, avait tout lieu de le croire, car plusieurs fois il avait vu entrer chez Georges un homme jeune, de tournure distinguée, bien vêtu, et devant lequel, lui avait-on dit, les conjurés présents se tenaient debout et découverts. »

Le Premier Consul, avant de signer les derniers ordres, voulut attendre le retour d'un sous-officier de la gendarmerie d'élite qui venait d'être envoyé à Ettenheim. Ce sous-officier, homme intelligent, avait autrefois servi dans la maison de Condé, et devait utiliser cette ancienne position, ainsi que sa connaissance de la langue allemande, pour obtenir des serviteurs du prince les informations les plus précises sur les habitudes de sa vie et sur ses relations; il accomplit sa mission : non-seulement il apprit que le duc d'Enghien s'absentait fréquemment pour aller à de longues chasses, et même, ajoutait-on, pour se rendre à Strasbourg, où il fréquentait le spectacle et quelques autres lieux publics; mais on lui désigna, parmi les personnes alors en visite à Ettenheim, un M. *de Thumery*, dont le nom, par la prononciation allemande des individus interrogés, se transformait en celui de *Dumouriez*. Plus de doute pour Bonaparte et pour ses conseillers, lorsqu'ils connurent le rapport du sous-officier : le jeune homme à qui les conjurés témoignaient de si grands respects était le duc d'Enghien; au lieu d'aller à des chasses lointaines dans la forêt Noire, il venait à Paris; soixante heures lui suffisaient pour franchir la distance qui sépare cette capitale de la place de Strasbourg; et il pouvait, dans le même espace de temps, revenir à sa résidence après avoir passé quelques instants au milieu de ses complices. Il n'était pas jusqu'à la présence prétendue de Dumouriez à Ettenheim qui ne vînt ajouter un nouvel élément de vraisemblance à la culpabilité supposée de cet infortuné. Un conseil extraordinaire composé des trois consuls, de M. de Talleyrand, du grand juge Régnier, des autres ministres, et de Fouché, qui, bien que le ministère de la police eût été récemment supprimé, n'en continuait pas moins officieusement et par zèle ses anciennes fonctions, fut immédiatement convoqué à Saint-Cloud. Cambacérès et Lebrun, deuxième et troisième consuls, appelés à opiner les premiers, se prononcèrent avec force contre toute mesure ayant pour but d'enlever violemment le jeune prince de son asile. Les considérations qu'ils firent valoir à l'appui de cet avis irritèrent Bonaparte : « Je dois punir tous les complots! s'écria-t-il ; la tête de tous les coupables doit en faire justice. — J'ose espérer que si un personnage tel que le duc d'Enghien tombait en votre pouvoir, la rigueur n'irait pas jusque-là, » répondit timidement Cambacérès. Bonaparte, arrêtant son regard sur son collègue, le mesure de la tête aux pieds, et lui jette cette réplique : « Vous êtes devenu bien avare du sang des Bourbons, citoyen consul[1] ! » M. de Talleyrand et Fouché se hâtèrent de parler dans un sens complétement opposé : « Souffrir patiemment que les émigrés, à la faveur d'un territoire étran-

[1] Cambacérès avait voté la mort de Louis XVI.

ger, conspirassent contre la France, c'était, disaient-ils, encourager tous les complots et accorder aux coupables la plus dangereuse impunité; les Bourbons et leurs partisans recommenceraient chaque jour; il faudrait punir dix fois au lieu d'une, tandis qu'en frappant un *grand coup*, on pourrait ensuite rentrer sans inconvénient dans le *système de clémence* naturel au Premier Consul. Les royalistes, d'ailleurs, avaient besoin d'un avertissement, et il serait toujours temps, après l'arrestation du prince, de voir ce qu'il conviendrait de faire; l'essentiel était de *le tenir*. » Cette opinion, partagée par Bonaparte, dont elle flattait les passions, entraîna toutes les voix; l'arrestation et l'enlèvement du prince furent décidés *à l'unanimité*. Bonaparte signa, dans la nuit même, tous les ordres nécessaires, et, le 24 ventôse an XII (15 mars 1804), 200 soldats de la garnison de Strasbourg franchissaient le Rhin, pénétraient sur le territoire badois, cernaient, à quatre lieues de la frontière, le château d'Ettenheim, où demeurait le duc d'Enghien, en brisaient les portes, saisissaient dans son lit le malheureux prince, et l'amenaient à Strasbourg, qu'il quittait au bout de quelques heures pour être conduit à Paris, puis transféré au château de Vincennes.

« Talleyrand a été le principal instrument et la cause active de la mort du duc d'Enghien, a raconté Napoléon. Murat est celui qui a le plus insisté pour un jugement immédiat. *Si vous attendez à demain, me disait-il, vous lui ferez grâce, et vous vous en repentirez.* Tous étaient comme Murat. S'ils m'avaient laissé tranquille, le duc d'Enghien n'aurait pas été jugé par un conseil de guerre, ou bien j'aurais fait pour lui comme pour Moreau; la condamnation prononcée, je lui aurais fait grâce[1]. » Bonaparte avait à subir, en effet, dans son intérieur, une double lutte : si son épouse, si la jeune Hortense, sa belle-fille, et les dames de leur société intime, cherchaient à émou-

[1] *Mémorial* et *Récits de Sainte-Hélène*, des comtes de Las-Cases et de Montholon.

voir sa pitié en faveur du prince, d'un autre côté, Fouché, Murat, M. de Talleyrand, s'efforçaient de l'entraîner vers la plus extrême rigueur ; le dernier, surtout, multipliait les observations écrites, les notes, les avis, pour lui démontrer la nécessité de ne pas fléchir. Ce conflit d'influences dura près de deux jours. Le soir du 20 mars, madame Bonaparte et sa fille, apprenant l'arrivée prochaine du duc d'Enghien à Vincennes, redoublèrent leurs supplications; la scène fut vive, émouvante; le Premier Consul ne résista qu'avec peine. Les Bourbons n'avaient reculé devant aucun moyen, dans la guerre acharnée, implacable, qu'ils lui faisaient depuis quatre ans : machines infernales, complots, calomnies, ces princes avaient employé toutes les armes. Placé sous le coup de ces attaques incessantes, persuadé qu'il n'exerçait qu'un acte de défense personnelle et de justes représailles; impatient, d'ailleurs, de mettre un terme aux illusions comme aux méfiances excitées par les refus bruyants de Louis XVIII à des demandes d'abdication qu'il ne lui avait point faites, Bonaparte venait de se décider à la violence. A peine sa belle-fille et sa femme l'avaient quitté, qu'il faisait appeler son aide de camp Savary : « Je ne pourrais pas supporter une seconde scène semblable à celle que je viens d'essuyer, lui dit-il ; vous allez vous rendre à Paris, auprès de Murat; vous lui direz que j'ai pris mon parti. Voici, ajouta-t-il en lui remettant un pli épais, tous les ordres dont il a besoin ; vous recevrez de lui vos instructions particulières; je n'ai personnellement à vous faire qu'une seule recommandation : que tout cela soit terminé demain matin; je ne veux plus en entendre parler. » Murat était gouverneur de Paris; la composition des conseils de guerre se trouvait dans ses attributions : peu d'instants après l'arrivée de l'aide de camp du Premier Consul, il transmettait en toute hâte les ordres nécessaires pour la réunion immédiate d'un tribunal militaire chargé de juger le duc d'Enghien. Ces juges devaient condamner, et Savary veiller à la rapide exécution du jugement. Cet officier supérieur, après avoir quitté Murat, se mit en chemin pour Vincennes ; il avait l'ordre de prendre, en passant près la place de la Bastille, un détachement de la gendarmerie d'élite casernée dans l'ancien couvent des Célestins. La nuit était venue depuis longtemps ; il était alors près de onze heures ; tous les gendarmes se trouvaient couchés. Le capitaine d'Autencourt, adjudant-major de service, en fit lever un certain nombre ; on en choisit vingt-cinq que l'on munit de cartouches ; quelques-uns durent, en outre, porter des pelles et des pioches. Ce détachement, conduit par Savary, atteignit la forteresse de Vincennes au moment où y arrivaient, de leur côté, les membres du conseil de guerre. Ces officiers ignoraient les motifs de l'étrange convocation qui les appelait ainsi, au milieu de la nuit, à plus d'une lieue des barrières; ils ne les apprirent que par la lecture de quelques pièces déposées sur le bureau de la salle où on les installa, et dont leur donna communication le général Hullin, désigné président du conseil par sa lettre de service. Ils se constituèrent sur-le-champ, et firent amener devant eux le jeune prince. L'attitude de cet infortuné était calme : interrogé sur son nom et sur les actes de sa vie, il répondit avec fermeté au petit nombre de questions qui lui furent adressées. D'abord, il repoussa avec l'accent de l'indignation la plus vive toute pensée de participation au complot qui s'instruisait en ce moment devant le tribunal criminel de la Seine ; il mit ensuite une noble et courageuse simplicité à reconnaître qu'il avait porté les armes contre la France, et que, depuis qu'il les avait posées, il était allé à Strasbourg : « Je ne m'y suis pas rendu dans une pensée de conjuration, ajoutait-il ; absent de France depuis quatorze ans, et retiré à quelques lieues seulement de sa frontière, je n'ai pu résister au désir de respirer l'air de la patrie, de me trouver pendant quelques instants au milieu de compatriotes, de revoir, en un mot, une ville française. Je n'y suis venu que deux ou trois fois, mais sans entrer chez aucun habitant, sans parler à personne, et ne restant, à chaque voyage, que quatre ou cinq heures au plus. » Les lois rendues contre l'Émigration punissaient de la peine de mort tout émigré qui, ayant porté les armes contre la France, rentrait sur le territoire de la République : les aveux que venait de faire le jeune prince dictèrent la sentence ; et, peu d'instants après l'avoir entendue, cet infortuné, dont on creusait la fosse pendant le jugement, tombait sous les balles des gendarmes d'élite. Sa comparution devant le conseil, son interrogatoire, la délibération de ses juges, sa condamnation et son exécution, avaient à peine pris trois heures [1].

M. de Talleyrand avait une position tout exceptionnelle au milieu des hommes du gouvernement consulaire. Prêtre, ses rapports et ses votes à l'Assemblée constituante avaient puissamment contribué à la constitution civile du clergé et à la vente de ses biens ; gentilhomme issu d'une des premières maisons du royaume, on l'avait vu occuper les plus hauts emplois sous la République, jurer haine aux rois et à la royauté, et fêter, comme ministre, la commémoration du 21 janvier ;

---

[1] Les courses du duc d'Enghien à Strasbourg avaient acquis assez de notoriété pour alarmer sa famille; son grand-père, le prince de Condé, éclairé par une triste prévision, lui écrivait d'Angleterre, neuf mois auparavant :

« Wanstead, le 16 juin 1803.

« Mon cher enfant,

« On assure ici, depuis plus de six mois, que vous avez été faire un voyage à Paris ; d'autres disent que vous n'avez été qu'à Strasbourg. Il faut convenir que c'était un peu inutilement risquer votre vie et votre liberté ; car, pour vos principes, je suis tranquille de ce côté-là ; ils sont aussi profondément gravés dans votre cœur que dans les nôtres. Il me semble qu'à présent vous pourriez nous confier le passé, et, si la chose est vraie, ce que vous avez observé dans vos voyages.

« A propos de votre santé, qui nous est si chère à tant de titres, je vous ai mandé, il est vrai, que la position où vous êtes pouvait être très-utile à beaucoup d'égards. Mais vous êtes bien près, prenez garde à vous, et ne négligez aucune précaution pour être averti à temps et faire votre retraite en sûreté, en cas qu'il passât par la tête du Consul de vous faire enlever. N'allez pas croire qu'il y ait du courage à tout braver à cet égard.

« Louis-Joseph de Bourbon. »

prince de l'Église, il avait depuis longtemps foulé aux pieds sa croix pastorale, sa mitre et sa crosse ; il y a plus, donnant un spectacle que nous croyons unique à cette époque, évêque catholique, il venait de se marier. Personne n'avait donc à redouter, plus que lui, le retour des anciens princes. Intéressé dès lors à compromettre irrévocablement Bonaparte avec les Bourbons, il y réussit en dévouant le duc d'Enghien à la colère du Premier Consul. On raconte que, dans la nuit de l'exécution, se trouvant dans le salon de madame de Laval, nonchalamment étendu, selon son habitude, dans un vaste fauteuil, il entendit sonner la pendule : « Ah ! deux heures du matin ! dit-il du ton le plus calme en jetant un regard distrait sur sa montre, qu'il venait de tirer avec la plus grande lenteur ; dans ce moment le dernier des Condé a probablement vécu. » Le rôle de Fouché, dans ce sanglant drame, pour avoir été moins influent peut-être que celui de M. de Talleyrand, ne fut cependant pas moins actif : ni l'un ni l'autre, car tous deux s'en sont vantés, n'a donc pu dire à Bonaparte : « La mort du duc d'Enghien est plus qu'un crime, c'est une faute. » On ne se défie pas assez de ces *sentences*, toujours fabriquées après coup, et que jettent à la crédulité de la foule les charlatans politiques. Beaucoup de gens ont admiré sur parole la profondeur et la vérité du mot que M. de Talleyrand et Fouché se sont si complaisamment prêté. Le mot n'est ni vrai ni profond. L'exécution du duc d'Enghien ne fut pas une faute : la masse ne connaissait pas ce prince ; jamais elle n'avait même entendu prononcer son nom ; elle ne vit là qu'un émigré de moins. D'un autre côté, tous les intérêts issus de la Révolution et tous les hommes compromis dans les événements des douze dernières années, inquiets des bruits répandus sur un accord possible entre Bonaparte et les Bourbons, acceptèrent ce fait comme une garantie nouvelle contre le retour des frères de Louis XVI et le rétablissement de l'ancien régime. Parlerons-nous de l'indignation du parti royaliste? Cette indignation ne se manifesta nulle part. Dans tous les cas, elle fut de bien courte durée; car on ne vit pas un seul ancien noble quitter la cour du Premier Consul; un grand nombre continuèrent de s'y précipiter, et, quelques semaines plus tard, l'immense majorité des hommes de l'ancienne noblesse applaudissait à l'intronisation du nouvel Empereur, s'empressait de peupler toutes les administrations publiques, et voyait ses chefs, les plus éminents par la naissance ou par la fortune, se disputer la place non-seulement dans les salons des nouvelles Tuileries, mais dans les antichambres des membres, même adolescents, de la nombreuse famille de Napoléon. Où donc est la faute? En revanche, cette exécution d'un malheureux jeune homme, alors paisible, inoffensif, et enlevé violemment à l'asile que lui donnait une terre étrangère, fut un crime dans toute l'énergie du mot.

Louis-Henri de Bourbon, duc d'Enghien, petit-fils du prince de Condé, était né au château de Chantilly, le 2 août 1772. Retiré à Ettenheim, après le licenciement du corps d'émigrés commandé par son grand-père et par son père, il y vivait dans une retraite presque absolue, tout entier à une liaison formée aux jours de sa jeunesse, et sans autres moyens d'existence qu'un secours mensuel de 150 guinées que lui allouait l'Angleterre sur le fonds commun des émigrés. Victime expiatoire des intrigues maladroites ou odieuses des chefs de sa race, il fut exécuté à l'angle est du fossé méridional du château de Vincennes, dans la nuit du 29 au 30 ventôse (20 et 21 mars), dix jours après l'arrestation de Georges Cadoudal, et un an, jour pour jour, en quelque sorte, après la réponse si publique de Louis XVIII aux demandes prétendues d'abdication faites par le Premier Consul [1].

[1] On lit dans le *Mémorial de Sainte-Hélène* de M. de Las-Cases: « Le langage de l'Empereur, à l'occasion du duc d'Enghien, m'a servi à remarquer, dans sa personne, des nuances caractéristiques des plus prononcées. J'ai pu voir, à ce sujet, très-distinctement en lui, et maintes fois, l'homme privé se

Cet événement, s'il défraya, durant quelques soirées, les conversations d'un petit nombre de vieilles familles royalistes, se trouva dominé par la curiosité et par l'intérêt qui s'attachaient alors aux débats du procès de Georges et de ses complices; et il était complétement oublié quand, à moins de deux mois de là, Bonaparte, sur les instances concertées du Tribunat et du Sénat conservateur, ceignait le bandeau impérial.

Bonaparte, depuis quatre ans, jouissait en France d'une autorité presque sans bornes; ses volontés ne rencontraient aucune résistance; les deux autres Consuls, ses collègues, n'avaient que le rôle de premiers commis. Il était devenu, à la vérité, *Consul à vie;* mais ce titre lui semblait ne pas donner au monde une idée encore assez haute de sa position. Égal en puissance aux plus puissants souverains de l'Europe, il ambitionnait une qualification qui, par le titre, le fit aussi leur égal. Le mot de *roi* avait perdu tout prestige; le faire revivre, c'était d'ailleurs renouer trop ouvertement la chaîne brisée par la Révolution, c'était raviver des antipathies et des haines encore redoutables. La Monarchie et des institutions monarchiques masquées par des mots nouveaux qui, en impliquant des formes et des institutions nouvelles, éloigne-

débattant avec l'homme public; et les sentiments naturels de son cœur aux prises avec ceux de sa fierté et de la dignité de sa position. Dans l'abandon de l'intimité, il ne se montrait pas indifférent au sort du malheureux prince; mais, sitôt qu'il s'agissait du *public*, c'était *tout autre chose*. Un jour, après avoir parlé avec moi de la jeunesse et du sort de l'infortuné, il termina en disant : « Et j'ai appris depuis, mon cher, qu'il m'était favorable : on m'a assuré qu'il ne parlait pas de moi sans quelque admiration; et voilà pourtant la justice distributive d'ici-bas !... » C'est un sentiment du moment, une situation inopinée, sans doute, que je surprenais là; ce point délicat touchait de trop près à sa fierté et à la trempe particulière de son âme. Aussi variait-il tout à fait ses raisonnements et ses expressions à cet égard, et cela à mesure que le cercle s'élargissait autour de lui. On vient de voir ce qu'il témoignait dans l'épanchement du tête-à-tête; quand nous étions rassemblés entre nous, c'était déjà autre chose : « *Cette affaire avait pu laisser en lui des regrets,* disait-il, *mais non des remords, pas même des scrupules.* » Y avait-il des étrangers, « *le prince avait mérité son sort.* »

raient dans les masses toute suspicion d'un retour à l'ancien régime, voilà ce que voulait Bonaparte. Pour arriver à cette reconstitution du trône, il n'avait pas à obtenir un pouvoir plus étendu, mais un simple titre : or, par un singulier concours de circonstances, ce fut la conjuration de Georges et de Pichegru, ce complot où les partisans de l'ancienne famille royale avaient placé leur dernière espérance, qui lui fournit précisément l'occasion de réaliser le changement qu'il ambitionnait.

Tous les corps constitués de Paris, dans leurs félicitations à Bonaparte sur la découverte de cette conspiration; toutes les autorités des départements, dans leurs Adresses, dominés par une même pensée, ou plutôt obéissant à un même mot d'ordre, le sollicitaient à l'envi d'ôter tout espoir aux conspirateurs, de rassurer la France, d'asseoir définitivement la stabilité du nouvel état politique, en fondant le gouvernement sur la perpétuité d'une famille. Bonaparte recevait ces vœux sans les accueillir ni les repousser ; ils répondaient à sa pensée, à son plus ardent désir ; mais, comme au 18 brumaire, il voulait s'abriter derrière les pouvoirs légaux, paraître les laisser librement agir, et il attendait, non sans une vive impatience, que les grands corps politiques de l'État fissent de ce changement l'objet d'une proposition, puis d'une résolution formelle. Enfin le Sénat prit l'initiative. Quelques membres ayant proposé à cette Assemblée de féliciter, à son tour, le Premier Consul sur le péril auquel il venait d'échapper, Fouché, lors de la mise en délibération du projet d'Adresse, demanda la parole le premier, et s'écria : que des compliments ne suffisaient pas ; que la France avait besoin de sécurité, et qu'elle ne pouvait espérer le repos que dans des institutions qui garantiraient l'existence du gouvernement au delà même de la vie de son chef actuel. Fouché allait chaque jour à Saint-Cloud, et se vantait, à tout venant, de posséder la confiance du Premier Consul ; les sénateurs, voyant donc en lui moins le collègue que le confident, l'organe du chef du Pouvoir, se montrèrent dociles à son invitation, et votèrent sur-le-champ une Adresse où ils disaient:

« Citoyen Premier Consul, vous vous devez à la patrie; vous n'êtes point le maître de négliger votre existence; vous n'aurez assuré ni votre vie, ni votre ouvrage, si vous n'y joignez pas des institutions tellement combinées que leur système vous survive. Vous fondez une ère nouvelle; vous devez l'éterniser; l'éclat n'est rien sans la durée.

« Le Sénat, citoyen Premier Consul, vous parle ici au nom de tous les citoyens; tous vous admirent et vous aiment; mais il n'en est aucun qui ne songe souvent avec anxiété à ce que deviendrait le vaisseau de la République s'il avait le malheur de perdre son pilote avant d'avoir été fixé sur des ancres inébranlables. Dans les villes, dans les campagnes, si vous pouviez interroger tous les Français l'un après l'autre, il n'y a aucun d'eux qui ne vous dît avec nous: « Grand homme, achevez votre ou« vrage en le rendant immortel comme votre gloire! Vous nous avez « tirés du chaos du passé; vous nous faites bénir les bienfaits du pré« sent; garantissez-nous l'avenir! »

Après avoir entendu la lecture de cette Adresse, et promis au Sénat « de réfléchir sur les considérations qu'il venait de lui présenter, » Bonaparte se hâta de soumettre les observations de cette Assemblée au Conseil d'État, dans plusieurs séances que lui-même prit le soin de présider. Y avait-il nécessité d'assurer l'hérédité dans le pouvoir suprême? quel titre servirait à désigner cette autorité héréditaire? Telles étaient les questions posées par Bonaparte à chacun des conseillers. La discussion n'eut pas le résultat qu'il en attendait: vingt-sept membres, la plupart anciens conventionnels, assistaient à ces délibérations: sept opinèrent pour l'ajournement de toute décision; un huitième, le conseiller Berlier, déclara que, poser la question d'hérédité dans le Pouvoir, était faire un pas rétrograde et aller contre le but de la Révolution; d'autres ajoutèrent que c'était rouvrir la porte aux Bourbons. On se sépara à la quatrième séance sans avoir rien décidé.

Pendant ce temps, M. de Talleyrand, Fouché et quelques autres personnages, ouvraient chez eux des conférences où, réunissant les membres les plus influents du Sénat, du Tribunat et du Corps législatif, ils disaient : « La population et la troupe se montrent singulièrement agitées; l'armée paraît impatiente de se prononcer en faveur d'un pouvoir héréditaire ; il faut que les grands corps politiques se hâtent de prendre l'initiative, car il y aurait, pour eux, du péril à méconnaître plus longtemps le vœu du peuple et des soldats. N'oublions pas que le Sénat romain perdit toute considération et toute influence, le jour où les Légions se saisirent du droit d'élire les Empereurs. » Puis, feignant une inquiétude sérieuse et la peur même, ils ajoutaient : « Murat a besoin de toute son énergie pour contenir l'élan de la garnison ; les régiments qui la composent ont résolu de profiter de la première revue que passera le Premier Consul pour le saluer du titre d'Empereur ! »

Ces incitations et ces rumeurs portèrent enfin leur fruit : le 3 floréal (23 avril), un membre ignoré du Tribunat, savant helléniste, docile au pouvoir comme la plupart des savants, le citoyen Curée, déposa sur le bureau de cette Assemblée une *motion d'ordre* où il demandait « que Napoléon Bonaparte, actuellement Premier Consul, fût déclaré Empereur des Français, et la dignité impériale rendue héréditaire dans sa famille. » Cette motion fut mise à l'ordre du jour du 10, en séance extraordinaire, et, le surlendemain de sa présentation, Bonaparte, qui jusqu'alors avait laissé sans réponse l'Adresse du Sénat, transmit à ce corps un Message où il lui disait : « Je vous invite à me faire connaître votre pensée tout entière. » Mais, avant de s'expliquer, le Sénat voulut, à son tour, attendre le résultat de la proposition de Curée, qui, le 10 floréal (30 avril), développa sa motion dans un discours dont voici le début : « Hâtons-nous, mes collègues, de demander l'hérédité de la suprême magistrature; car, en votant l'hérédité d'un chef, comme le disait Pline à Trajan, nous empêcherons le retour d'un maître. » Le Tribunat ne comptait plus alors que cinquante membres[1] : quarante-neuf se hâtèrent d'applaudir à la motion ; un seul la repoussa, l'ex-conventionnel Carnot. Adoptée à l'unanimité moins une voix, elle fut portée le 14 floréal (4 mai) au Sénat, qui reçut cette communication en félicitant les Tribuns, par l'organe de son président, « d'avoir si bien usé de cette initiative populaire et *républicaine* que leur avaient léguée les lois fondamentales. » Le même jour, les Sénateurs, enhardis par cet acte, répondaient au Message du Premier Consul par une nouvelle Adresse ainsi conçue :

« Vous désirez, citoyen Premier Consul, de connaître la pensée tout entière du Sénat sur celles de nos institutions qui nous ont paru devoir être perfectionnées pour assurer sans retour *le triomphe de l'égalité et de la liberté publiques*. Le Sénat a réuni et comparé avec soin les *méditations* de tous ses membres, les fruits de leur expérience, les effets du zèle qui les anime pour la prospérité du peuple dont ils sont chargés de *conserver* les droits ; il a rappelé le passé, examiné le présent, porté ses regards sur l'avenir : il vous transmet le vœu que lui commande le salut de l'État.

« Les Français ont acquis la liberté ; ils veulent conserver cette conquête ; ils veulent le repos après la victoire.

« Ce repos glorieux, ils le devront au gouvernement héréditaire d'un seul, qui, élevé au-dessus de tous, investi d'une grande puissance, défende la *liberté*, maintienne l'*égalité*, et soit un obstacle invincible contre lequel vienne se briser la violence d'une tyrannie audacieuse qui se croirait absoute par la force, ainsi que les coups perfides d'un despotisme plus dangereux encore, qui, tendant dans les ténèbres ses redoutables rets, saurait attendre avec une patience hypocrite le moment de jeter le masque et de lever sa massue de fer.

« Le Sénat pense, citoyen Premier Consul, qu'il est du plus grand intérêt pour le peuple français de confier le gouvernement de la République à Napoléon Bonaparte, empereur héréditaire. »

Stipuler les intérêts du peuple français était le moindre soin du Sénat. Si cette Assemblée, qui ne craignait pas de rappeler

[1] La Constitution du 22 frimaire an VIII (13 décembre 1799) en avait fixé le nombre à cent ; mais le sénatus-consulte du 16 thermidor an X (4 août 1802), qui instituait le *Consulat à vie*, avait réduit ce nombre à la moitié.

« qu'elle était surtout instituée pour *conserver* les droits acquis par la nation depuis 1789 et maintenir la liberté et l'égalité, » sacrifiait sans hésitation ces conquêtes, ce n'était pas, ainsi qu'elle osait le dire par une sorte de froide raillerie, pour « préserver la France des redoutables rets de la tyrannie et de la massue de fer du despotisme; » elle n'avait qu'un but : se faire concéder, en échange de ce sacrifice, de nouveaux et notables priviléges. Dans un *mémoire secret* qui accompagnait l'Adresse dont nous venons de reproduire les principaux passages, le Sénat demandait, entre autres avantages, au futur Empereur, de voir la dignité *viagère* de chacun de ses membres changée en dignité *héréditaire*, et d'obtenir que les Sénateurs ne fussent plus désormais justiciables que de leur propre Assemblée.

Bonaparte accueillit gracieusement l'Adresse, et tint immédiatement des conseils privés où furent appelés successivement la plupart des Sénateurs, des Tribuns et des membres du Corps législatif. Tous s'y montraient d'accord pour proclamer la nécessité de relever le trône et d'y placer le Premier Consul; mais chacun stipulait son prix : les Sénateurs insistaient pour obtenir l'hérédité de leurs fonctions; les Législateurs et les Tribuns réclamaient une considérable augmentation de traitement[1]. Bonaparte affectait de ne pas entendre ces demandes indignes; on pouvait même croire qu'il n'avait pas daigné lire le *mémoire secret* du Sénat. Mécontents de ce silence, les Sénateurs remettaient d'une séance à l'autre la rédaction définitive du Sénatus-Consulte destiné à réaliser le changement politique que chacun maintenant attendait. Le mouvement, en effet, était donné : le *Moniteur* ne suffisait plus à enregistrer les Adresses où, de tous les points du territoire, on demandait l'Empire; chaque jour, de nombreuses députations se succédaient à Saint-Cloud pour faire entendre

[1] Les Tribuns recevaient annuellement 15,000 fr., et les membres du Corps législatif 10,000.

le même vœu. Ces manifestations multipliées n'avaient pas uniquement leur source dans l'impulsion donnée aux classes officielles par le gouvernement lui-même, ou dans la servilité de quelques ambitions impatientes; elles exprimaient le sentiment vrai d'une partie notable de la population, sentiment qui s'était développé sous la double influence de l'indignation causée par le complot de Georges et des craintes inspirées par le retour possible des Bourbons. Placer une couronne sur la tête du Premier Consul, ce n'était pas seulement récompenser d'immenses services et consacrer la souveraineté du génie, disait-on ; c'était protéger la vie de Bonaparte contre les coups des assassins : or, en garantissant cette vie, on protégeait tous les intérêts issus de la Révolution ; on sauvait d'une réaction sanguinaire tous les hommes compromis par leurs actes ou par leurs votes sous le régime conventionnel et directorial ; on assurait, aux acquéreurs de biens nationaux, leurs propriétés ; aux militaires, leurs pensions ou leurs grades ; aux fonctionnaires de tous les ordres et de tous les rangs, leurs droits, leur position ; au pays entier, enfin, le régime d'égalité, et les conquêtes civiles qui faisaient sa grandeur et sa force. D'ailleurs, ajoutait-on, la France, depuis douze ans, vivait, pour ainsi dire, au jour le jour, passant incessamment d'un gouvernement violent ou faible à un gouvernement incertain; après douze années d'agitation et de troubles, c'était le repos. Enfin, on n'augmentait pas le pouvoir du Premier Consul en lui donnant un nouveau titre; sa puissance était celle d'un véritable monarque; on ne faisait qu'ajouter le droit au fait.

Entraîné par ce courant d'opinion que lui-même avait provoqué, encouragé; enchaîné, d'ailleurs, par ses précédents Messages, le Sénat aurait vainement voulu prolonger sa résistance; il dut se soumettre, et, le 26 floréal, vingt-trois jours après la motion faite par le tribun Curée, un projet de Sénatus-Consulte pour l'établissement de l'Empire fut soumis aux délibérations de l'Assemblée que l'acte constitutionnel du 22 frimaire an VIII avait spécialement instituée pour veiller à la *conservation* de la République et au maintien de l'abolition de tous les priviléges. Les membres qui en appuyèrent l'adoption se bornèrent à développer les considérations que nous avons reproduites; un des orateurs du gouvernement, le conseiller d'Etat Portalis, à bout d'arguments, répéta, après Curée : *Que la France avait besoin d'un Prince, afin de ne pas avoir un maître;* les motifs qu'il apporta à l'appui de cette étrange maxime, ceux que firent valoir ses collègues, étaient inutiles : les convictions étaient faites; et le 28 floréal, après deux jours d'un débat de pure forme, destiné à colorer d'une apparence de délibération l'usurpation nouvelle que le Sénat *conservateur* allait commettre, cette Assemblée décréta l'Empire. Le scrutin réunit l'unanimité des voix moins *cinq*. Ces cinq bulletins se composaient de deux billets blancs et de trois bulletins négatifs, dont M. Grégoire et les anciens ministres de la République Lambrechts et Garat réclamèrent l'honneur. Une des dispositions de ce Sénatus-Consulte soumettait son adoption définitive à la sanction du peuple. L'Assemblée n'attendit pas ce vote pour faire acte de soumission et d'hommage au nouveau souverain : les Sénateurs, aussitôt le décret rendu, se hâtèrent de le porter, en corps, au palais de Saint-Cloud, et l'on put voir le personnage qui les conduisait, le second Consul Cambacérès, s'incliner devant Bonaparte, le matin encore son collègue, le saluer du titre d'*Empereur*, et lui donner les qualifications alors si nouvelles, si étranges, de *Sire* et de *Majesté*. — A peu de temps de là, le seul corps à qui on avait, jusqu'alors, laissé un semblant de discussion, et qui, par l'organe du citoyen Curée, venait de prendre l'initiative officielle de l'établissement de l'Empire, le Tribunat, était supprimé.

Lorsque la nouvelle de cette quatrième transformation du gouvernement républicain parvint à Varsovie, Louis XVIII, disent les historiographes de ce prince, fut pénétré d'étonnement et d'horreur. Il en appela à tous les gouvernements, à tous les rois légitimes, et, le 5 juin 1804, il adressa à toutes les cours la protestation suivante :

« En prenant le titre d'Empereur, en voulant le rendre héréditaire dans sa famille, Bonaparte vient de mettre le sceau à son usurpation. Ce nouvel acte d'une Révolution où *tout*, dès l'origine, *a été nul*, ne peut sans doute infirmer mes droits; mais, comptable de ma conduite à tous les souverains, dont les droits ne sont pas moins lésés que les miens, et dont les trônes sont tous ébranlés par les principes que le Sénat de Paris a osé mettre en avant; comptable à la France, à ma famille, à mon propre honneur, je croirais trahir la cause commune en gardant le silence en cette occasion. Je déclare donc, en présence de tous les souverains, que, loin de reconnaître le titre impérial que Bonaparte vient de se faire déférer par un corps qui n'a pas même d'*existence légale*, je proteste contre ce titre et contre tous les actes subséquents auxquels il pourrait donner lieu. »

Plaintes inutiles, protestations vaines! Pas une voix ne répondit. Il n'existait plus alors pour l'Europe même monarchique, ni roi de France, ni parti royaliste, mais une France impériale et un empereur que vinrent solennellement saluer les ambassadeurs de toutes les puissances, et qui eut ses représentants dans toutes les capitales du continent européen. Pour l'Europe, comme pour la France, le procès de la troisième dynastie était terminé. Si les titres des descendants de Charlemagne, après avoir absorbé les droits des Mérovingiens, s'étaient éteints eux-mêmes dans les titres de la famille de Hugues Capet, les droits de cette race venaient, à leur tour, de s'éteindre dans les droits et les titres d'une quatrième dynastie, la dynastie napoléonienne. Tel était, à cette époque du moins, le sentiment général, telle était la conviction des gouvernements comme des populations. Une plus longue illusion était difficile à Louis XVIII ; l'épais bandeau qui jusqu'alors avait caché à ses regards la véritable situation des choses ne tarda pas à tomber. Quelques mois après la déclaration qu'on vient de lire, il comprit enfin l'impossibilité, au moins momentanée, de continuer la lutte. Mais, avant de quitter la scène politique, avant de s'enfermer dans la retraite à laquelle le condamnait l'abandon de tous les souverains ainsi que le délaissement de son propre parti, il crut nécessaire de plaider encore une fois sa cause, de parler, non plus aux rois seulement, mais à la France, et de tourner contre Bonaparte lui-même l'arme avec laquelle ce dernier venait de le frapper. Napoléon, en élevant son trône impérial, s'éloignait de la Révolution et revenait à l'ancien régime; Louis XVIII eut la pensée de s'éloigner, au contraire, de la vieille Monarchie et de se rapprocher de la Révolution. Le nouvel Empereur créait des maréchaux, des ordres de chevalerie, et marchait ouvertement au plus absolu despotisme; le prince de vieille race prit la détermination de parler désormais à la France de constitution, de droits et de liberté. C'était tout un changement de système, toute une révolution dans la politique du chef des Bourbons. Pour que cette transformation, dont nous ne discuterons pas la sincérité, fût acceptée comme sérieuse, une déclaration, un acte isolé, ne suffisaient pas; il fallait une démarche ayant toute la solennité d'une déclaration de famille. Louis XVIII écrivit donc au comte d'Artois pour lui démontrer la nécessité d'un acte collectif, et lui assigna la ville de Grodno, en Lithuanie, comme le lieu le plus favorable pour leur entrevue.

Tandis que le Prétendant songeait enfin à entrer dans cette voie de concessions politiques qui, à dix ans de là, devait faciliter son retour aux Tuileries, les gens de son entourage, dans leurs loisirs, cherchaient les moyens de rappeler sur ce prince l'attention et l'intérêt de l'Europe. Les complots ourdis contre la vie de Bonaparte avaient fait grand bruit : ces tentatives odieuses, blâmées partout, avaient porté une grave atteinte aux sympathies auparavant acquises aux chefs du parti royaliste. Les abbés et les gentilshommes de la petite cour de Varsovie crurent donc faire merveilles en imposant à Louis XVIII le rôle d'une victime poursuivie, elle aussi, par le poignard ou par le poison. Ce prince, dans l'intérêt de sa cause, fut condamné par eux à échapper, à son tour, aux coups d'assassins gagés par le nouvel Empereur. On discuta longtemps sur la mise en scène de ce drame domestique. Après avoir accueilli, puis repoussé plusieurs combinaisons, on s'arrêta à la tentative la plus vulgaire et la plus prosaïque, à l'empoisonnement par l'arsenic. Voici ce que racontent très-sérieusement, à ce sujet, plusieurs écrivains royalistes :

Il existait à Varsovie un Français, nommé Coulon, qui, après avoir servi dans les rangs de l'Emigration, sous les ordres du duc de Pienne, alors premier gentilhomme de la chambre de Louis XVIII, était ensuite entré au service du baron de Miliville, écuyer de l'épouse de ce prince, puis avait fini par acheter une espèce de cabaret-billard où se réunissait, presque chaque soir, la domesticité de la petite cour bourbonienne. Deux inconnus abordent un jour ce Coulon, et lui demandent s'il désire gagner de l'argent ; sur sa réponse affirmative, ils laissent échapper ces mots : « Le cuisinier de la maison de Louis XVIII vous connaît ; il vous est facile d'approcher de ses fourneaux ; si vous voulez faire ce que nous vous dirons, votre fortune est assurée. » Coulon, disent les écrivains auxquels nous empruntons ces détails, cachant son trouble, demanda ce qu'il fallait faire : « Nous vous le dirons *demain*, » répondirent les inconnus en se retirant. — Coulon courut aussitôt vers MM. de Pienne et de Miliville, leur raconta ce qui venait de lui arriver, et reçut l'ordre d'aller en avant. Le lendemain, les deux étrangers se représentent, demandent du champagne, et apprennent à Coulon, après boire, qu'il s'agit uniquement de s'introduire dans la cuisine du roi et de jeter quelques légumes dans la marmite au bouillon. « Où sont ces légumes ? demanda Coulon. — Nous vous les remettrons *après-demain*. — Ici ? — Non, hors de la ville, à l'entrée du Village-Neuf. »

Coulon accourt une seconde fois au château, et raconte cette conversation. On lui ordonne de pousser jusqu'au bout. Le surlendemain, il se rend au lieu indiqué, et trouve les deux inconnus, qui lui remettent trois carottes creuses renfermant une certaine poudre, lui donnent quelques écus pour l'encourager, et lui *promettent* 400 louis s'il réussit à « faire le coup. » On se quitte sur ce dernier mot. Coulon porte bien vite ses trois carottes au comte d'Avaray et à l'archevêque de Reims, qui, apposant leur cachet sur chacune d'elles, les transmettent à la police prussienne avec une sorte de procès-verbal, récit de tous les faits rapportés par Coulon. La police lut ce rapport, ne vit dans la déclaration de Coulon qu'une plaisanterie d'assez mauvais goût, et renvoya le procès-verbal, ainsi que les pièces de conviction, à l'archevêque de Reims et au comte d'Avaray. Ces messieurs s'adressèrent alors aux autorités judiciaires, qui refusèrent également de poursuivre. Repoussés de tous côtés, le comte et l'archevêque se formèrent en commission avec le duc de Pienne, le marquis de Bonnay, le duc de Croï-d'Havré, les comtes de la Chapelle, de Damas-Crux, Étienne de Damas, l'abbé de Frimont; ils appelèrent Coulon devant eux, l'interrogèrent de nouveau, et, faisant immédiatement opérer, par deux médecins, l'ouverture des légumes accusateurs, ils découvrirent, à l'intérieur de chaque carotte, une matière pâteuse que les deux docteurs déclarèrent être formée par un mélange des trois arsenics, blanc, jaune et rouge.

A cette découverte, l'entourage de Louis XVIII poussa une telle clameur, que ce prince dut penser qu'il venait d'échapper à une tentative sérieuse d'empoisonnement. Il se plaignit, à son tour, à toutes les autorités de Varsovie, mais sans plus de résultat; on lui fit poliment entendre qu'il était dupe d'une comédie grossière. Le gouvernement anglais et ses journaux, avertis par les correspondances échangées entre les émigrés des deux pays, montrèrent, en revanche, la crédulité la plus intraitable et l'indignation la plus bruyante. Coulon devint le héros d'une foule de dessins et d'articles où l'on reproduisit, en les amplifiant, tous les détails de son officieuse complicité avec les sicaires du *Corse*. Les dessinateurs et les écrivains de Londres, rappelant, à cette occasion, l'épisode de Jaffa, l'exécution du duc d'Enghien, le suicide de Pichegru et la mort du mulâtre Toussaint-Louverture, se répandirent contre le nouvel Empereur en injures si violentes et en accusations si nombreuses, que Napoléon apparut à la masse du public britannique comme l'empoisonneur le plus effréné et l'assassin le plus infatigable des temps modernes. Le gouvernement anglais encourageait, par tous les moyens, ce travail de calomnies. « Nous étions en guerre avec la France ; il était nécessaire de *soutenir l'opinion*, » ont dit, depuis lors, ses hommes politiques.

Louis XVIII avait écrit au comte d'Artois dans les premiers jours du mois de juin. Le comte, d'après sa réponse, devait se trouver à Grodno à la fin d'août. Arrivé, le 23, dans cette ville, le roi attendit vainement son frère : ce dernier, au moment de partir, avait changé d'avis ; il ne voulait pas s'aventurer aussi loin. Après une nouvelle correspondance où Louis XVIII fit parler le devoir ainsi que la nécessité de concerter, dans ce moment de crise pour la cause royale, une marche commune, le comte d'Artois accepta un nouveau rendez-vous et s'embarqua à Harwick, au même moment où le roi, de son côté, partait de Riga. Calmar, petite ville située sur la côte orientale de la Suède, en face de l'île d'Oëland, et célèbre par la convention qui s'y conclut, le 17 juin 1397, pour l'union des royaumes de Suède, de Danemark et de Norvége, était le lieu vers lequel se dirigeaient les deux frères ; ils s'y rencontrèrent le 3 octobre 1804, quatre mois après la première demande de rendez-vous faite par Louis XVIII. Le comte d'Artois, comme on voit, avait pris le temps de réfléchir aux propositions que devait lui soumettre le chef de sa famille. La politique nouvelle que voulait adopter ce dernier trouva d'abord dans le comte un adversaire prononcé. Composer avec la Révolution, c'était, à ses yeux, non-seulement une mauvaise action, mais une faute. Louis XVI, disait-il, ne serait pas monté sur l'échafaud sans ses concessions à l'esprit révolutionnaire ; son règne se fût écoulé aussi paisible que ceux de Louis XIV et de Louis XV, si, repoussant toute transaction avec la révolte, il eût su, à l'exemple de ces deux rois, maintenir intact l'honneur de sa couronne et conserver l'intégrité des droits de la noblesse et du clergé. Louis XVIII n'aurait donc pas amené sans peine son frère à son opinion, si un ordre inattendu de la Prusse n'était venu en aide à ses arguments.

Une première fois, au sujet des ouvertures d'abdication faites par les autorités de Varsovie à Louis XVIII, le Cabinet de Berlin avait eu à se défendre contre les plaintes fort vives de Bonaparte. Le retentissement donné à l'affaire Coulon, et les accusations d'empoisonnement dirigées, à cette occasion, contre le nouvel Empereur, pouvaient engager de nouveau la responsabilité de Frédéric-Guillaume. Ce souverain résolut d'éloigner des hôtes aussi incommodes et aussi compromettants ; Louis XVIII et tous les émigrés composant sa petite cour reçurent l'ordre de quitter immédiatement le territoire prussien. Ce fut à Calmar que cet ordre parvint au Prétendant. L'opiniâtre résistance de son frère fut ébranlée par cette nouvelle preuve du complet abandon où était sa race ; le comte d'Artois fléchit, sans toutefois céder complétement ; il consentit à ce que le roi fît telle déclaration qu'il voudrait, et la publiât au nom de tous les membres de la famille, mais à la condition que cet acte ne porterait point sa signature et qu'on n'exigerait pas de lui une adhésion distincte et personnelle. Louis XVIII accepta cette transaction, heureux encore que le comte voulût bien s'engager à ne rien démentir, à ne pas protester.

Les deux frères ne s'étaient pas vus depuis douze ans; séparés depuis 1793, une certaine froideur avait toujours existé entre eux. L'entrevue de Calmar ne les rapprocha pas; ils se quittèrent après dix-sept jours de conférences, assez mécontents l'un de l'autre : le comte d'Artois reprit le chemin de Londres; Louis XVIII revint attendre à Riga la réponse du Cabinet de Saint-Pétersbourg à sa demande d'un nouvel asile sur le sol russe.

La Russie, depuis quatre ans, obéissait à un nouveau souverain. L'alliance de Paul Ier avec la République française avait été fatale à cet empereur. L'intimité politique qui venait de s'établir entre les Cabinets de Saint-Pétersbourg et des Tuileries menaçait trop sérieusement les intérêts de l'Angleterre pour que cette puissance ne recourût pas aux moyens les plus extrêmes, afin de briser cette union. Paul avait traité avec la France républicaine le 8 octobre 1800 : moins de six mois après, dans la nuit du 24 au 25 mars 1801, il périssait assassiné, victime d'une conspiration de palais, où se trouvèrent l'or et la main du gouvernement britannique. Bonaparte, à la nouvelle de ce meurtre, s'était écrié : « Les Anglais m'ont manqué au 3 nivôse[1]; ils ne m'ont pas manqué à Saint-Pétersbourg[2] ! » Paul avait été remplacé par son fils aîné, le grand-duc Alexandre. Le nouvel Empereur, sans rompre précisément avec le Premier Consul, gardait une sorte de neutralité expectante qui n'était ni la paix ni la guerre. Cette position lui permit d'accueillir la demande de Louis XVIII. Le chef des Bourbons obtint l'autorisation de revenir à Mittau.

---

[1] Affaire de la machine infernale.

[2] Voici en quels termes le *Moniteur* du 27 germinal an IX (17 avril 1801) annonça cet événement:

« Paul Ier est mort dans la nuit du 24 au 25 mars !

« L'escadre anglaise a passé le Sund le 31.

« L'histoire nous apprendra les rapports qui peuvent exister entre ces deux événements ! »

Une fois installé dans son ancienne demeure, Louis XVIII rédigea son dernier manifeste. La proclamation qu'il avait envoyée à Pichegru, quelques semaines avant le 18 fructidor, ne contenait que des promesses de *réforme à l'ancienne Constitution* de la Monarchie. Il se décida, cette fois, à accepter nettement les faits accomplis. Sa déclaration nouvelle ne contenait pas seulement amnistie entière pour tous les votes, pour tous les actes antérieurs à 1804, ainsi que l'engagement de conserver à chaque Français ses grades, ses emplois, ses pensions ; elle garantissait, en outre, la liberté et l'égalité pour les personnes, le maintien de toutes les propriétés et la protection de tous les intérêts sans exception. Après avoir ainsi reconnu et assuré tous les résultats matériels de la Révolution, Louis XVIII finissait en ces termes :

« Au sein de la mer Baltique, en face et sous la protection du ciel, fort de la présence de notre frère, de celle du duc d'Angoulême, notre neveu, de l'assentiment des autres princes de notre sang, qui tous partagent nos principes et sont pénétrés des mêmes sentiments qui nous animent, nous le jurons! jamais on ne nous verra rompre le nœud sacré qui unit nos destinées aux vôtres, qui nous lie à vos familles, à vos cœurs, à vos consciences ; jamais nous ne transigerons sur l'héritage de nos pères, jamais nous n'abandonnerons nos droits. Français ! nous prenons à témoin de ce serment le Dieu de saint Louis, celui qui juge toutes les justices !

« Donné à Mittau, le 2 décembre de l'an de grâce 1804, et de notre règne le dixième. *Signé* : Louis. *Et plus bas* : Alexandre-Angélique de Talleyrand-Périgord, archevêque de Reims, et comte d'Avaray. »

Cette déclaration, imprimée à Hambourg, en petit format in-32, au nombre de dix mille exemplaires, par les soins du sieur Fauche-Borel, que le comte d'Avaray chargea de cette opération, fut répandue sur tout le continent et envoyée en France, par la poste, à toutes les autorités constituées, ainsi qu'aux plus notables habitants de chaque département. Elle est la dernière manifestation publique de Louis XVIII pendant son séjour à l'étranger. On ne connaît de ce prince, durant les huit années qui suivirent, que des notes, des correspondances sans caractère officiel. Quelques-uns de ces documents confidentiels présentent toutefois un intérêt historique réel. Nous citerons, entre autres, une lettre que Louis XVIII, quinze mois après son retour à Mittau, écrivait à Fauche-Borel, à l'occasion de nouvelles instructions et de nouveaux pouvoirs sollicités par cet ancien imprimeur, dans le but de nouer, en France, de nouvelles intrigues; en voici les principaux passages :

« Depuis le commencement de la Révolution, tout en France et au dehors tourne dans un cercle vicieux. Chez l'étranger on croit, d'une part, qu'il n'y a rien à faire pour moi; on craint, en me mettant en avant, de se compromettre pour moi si l'on ne réussit pas, et de nuire, si l'on réussit, à des *projets ambitieux ultérieurs.*

« En France, cette conduite des puissances a inspiré contre elles une méfiance qu'on *ne peut dire mal fondée*, mais qui, cependant, a des effets funestes; il en résulte un découragement, une inertie, qui, de plus en plus, creusent l'abîme.

« Placé entre deux partis, je leur crie également : Vous vous trompez! Mais, d'une part, ma voix n'est pas entendue; de l'autre, elle n'est pas écoutée. Je sais bien que si je pouvais me montrer, me rapprocher seulement, cela serait très-utile; mais les puissances n'y consentent pas, parce que la chose leur paraît au moins superflue. Je sais également qu'en France un mouvement leur ouvrirait les yeux; mais ce mouvement ne s'opère pas, parce qu'on n'en ose pas même espérer le succès, d'après l'opinion qu'on a des puissances et de moi-même. Voilà le cercle vicieux dont je parlais tout à l'heure.

« Quelles instructions puis-je donner? Quels pouvoirs puis-je départir? Qui en revêtirai-je? On demande que je parle de nouveau ; à qui ? Comment? En quel langage? Tout, d'ailleurs, est renfermé dans ma déclaration. S'agit-il d'un militaire : conservation du grade, de l'emploi, avancement proportionné aux services, tout est assuré. Veut-on aborder un administrateur : son état sera maintenu. Un homme du peuple : la conscription, cet impôt personnel, le plus onéreux de tous, sera abolie. Un *nouveau* propriétaire : je me déclare le protecteur *des droits et des intérêts de tous*. Un coupable enfin : les poursuites sont défendues, une amnistie générale est annoncée.

« Quelle plus ample instruction peut-on recevoir? Des pouvoirs sont inutiles; le zèle suffit pour prêcher une pareille doctrine; ce sont des missionnaires qu'il faut en ce moment. Les pouvoirs sont seulement nécessaires pour traiter, et nous n'en sommes pas là... »

Cette lettre remarquable, qui porte la date de Mittau, 22 mars 1806, complète l'analyse que nous avons donnée de la *déclaration* du 2 décembre 1804, et confirme ce que nous avons dit du changement survenu dans les opinions et dans la politique de Louis XVIII ; ses illusions, comme on le voit, ont cessé ; il reconnaît le néant de sa cause ; la lutte ne lui semble plus possible, et il confesse qu'avant de prétendre remuer un parti en son nom il faudrait d'abord lui créer des partisans. Les royalistes semblaient, en effet, avoir disparu de la France ; on pourra juger, du moins, du profond oubli où les Bourbons y étaient tombés, par le tableau suivant qu'a tracé de l'opinion publique, à cette époque, un des meilleurs et des plus fidèles ministres de Napoléon, esprit calme, caractère élevé, dont les sentiments n'étaient nullement hostiles aux princes de l'ancienne famille royale. Le Cabinet de Berlin venait alors de rompre brusquement avec Napoléon ; la Russie joignait ses armées aux armées de la Prusse ; dans tous les salons de Paris, mais surtout chez les représentants des cours étrangères, on n'entendait prophétiser que des catastrophes ; l'Empereur était pris au dépourvu, disait-on ; la campagne qui allait s'ouvrir serait le terme de sa fortune.

« On voyait tourbillonner, autour des ministres étrangers, un essaim de Français de l'espèce de ceux qui ne savent et ne veulent qu'exploiter à leur seul profit tous les événements publics, a dit le ministre à qui nous empruntons ce tableau. La plupart étaient déjà parvenus à se faire leur part dans ce qu'ils appelaient la fortune de Napoléon ; mais ils voulaient, quoi qu'il arrivât, mettre cette part en sûreté ; ils partageaient leurs journées et leurs soins entre les agences diplomatiques dont ils prenaient les vœux pour des oracles, et les membres de la famille de Napoléon, devant lesquels ils se montraient et paraissaient toujours les plus dévoués des serviteurs. J'en pourrais citer qui, pour écarter les soupçons, ne manquaient jamais de livrer à un parti les confidences qu'ils recevaient de l'autre, espérant se ménager l'appui de tous les deux. Comme en général on se croyait, dans les salons, à la veille d'une nouvelle révolution, ils espérèrent s'en assurer les bénéfices en vendant à terme du cinq pour cent au plus bas cours. Ce fut pour eux un rude mécompte que la journée d'Iéna[1]! ils subirent la peine de leurs faux calculs. Quant aux autres, tant étrangers que Français, ils eurent bientôt pris le parti d'adresser à la supériorité de Napoléon tous les hommages qu'ils destinaient à son adversaire; ils s'étaient promis de proclamer le roi de Prusse le vengeur du monde; ils ne firent que changer le nom: c'était Dieu, disaient-ils alors, qui avait armé l'invincible bras de Napoléon pour punir la violation des traités. Ils allaient chercher leurs preuves jusque dans les livres saints pour établir que Napoléon était l'instrument des volontés de Dieu; ils répétaient sous mille formes qu'il avait été doué par Dieu même de toutes les qualités qui distinguent les chefs des nations, les fondateurs des empires. Ce n'est pas sans raison, sans doute, qu'on reproche au règne de Napoléon d'avoir produit beaucoup de flatteurs; mais souvent ceux qui l'encensaient le lendemain d'une victoire avaient été ses détracteurs la veille; ils louaient sans pudeur, comme ils venaient de calomnier sans mesure, toujours d'autant plus exagérés dans leurs expressions, qu'ils mettaient moins de bonne foi dans les opinions qu'ils exprimaient, et voulant couvrir, aux yeux du vainqueur, par l'affectation de leur enthousiasme pour lui, la trace des vœux que naguère ils formaient contre lui.

« J'examinai avec soin, par exemple, si, au milieu des espérances de changements qui agitaient tant de têtes, quelque retour se manifestait en faveur des Bourbons, soit de la part des agents étrangers, soit de la part des Français qui espéraient,

---

[1] Gagnée par Napoléon le 14 octobre 1806.

comme eux, dans les désastres de la France. Mais je ne vis que des gens qui tenaient leur dévouement en réserve au profit du pouvoir qui surviendrait, quel qu'il fût [1]. »

Le second séjour du Prétendant à Mittau ne dura que trois ans. Alexandre, après avoir débuté, comme son père, par une sorte de neutralité entre le gouvernement anglais et la France, s'était, à son exemple, décidé à combattre, non plus la République, mais l'Empire. Les deux journées de Berghem et de Zurich avaient contraint Paul Ier de traiter avec le Premier Consul Bonaparte; les défaites d'Austerlitz, d'Eylau et de Friedland, obligèrent Alexandre de devenir, à son tour, l'allié de Napoléon. La conduite des deux tzars, après la paix, fut toutefois différente. Paul avait chassé le Prétendant de Mittau au moment le plus rude de l'hiver; Alexandre se contenta de lui faire insinuer que sa présence en Courlande *pourrait gêner* ses rapports avec son nouvel allié. Louis XVIII comprit qu'il devait chercher un nouvel asile. Le continent européen tout entier lui était fermé; il n'avait plus à choisir qu'entre le Nouveau-Monde et l'Angleterre; il se décida pour l'hospitalité britannique. Parti encore une fois de Riga, vers le milieu d'octobre 1807, il se fit d'abord débarquer au port suédois de Gottenbourg. Lorsque son arrivée fut connue à Stockholm, le roi de Suède s'empressa de le faire complimenter et de mettre à sa disposition la frégate la *Fraya*[2]. A deux semaines de là,

---

[1] *Mémoires d'un ministre du Trésor*, t. II, IIIe partie. Imprimés en 1845, sous ce simple titre, sans nom d'auteur, ces *Mémoires*, qui renferment l'histoire financière de la France depuis 1785 jusqu'en 1815, sont du comte Mollien; ils n'ont pas été publiés; on n'en a tiré que quelques exemplaires, qui ont été donnés aux amis de cet ancien ministre.

[2] Le roi de Suède, à cette époque, était ce Gustave IV que ses sujets, à dix-huit mois de là (29 mars 1809), devaient déposer et renvoyer pour jamais de son royaume. Il est mort, il y a peu d'années, dans un cabaret de la Suisse. Ce monarque découronné fut longtemps l'adversaire le plus persistant et le plus résolu de la Révolution française. Il vivait, dans les dernières époques de sa vie, des émoluments de nous ne savons quel obscur emploi qu'il devait à la munificence de l'empereur d'Autriche.

dans les premiers jours de novembre, la *Fraya* jetait l'ancre dans la rade anglaise d'Yarmouth.

Louis XVIII avait écrit, de Gottenbourg, au comte d'Artois pour lui annoncer sa prochaine arrivée. Cette nouvelle causa au comte un assez vif déplaisir. On sait la froideur qui régnait entre les deux frères. Jusqu'à ce moment, d'ailleurs, Monsieur avait seul conduit les affaires de l'Émigration en Angleterre. La présence du chef de sa famille ne devait pas seulement lui enlever cette direction, elle le forçait, en outre, à descendre au second rang. Ses confidents s'émurent; ils agirent pour atténuer au moins le coup, et réussirent à persuader à M. Canning qu'il était nécessaire, dans l'intérêt même du gouvernement britannique, d'éloigner Louis XVIII de Londres et de le confiner en Écosse. Ce ministre transmit aux commandants de tous les ports l'ordre de ne pas laisser débarquer les passagers de la *Fraya*, et de diriger ce bâtiment sur la ville de Leith, qui est, comme on sait, le port d'Édimbourg.

Cet ordre fut communiqué à Louis XVIII par les autorités d'Yarmouth; il refusa d'y obtempérer, et adressa au conseil des ministres une réclamation dans laquelle il disait « qu'il ne venait demander au gouvernement ni un asile, ni des secours; que le but de son voyage était entièrement politique; que, roi de France, il venait conférer de ses intérêts avec son frère le roi de la Grande-Bretagne, et qu'il était décidé à retourner en Russie, où il avait laissé la reine sa femme et Madame Royale, sa nièce, plutôt que de consentir à l'espèce d'exil qu'on voulait lui infliger en l'envoyant à Holyrood. »

Cette note devint l'objet de plusieurs conseils de cabinet. Les ministres anglais, après trois jours de conférences, se mirent enfin d'accord sur une réponse, et transmirent à Louis XVIII la communication suivante :

« Si le *chef de la famille des Bourbons* consent à vivre parmi nous d'une manière conforme à sa situation actuelle, il y trouvera un asile honorable et sûr; mais nous connaissons trop la nécessité d'avoir, pour la guerre dans laquelle nous sommes engagés, l'appui unanime du peuple anglais, pour compromettre la popularité qui, jusqu'à ce jour, a accompagné les progrès de cette guerre ; ce serait la compromettre que de prendre imprudemment un parti qui y donnerait un nouveau caractère et découragerait la nation.

« La situation de la France et du continent présente-t-elle aujourd'hui plus de chance pour le rétablissement des Bourbons qu'à toute autre époque de cette guerre révolutionnaire que nous soutenons depuis tant d'années? Au contraire, la soumission presque entière du continent sanctionne, en quelque sorte, l'ordre de choses qui existe en France. Certes, le moment d'abandonner une politique prévoyante et sage ne serait pas heureusement choisi. »

L'Angleterre, à cette époque, était la seule puissance qui fût encore en lutte avec la France impériale; en refusant à Louis XVIII le titre de roi, en lui signifiant qu'à aucune époque le rétablissement de sa famille n'avait présenté moins de chances, ses ministres tenaient donc à ce prince un langage qui aurait détruit toutes ses illusions, s'il en avait encore gardé. Il répondit qu'il était résigné à vivre désormais d'une manière conforme à sa situation actuelle, ainsi que le demandait le gouvernement britannique; et, débarquant à Yarmouth sous le seul nom du comte de Lille, il accepta l'hospitalité que lui offrit le duc de Buckingham dans son château de Gosfield-Hall, comté d'Essex. Ce fut là que le rejoignirent, au bout de quelques mois, la reine sa femme et la duchesse d'Angoulême, qu'il avait laissées à Mittau.

Aussi longtemps que Louis XVIII avait pu garder la moindre espérance pour le triomphe de son parti et pour son avénement à la royauté, il avait erré d'asile en asile, successivement repoussé par toutes les puissances continentales. Du jour, au contraire, où ce prince accepta comme un fait accompli la perte de sa cause et la déchéance politique de sa race, le sort lui départit un refuge tranquille, assuré, et qu'il devait seulement quitter pour poser la main sur cette couronne si longtemps et si vainement poursuivie. Par une autre coïncidence, la *Fraya* sillonnait les eaux de la mer du Nord, portant en Angleterre le chef des Bourbons fugitif et abandonné, au même moment où les régiments de Napoléon, lancés au midi de l'Europe, franchissaient les Pyrénées, pour la première fois, et préludaient à cette longue et sanglante guerre d'Espagne qui devait si lourdement peser sur les destinées de l'Empire et en précipiter si fatalement la chute.

CHAPITRE III

Mort de la reine; Louis XVIII quitte Gosfield-Hall et vient habiter Hartwell; sa liste civile situation morale de ce prince; sa correspondance. — Extinction du parti royaliste. — Mariage de Napoléon avec Marie-Louise d'Autriche. — Les almanachs nationaux et impériaux de 1802 à 1812; l'ancienne noblesse et la nouvelle. — Le *Moniteur* et la petite cour d'Hartwell à l'occasion du mariage de l'Empereur. — Fautes de Napoléon; ses paroles dans une des fêtes de Fontainebleau; prévisions remarquables du prince Eugène. — Mot de Louis XVIII à l'occasion de la naissance du roi de Rome; lettre de ce prince à Alexandre après la campagne de Russie. — Le duc d'Orléans en Espagne.
1813. — Arrivée de Napoléon aux Tuileries à son retour de Moscou; son entrevue avec le comte Mollien. Tableau de l'opinion publique à ce moment. — Préparatifs de guerre. Langage de Napoléon; mot du comte Lavallette. — Première campagne de Saxe : batailles de Lutzen, Bautzen et Würtschen; armistice de Pleisswitz. L'Autriche offre sa médiation : Entrevue du duc de Metternich avec l'Empereur; récit de Napoléon. — *Congrès de Prague*; sa rupture. — Reprise des hostilités : Bernadotte et Moreau. — Seconde campagne de Saxe : bataille de Dresde; mort de Moreau; mouvement de Vandamme sur Tœplitz; désastre de Kulm. — Marche de Napoléon sur Berlin; il s'arrête à Düben; défection de la Bavière et du Wurtemberg; l'Empereur rétrograde vers le Rhin; les trois journées de Leipsick; retraite et désorganisation de l'armée. Bataille de Hanau. — Napoléon repasse le Rhin; son arrivée à Saint-Cloud; sénatus-consultes; levées extraordinaires; les conscriptions sous l'Empire. — *Propositions de Francfort*; protestation de l'Angleterre. — *Question d'Anvers*; dépêche de lord Castelreagh au comte d'Aberdeen. Fixation d'un congrès à Manheim. — Progrès des Alliés. — Ouverture de l'Assemblée législative; discours de l'Empereur. — Le Corps législatif : son esprit; nomination de cinq commissaires; leur rapport sur les communications du gouvernement; dissolution de cette Assemblée.

1808-1812. — Louis XVIII avait fixé sa résidence à Gosfield Hall à la fin de 1807; il ne quitta ce château qu'au bout de quatre ans, au commencement de 1811, peu de temps après la mort de la princesse, sa femme, décédée le 13 novembre 1810 [1]. Il vint alors habiter Hartwell, propriété du baronnet

[1] Marie-Joséphine-Louise de Savoie, née à Turin le 2 septembre 1753, et mariée le 14 mai 1771.

sir Henry Lee, dans le comté de Buckingham, à 48 milles (16 lieues) de Londres. Louis XVIII ne fut d'abord que locataire de sa nouvelle demeure, moyennant un loyer annuel de 600 livres sterling (15,000 fr.). Ses revenus, à cette époque, s'élevaient à 600,000 francs environ, que lui payaient le gouvernement britannique et la cour du Brésil : sur cette somme, 100,000 francs étaient donnés au duc et à la duchesse d'Angoulême pour défrayer leur maison; l'archevêque de Reims recevait une somme égale pour les dépenses de la chapelle et les aumônes du roi; 100,000 autres francs servaient à entretenir, près des différentes cours, des agents chargés de mettre Louis XVIII au courant de la politique de chaque Cabinet et de suivre les événements. Restaient 100,000 écus pour l'entretien de la personne et de la maison de ce prince, somme bien minime, surtout si l'on songe au prix élevé de toutes choses en Angleterre, prix qu'augmentaient encore les besoins de la guerre, l'approvisionnement de nombreuses escadres et d'une armée de terre considérable, ainsi que la difficulté des arrivages du continent. Aussi tout l'équipage du roi se composait-il de deux chevaux et d'une voiture de remise. Le comte d'Artois, son fils le duc de Berri, le prince de Condé et le duc de Bourbon recevaient des secours particuliers du gouvernement anglais. Le duc d'Orléans, premier prince du sang, vivait en Sicile.

On a cru longtemps qu'une agence royaliste, établie à Paris, avait entretenu d'actives relations avec Louis XVIII pendant toute la durée de l'Empire. Il n'en est rien. La dernière agence royaliste qui ait existé à Paris avait pour principaux membres M. Hyde de Neuville, qui se cachait sous le pseudonyme de *Paul Berry*, M. Ferrand[1], qui prenait le nom de *Dubois*, l'abbé de Montesquiou et M. Royer-Collard. Cette agence se sépara après la découverte de la conspiration de Georges, Moreau et

---

[1] Depuis comte et pair de France.

Pichegru. Elle ne fut point reconstituée. Un comité royaliste devenait, d'ailleurs, sans but. Les royalistes restés à l'intérieur, les émigrés rentrés après le 9 thermidor et sous le Directoire, avaient pris leur parti dès les premiers jours du Consulat. La plupart, nous l'avons dit, s'étaient casés dans les services publics ou dans les administrations locales. Quant aux émigrés revenus les derniers, lorsque Bonaparte avait ouvert toutes les frontières à cette classe de proscrits, dix à douze années d'un exil souvent misérable les avaient dégoûtés pour longtemps de la politique. Ruinés par leurs courses à travers le continent et par les confiscations, forcés de se créer une position et une nouvelle fortune, le plus grand nombre, à mesure de leur rentrée, avaient demandé et obtenu des places, des emplois qu'ils n'avaient garde de compromettre. Les plus illustres par la naissance, ceux qui ne comprenaient d'autre existence que l'existence de cour, d'autre occupation que le métier de courtisan, ceux-là s'étaient glissés dans les salons et dans les antichambres de la famille impériale. De nouvelles générations, d'ailleurs, arrivaient; et les plus obstinés, s'ils tenaient personnellement rigueur au nouvel ordre de choses, se montraient plus faciles pour leurs enfants. A la fin de 1809, il n'était pas une seule des familles les plus anciennes qui ne comptât quelques-uns de ses membres les plus jeunes dans la diplomatie ou dans l'armée impériales. Ainsi, tandis que l'action du temps, chez l'ancien parti royaliste, affaiblissait les passions et modifiait les principes, d'un autre côté les exigences de la vie matérielle y brisaient toute pensée de résistance ou d'opposition. Bientôt les hommes de ce parti cessèrent de prononcer le nom des Bourbons; les adolescents commencèrent à l'oublier; les enfants ne l'apprirent plus.

Louis XVIII, depuis longtemps, n'avait donc plus avec l'intérieur de la France que des relations très-rares et fort incertaines. En revanche, il recevait régulièrement le *Moniteur*, le *Journal de l'Empire*, quelques autres publications périodiques françaises, et y suivait avec un douloureux étonnement les changements qui se produisaient chaque jour dans les personnes et dans les choses, ainsi que les progrès toujours ascendants de la puissance impériale. Intelligence sans élévation et sans étendue, personnalité étroite, égoïste, Louis XVIII ne jugeait les événements qu'à travers le double voile de ses intérêts ou de ses préjugés; la conscience de son titre et de ses droits dominait chez lui tous les sentiments; il était prince et Bourbon avant d'être Français. Jacques II, assistant à la défaite de la flotte française qui devait le ramener à Londres, oubliait la chute de toutes ses espérances pour battre des mains et s'écrier : « Comme mes braves Anglais se battent bien ! » Louis XVIII ne se laissait pas emporter par le même patriotisme : chaque victoire de Napoléon ou de ses lieutenants soulevait sa critique et sa mauvaise humeur, tandis qu'il n'avait que des éloges et des applaudissements pour ceux des généraux ennemis qui réussissaient parfois à humilier nos armes Sa correspondance, à cette époque, offre des preuves nombreuses de cette triste disposition d'esprit. « Tout va bien militairement dans la Péninsule, mal politiquement, écrivait-il au comte d'Avaray, le 5 mai 1811; lord Wellington avance, mais les cortès font leur possible pour tout gâter et tout perdre. » Cette Assemblée, qui devait sauver l'indépendance espagnole et conserver la couronne d'Espagne dans sa famille, avait plus d'un tort aux yeux de Louis XVIII : d'abord, elle était une assemblée élue par la nation; en second lieu, la Grandesse espagnole, ralliée en grande partie à Joseph, n'y comptait que quelques-uns de ses membres; il l'appelait une *Assemblée monstrueuse* : « Je dis monstrueuse, ajoutait-il, car je ne crois pas que les annales d'Espagne fassent mention d'une seule réunion de cortès où, comme dans celle-ci, il ne se trouve que trois personnes *titrées;* ses premiers actes me rappellent ceux de 1789. » Cette correspondance offre, dans nombre de passages, une colère sans dignité contre le chef de l'Empire, que

Louis XVIII désigne habituellement par les lettres B. P. Annonçant au comte d'Avaray l'arrivée de Lucien Bonaparte, à Malte, comme prisonnier des Anglais, il ajoute : « On veut le représenter (Lucien) comme s'étant évadé, et il avait quarante personnes à sa suite! B. P. ne pouvait donc pas ignorer ce départ, car il n'est pas servi par des imbéciles. Quel en était donc le but? Je l'ignore complétement. Tout ce que je sais, c'est que je regarde M. Lucien comme un autre Sinon. Mais il était brouillé avec son frère..... Plaisante raison! querelle de coquins n'est rien. Ils ont le même intérêt; voilà le lien de tous ces gens là[1]. » Dans d'autres lettres, nos généraux les plus illustres sont l'objet de plaisanteries d'un aussi mauvais goût : Masséna, battant les généraux anglais en Espagne et en Portugal, est pour lui, non pas l'enfant *chéri*, mais l'enfant *pourri* de la victoire. Ces sentiments d'hostilité haineuse contre nos soldats et leurs chefs étaient partagés, au reste, par tous les autres membres de sa famille. Des lettres récentes, et dont l'authenticité n'a pas été contestée, ont prouvé que le chef de la branche d'Orléans, lorsqu'il résidait à Palerme, ne désirait pas avec une vivacité moins sincère le triomphe des généraux anglais et la destruction de nos armées.

Le *Moniteur*, à la vérité, mettait à de fréquentes et rudes épreuves la résignation du chef des Bourbons. Chaque jour cette feuille enregistrait des défections nouvelles; et Louis XVIII, à mesure que grandissait l'établissement impérial, voyait passer au service du Victorieux, qu'il appelait l'usurpateur de sa couronne, les hommes qui avaient été le plus avant dans sa confiance et dans les faveurs de l'ancienne cour. Mais la mesure se trouva comblée quand le journal officiel lui annonça le

[1] Les deux frères étaient positivement séparés. Lucien s'était retiré, dès 1804, dans les États de l'Église : or le pape venait d'être enlevé de sa capitale et transféré en France; Rome allait devenir le simple chef-lieu d'un département français. Résolu à ne pas résider dans les États de son frère, Lucien s'était embarqué pour les États-Unis, à bord d'un navire napolitain que les Anglais ne tardèrent pas à capturer et qu'ils conduisirent à Malte.

mariage de *Monsieur Bonaparte* avec une archiduchesse d'Autriche, petite-nièce de Marie-Antoinette et de Louis XVI, union qui allait non-seulement mêler le sang plébéien du chef de l'Empire au sang des vieilles races royales de l'Europe, mais le rendre le proche allié de la famille même de Bourbon. Cet événement avait un autre résultat : il achevait de rallier l'ancienne noblesse au nouvel ordre de choses; le petit nombre de familles demeurées jusqu'alors fidèles à la cause royale l'abandonnaient à leur tour; toutes avaient des représentants dans la cour nouvelle, et, en lisant le compte rendu de la cérémonie du mariage, en parcourant la liste des personnes qui y figuraient, soit avec des dignités de Palais, soit comme attachées aux *maisons* de l'Empereur et de la nouvelle impératrice, Louis XVIII y trouva tous les noms dont le trône de la vieille Monarchie était le plus constamment et le plus étroitement entouré. Les progrès de cette désertion sont assez curieux à suivre sur les almanachs nationaux et impériaux publiés depuis 1802.

L'*Almanach national* de 1802 (an X) ne renferme pas un seul nom de l'ancienne cour; mais on y découvre, cachés dans les emplois secondaires des différentes administrations, sous la qualification commune de *citoyen*, bon nombre de gens appartenant au peuple de la gentilhommerie. L'invasion des anciens privilégiés dans les fonctions publiques est plus marquée dès 1803 (an XI) : on les voit arriver dans les sous-préfectures, dans les préfectures; l'administration des eaux et forêts en est, pour ainsi dire, toute peuplée; le corps diplomatique compte dans ses rangs un la Rochefoucauld, chargé d'affaires à Dresde, et un Salignac-Fénelon, deuxième secrétaire de légation en Suède. Le titre de *citoyen* est toujours le seul en usage. L'*Almanach national* de 1804 (an XII) constate un progrès toujours croissant dans la transformation des anciens royalistes; ils continuent à envahir toutes les administrations de la République. La forme du gouvernement n'est pas encore changée : les huit ministres, le secrétaire d'État et les trois Consuls eux-mêmes sont désignés sous le simple titre de *citoyens*. Les Consuls ont une *garde*, mais pas un d'eux ne possède une *maison*.

Ce n'est que dans l'*Almanach* de 1805 (an XIII) que l'Empire apparaît avec son organisation monarchique. L'Empereur et tous les membres de sa famille ont des *maisons*. On compte, en outre, six *grands dignitaires* : un grand électeur (le prince Joseph), un connétable (le prince Louis), un archichancelier (M. Cambacérès), un architrésorier (M. Lebrun), un archichancelier d'État (le prince Eugène), un grand amiral (le maréchal Murat). La *maison* de l'Empereur ne comprend pas moins de cinq *grands officiers* : un grand aumônier (le cardinal Fesch), un grand chambellan (M. Charles-Maurice Talleyrand), un grand écuyer (le général Caulaincourt), un grand veneur (le maréchal Berthier), un grand maître des cérémonies (M. Ségur). Deux de ces onze noms appartiennent seuls à l'ancienne noblesse de cour, qui ne fournit également que deux noms aux chambellans du nouvel Empereur, lesquels, au reste, sont encore peu nombreux; ce sont MM. Archambault-Talleyrand et Merci-Argentau. La maison de l'impératrice est plus aristocratiquement fournie : le premier aumônier de Joséphine est M. Ferdinand Rohan, archevêque de Cambrai; sa dame d'honneur madame Chastulé-la Rochefoucauld; elle compte, en outre, parmi ses dames d'atour, mesdames Dalberg, Séran, Colbert, Ségur, Turenne et Bouillé.

Le maréchalat est également rétabli.

Le grand électeur et le connétable ont le titre d'*Altesses Impériales*; les quatre autres grands dignitaires sont *Altesses Sérénissimes*; les cinq grands officiers de la maison, les maréchaux, les inspecteurs et colonels généraux, ainsi que les ministres, deviennent *Excellences*. Tous les autres fonctionnaires, de quelque ordre qu'ils soient, portent la qualification uniforme de *monsieur* ou *madame*. Le titre de *citoyen* a complétement disparu.

L'*Almanach* de 1805 constate, en outre, la transformation des tribunaux d'appel en *cours d'appel*, qui devinrent elles-mêmes, en 1811, *cours impériales*. Avant 1805, on ne découvre pas de magistrats de l'ancien régime dans le corps judiciaire. Mais, en changeant de dénomination, les tribunaux d'appel virent doubler, pour ainsi dire, leur personnel, et s'introduire dans leur sein bon nombre d'anciens parlementaires. Cette invasion fut complétée en 1811; à cette date, tous les membres de la haute et moyenne magistrature de l'ancienne Monarchie qui avaient survécu aux orages des vingt dernières années, ou que l'âge ne condamnait pas à la retraite, étaient rentrés au service de l'Empire.

Dans l'*Almanach* de 1806, la maison de l'Empereur et roi s'enrichit de deux institutions nouvelles : elle a des *pages*, et M. de Rémusat, jusqu'alors premier chambellan, devient, en outre, *maître de la garde-robe;* son personnel reste à peu près le même. Il n'en est pas ainsi de la maison de l'impératrice : le nombre de ses dames d'atour est presque doublé, et l'on voit figurer, parmi les nouvelles titulaires, *mesdames* Vintimille, Brignolles, Chevreuse, Mortemart et Montmorency.

Les maisons de Madame-mère, des princes et des princesses, ses fils et ses filles, ont également augmenté leurs services et leur personnel; la plus grande partie des emplois, même les plus vulgaires, y sont occupés par les membres de l'ancienne noblesse.

En 1807 et en 1808, le nombre des fonctions et celui des anciens privilégiés s'accroît encore dans les *maisons* de l'Empereur et des différents membres de sa famille; mais tout ce qui n'est pas *Altesse impériale*, ou *Sérénissime* et *Excellence*, reste *monsieur* ou *madame* tout court. La *particule* n'est pas même encore rétablie; tous les noms sont imprimés *tels* que nous venons de les écrire. Une seule exception se fait remarquer dans la longue liste des chambellans de Napoléon ; les trois derniers, étrangers tous les trois, il est vrai, sont ainsi dénommés : prince de Sapiéha, prince Michel Radziwil, comte Alexandre Potocki.

C'est dans l'*Almanach* de 1809 que la noblesse impériale fait sa première apparition. Tous les maréchaux sont *ducs*, moins *monsieur* Brune et les *comtes* Pérignon et Serrurier. Les généraux de division sont *comtes*, les généraux de brigade *barons*; un très-petit nombre de fonctionnaires civils, si ce n'est dans le Sénat et dans le Conseil d'État, ont ces titres. La noblesse impériale, cette première année, est une noblesse toute militaire. Ce caractère se fait surtout remarquer dans la composition des maisons impériales : tous les généraux attachés à la maison de l'Empereur sont titrés ; on y voit le comte Klein, le comte Gudin, le comte Dupas, le comte Loison; puis, à côté d'eux, dans les mêmes fonctions, *messieurs* (sans autre qualification) de la Luzerne, de Montbadon, de Montmorency et de Mortemart. Il en est de même pour la maison de Joséphine : la liste de ses dames d'atour comprend la duchesse de Rovigo (madame Savary), la comtesse Klein, puis *mesdames* (sans autre qualification) de Luçay, de Talhouet, de Dalberg, de Walsh-Sérent, de Ségur, de Turenne, de Bouillé, de Vintimille, de Chevreuse, de Mortemart, de Montmorency. On leur a restitué, toutefois, la *particule* : M. Merci-Argentau est redevenu M. de Merci-d'Argentau ; ainsi des autres, comme on vient de le voir.

L'Empereur, cette première année, semble avoir voulu punir les membres de l'ancienne aristocratie attachés à son service particulier et au service personnel de sa famille des plaisanteries que, chez eux et entre eux, ils laissaient échapper contre les nouveaux maîtres et la nouvelle cour ; il ne leur tint cependant pas longtemps rigueur, car on voit figurer, dès 1810, dans les différents emplois de sa cour, les *comtes* d'Aubusson de Lafeuillade, de Croï, de Béarn, de Saint-Simon, de Graves, de Contades, de Thiard, de Meun, de Praslin, de Nicolaï, etc.; puis, en 1811, les comtes de Miramon, de Lur-Saluces, de Gontaut, de Chabot, de Beauvau, de Noailles, de Brancas, etc. A dater de cette année, tous les noms de l'ancienne cour figurent dans la nouvelle; l'*Almanach impérial* devient pour ainsi dire la reproduction de l'ancien *Almanach royal*; les services et les serviteurs sont les mêmes; les noms seuls des maîtres sont changés.

On raconte, à l'occasion du mariage de Napoléon avec Marie-Louise, que la lecture du numéro du *Moniteur* contenant le détail de la cérémonie fut faite par Louis XVIII lui-même aux membres réunis de sa petite cour. Il s'arrêtait à chaque nom connu de lui et des siens, et n'épargnait pas les réflexions. M. Ferdinand Rohan, ancien archevêque de Cambrai, devenu successivement Ferdinand *de* Rohan, puis *comte de* Rohan, puis *chevalier de l'ordre de la Légion d'honneur*, y figurait comme premier aumônier de la nouvelle impératrice. « Voici encore un Rohan et une archiduchesse d'Autriche! » s'écria-t-il en faisant une allusion de défavorable augure à la fameuse affaire du *collier*. La lecture achevée, l'auditoire, à son tour, fit ses commentaires. Si Napoléon avait créé une noblesse impériale, il n'avait pas rétabli, comme on l'a vu, la noblesse de l'ancien régime; les titres de *prince*, de *duc*, de *comte* et de *baron*, étaient, en outre, les seuls qu'il eût empruntés à l'ancienne nomenclature nobiliaire. Ceux des anciens nobles qui voulurent redevenir titrés furent donc obligés de solliciter l'octroi impérial. Le nouveau gouvernement se montrait facile aux demandes de cette nature; mais, quand il les accueillait, l'ancien titré n'obtenait qu'une qualification toujours *différente* et souvent *inférieure* à celle qu'il avait eue sous l'ancien régime. Ainsi la noblesse impériale ne compta pas un seul prince, pas un seul duc ayant eu ces titres avant 1789. De là, l'opposition persistante et le mécontentement de l'ancienne noblesse, mécontentement qui laissa subsister au sein de l'Empire le ferment royaliste que l'on vit se produire et se développer aux premiers jours d'avril 1814.

La présence, aux cérémonies du mariage impérial, d'un nombre considérable d'anciens privilégiés, dont les noms étaient dépouillés de toute espèce de titre ou précédés de nouvelles qualifications nobiliaires, frappa l'attention d'un des seigneurs alors réunis dans le salon de Louis XVIII. Il n'y comprenait rien. Après quelques instants de profonde réflexion, le noble personnage adressa la parole au roi et lui dit : « Mais tout ce que vient de nous lire Votre Majesté ne serait-il pas un mensonge du *Moniteur*? Le journal de Bonaparte ne donne aucun titre à un grand nombre de nos amis qui sont *ducs*, *vicomtes*, *marquis*, ou bien il les appelle *comtes* et *barons*; cela me semble louche; un gentilhomme n'oublie pas ainsi ses titres. Tous ces nouveaux Messieurs des Tuileries ne seraient-ils pas autant de mauvais sujets que Bonaparte aurait affublés de beaux noms, dans le but de singer la Monarchie tout en déconsidérant l'ancienne noblesse? » Plusieurs des assistants accueillirent l'explication. Louis XVIII sourit avec tristesse, congédia tout le monde et resta quelques jours enfermé dans son cabinet, repoussant toute espèce de visite. A peu de temps de là, il réunit sa petite cour et offrit de demander des passeports au gouvernement anglais pour tous ceux qui voudraient rentrer en France.

Ce mariage, qui semblait au Prétendant l'arrêt irrévocable de la déchéance de sa race, fut précisément une des causes les plus actives de la chute du trône impérial. Voici en quels termes Napoléon lui-même s'est expliqué à Sainte-Hélène sur cette union : « Un fils de Joséphine m'eût été nécessaire; mon divorce n'aurait pas eu lieu; je serais encore sur le trône; je n'aurais pas mis le pied sur l'abîme couvert de fleurs qui m'a perdu. » L'Empereur évidemment exagère l'influence de cette triste union sur les revers de ses deux dernières campagnes : cette influence fut réelle ; mais elle n'aurait pas suffi pour le renverser. Les causes de sa chute sont multiples. Ainsi il a dit également de la guerre d'Espagne : « Cette malheureuse guerre m'a perdu; toutes les circonstances de mes désastres viennent se rattacher à ce nœud fatal; elle a divisé mes forces, multiplié mes efforts, ouvert une aile aux soldats anglais, attaqué ma moralité en Europe. J'embarquai fort mal l'affaire, je le confesse; l'immoralité dut se montrer par trop patente, l'injustice par trop cynique; le tout demeure fort vilain. » Il aurait pu tenir le même langage au sujet de la création de l'inutile royaume de Westphalie, de l'envahissement et de l'incorporation du duché d'Oldenbourg, qui furent l'occasion de sa rupture avec Alexandre et de la fatale campagne de Russie; il pouvait encore attribuer sa chute à ce régime d'absolu despotisme et de compression morale sous lequel il s'efforça de courber toutes les forces vives de la France politique; il devait surtout en accuser l'orgueil de son génie, et cet enivrement qui, en le portant à voir la nation en lui seul, la puissance et la grandeur de la patrie dans sa puissance et dans sa grandeur personnelles, lui firent employer la plus grande partie des ressources laissées par la République à élever des frères incapables sur des trônes d'un jour, et à étendre les frontières de son empire depuis les bouches de l'Elbe jusqu'à celles du Tibre. Peu de temps avant son mariage, se reposant de la campagne de Wagram dans les fêtes de Fontainebleau, il laissait échapper ces propos de table :

« Où est *telle* division ? — A Salzbourg, sire. — Ma garde à Salzbourg ! Elle sera bientôt ici. Cela prouve que l'Europe est *bien petite.... je ne suis pas ambitieux;* les circonstances seules m'ont obligé à faire ce que j'ai fait. Mon grand ouvrage n'est cependant encore qu'*ébauché;* mais j'aurai le temps de le finir, car je vivrai *quatre-vingts ans.*

« Les affaires d'Espagne m'ont empêché d'anéantir, comme je le voulais, la maison d'Autriche. Sa destruction est nécessaire à l'affermissement de mon système. Avant tout, il faut finir les affaires d'Espagne. Moi seul je le puis : où je ne suis pas, rien ne va bien; il faut que je sois partout! L'Espagne arrangée, je reviendrai à l'Autriche. Elle est cernée; elle ne pourra plus opposer une longue résistance[1]. »

Napoléon, aussi longtemps qu'il fut sur le trône, n'aperçut pas ses fautes, même celles dont il s'est accusé avec le plus d'amertume; il lui fallut, pour les comprendre, les enseignements de sa double chute ainsi que le silence et les réflexions de sa prison. Ses adversaires du dedans et du dehors, tant qu'il resta debout, ne les virent pas davantage. Seuls, quelques-uns de ses amis les plus sincères, les plus dévoués, ne partageaient pas l'illusion commune. A l'époque où le Conquérant se plaignait que l'Europe fût *trop petite* et annonçait que son ouvrage n'était encore qu'ébauché; lorsque, victorieux pour la troisième fois de l'Autriche et dominateur du continent, il paraissait dans toutes les fêtes publiques suivi du roi de Saxe, du roi de Bavière, du roi de Wurtemberg, d'un frère du roi de Prusse, d'un frère de l'empereur d'Autriche, et des rois de Hollande, de Naples et de Westphalie, qui tous lui faisaient cortége; à ce moment, disons-nous, où sa puissance et sa grandeur paraissaient, aux yeux de la foule, hors des atteintes de la fortune, le prince Eugène de Beauharnais, alors vice-roi d'Italie et fils adoptif de Napoléon, disait au comte Mollien : « L'Empereur se trompe sur l'état de l'Europe; peut-être les souverains qui doivent à son appui un accroissement apparent de puissance se trompent-ils eux-mêmes sur les dispositions de leurs sujets. Mais les nations ne se trompent pas sur la domination nouvelle qu'exerce sur elles une seule nation, ou plutôt un seul homme. Ils ne

---

[1] *Mémoires et souvenirs* du comte Stanislas de Girardin.

seront jamais nos alliés de bonne foi, ces peuples dont la défaite a fondé notre gloire et dont nos succès ont fait le malheur. Déjà humiliés comme vaincus, comme tributaires, ils ont vu leurs souverains recevoir dans leur propre capitale les ordres d'un souverain plus grand; ils les voient aujourd'hui appelés dans la sienne comme pour orner son char. Les humiliations qui pèsent sur des nations entières portent tôt ou tard des moissons de vengeance. Je n'en redoute rien encore sans doute pour la France; mais, si j'aime la guerre, c'est pour qu'elle donne la paix, et je ne vois plus de paix durable pour le monde. » — « C'est ainsi, ajoute le même ministre, que s'exprimait avec moi le meilleur des serviteurs de Napoléon, à une époque où, même avec quelques nuances dans les opinions, il n'y avait plus en France et dans ses nouvelles dépendances qu'un sentiment : soumission unanime. Et ce qui honore le plus le prince Eugène, c'est qu'il avait eu le courage de tenir un langage à peu près pareil à Napoléon lui-même[1]. »

Le chef des Bourbons ne voyait pas d'aussi loin. On raconte que, pendant les années qui précédèrent la désastreuse retraite de Russie, Louis XVIII disait parfois à son entourage : *Le temps viendra*. Quelques écrivains ont signalé dans ce mot la conjecture d'un esprit sagace qui prévoit les événements. Ce prince n'avait pas la vue aussi perçante. Son langage était le langage de tous les Prétendants, de ceux qui ont des raisons sérieuses d'espérer, comme de ceux qui se sont éteints, eux et leur race, dans un éternel exil. C'était un de ces élans involontaires que font tous les abandonnés vers un avenir meilleur, vers ce *lendemain* ignoré auquel tous aspirent. L'impression qu'il ressentit de la naissance du fils de Napoléon, de cet Enfant-Roi que toute l'Europe salua comme le futur continuateur de l'Empire, indique quelle était, à cette époque, la situation

[1] *Mémoires d'un ministre du Trésor*, t. III.

véritable de son esprit : « Voilà donc un poupon dans la famille napoléonne, écrivait-il au comte d'Avaray le 2 avril 1811. Qu'il soit sorti des flancs de la malheureuse archiduchesse, ou entré chez elle par la porte de sa chambre, peu m'en chaut[1] ! Beaucoup de gens regardent cet événement comme fort important ; je ne puis être de leur avis, et voici mon dilemme : « Si Dieu a condamné le monde, B. P. ne manquera pas de « successeurs; si, au contraire, la colère divine s'apaise, toute « la marmaille du monde n'empêchera pas l'édifice d'iniquité « de s'écrouler. »

En plaçant ainsi son unique espérance en Dieu, Louis XVIII, évidemment, regardait sa cause comme humainement perdue. En effet, il ne fallut rien de moins que les désastres de l'hiver de 1812 à 1813, la défection du général prussien York, les progrès de l'armée russe, le soulèvement de la Prusse, la retraite successive de l'armée française derrière la Vistule, ensuite sur l'Oder, puis sur l'Elbe, pour faire poindre, aux regards fatigués de ce prince, la première lueur de ce *lendemain* dont nous avons parlé. Oublié depuis longtemps par les souverains du continent, il voulut réveiller chez Alexandre, que les événements posaient comme le chef de la nouvelle coalition, le souvenir de sa cause et de sa personne. Ce fut le comte Alexis de Noailles, ardent royaliste et dévot fervent, espèce d'apôtre voyageur arrivé la veille, pour ainsi dire, d'une longue exploration politique et religieuse à travers l'Europe continentale, qu'il chargea de cette mission. Il fallait un prétexte pour écrire au tzar. Louis XVIII saisit avec assez d'habileté l'occasion que lui offrait la présence en Russie de nombreux prisonniers faits pendant la retraite et dans les

---

[1] Allusion à un bruit que firent alors courir les partisans de l'ancienne royauté, et qui fut renouvelé par leurs adversaires, neuf ans plus tard, en 1820, à l'occasion de la naissance du duc de Bordeaux. On racontait que Marie-Louise était accouchée d'une fille à laquelle on avait substitué un enfant mâle né dans la même nuit, et également fils de Napoléon.

combats qui suivirent. Voici la lettre que M. de Noailles remit entre les mains d'Alexandre :

« Le sort des armes a fait tomber dans les mains de Votre Majesté Impériale plus de cent cinquante mille prisonniers ; ils sont la plus grande partie Français. Peu importe sous quels drapeaux ils ont servi ; ils sont malheureux : je ne vois parmi eux que mes enfants ; je les recommande à Votre Majesté Impériale. Qu'elle daigne considérer combien un grand nombre d'entre eux ont déjà souffert, et adoucir la rigueur de leur sort ! Puissent-ils apprendre que leur vainqueur est l'*ami* de leur père ! Votre Majesté ne peut pas me donner une marque plus touchante de ses sentiments pour moi. »

Nous regrettons de le dire : les sentiments d'humanité exprimés dans cette lettre par le chef des Bourbons n'avaient pour but que de solliciter le souvenir d'Alexandre. Si Louis XVIII avait ressenti aussi profondément qu'il le disait les misères de nos prisonniers de guerre, il n'aurait pas eu besoin, pour exercer sa médiation pieuse, d'attendre aussi longtemps ni de parler d'aussi loin. Chaque semaine, chaque jour, des marins français, enfermés sur les pontons des rades et des ports d'Angleterre, périssaient victimes d'un abominable système de destruction, combiné de sang-froid par le gouvernement britannique, et organisé avec une science si parfaite des phénomènes de la vie, que plusieurs mois de séjour dans ces réduits infects suffisaient pour briser la constitution la plus énergique. Les cris de détresse poussés par ces malheureux durent arriver jusqu'à lui. S'en inquiéta-t-il une seule fois ? On a raconté les moindres actions de ce prince et des membres de sa famille durant les longues années qu'ils ont passées sur le sol anglais ; nulle part, malgré d'attentives recherches, nous n'avons trouvé la moindre trace, nous ne dirons pas d'une démarche, mais d'une pensée même ayant pour objet l'adoucissement des tortures infligées, par l'oligarchie anglaise, à nos matelots prisonniers.

Alexandre ne répondit pas à la lettre que lui remit M. de Noailles ; quelques compliments sans portée, des assurances banales d'intérêt pour la personne de Louis XVIII, données de vive voix, voilà les seuls témoignages de sympathie que le comte put transmettre à Hartwell. Louis XVIII espérait mieux; il reprit son rôle de résignation passive et attendit. Dans le même moment, le chef de la branche cadette de sa maison faisait en Espagne une tentative qui ne devait pas avoir un meilleur succès.

Le prince qui portait à cette époque le titre de duc d'Orléans, titre qu'il quitta seulement en 1830 pour celui de roi des Français, était ce même duc de Chartres que la République, pendant quelques mois, avait compté au nombre de ses généraux de division, et qui se trouvait aux côtés de Dumouriez lorsque ce général entreprit de soulever son armée contre la Convention. Dumouriez tenta vainement la fidélité de ses troupes. Rappelé à Paris pour rendre compte de sa conduite, il refusa d'obéir et passa à l'ennemi : le duc de Chartres l'accompagna dans sa fuite. La part active et souvent influente prise par son père à la chute de la Monarchie et à la condamnation de Louis XVI, les principes révolutionnaires que lui-même avait publiquement professés, lui fermaient les rangs de l'Emigration ainsi que l'accès de toutes les cours étrangères; il changea de nom, chercha un refuge de quelques mois dans un obscur collége de la Suisse, puis il voyagea. Après avoir passé plusieurs années à visiter, d'abord, le nord de l'Europe, ensuite le continent américain, las de cette existence sans but, il dut se résigner à solliciter de Louis XVIII un pardon qui lui permît d'alléger les charges de son exil, à l'aide des avantages que pouvait lui assurer, soit en Russie, soit en Angleterre, son double titre de prince et de Bourbon. Louis XVIII accueillit le prince repentant. Ce fut peu de temps après le mariage de la fille de Louis XVI avec le duc d'Angoulême que la réconciliation s'opéra. Le duc d'Orléans reprit ses voyages. Amené, à quelques années de là, en Sicile, il y épousa la fille de son parent le roi de Naples, alors réfugié dans cette île, où lui-même fixa définitivement sa résidence. Ce séjour le mettait, pour ainsi dire, en contact avec l'Espagne. Tant que la lutte entre la population espagnole et les troupes impériales parut incertaine, le duc se borna au rôle de spectateur; mais lorsque la création de nombreux corps d'armée dirigés par une régence de gouvernement et par une assemblée nationale, et appuyés sur une armée anglaise, vinrent donner des chances probables de succès à la résistance, alors le duc d'Orléans crut devoir offrir le secours de son épée à l'insurrection. Était-ce dans des vues d'ambition personnelle ou dans l'intérêt seul de sa race? On serait tenté de pencher pour la première hypothèse; car, débarqué d'abord à Tarragone, où sa personne et ses prétentions au commandement d'une armée espagnole destinée à pénétrer en France furent assez mal accueillies, il se rendit à Cadix, siége des cortès ainsi que de la junte directrice, et, là, il fit solliciter ou laissa demander pour lui la régence du royaume. Les cortès répondirent à cette ouverture en faisant signifier au duc l'ordre de quitter le territoire espagnol dans les vingt-quatre heures. Ce fut, dit-on, l'ambassadeur anglais qui dicta cette réponse. Cet agent, dans ce cas, obéit probablement à des instructions formelles de son Cabinet, instructions que, très-probablement aussi, la petite cour d'Hartwell, alarmée par le rôle à part que semblait vouloir jouer le duc d'Orléans, avait elle-même provoquées.

Les passions de Napoléon, à l'époque où nous arrivons; les fautes de ses lieutenants amollis ou lassés; l'épuisement de la France et l'éparpillement insensé des forces qui lui restaient; l'irritation et le soulèvement de ces populations allemandes que la conquête impériale avait si souvent abattues et si longtemps foulées, toutes ces causes avançaient l'heure de la chute de l'Empire bien plus vite et bien plus sûrement que n'aurait pu le faire le maintien du chef de la branche cadette de Bourbon à la tête de l'insurrection espagnole.

1813. — Paris et la France étaient encore sous le coup de la consternation causée par la publication du sinistre bulletin qui annonçait les désastres de la retraite de Russie, lorsque, le 18 décembre 1812, au milieu de la nuit, Napoléon, que les dernières nouvelles laissaient dans la Pologne russe, était soudainement arrivé aux Tuileries. Parti de la petite ville lithuanienne de Smorgonié, sans aucune suite, avec le seul duc de Vicence, son grand écuyer, il ne s'était arrêté que quelques heures à Varsovie, et avait poursuivi sa route sans se faire reconnaître dans aucun lieu, ne séjournant nulle part, traversant, non sans péril, la Pologne citérieure déjà parcourue par de nombreux partis de Cosaques; la Prusse, qui quittait ses drapeaux pour passer sous ceux de la Russie; le reste de l'Allemagne prête à se soulever, et, durant ce trajet de quatre cents lieues, livré, pour ses moyens de transport, aux seules ressources que le hasard ou la présence d'esprit de son compagnon de voyage pouvaient lui procurer. « Jamais retour n'avait été plus imprévu, a dit celui de ses ministres que nous avons déjà cité. L'Empereur ne voulut pas que la surprise sortît des Tuileries avant le jour, et ce ne fut que le matin, à huit heures, que je fus instruit de son arrivée par l'ordre qu'il me fit donner de me rendre auprès de lui. Je trouvai dans le premier salon un des grands officiers du Palais, qui me dit que l'Empereur avait voulu me demander quelque bon copiste de mes bureaux, parce qu'il n'avait personne pour écrire sous sa dictée, mais qu'il en essayait un, depuis deux heures, et que, déjà, il avait expédié un grand nombre de dépêches. Ses secrétaires n'avaient, en effet, pu le suivre, et ni le ministre des affaires étrangères, le duc de Bassano, ni le ministre d'État, le comte Daru, n'étaient auprès de lui.

« Je n'avais encore vu Napoléon revenir dans sa capitale que triomphant; dans ces occasions, il répondait ainsi, dans son intérieur, aux lieux communs des premières félicitations: *Nous avons maintenant autre chose à faire*. Ce ne fut pas sans émotion, cette fois, que j'entrai dans son cabinet, et l'on devine quelle fut la curiosité de mon premier regard. Eh bien, j'affirme que rarement j'avais trouvé l'Empereur aussi calme et aussi serein. On pourra taxer de puérils les détails dans lesquels je vais entrer; mais je ne veux pas les omettre parce qu'ils me paraissent encore ajouter quelques nuances au caractère le plus varié peut-être qui ait existé. On a comparé Napoléon a un gros diamant resté un peu brut en une partie, quand le reste était taillé en mille facettes; je vais essayer de faire entrevoir quelques facettes encore inaperçues.

« Peu de jours avant son départ pour la Russie, j'avais été menacé du plus affreux malheur : la vie de ma femme avait été en danger. Napoléon, informé du péril que je courais, avait chargé son premier médecin, M. Corvisart, de se joindre à ceux qui me donnaient déjà leur secours. Sept mois s'étaient écoulés depuis cette époque, et, ces sept mois, on sait quels événements les avaient remplis. Le premier mot de l'Empereur, en me voyant, fut de me parler de la santé de madame Mollien, et de me demander des détails sur les suites du terrible accident qu'elle avait éprouvé, sur les soins qu'on y avait donnés, et sur les précautions qui restaient à prendre. Il continuait ses questions, lorsqu'on vint lui dire que plusieurs de ses pages attendaient ses ordres; il remit à quelques-uns d'entre eux les listes d'un assez grand nombre de familles auxquelles il faisait annoncer que *tel* général, *tel* jeune officier était revenu avec lui en Pologne, et qu'elles reverraient bientôt le père, le fils, le frère dont le sort pouvait les inquiéter. Une mission plus triste était réservée aux autres; mais quelques faveurs nouvelles pour les familles qui avaient des pertes à regretter se joignaient aux condoléances qu'il les chargeait de leur porter. En consacrant ses premiers moments à de tels soins, Napoléon semblait obéir plus encore à son habitude qu'à la circonstance. Lorsque cet homme extraordinaire se prêtait à certains actes qui pouvaient bien ne pas lui être familiers, il savait du moins leur donner toujours le mérite du naturel et de la simplicité.

« Revenant à moi, et à quelques questions que justifiaient de ma part le mode et la singularité de son retour : « Je ne « voyageais pas plus commodément quand j'étais petit officier « d'artillerie, me dit-il; vous voyez que j'ai bien fait de ne « pas l'oublier : il est vrai qu'alors mes courses n'étaient pas « aussi longues, et qu'on s'occupait moins de mes voyages; « la machine humaine est la même pour toutes les condi-« tions; elle se prête à tout pour qui sait s'en servir. »

« L'Empereur me parla ensuite très-brièvement de quelques faits qui s'étaient passés pendant son absence, et je croyais qu'avant de me congédier il me ferait quelques questions sur la situation des finances ; il se borna à me dire que la Trésorerie, qui paraissait avoir fait jusque-là assez bonne contenance, allait encore avoir de nouveaux échecs à réparer. Il faisait sans doute allusion aux pertes d'argent faites dans la retraite de Moscou; je n'en avais pas encore la nouvelle; je voyais bien, d'ailleurs, que ce n'était pas aux affaires de mon ministère qu'il avait destiné cette entrevue, et je me retirai.

« Lorsque je quittai les Tuileries, le bruit de l'arrivée de l'Empereur était déjà répandu dans Paris; on savait que je l'avais vu; je trouvai, en rentrant, mon cabinet assiégé par une foule de personnes conduites par un sentiment plus sérieux que la simple curiosité; leur impatience leur avait fait trouver mon entrevue plus longue encore qu'elle n'avait été; chacun m'abordait avec sa question; je ne pouvais faire à tous que la même réponse : j'avais trouvé l'Empereur aussi calme qu'avant son départ, et je désirais que sa sécurité pût en donner aux autres. Mais cette sécurité contrastait tellement avec le sinistre bulletin, avec les désastres qu'il annonçait, et toutes les nouvelles reçues par la voie du commerce, que l'on concluait seulement de ma réponse, que je n'avais rien appris, ou que je ne disais pas tout ce que je savais. Je remarquai dans les mêmes hommes un sentiment contradictoire : ils étaient contents de savoir Napoléon à Paris, et mécontents de ce qu'il avait quitté son armée. On voulait généralement la paix; on la voyait plus éloignée que jamais, et l'on se demandait où seraient les moyens de continuer la guerre.

« Cette disposition uniforme des esprits n'empêcha pas le Sénat, le Corps législatif, le Conseil d'État, les corps judiciaires, le corps municipal de Paris, de venir, comme après les retours triomphaux, offrir à Napoléon les hommages de la reconnaissance, du dévouement et de la fidélité de la France entière, toujours prête à faire les nouveaux efforts qu'il exigerait d'elle. Ces phrases d'habitude, qui restaient les mêmes dans des circonstances si différentes, étaient-elles, comme autrefois, l'expression de l'opinion publique? Napoléon lui-même n'était pas dupe de ces scènes de palais, ni de leur effet sur la France. Sa présence à Paris, son stoïcisme apparent sur les revers qu'il venait d'éprouver, sa confiance même dans les succès d'une nouvelle campagne, ne modéraient pas, en effet, le sentiment de lassitude et d'anxiété répandu dans toutes les classes; on ne demandait pas à l'Empereur de nouvelles victoires, mais une nouvelle politique : la France ne trouvait plus de sécurité dans celle où il s'était engagé; et, Napoléon, de son côté, ne concevait pas de sécurité pour lui dans un autre système. Il ne se dissimulait pas qu'il n'aurait pas moins à craindre de ses alliés que de ses ennemis; et c'était précisément pour prévenir et conjurer les menaces de toute l'Europe qu'il voulait reprendre encore, le premier, une attitude menaçante. Le temps était passé où il pouvait obtenir, de l'enthousiasme public, de nouveaux efforts; il ne pouvait plus que les arracher au dévouement et à l'habitude de l'obéissance.

« C'était une époque peu favorable, en effet, pour un appel

de nouveaux conscrits que celle où, sur tous les points, tant de soldats anciens rentraient dans leurs foyers comme des fugitifs. Aussi, malgré les soins que prenait Napoléon pour relever tous les courages, étaient-ils bien tristes ces jours qui apportaient, chaque matin, en détail, de nouvelles révélations sur le malheur que l'on n'avait d'abord connu qu'en masse; c'était par ces détails mêmes que le deuil se multipliait dans les familles.

« Cependant Napoléon s'occupait de réunir les débris épars de l'armée et de remplir les cadres de chaque corps par de nouveaux soldats. Il savait que les Russes avaient envahi la Pologne et que la Prusse rompait son alliance avec lui; que l'Autriche hésitait, et que toute l'Allemagne attendait les armées d'Alexandre comme auxiliaires. Pour entrer en campagne au printemps, il lui fallait créer, en trois mois, une armée au moins égale à celle qu'il avait perdue. Il voulait conserver toutes les provinces qu'il avait enlevées à l'Autriche; soutenir la guerre d'Espagne; maintenir toutes les garnisons qui occupaient la Hollande, les forteresses de la Prusse, Stettin, Custrin, Magdebourg, les villes anséatiques, Brême, Lubeck, Hambourg, Dantzick et même Kœnigsberg. Il disait que, s'il cédait une ville, on lui demanderait des royaumes; qu'il connaissait bien l'esprit des Cabinets étrangers; qu'en ne leur abandonnant rien il les intimiderait encore par le sentiment de sa supériorité; que la paix, dont ils avaient plus besoin encore que la France, en serait plus facile; qu'obligés par cette longue ligne de défense, de diviser leurs forces, ils ne pourraient, nulle part, lui opposer des masses; que, partout où il n'aurait pas le climat à combattre, il viendrait facilement à bout des hommes; et que, lors même que toute l'Allemagne se joindrait aux Russes, une seule victoire suffirait pour rompre ce *nœud mal assorti*. A côté de la prétention de tout conserver, l'alternative de s'exposer à tout perdre ne se présentait jamais à son esprit.

« Assurément on ne supposait pas encore à Paris, ni ailleurs, que la fortune de nos armes pût se démentir. Mais la perspective de guerres interminables fatiguait toutes les pensées. La France était désenchantée de tout triomphe inutile et de toute exagération de gloire. Sans être épuisée de ressources, elle regrettait les sacrifices qu'elle voyait employer au profit d'une ambition qui dépassait les bornes de la sienne. Malgré les routes nouvelles que l'on ouvrait avec effort à son industrie, la nation se trouvait chaque jour comme plus isolée des autres nations, au milieu même de cette agglomération de nouveaux peuples auxquels on imposait son nom. Je me rappelle cette phrase remarquable que je lus alors dans une lettre écrite par un négociant d'un de nos ports à son correspondant de Paris : *Quand même nous aurions établi un préfet français à Moscou, qu'est-ce que cela aurait prouvé à Londres?* Aussi n'est-ce qu'avec une sorte de résignation qu'on attendait de nouvelles victoires ; et si, pour les nouveaux efforts que Napoléon avait à demander à la France, il n'avait pas de résistance à craindre, il n'avait pas non plus d'empressement à espérer [1]. »

Trois Sénatus-Consultes, rendus successivement les 9 et 11 janvier, et 3 avril (1813), mirent à la disposition du gouvernement un total de 810,000 conscrits à prendre sur les classes suivantes : *9 janvier*, 120,000 hommes sur les classes de 1814 et des années antérieures ; 160,000 hommes sur la classe de 1815 ; *11 janvier*, 100,000 hommes sur les 100 cohortes formant le premier ban de la garde nationale [2] ; 100,000 hommes sur les conscriptions de 1809, 1810, 1811

---

[1] Comte Mollien. *Mémoires d'un ministre du Trésor*, t. III.

[2] Un sénatus-consulte du 13 mars 1812 avait divisé la garde nationale de l'Empire en *premier ban*, *second ban* et *arrière-ban*. Le *premier ban* se composait de tous les hommes de vingt à vingt-six ans qui, appartenant aux six dernières classes de la conscription mises en activité, n'avaient pas été appelés à l'armée active. Ce ban ne devait pas sortir du territoire de l'Empire. A la vérité, ce territoire comprenait, à cette époque, une moitié de l'Italie,

et 1812; 150,000 hommes sur la conscription de 1814; 3 *avril*, 10,000 hommes de gardes d'honneur[1], 80,000 hommes à prendre sur le premier ban de la garde nationale, et 90,000 hommes sur la conscription de 1814.

Ces levées extraordinaires, bien qu'effectuées seulement en partie, permirent à Napoléon non-seulement de réparer numériquement les pertes de la dernière campagne, mais d'augmenter encore les cadres mêmes de l'armée. Si l'on tient compte des appels qui, depuis plus de vingt ans, étaient venus périodiquement décimer la population, les nouveaux sacrifices demandés par l'Empereur, quoiqu'ils portassent sur un territoire presque double du territoire actuel, devenaient cependant immenses. La nation les subit sans murmurer. Il est vrai que Napoléon avait soin de dire bien haut et de faire répandre, par toutes les voies, que les étrangers connaissaient trop bien la France pour essayer de rompre le cercle d'acier que leur opposeraient ses frontières; que si ses propositions pacifiques n'avaient pas été écoutées sur les bords de la Moskowa, il saurait les imposer entre le Rhin et l'Elbe; que c'était uniquement pour arriver à ce résultat qu'il occupait, par de nombreuses garnisons, une foule de places fortes en Allemagne, en Prusse, même en Pologne, places qu'il destinait, soit à servir de moyens de compensation avec l'ennemi, s'il consentait à traiter, soit à l'inquiéter sur ses derrières, s'il osait avancer; en un mot, ses nouveaux armements n'avaient qu'un but : *conquérir la paix*. Ce langage était-il sincère? On peut le

la Savoie, une partie de la Suisse, toute la rive gauche du Rhin, la Belgique, la Hollande et de nombreux territoires en Allemagne ; il s'étendait des bouches de l'Elbe à celles du Tibre.

[1] Les gardes d'honneur devaient s'habiller, s'équiper et se monter à leurs frais; ils avaient la solde des chasseurs à cheval de la garde. Ces gardes, après douze mois de service dans leurs régiments, obtenaient le grade de sous-lieutenant. — « Lorsque, après la campagne, ajoute le décret d'institution, il sera procédé à la formation de *quatre compagnies de* GARDES DU CORPS, une partie de ces compagnies sera choisie parmi les gardes d'honneur qui se seront le plus distingués. »

supposer ; car, dans les premières semaines qui suivirent son retour, on put surprendre en lui une certaine défiance de l'avenir, on put l'entendre répondre, à plusieurs députations qui venaient le complimenter et protester de leur dévouement : *C'est pour les revers, s'il en arrive, qu'il faut me réserver votre zèle.* Mais lorsque, à trois mois de là, vers la fin de mars, il se vit à la tête de forces assez considérables pour aller prévenir et défier, au cœur même de l'Allemagne, les armées de la Prusse et de la Russie, son imagination mobile s'enflamma et lui présenta sa position sous un autre aspect; ses passions reprirent le dessus. Chaque matin, dans la cour des Tuileries, il passait la revue de quelques-uns des nombreux régiments qu'il venait de créer par une sorte de miracle; sa vue électrisait ces jeunes soldats; ils se montraient ardents, enthousiastes; leurs cris l'enivraient. *Cette belle armée ne mérite-t-elle pas au moins les honneurs d'une victoire?* s'écriait-il après le défilé. « L'Empereur n'est pas changé, disait alors avec tristesse, au ministre du Trésor, le comte Lavalette, un des hommes les plus sincèrement dévoués à la personne et au gouvernement de Napoléon. La leçon du malheur est perdue. Quand donc finira la guerre, s'il retrouve sa fortune, et quelle sera la paix, s'il succombe[1] ? »

Ce fut le 15 avril que l'Empereur partit pour la campagne de Saxe. Dix-neuf jours plus tard, le 2 mai, à Lutzen, il attaquait en personne, à la tête de quatre-vingt-cinq mille conscrits des dernières levées, cent sept mille Russes et Prussiens, tous vieux soldats. Napoléon manquait de cavalerie; celle qu'il lui avait fallu créer n'était pas suffisamment formée, ou n'avait pas encore eu le temps de rejoindre. L'absence de cette arme rendit la victoire plus disputée. Enfin, le soir, les Alliés, forcés dans toutes leurs positions, étaient obligés de se retirer avec une perte de quinze mille hommes, perte con-

---

[1] Comte MOLLIEN. *Mémoires d'un ministre du Trésor.*

-sidérable sans doute, mais qui eût été beaucoup plus forte si Napoléon avait pu lancer quelque cavalerie à leur poursuite; il dut se borner à les suivre. Le 21, il les atteignit à Bautzen. L'ennemi, dont les forces étaient augmentées, présentait une masse de cent quatre-vingt mille combattants rangés sur une double ligne, et appuyés sur les hauteurs de Würschen, position qui avait déjà décidé du sort de plus d'une bataille, et que l'empereur de Russie avait encore fortifiée d'un camp retranché, garni d'artillerie. Nos troupes, que l'arrivée de nouveaux corps avait portées à cent cinquante mille hommes, attaquèrent les Alliés à midi; à huit heures du soir, les Prussiens et les Russes, forcés de nouveau sur tous les points, se retiraient sur les hauteurs fortifiées de Würschen, au pied desquelles l'armée française dut passer la nuit. Une seconde bataille devenait inévitable : elle se livra le lendemain 22 mai, et, malgré le double avantage du nombre et du terrain, l'ennemi, abordé sur tous les points avec la plus rare vigueur, se vit chassé de tous ses retranchements, après avoir essuyé des pertes énormes, et fut rejeté sur la rive droite de l'Oder.

Étonnés, déconcertés par ces trois défaites si rapides, les souverains de Prusse et de Russie, s'appuyant de négociations déjà ouvertes par l'Autriche immédiatement après la bataille de Lutzen, sollicitèrent un armistice. Napoléon venait d'obtenir, pour son armée, ces *honneurs d'une victoire* qu'il avait désirés pour elle; la demande de l'ennemi, fortifiée par de nouvelles instances de l'Autriche, le trouva donc assez facile. Sept mois auparavant, l'espoir d'ouvertures pacifiques l'avait tenu inactif après son entrée à Moscou; il avait attendu, au milieu des ruines de cette capitale, durant cinq semaines entières, du 14 septembre au 18 octobre, des propositions de paix qui ne devaient pas venir, laissant ainsi aux Russes le temps de se réorganiser, d'augmenter leurs forces par l'adjonction de l'armée de Moldavie, appelée en toute hâte sur le théâtre de la guerre, et perdant, en outre, un temps précieux pour sa retraite. Le 5 juin, le lendemain, pour ainsi dire, de sa dernière victoire, les mêmes espérances d'arrangement pacifique lui firent signer à Plesswitz un armistice qui devait produire un résultat analogue à celui de son inaction de Moscou. « Cette suspension d'armes me fut bien funeste, a-t-il dit ; si j'avais continué la poursuite de l'ennemi, j'aurais dicté la paix sur les bords du Niémen. Les armées russe et prussienne étaient tellement désorganisées, qu'elles abandonnaient toutes les positions qui auraient pu faciliter leur ralliement, et il était à penser que la Vistule même ne leur paraîtrait pas une barrière suffisante pour arrêter mes armées victorieuses. » L'armistice de Plesswitz eut de tout autres résultats : non-seulement l'empereur de Russie et le roi de Prusse purent l'employer à réorganiser et à augmenter leurs forces ; mais, dix jours après la conclusion de cet acte, les 14 et 15 juin, Alexandre et Frédéric-Guillaume mettaient à profit la cessation momentanée des hostilités pour conclure une alliance offensive et défensive avec l'Angleterre, et pour signer à Reichenbach[1] deux traités par lesquels la cour de Londres accordait au Cabinet de Berlin un subside de 666,666 livres sterling (17,446,000 fr.), et au Cabinet de Saint-Pétersbourg, un subside de 1,333,334 livres sterling (33,600,000 fr.). L'Autriche devait entrer dans l'alliance ; un de ses ministres, le comte de Stadion, était au quartier général des deux souverains alliés, et venait d'y prendre des engagements au nom de sa cour. Mais l'Autriche n'était pas encore en mesure de se déclarer ; son armée ne se trouvait ni assez nombreuse ni convenablement organisée ; et, malgré ses efforts, elle avait encore besoin de deux mois pour achever ses préparatifs. Or l'armistice expirait le 10 juillet. Le cabinet de Vienne voulut gagner du temps. M. de Metternich fut chargé d'aller deman-

---

[1] Petite ville de la Silésie, à douze lieues de Breslau.

der à Dresde, où se trouvait Napoléon, une prolongation de la suspension d'armes. Il fallait un prétexte pour y décider ce dernier, dont les troupes, depuis le 5 juin, se trouvaient resserrées derrière une assez mauvaise ligne de défense, dans un pays ruiné par la guerre, désolé par les incendies et que menaçait la famine. M. de Metternich venait proposer l'ouverture d'un congrès où la France, la Prusse et la Russie discuteraient les bases d'un traité de pacification générale, et dans lequel François II interviendrait comme *médiateur*.

L'état politique de l'Europe, à cette date, donnait à l'Autriche une influence prépondérante sur la situation : en joignant ses soldats aux soldats d'Alexandre et de Frédéric-Guillaume, le cabinet de Vienne apportait aux nouveaux alliés une supériorité numérique presque décisive; ceux-ci, d'un autre côté, pouvaient difficilement soutenir la lutte, si François II se rangeait de notre côté. Enfin, sa neutralité établissait une sorte de balance qui laissait à Napoléon toutes les chances que lui donnaient sur l'ennemi la bravoure de ses troupes, le prestige de son nom, sa prodigieuse activité et son génie.

L'Empereur connaissait les traités de Reichenbach ainsi que les pourparlers engagés entre les Alliés et le Cabinet de Vienne, lorsque M. de Metternich arriva à Dresde; un courrier du comte Stakelberg, ambassadeur de Russie à Vienne, venait d'être arrêté à nos avant-postes par une patrouille de hussards; ses dépêches ne laissaient rien ignorer; elles confirmaient, quant au rôle de l'Autriche, un mot prononcé par le prince de Schwartzenberg, son ambassadeur à Paris, et que l'on venait de transmettre à l'Empereur : *Le mariage, la politique l'a fait; il n'engage pas l'avenir.* Cependant Napoléon se refusait à croire que l'empereur François II ne fût pas personnellement de bonne foi; ce dernier venait, en effet, de lui écrire de sa main une lettre où se trouvait ce passage : « Le *médiateur* est l'ami de Votre Majesté ; il s'agit d'asseoir sur des bases inébranlables votre dynastie, qui s'est confondue avec la mienne. » Une autre lettre, dont M. de Metternich était porteur, contenait les mêmes assurances ; voici en quels termes Napoléon a raconté l'entrevue qu'il accorda, dès son arrivée à Dresde, au premier ministre de son beau-père :

« Vous voilà donc enfin, Metternich ! Soyez le bienvenu. Mais pourquoi venir aussi tard, si, franchement, vous voulez la paix? Pourquoi ne pas m'avoir avoué de prime abord les changements survenus dans votre politique? Vous ne voulez plus garantir l'intégrité de l'empire français : eh bien, soit ; mais il fallait oser me parler avec franchise à mon retour de Russie. Peut-être aurais-je modifié mes plans; peut-être ne serais-je pas rentré en campagne. Nous pouvions nous entendre ; j'ai toujours reconnu l'empire des circonstances.

« Vous comptiez sans doute sur une marche moins rapide des événements ou sur moins de bonheur pour mes armes. Mais pourquoi me parler de médiation et m'engager à accorder un armistice dans le temps que vous parliez d'alliance à mes ennemis? Sans votre intervention je les aurais refoulés au delà de la Vistule, et la paix serait signée. Tandis qu'aujourd'hui je ne connais encore d'autre résultat de votre intervention et de l'armistice que les conventions de Reichenbach, par lesquelles l'Angleterre s'engage à fournir à la Prusse et à la Russie cinquante millions de subsides pour me faire la guerre. On me parle aussi d'un traité semblable avec une troisième puissance ; vous devez en savoir plus que moi à cet égard, puisque le comte Stadion assistait aux conférences. Avouez-le, Metternich, l'Autriche n'a pris le rôle de médiateur que pour servir son ambition et ses rancunes contre moi. La médiation de l'Autriche n'est point impartiale, elle est ennemie. La victoire de Lutzen vous a fait sentir le besoin d'augmenter votre armée avant de vous déclarer. Vous avez voulu gagner du temps ; vous m'avez traîtreusement offert votre médiation, et vous m'avez imposé l'armistice. Aujourd'hui que vous avez réussi à rassembler deux cent mille hommes prêts à entrer en lice, derrière le rideau des montagnes de Bohême, vous venez à moi pour me dicter vos lois !

« Si votre maître est médiateur, pourquoi ne pas tenir en main une balance équitable? S'il ne l'est pas, pourquoi ne pas se ranger franchement du côté de mes ennemis? Voilà le rôle d'un grand roi. Mais je vous ai deviné ; vous venez reconnaître votre terrain; vous venez savoir si vous aurez plus d'avantage à me rançonner sans combattre, ou à me combattre pour recouvrer tout ou partie des provinces que vous avez perdues.

« Soyez franc, Metternich; que voulez-vous? Je connais ma position : je sais que je puis tout espérer de la victoire; mais je suis las de la guerre, je veux la paix, et ne me dissimule pas que, pour l'obtenir sans de nouveaux combats, j'ai besoin de votre neutralité. Je vous ai offert l'Illyrie pour rester neutres ; voulez-vous plus encore ? Parlez.

« M. de Metternich convint qu'au point où en étaient les choses, l'Autriche ne pouvait rester neutre, et qu'il fallait nécessairement qu'elle fût pour moi ou contre moi. Eh bien, j'y consens, repris-je. Dites ! que veut l'Autriche pour se donner franchement à moi? Et je le menai à une table sur laquelle se trouvaient des cartes étendues; son amour-propre l'aveugla ; il me crut vaincu, reconnaissant mon impuissance à dicter la paix sans le concours de l'Autriche. Il m'indiqua sur la carte les sacrifices qu'il considérait comme le prix de la paix. Quoi! m'écriai-je, non-seulement pour vous l'Illyrie, mais la moitié de l'Italie et la confédération du Rhin ! Voilà donc *votre esprit de modération* et votre respect pour les droits des États indépendants!

« Vouloir pour vous l'Italie, le protectorat de la confédération du Rhin et de la Suisse; la Pologne pour la Russie; la Norvége pour la Suède; la Saxe pour la Prusse; la Hollande et la Belgique pour l'Angleterre; mais c'est vouloir le démembrement de l'empire français; et vous croyez que, pour atteindre un tel but, il suffit d'une menace de l'Autriche !

« Vous voulez faire tomber à votre voix les remparts de Dantzick, de Hambourg, de Magdebourg, de Wesel, de Mayence, d'Anvers, d'Alexandrie, de Mantoue, de toutes les places, enfin, les plus fortes de l'Europe, et dont je n'ai pu avoir les clefs qu'à force de victoires ! Vous voulez que, soumis aux arrêts de votre politique, j'évacue l'Allemagne, dont j'occupe encore la moitié, et que je ramène mes légions victorieuses, la crosse en l'air, derrière le Rhin, les Alpes et les Pyrénées; que je me livre enfin, comme un sot, à mes ennemis ! Et c'est quand mon armée triomphante est aux portes de Berlin et de Breslau, quand, en personne, je suis à la tête de deux cent mille braves soldats, que l'Autriche se flatte de m'amener, sans même tirer l'épée, à souscrire à de telles conditions ! Et c'est de mon beau-père que me vient un tel outrage ! c'est lui qui vous envoie ! Dans quel attitude veut-il donc me placer vis-à-vis du peuple français ? Il s'abuse étrangement s'il croit que mon trône ainsi mutilé puisse être un refuge au milieu des Français pour sa fille et son petit-fils. Si je consentais à signer une telle paix, mon empire s'écroulerait encore plus vite qu'il ne s'est élevé. On peut s'arrêter quand on monte, jamais quand on descend.

« En résumé, les conditions que l'Autriche met à son alliance pourraient paraître acceptables à tout autre qu'à moi. Louis XIV en a accepté d'aussi onéreuses.

« Que votre Cabinet donc réduise ses prétentions à la satisfaction de ses propres intérêts; qu'il comprenne que je suis nécessaire au principe monarchique, que c'est moi qui lui ai rendu sa splendeur, qui l'ai sauvé de l'atteinte mortelle du républicanisme, et que vouloir abattre tout à fait ma puissance, c'est livrer l'Europe au joug de la Russie. Et alors je ne désespérerai pas de la paix.

« Metternich comprit qu'il avait été trop loin; il protesta de son désir ardent de la paix, et il admit la nécessité de laisser l'empire français assez fort pour balancer la puissance russe.

« Toutes les difficultés semblaient aplanies. M. de Metternich cédait sur tous les points, depuis que la cession de l'Illyrie n'était plus mon dernier mot. Je croyais l'avoir ramené à ma cause, et je me laissai aller à lui dire : Je vous ai donné vingt millions; en voulez-vous vingt autres? je vous les donnerai. *Mais combien l'Angleterre vous offre-t-elle donc?*

« La foudre n'a pas d'effet plus prompt. La pâleur mortelle de M. de Metternich me prouva l'énormité de ma faute. Je venais de m'en faire un ennemi irréconciliable.

« Ces fautes appartiennent à ma nature impressionnable; il y a chez moi de certaines cordes qui vibrent avec la violence de la foudre quand par malheur elles sont heurtées dans leur susceptibilité d'honneur ou de patriotisme; c'est comme ma sortie à cet ambassadeur anglais qui osa me rappeler la bataille d'Azincourt. A Dresde, c'était différent; je suis impardonnable. Mes passions nobles ne sont pas mon excuse; c'est un mauvais sentiment qui m'a fait dire à M. de Metternich : Mais combien les Anglais vous donnent-ils donc? C'était l'humilier par plaisir, et il ne faut jamais humilier l'homme que l'on veut gagner[1]. » — « En effet, depuis ce moment, a dit le duc de Bassano, qui était présent à l'entretien, nous n'avons jamais pu l'avoir pour traiter, et nous n'avons pas tardé à nous apercevoir que l'Autriche avait pris son parti. » L'Empereur, après cette entrevue, aurait dû rompre toute négociation. Mais, gendre de François II, Napoléon n'admettait pas que

---

[1] *Récits de Sainte-Hélène*, par le comte de Montholon. — Les *Mémoires tirés des papiers d'un homme d'État* (le prince de Hardenberg), dont la rédaction est attribuée au baron de Stein, un des principaux ministres de la coalition, contiennent, sur cette entrevue, des détails presque semblables à ceux donnés par Napoléon, et que M. de Hardenberg tenait probablement de M. de Metternich lui-même; ils rapportent le mot jeté à ce dernier : « Mais combien l'Angleterre vous offre-t-elle donc? » à peu près dans les mêmes termes. Puis, ils ajoutent:

« Ce dernier mot échappé, un profond silence régna de nouveau. Dans la

ce souverain pût le tromper, et sacrifier les intérêts de sa fille, de son petit-fils, à la vénalité de ses conseillers, à la rivalité jalouse d'Alexandre, à la vengeance du roi de Prusse, et à la haine ardente, implacable, du gouvernement britannique. Ces illusions, triste fruit de sa seconde union, l'emportèrent sur les conseils de la prudence la plus vulgaire : au lieu de recommencer la lutte lorsque l'Autriche était encore hors d'état d'y jeter le poids de ses masses, il accepta, le 30 juin, la médiation de cette puissance; et, consentant à ce qu'un congrès s'ouvrît à Prague, il prorogea l'armistice jusqu'au 10 août.

L'ouverture du congrès de Prague eut lieu le 5 juillet. Les plénipotentiaires de toutes les puissances intervenantes furent exacts au rendez-vous, moins les nôtres. Les préliminaires furent longs. Un grand nombre de séances se passèrent à discuter la forme et les termes d'inutiles protocoles : ces formalités remplies, on posa des principes généraux dont chaque expression devint le prétexte de notes interminables; puis l'Autriche, à titre de *médiatrice*, demanda en son nom et au nom des autres puissances :

1° La dissolution du grand-duché de Varsovie, donné quelques années auparavant par Napoléon au roi de Saxe, ainsi que le partage de ce territoire entre la Russie, la Prusse et l'Autriche;

2° Le rétablissement des villes de Hambourg, Brême, Lubeck, etc., dans leurs anciennes franchises et dans leur indépendance;

3° La renonciation de Napoléon aux titres de *médiateur de*

colère qui l'animait, Napoléon avait laissé tomber son chapeau; le ministre autrichien l'eût respectueusement relevé en tout autre moment; il ne le fit pas alors; et l'Empereur le repoussa sans le fouler aux pieds, comme il avait fait à Erfurth, dans son audience particulière au baron de Vincent. Le calme se rétablit enfin dans son esprit irrité; des formes plus affectueuses succédèrent à cet instant d'orage: on y répondit avec une politesse froide, et, en congédiant ce ministre, Napoléon lui laissa entrevoir l'intention de traiter généreusement son maître. Le comte de Metternich ne partit cependant pas sur-le-champ; il fallait régler ce qui avait trait au congrès. »

la confédération du Rhin et de *protecteur de la confédération suisse;*

4° Une nouvelle organisation territoriale pour la Prusse avec une frontière sur l'Elbe;

5° La cession à l'Autriche de toutes les provinces Illyriennes, y compris Trieste;

6° La garantie réciproque que l'état des puissances grandes ou petites, tel qu'il se trouverait fixé par la paix, ne pourrait plus être altéré que d'un commun accord;

7° Le retour de la Hollande et de l'Espagne à leur ancienne indépendance et à leur ancien gouvernement.

Ces propositions, comme on le voit, laissaient les droits des Bourbons dans le plus complet oubli; les puissances abandonnaient même les Bourbons des Deux-Siciles. Murat restait à Naples, et, si Napoléon perdait ses titres de protecteur et de médiateur des confédérations du Rhin et de la Suisse, il gardait sa couronne d'Italie, la Belgique, la Savoie, le Piémont et toute la rive gauche du Rhin. Les sacrifices qu'on lui demandait n'intéressaient réellement que son amour-propre. Il conservait une puissance politique plus considérable et des limites plus étendues que les limites et la puissance dont il avait hérité, soit comme Premier Consul, soit comme Empereur. Mais, habitué jusqu'alors à dicter ses volontés, il se révoltait à la pensée de subir les conditions d'adversaires tant de fois vaincus. D'abord il résista opiniâtrément à la suppression de ses titres de *protecteur* et de *médiateur*: à ses yeux, accepter cette renonciation, c'était déchoir ensuite; il débattit avec non moins de vivacité les questions d'Espagne et de Hollande. Les puissances tinrent ferme sur la suppression des titres; elles consentirent à *réserver la discussion* quant aux deux dernières questions. Cet *ultimatum*, résultat de longs débats, fut signifié à Napoléon, par l'Autriche, le 7 août, trois jours avant l'expiration de l'armistice; on l'avertit en même temps que si, le 10 au soir, l'*ultimatum* n'était pas formellement accepté, le congrès serait irrévocablement rompu et les hostilités reprises dès le lendemain.

Obligé de se prononcer, Napoléon flotta durant deux jours entre les résolutions les plus opposées : ce fut seulement le 10, assez tard, qu'il chargea le général autrichien comte de Bubna, alors en mission à Dresde, de porter enfin sa réponse à l'empereur François II. Il consentait, 1° à l'abandon des provinces Illyriennes, Trieste comprise, la frontière entre ces provinces et le royaume d'Italie devant être formée par l'Isonzo ; 2° à l'abandon du grand-duché de Varsovie au profit des trois puissances ; 3° à la renonciation de ses titres de protecteur de la conféderation du Rhin et de médiateur de la confédération suisse. Mais il ne s'expliquait qu'en termes vagues sur la reconstitution de la Prusse, et ne disait rien de la garantie réciproque demandée pour l'intégrité territoriale de chaque puissance. Quant à la Hollande et aux villes anséatiques, Napoléon s'engageait à ne retenir ces possessions que jusqu'à la paix, et comme moyen de compensation pour obtenir de l'Angleterre la restitution des colonies qu'elle nous avait enlevées.

Ces concessions ne donnaient pleine satisfaction qu'à l'Autriche. C'était cette puissance, à la vérité, que Napoléon désirait surtout flatter et retenir. Sa confiance fut trompée. L'instant fatal fixé pour la rupture du congrès était sonné depuis plusieurs heures quand arriva M. de Bubna : un geste, un mot de l'Autriche pouvaient renouer la négociation ; mais on venait d'apprendre, au quartier général allié, la perte de la bataille de Vittoria, par Joseph, et l'évacuation de l'Espagne par la plus grande partie de nos forces ; l'Autriche, sous l'impression de ces nouvelles, s'était décidée à signer un *traité de subsides* avec l'Angleterre, et un *traité de coalition* avec les autres puissances ; ses armements, d'ailleurs, étaient terminés ; elle demeura immobile et muette ; et la guerre, aux termes de l'armistice, dut immédiatement recommencer.

Les alliés étaient-ils de bonne foi ? Napoléon, de son côté, avait-il la ferme intention de traiter? Les Alliés ne croyaient pas à la sincérité de leur adversaire; de là, les premières lenteurs du congrès et le terme absolu assigné à ses délibérations. Malgré cette défiance et les engagements pris avec l'Angleterre, ils auraient probablement traité sur les bases proposées le 7 août, si Napoléon les avait sérieusement acceptées; les subsides promis par la cour de Londres, bons tout au plus pour solder les premiers frais d'une campagne, ne pouvaient certes pas entrer en balance avec les dépenses énormes et les sacrifices sans limites que pouvait leur coûter une lutte nouvelle, acharnée, dont le succès, d'ailleurs, restait incertain. Quant à Napoléon, désirant la paix, mais voulant sinon la dicter, du moins ne pas la subir; croyant, d'ailleurs, la France inépuisable, et refusant d'admettre que *les nations, ainsi que le lui avait écrit le duc de Bassano le 9 mai précédent, se fatiguent de la nécessité de vaincre toujours*, il trouvait exorbitantes les conditions exigées par les puissances alliées, et il ne put se résoudre à les accepter. M. de Narbonne et le duc de Vicence étaient ses plénipotentiaires; non-seulement le premier, arrivé seul, le 5 juillet, à Prague, pour l'ouverture du congrès, ne reçut ses instructions que le 16; mais Caulaincourt, sans qui M. de Narbonne ne pouvait traiter, n'avait rejoint son collègue que le 28, douze jours avant le terme assigné à la durée des conférences. D'un autre côté, les trois jours donnés par les Alliés à l'Empereur, pour répondre à leur *ultimatum*, étaient un délai suffisant; un courrier pouvait, en neuf ou dix heures, franchir les trente-cinq lieues qui séparaient son quartier général (Dresde) de la capitale de la Bohême. Sa réponse, d'ailleurs, était un refus véritable; on exigeait une acceptation pure et simple, et il envoyait une contre-proposition. Lui-même, au reste, l'a dit : « Les conditions du congrès étaient *excessives* et faites évidemment dans l'opinion qu'elles seraient rejetées[1]. »

[1] *Mémoires de* Napoléon, t. II.

La reprise des hostilités amena sur la scène deux nouveaux acteurs, tous deux anciens généraux de la République, Bernadotte et Moreau.

Les intérêts de la Suède, que blessait profondément le blocus continental, peuvent faire comprendre l'accession de cette puissance à la coalition des trois grandes cours du Nord contre l'empire français et son chef; mais ce que l'on conçoit moins, ce que rien ne saurait justifier, c'est le rôle que prit Bernadotte dans la lutte de l'Europe contre la France. Général en chef des armées de la République, ministre de la guerre à deux reprises différentes sous le Directoire, maréchal et prince de Ponte-Corvo sous l'Empire, il ne pouvait oublier que c'était à la France et à l'Empereur qu'il se trouvait surtout redevable de sa nouvelle position, ainsi que du trône qui l'attendait. On a dit, pour excuser ce prince, que l'Empereur avait contrarié son élection à l'héritage du trône de Suède. Ce reproche n'a pas le moindre fondement. La Suède, à cette époque, gravitait dans l'orbite impérial, et ce qui fixa sur Bernadotte le choix des États suédois fut précisément son double titre de maréchal de l'Empire et d'allié de la famille de Napoléon[1]. L'élection de Bernadotte n'aurait pas eu lieu si l'Empereur y avait apporté la moindre opposition, et Bernadotte lui-même n'aurait pas accepté ce trône si Napoléon, malgré les fautes graves — nous devrions dire les crimes — de ce maréchal à Iéna et à Wagram, ne le lui avait pas permis. Il y a plus : au moment de partir pour Stockholm, Bernadotte reçut de l'Empereur le don d'un million destiné à lui donner les moyens de soutenir sa nouvelle dignité sans être obligé de recourir immédiatement au trésor épuisé de la Suède[2]. « Pour prendre femme, a dit

[1] Joseph Bonaparte et Bernadotte avaient épousé les deux sœurs.
[2] « *Au comte Mollien*, ministre du Trésor. Donnez un million au prince de Ponte-Corvo, sur la caisse de service; cela sera ensuite régularisé.

« Saint-Cloud, 16 septembre 1810.
                                                    « NAPOLÉON. »

— « *Au même*. Je donne ordre que le million avancé par la caisse de ser-

Napoléon à l'occasion du rôle de Bernadotte en 1813, on ne renonce pas à sa mère; encore moins est-on tenu à lui percer le sein et à lui déchirer les entrailles. » Ce blâme énergique n'a rien d'exagéré. Si le prince royal de Suède avait eu le cœur au niveau de l'intelligence[1], il aurait compris que, dans cette lutte, sa place était à Stockholm, non à l'armée; il aurait laissé à un autre général suédois le soin de guider les coups portés à nos soldats par ses nouveaux compatriotes. Mais, comme le vulgaire des ambitieux, il se laissa entraîner par la pensée d'arriver encore plus haut qu'il n'était monté. Alexandre, dans une conférence qu'ils eurent à Abo, lui avait fait entrevoir la succession de Napoléon comme le but où il pouvait aspirer. Cette vision éblouit Bernadotte et lui fit oublier ce qu'il devait à son ancienne patrie et au souverain qui lui avait laissé prendre une couronne.

Si la conduite de Bernadotte fut coupable, on peut du moins l'expliquer. Il est plus difficile de comprendre le rôle de Moreau. Condamné à deux ans de prison par les juges qui envoyèrent Georges Cadoudal et quelques-uns de ses complices à l'échafaud, Moreau avait été gracié par Napoléon. Il y a plus: conduit sur sa demande à la frontière d'Espagne, et prenant congé du colonel de gendarmerie chargé de l'accompagner

vice du Trésor public, au prince de Ponte-Corvo, soit remboursé par mon domaine extraordinaire, afin de terminer cette affaire.

« Fontainebleau, 24 octobre 1810.

« NAPOLÉON. »

[1] On lit dans les *Considérations sur la Révolution française*, de madame de Staël:

« Lorsqu'on vint annoncer à Bernadotte que les Français étaient entrés dans Moscou, les envoyés des puissances à Stockholm, alors réunis chez lui, étaient consternés; lui seul déclara formellement qu'à dater de cet événement la campagne des vainqueurs était manquée. Et, s'adressant à l'envoyé de l'Autriche, dont les troupes, à cette époque, faisaient partie de l'armée de Napoléon: « Vous pouvez le mander à votre Empereur, lui dit-il; Napoléon est « perdu, bien que cette prise de Moscou semble le plus grand exploit de sa « carrière militaire. » J'étais près de lui quand il s'exprima ainsi, et j'avoue que je ne croyais pas entièrement à ses prophéties. »

jusque-là, il avait dit à cet officier : « Je vous donne ma parole d'honneur que si la guerre avait lieu, et si l'Empereur avait besoin de moi, il n'aurait qu'à me le faire savoir; je reviendrais plus vite que je ne m'en vais. » Réfugié aux États-Unis, à quelque temps de là, ce ne fut pas Napoléon qui le rappela en Europe; il y reparut sur l'invitation d'Alexandre, qui, peu confiant dans l'habileté de ses généraux et dans le talent des généraux de ses alliés, voulut opposer à Napoléon un des hommes que les luttes de la République contre l'Europe avait le plus grandis, et que les puissances étrangères, trompées par les exagérations des ennemis de l'Empereur, regardaient comme son rival dans l'art de la guerre. Voici la lettre écrite par le tzar à Moreau, et que remit à ce dernier M. Hyde de Neuville, qui, retiré également aux États-Unis depuis la dispersion de la dernière agence royaliste et resté en correspondance avec la petite cour d'Hartwell, servit d'intermédiaire dans cette négociation :

« Monsieur le général Moreau, connaissant les sentiments qui vous animent, en vous proposant de vous approcher de moi, je me fais un plaisir de vous donner l'assurance formelle que mon unique but est de rendre votre sort aussi satisfaisant que les circonstances pourront le permettre, sans qu'en aucun cas vous soyez exposé à mettre votre conduite en opposition avec vos principes. Soyez persuadé, monsieur le général Moreau, de toute mon estime ainsi que de mon affection.

« ALEXANDRE. »

Non-seulement Moreau ne repoussa pas la proposition d'Alexandre, mais il mit un tel empressement à se livrer à ce souverain étranger, que, débarqué au port suédois de Gottenbourg le 26 juillet 1813, il était à Prague le 10 août, jour de la rupture du congrès, y discutant les plans de campagne proposés par les principaux généraux alliés. On raconte que, dans une entrevue avec Bernadotte, à son passage à Stralsund, il essaya de masquer l'odieux de son nouveau rôle par la nécessité de rendre à la France les droits politiques et la liberté que Napoléon lui avait ravis. « Prenez garde, général! lui dit le nouveau prince suédois, les Français ne reconnaîtront jamais le vainqueur de Hohenlinden sous l'uniforme russe. » Si Moreau, après les désastres de Russie, et à ce moment de lutte suprême, avait eu le sentiment de sa position et de ses devoirs, on l'aurait vu se présenter à Napoléon, et demander à combattre aux premiers rangs. C'eût été une noble revanche de ses faiblesses passées, la France se fût montrée reconnaissante et fière, et Napoléon, ainsi que les alliés eux-mêmes, eussent été forcés à l'admiration et au respect. La grandeur d'un pareil sacrifice dépassait malheureusement la force morale de l'ancien chef de nos armées du Rhin.

Le 12 août, deux jours après l'expiration du second armistice, l'Autriche, qui venait de jouer successivement le rôle de conciliatrice, de médiatrice armée, puis d'arbitre, déclara la guerre à la France et notifia officiellement son adhésion à l'alliance de la Russie, de la Prusse et de l'Angleterre. L'Autriche apportait à la coalition 130,000 soldats. En ajoutant à ces 130,000 hommes, 155,000 Russes, 180,000 Prussiens, 25,000 Suédois et 30,000 hommes fournis par quelques princes allemands, on trouve un total de 520,000 combattants qui furent divisés en trois armées principales placées sous le commandement du Français Bernadotte, de l'Autrichien Schwartzenberg, du Prussien Blücher, et ayant leurs quartiers généraux à Berlin, à Prague et à Breslau.

Si les Alliés, l'Autriche surtout, avaient utilisé les deux mois d'armistice pour augmenter et organiser leurs moyens d'attaque, Napoléon, de son côté, n'était pas demeuré inactif: de nouvelles levées en France, des contingents nouveaux demandés à l'Italie, à la Hollande, et aux différents princes de la confédération germanique, étaient venus remplir les vides laissés dans nos rangs, — depuis le 30 avril 1813, date des premières opérations de cette campagne, jusqu'au 5 juin, date de la signature du premier armistice, — par les batailles de Lutzen, de Bautzen, de Würtschen, et les combats livrés pour maintenir l'armée entre l'Oder et l'Elbe. Décidé à faire de ce dernier fleuve la base de ses nouvelles opérations, et persuadé qu'il ne reculerait pas au delà, Napoléon augmenta les garnisons de Magdebourg et de Hambourg, jeta de forts détachements dans toutes les autres places de cette ligne, et divisa les 230,000 Français, Polonais, Allemands, Hollandais et Italiens qui lui restaient, en deux armées principales destinées à opérer sur Berlin et Breslau. 90,000 hommes furent donnés au maréchal Oudinot pour combattre Bernadotte et s'emparer encore une fois de la capitale de la Prusse; 120,000 hommes, placés sous le commandement direct de l'Empereur, furent destinés à agir contre Blücher, à rejeter ce général derrière la Vistule, à prendre à revers le gros de l'armée alliée concentré à Prague, et à couper toutes les communications d'Alexandre et de ses troupes avec la Russie; les 20,000 restants, confiés au maréchal Gouvion Saint-Cyr, devaient garder Dresde, centre de toutes les opérations.

Napoléon prenait l'offensive sur deux points. Sa marche sur Breslau eut le succès qu'il en attendait. Blücher, battu dans toutes les rencontres, fut obligé d'abandonner toutes ses positions entre l'Elbe et l'Oder; et, le 21 août, Napoléon avait déjà dépassé Lowemberg, sur la Bober, quand il apprit que, tandis qu'il repoussait Blücher vers la Pologne et qu'il s'apprêtait à tourner la principale armée alliée, celle-ci, commandée par Schwartzenberg, sortait de la Bohême avec l'empereur de Russie, l'empereur d'Autriche et le roi de Prusse; descendait vers Dresde par la rive gauche de l'Elbe, et semblait vouloir opérer sa jonction avec les forces de Bernadotte. Cette marche, conseillée par Moreau, enfermait, pour ainsi dire, Napoléon entre l'Oder et l'Elbe; elle plaçait la masse des coalisés entre ce dernier fleuve et le Rhin, sur les derrières de notre armée, et pouvait ainsi compromettre toutes les communications de l'Empereur, non-seulement avec la Bavière, le Wurtemberg et les autres États restés dans son alliance, mais encore avec la France elle-même. Napoléon quitte immédiatement la Silésie, laissant au maréchal Macdonald le soin de continuer, avec 60,000 hommes, la poursuite de Blücher alors en pleine retraite; il revient sur ses pas avec le reste de l'armée, et, le 25, s'arrête à douze lieues de Dresde, à Stolpen, pour attendre des nouvelles précises de la marche des trois souverains, et décider son mouvement.

Pour passer de la rive droite de l'Elbe supérieur sur la rive gauche, et déboucher sur la route alors suivie par Schwartzenberg et les souverains, Napoléon avait à choisir entre deux ponts que des camps retranchés protégeaient, et qui, l'un et l'autre, se trouvaient à égale distance de Stolpen : d'abord, le pont de Dresde; ensuite, à douze lieues environ au-dessus de cette place, à la sortie des premières gorges de Bohême, le pont de Kœnigstein. Si les Alliés, marchant à la rencontre de Bernadotte, dépassaient Dresde sans en attaquer le camp retranché, l'Empereur déboucherait par le pont de cette ville sur la rive gauche du fleuve[1]; et, mettant les souverains entre son armée et celle d'Oudinot restée en pleine communication avec lui, il les attaquerait dans cette position. Si les coalisés, au contraire, s'arrêtaient devant Dresde et essayaient d'en emporter le camp retranché, Napoléon franchirait l'Elbe à Kœnigstein, couperait toutes les communications de Schwartzenberg et des souverains avec la Bohême, prendrait position sur leurs derrières et leur livrerait bataille, soutenu par le corps d'armée campé dans Dresde. Mais, pour accomplir cette dernière manœuvre, il était nécessaire que Dresde pût tenir près de deux jours. L'Empereur, peu d'instants après son arrivée à Stolpen, avait donc chargé son premier officier d'ordonnance, le colonel Gourgaud, de se rendre dans cette capitale, d'en examiner les ouvrages, de visiter les généraux, de

---

[1] Le camp retranché de Dresde enfermait dans ses lignes toute la partie de cette ville qui est assise sur la rive gauche de l'Elbe.

s'assurer, en un mot, des moyens qu'elle pouvait offrir pour une courte résistance. Le soir même du 25, à onze heures, Gourgaud revint et apprit à Napoléon que les Alliés, arrêtés devant Dresde depuis la veille (24), avaient attaqué le camp retranché dans la journée (25), et qu'il serait enlevé le lendemain, si Gouvion Saint-Cyr n'était pas immédiatement secouru; que ce maréchal se plaignait de n'avoir dans ses cadres que des enfants, et qu'il faisait ses dispositions pour se retirer sur la rive droite. Napoléon prend son parti sur-le-champ, et fait donner au général Vandamme l'ordre de se porter à Kœnigstein avec cinquante-deux bataillons, deux brigades de cavalerie légère, et un corps de 4,000 hommes de grosse cavalerie commandé par le général Corbineau; de couper la principale route de retraite des Alliés sur la Bohême; d'occuper, sur leurs derrières, la ville de Pirna et tout son plateau; d'exécuter, en un mot, le mouvement que lui-même se réservait d'opérer, si Dresde avait pu tenir pendant quarante-huit heures. Cet ordre fut expédié à une heure du matin (26); à deux heures, l'Empereur quittait Stolpen et marchait sur Dresde.

Les Alliés, en effet, avaient abordé les approches de cette ville, dans la journée du 25. Dès les premières attaques, les avant-postes du maréchal Gouvion Saint-Cyr s'étaient retirés dans l'enceinte du camp retranché, et l'ennemi put se loger le soir même dans une partie du faubourg *dit* de Pirna.

La population de Dresde passa la nuit du 25 au 26 au milieu des inquiétudes les plus vives; elle s'attendait pour le lendemain à une prise de vive force et à tous les désastres qui en sont le résultat inévitable. L'attaque du camp retranché commença vers les sept heures du matin, mais incertaine et partielle; l'ennemi formait alors ses masses sur les hauteurs qui dominent la rive gauche de l'Elbe. Les habitants, à la vue de ce formidable déploiement de forces, perdirent tout espoir; et la consternation était devenue générale, lorsque, à neuf heures, les détachements placés de l'autre côté du fleuve, sur la route de Silésie, signalent l'apparition de plusieurs têtes de colonnes dont les soldats semblaient harassés de fatigue. On accourt, on se presse : c'était Napoléon, qui venait de faire, avec sa garde et le reste de ses troupes, plus de douze lieues en sept heures. Après une courte visite au palais du roi de Saxe, l'Empereur parcourt toute la ligne de défense, seul, à pied, sans autre suite que le grand écuyer et un page, examine tous les ouvrages, ainsi que les positions de l'ennemi, donne ses ordres et attend. A deux heures et demie, trois coups de canon se font entendre. L'armée alliée, à ce signal, s'élance de toutes les hauteurs et s'avance vers l'enceinte, faisant tomber sur Dresde une pluie de bombes et d'obus à laquelle répond vainement l'artillerie de tous les ouvrages avancés. On se bat avec acharnement des deux parts; le nombre, toutefois, l'emporte; le feu de plusieurs batteries de la place est éteint; une redoute et tout le faubourg *dit* de Pirna sont occupés. Les Alliés pensent avoir ville gagnée. Ils redoublent d'efforts. Mais tout à coup les barrières de la ville s'ouvrent et donnent passage à de nombreux bataillons qui, s'élançant avec une impétuosité irrésistible, repoussent, renversent tout ce qui est devant eux, nettoient tous les postes et rejettent l'ennemi dans ses positions du matin. « L'Empereur est dans Dresde ! s'écrie le généralissime Schwartzenberg en voyant le terrible effet de ces sorties; le moment pour enlever la ville est perdu ! » La nuit suspend le combat. Napoléon se prépare pour le lendemain; ses dispositions ont pour but de donner la main à Vandamme, qui doit être arrivé à Pirna, de refouler les Alliés sur la Bohême, mais en les rejetant sur les difficiles défilés de Zinnwal, et de compléter ainsi la séparation de Schwartzenberg d'avec Bernadotte, qui déjà communiquent par des détachements volants. La journée du 27 réalisa les espérances de l'Empereur. Les Alliés, attaqués partout avec furie, furent partout battus. Murat, secondé par les généraux Doumerc, Bordesoulle et Oudenarde, enlève à lui seul quinze mille prisonniers, douze canons, douze drapeaux, trois généraux, et met sept à huit mille hommes hors de combat. Cependant, malgré ces pertes, les souverains disposaient de forces encore trop considérables pour ne pas recommencer la lutte. Aussi Napoléon s'attendait-il à une nouvelle bataille pour le lendemain, lorsque, dans la nuit, Schwartzenberg et ses troupes se mirent en pleine retraite. Une blessure mortelle reçue par le transfuge qui conseillait les souverains et les généraux alliés fut probablement la cause de ce soudain mouvement rétrograde. Moreau indiquait une manœuvre à l'empereur de Russie, lorsqu'un boulet, tiré par une batterie de la jeune garde, vint lui fracasser la cuisse. Transporté à Nottoritz, puis à Lahn, il subit l'amputation dans cette petite ville, où il expira le 2 septembre.

En apprenant, le 28 au matin, que l'ennemi abandonnait toutes ses positions, l'Empereur ordonna au maréchal Saint-Cyr d'opérer sa jonction avec Vandamme, qui s'était empressé d'exécuter le mouvement que Napoléon lui avait indiqué, l'avant-veille, dans sa dépêche de Stolpen, puis, une fois réuni avec ce général, de se mettre à la poursuite des coalisés; le duc de Trévise devait remplacer Vandamme dans ses positions de Pirna; l'Empereur ajoutait que lui-même se rendrait dans cette ville. Quelques heures plus tard (quatre heures après midi), Vandamme recevait personnellement l'ordre de rassembler toutes les forces précédemment mises à sa disposition et auxquelles on ajoutait dix-huit bataillons; de se diriger sur Peterswalde, point culminant de la route suivie par l'armée alliée lors de la sortie de la Bohême; de pénétrer dans ce royaume, et de s'efforcer d'arriver, avant l'ennemi, sur la communication de Tetschen, Aussig et Tœplitz, afin de s'emparer de ses équipages, de ses ambulances, de ses bagages, enfin de tout ce qui marche derrière une armée. Le lendemain, 29, à cinq heures et demie du matin, une nouvelle dépêche enjoignait à Saint-Cyr de suivre l'ennemi dans la direction de Maxen, direction qui le mettait en mesure de soutenir Vandamme; Murat et Marmont, de leur côté, recevaient l'ordre de suivre les Alliés dans toutes les directions qu'ils auraient prises. Ce mouvement général de poursuite avait été commencé dès la veille, et, pour l'activer, l'Empereur, ainsi qu'il l'avait annoncé, était venu coucher à Pirna. Mais, à peine arrivé, une fièvre violente le saisit. Cette fièvre, causée, dit-on, par la pluie battante à laquelle il était resté exposé la veille durant quinze heures, prit d'abord un caractère alarmant; une transpiration abondante ne tarda pourtant pas à la faire céder. Le lendemain, 29, confiant dans l'activité de ses généraux, obligé d'ailleurs à de nouveaux soins, ainsi que nous aurons bientôt à le dire, l'Empereur quitta Pirna et revint à Dresde.

Pendant ce temps, Vandamme pénétrait en Bohême. La veille (28) ce général avait écrit à l'Empereur : « J'ai environ quatre à cinq mille hommes devant moi; je les attaquerai à la pointe du jour et *je marcherai sur Tœplitz* si je ne reçois pas d'ordre contraire[1]. » L'ordre que nous avons analysé plus haut, et qui lui arriva dans la soirée, enjoignait à ce général d'entrer en Bohême et de se porter sur la communication de Tetschen, Aussig et Tœplitz; voyant dans ces instructions une sorte de sanction du mouvement projeté par lui sur Tœplitz, rendez-vous probable de tous les corps ennemis, qui battaient alors en retraite; regrettant, d'ailleurs, de n'avoir pas eu sa part dans la victoire des deux derniers jours, et désirant une sorte de revanche, Vandamme, le matin du 29, se mit en marche dès la pointe du jour; il franchit avec de simples têtes de colonne le défilé de Peterswalde, enlève un régiment russe qui y avait passé la nuit, s'empare ensuite de Nollendorf, descend, vers midi, dans la plaine de Kulm, et, poussant devant lui le général Ostermann, il arrive bientôt à peu

[1] Lettre datée de Hollendorf, le 28 août à huit heures et demie du soir.

de distance de Tœplitz. Telle était la hâte de Vandamme à occuper cette ville, qu'il s'avançait sans laisser sur ses derrières la moindre réserve, même de simples postes d'observation. La possession de Tœplitz, en rendant Vandamme maître du débouché de tous les chemins qui venaient de Dresde, devait achever, en effet, la défaite des Alliés et décider le succès de la campagne. Mais le général ennemi, comprenant de son côté l'importance de cette ville comme position militaire, veut tenter un dernier effort pour l'empêcher de tomber entre nos mains ; il s'arrête et tient ferme. Vandamme, n'ayant encore avec lui que ses têtes de colonne, ne peut emporter cette première résistance ; il attend des renforts, et tente de nouvelles charges à mesure que ses brigades le rejoignent. Mais les secours arrivent également à Ostermann. Si les diplomates restés à Tœplitz et le nombreux personnel des différents services administratifs, frappés de terreur à la nouvelle de la marche de nos troupes, se hâtent d'abandonner cette ville et de fuir dans toutes les directions, en revanche, chaque corps allié dont on signale l'approche y est immédiatement appelé et dirigé contre Vandamme : soixante escadrons commandés par le grand-duc Constantin et un corps nombreux de grenadiers renforcent successivement Ostermann. Vainement Vandamme multiplie ses charges ; la nuit le surprend sans qu'il ait pu forcer la position. Les deux troupes campent à demi-portée de fusil l'une de l'autre, sur le lieu même du combat.

Le général Haxo conseille alors à Vandamme de s'échelonner sur Nollendorf ; l'aventureux général repousse cet avis. Les maréchaux chargés de le soutenir arriveraient, disait-il, pendant la nuit. Mais aucun secours ne parut, et, quand vint le jour, l'ennemi seul avait reçu de puissants renforts ; il présentait, dès les premières heures du matin (30), des masses considérables. Vandamme, craignant enfin de se voir débordé, se retire lentement sur Kulm, rallie sur cette position la plus grande partie de ses régiments et son artillerie, et fait face aux nombreux corps qui l'ont suivi. Vers les dix heures du matin, des officiers qu'il a envoyés à la rencontre des corps dont il attend l'appui reviennent annoncer que la route, sur les derrières du corps d'armée, est complétement libre, mais qu'ils n'ont aperçu aucune troupe en marche pour le soutenir. A onze heures, de fortes décharges d'artillerie se font cependant entendre sur les hauteurs de Nollendorf et de Peterswalde, et l'on voit des colonnes épaisses d'infanterie descendre les rampes qui conduisent vers Kulm. « C'est l'Empereur ! » s'écrie-t-on dans tous les rangs de Vandamme. La joie fut de courte durée : les colonnes aperçues par nos soldats appartenaient au corps du général prussien Kleist, qui, errant depuis la veille dans les montagnes, s'efforçait en ce moment de regagner Tœplitz. Kleist, grâce aux hasards de cette fuite, se trouvait maître de la route de retraite de Vandamme. Ce général se voit entouré ; il ordonne à la cavalerie de Corbineau de charger les Prussiens ; cette cavalerie se précipite sur les premières troupes de Kleist, les culbute, et parvient à atteindre la crête du passage, puis à gagner le versant opposé. 10 à 12,000 fantassins, profitant de cette trouée, franchissent à leur tour le défilé de Peterswalde et rejoignent Corbineau. Le reste du corps d'armée de Vandamme, composé des divisions Dumonceau, Mouton-Duvernet et Philippon, rejeté et enfermé dans Kulm par un ennemi cinq fois plus nombreux, soutient pendant quatre heures une lutte désespérée et finit par poser les armes ; ils étaient près de 15,000, ayant avec eux 60 pièces de canon. L'ennemi ne se montra pas généreux envers ces prisonniers : conduit à Tœplitz, puis à Prague, Vandamme, dont on accusait la sévérité cupide dans le commandement de quelques provinces allemandes, y fut publiquement exposé sur une charrette, et abandonné aux insultes des paysans et des soldats.

Le désastre de Kulm, qui annula tout le fruit de la victoire de Dresde et porta un coup funeste à la confiance des chefs de l'armée, avait deux causes : d'abord, l'ardeur de Vandamme, qui, marchant avec de simples têtes de colonne sans que son corps fût réuni, refusa de se replier à temps et négligea de se maintenir en constante communication avec les généraux chargés de le soutenir; en second lieu, la lenteur de Gouvion-Saint-Cyr. Ce maréchal, dans la journée du 29, s'était arrêté à Reinardsgrimma après avoir fait une lieue et demie; le lendemain 30, à cinq heures du soir, il s'était avancé de trois lieues. Murat ne se montra pas plus actif. On a blâmé Napoléon de la brièveté de son séjour à Pirna et de son retour précipité à Dresde : sans doute, l'Empereur, s'il était resté à Pirna, aurait imprimé à la poursuite de ses lieutenants l'énergie qu'elle n'eut pas; mais leurs corps étaient alors en mouvement, et il ne devait pas supposer qu'une fois éloigné d'eux ils ralentiraient leur marche. D'un autre côté, des désastres, qu'il ne pouvait prévoir, l'obligeaient de rentrer à Dresde; car il n'y avait plus qu'hésitation, mollesse ou fatigue partout où il n'était pas; la fortune commençait à s'éloigner de lui; il l'avait lassée.

Macdonald, chargé de poursuivre Blücher, mais bientôt attaqué, puis battu par le général prussien, venait d'être chassé de la Silésie et poursuivi lui-même au delà de la Neiss, après avoir abandonné aux mains de l'ennemi, sur la Katzbach et ses affluents, 16 à 17,000 hommes et plus de 80 pièces de canon. « La division Puthod n'existe plus, disait ce maréchal dans un rapport daté du 27 août, le jour même de la victoire de Dresde; je me reploierai successivement sur la Neiss, sur la Sprée et sur l'Elbe. Il ne m'a pas encore été possible de connaître l'état de nos pertes et le nombre de combattants qui nous restent. »

Oudinot, dans son mouvement sur Berlin, n'avait pas été plus heureux. Battu, quatre jours auparavant, le 23 août, à Gross-Beeren, Oudinot, soldat intrépide, mais général d'avant-garde plutôt que chef d'armée, dut céder bientôt son commandement au maréchal Ney, que Napoléon chargea de continuer le mouvement sur Berlin. Ney, battu à son tour à Dennewitz, se replia. Napoléon ne se décourage ni ne s'émeut. Trompé dans tous ses efforts pour reporter la lutte sur l'Oder et sur ses affluents, décidé à se maintenir sur l'Elbe, il cherche, à force d'activité et d'énergie, à ne pas se laisser déborder. De tous les généraux ennemis, Blücher est celui dont les succès sont les plus marqués, les progrès les plus rapides; il se jette de nouveau sur lui et le fait fuir jusqu'en Silésie. La grande armée des coalisés, ralliée à Tœplitz, profite encore une fois de son éloignement pour sortir de la Bohême et tenter un nouvel effort sur Dresde; l'Empereur accourt et la repousse au delà des montagnes qu'elle vient de franchir. Blücher reparaît sur la Sprée; Napoléon court à lui et le met en fuite une troisième fois. Victoires inutiles! Pendant que l'Empereur défend ainsi l'Elbe supérieur contre deux armées, fortes ensemble de plus de 300,000 hommes, dont les attaques se succèdent sans relâche et qui, toujours battues, ne sont jamais lassées, sa gauche est tout à coup forcée par Bernadotte, qui, après avoir repoussé Ney jusque sous les murs de Torgau, a franchi le fleuve au-dessus et au-dessous de Wittemberg et percé enfin cette ligne de l'Elbe derrière laquelle il n'existe plus, comme barrière sérieuse de la France, que la seule ligne du Rhin. Napoléon sent que Dresde ne peut plus rester le centre et la base de ses opérations; mais il ne veut quitter cette position que pour frapper un coup de la plus grande audace, pour tenter un effort digne de son génie. Plus de cent lieues séparent encore les armées coalisées de la frontière française; on ne compte, au contraire, que cinq jours de marche entre Dresde et Berlin; c'est sur Berlin qu'il va marcher, Berlin, dépôt général des ressources matérielles de la Prusse, foyer du travail insurrectionnel qui agite depuis quelque temps toutes les populations allemandes, centre d'où partent l'impulsion, les ordres pour la défense des provinces prussiennes, et que le mouvement de Bernadotte sur l'Elbe a laissé à découvert.

Maître de cette capitale, il y établira son quartier général, il en fera la base de nouvelles opérations dont le champ, reporté ainsi à plus de quarante lieues au nord de sa ligne actuelle, placera le théâtre de la guerre entre l'Elbe et l'Oder, fleuves dont il domine le cours et les principaux passages par une double ligne de places fortes pourvues de garnisons nombreuses et de magasins amplement fournis : Torgau, Wittemberg, Magdebourg et Hambourg, sur l'Elbe; Glogau, Custrin et Stettin, sur l'Oder. Napoléon n'ignore pas les efforts des souverains coalisés pour détacher de la France les puissances secondaires placées entre l'Elbe et le Rhin; le roi de Bavière les lui a fait connaître, en ajoutant qu'il a personnellement repoussé toutes les ouvertures des Alliés, même leurs menaces, mais qu'il n'ose répondre de pouvoir longtemps maîtriser les passions qui entraînent son peuple et son armée à vouloir se soulever contre la puissance française. Toutefois, il suffit que la Bavière reste encore fidèle pendant quelques semaines, pour que l'occupation de Berlin et de nouveaux succès maintiennent ce royaume dans notre alliance. Réunissant aussitôt toutes ses troupes et laissant au maréchal Saint-Cyr le soin de défendre encore une fois Dresde, où restent les malades et les blessés, Napoléon descend la rive gauche de l'Elbe dans le but de donner le change à l'ennemi. Arrivé à quelques lieues au delà de Torgau, à Düben, il se dirige vers Wittemberg pour y passer l'Elbe et marcher directement sur Berlin. Déjà plusieurs divisions de l'armée avaient atteint Wittemberg et détruit les ponts de l'ennemi, à Dessau, lorsqu'une lettre du roi de Wurtemberg annonce à l'Empereur : que la Bavière vient de changer subitement de parti, et que, sans déclaration de guerre contre la France, l'armée bavaroise, cantonnée sur les bords de l'Inn, s'est réunie à l'armée autrichienne et ne forme plus qu'un seul camp avec celle-ci; que ces deux armées, fortes ensemble de 80,000 hommes, placés sous le commandement du général bavarois de Wrède, marchent sur le Rhin; que lui-même n'a pu résister à la contrainte de forces aussi considérables, et qu'il a dû y joindre son propre contingent; enfin, que bientôt Mayence sera probablement cernée par cent mille soldats coalisés.

Ces nouvelles, qui ne tardent pas à se répandre parmi le haut état-major impérial, permettaient difficilement à Napoléon de persister dans le vaste plan de campagne dont il commençait l'exécution; autour de lui, d'ailleurs, il ne voit qu'abattement et inquiétude; on y murmure, on se récrie contre sa marche sur Berlin, qui peut compromettre la retraite de l'armée et laisser la France exposée aux insultes de l'ennemi; on se plaint de voir les guerres succéder aux guerres, les campagnes aux campagnes, les batailles aux batailles, sans obtenir jamais un résultat certain, sans apercevoir une limite à ces luttes sans cesse renaissantes. Napoléon arrête donc son mouvement sur la capitale de la Prusse, et, prenant une direction opposée, il traverse la Moldau et vient prendre position à Leipsick. « La fatigue, le découragement, gagnaient le plus grand nombre, a-t-il dit en parlant de cette époque de sa vie; mes lieutenants devenaient mous, gauches, maladroits, et conséquemment malheureux. Les hauts généraux n'en voulaient plus : je les avais gorgés de trop de considération, de trop d'honneurs, de trop de richesses; ils avaient bu à la coupe des jouissances... Je voyais donc arriver l'heure décisive. L'étoile pâlissait. Je sentais les rênes m'échapper et je n'y pouvais rien. Un coup de tonnerre pouvait seul nous sauver. »

Ce coup de tonnerre fut la bataille de Leipsick; mais, au lieu de relever sa fortune, il en précipita la chute.

Les Alliés, que Bernadotte conseillait depuis la retraite de Russie et qu'il dirigeait depuis la mort de Moreau, suivirent Napoléon dans sa marche sur Leipsick. Bernadotte, à la tête des 70,000 hommes composant l'*armée du Nord*, arrivait sur ce champ de bataille à la suite de Ney, qu'il ne cessait de pousser devant lui. Blücher, après s'être mis en communication avec le prince royal de Suède, appuyait le mouvement de ce dernier avec les 90,000 hommes de l'*armée de Silésie*; Schwartzenberg, conduisant les 140,000 soldats qui composaient l'*armée de Bohême*, s'y rendait de son côté par la rive gauche de l'Elbe, en réglant sa marche sur celle de Napoléon depuis sa sortie de Dresde; enfin, le général Beningsen, accouru, du fond de la Pologne, avec 60,000 hommes, dernier ban de la Russie, et parmi lesquels figuraient des Tartares et des Baskirs armés d'arcs et de flèches, devait déboucher à son tour de la Bohême, à la suite de Schwartzenberg, et prendre également, à Leipsick, sa place de combat. Ces forces réunies présentaient un total de 360,000 soldats.

Deux mois et demi auparavant, lors de la rupture du congrès de Prague, Napoléon avait divisé son armée en quatorze corps : six de ces corps se trouvaient maintenant ou détruits ou renfermés dans des places fortes : le 1er, commandé par Vandamme, détruit en partie à Kulm, ne présentait plus que des débris qui formaient la garnison de Dresde avec le 14e corps, sous le commandement du maréchal Gouvion Saint-Cyr; le 9e, composé de Bavarois, était dans les rangs ennemis; le 10e, commandé par Rapp, se trouvait enfermé dans Dantzick; le 12e, confié au maréchal Oudinot, était anéanti; enfin, le 13e, commandé par le maréchal Davoust, occupait Hambourg, Lubeck et quelques places sur le bas Elbe. Restait les 2e, 3e, 4e, 5e, 6e, 7e, 8e et 11e corps, commandés par les maréchaux Victor et Ney, les généraux Bertrand et Lauriston, le maréchal Marmont, le général Régnier, le prince Poniatowski et le maréchal Macdonald. Ces huit corps, en y ajoutant les troupes de la garde impériale et la cavalerie, présentaient un effectif de 175,000 combattants.

Les masses qui allaient s'entre-choquer s'élevaient donc à plus d'un demi-million d'hommes, dont la furie devait encore se trouver secondée par le feu de près de 3,000 pièces de canon. Les Alliés étaient un peu plus de deux contre un.

Les Allemands ont donné à ce terrible choc le nom de *bataille des Nations;* tous les peuples de l'Europe, moins les Anglais et les Espagnols, s'y trouvaient, en effet, représentés ; le sang de tous y coula. Il n'y eut pas, d'ailleurs, qu'une seule rencontre ; ce furent trois batailles différentes, livrées successivement les 16, 18 et 19 octobre, sur une surface de moins de trois lieues carrées. La lutte, le dernier jour, fut, à la vérité, moins un combat qu'un affreux massacre et une déroute.

Ce fut le 16, vers les neuf heures du matin, à deux lieues et demie au sud de Leipsick, que se firent entendre les premiers coups de canon ; ils partaient d'une batterie de 200 pièces, établie en face du plateau de Wachau, position occupée par le centre de nos troupes. 140,000 soldats, sous les ordres du prince de Schwartzenberg, appuyaient cette artillerie. Les divisions françaises placées sur ce point comptaient à peine 70,000 combattants. Le premier effort des masses ennemies fit d'abord perdre du terrain à nos soldats ; mais bientôt Napoléon accourt, ordonne de nouvelles dispositions, rétablit le combat et chasse les Alliés du plateau. Ceux-ci, grâce à leur supériorité numérique, qui leur permet de remplacer incessamment leurs troupes fatiguées par des troupes fraîches, essayent, à six fois différentes, de reprendre la position; ils sont repoussés six fois. Enfin, à cinq heures du soir, ils abandonnent la lutte après des pertes énormes, et s'éloignent en couvrant leur retraite par le feu répété de leur nombreuse artillerie. Murat et le prince Poniatowski venaient de contribuer puissamment à ce succès ; l'Empereur récompensa le prince polonais en l'élevant, le soir même, sur le champ de bataille, à la dignité de maréchal. Le village de *Wachau*, dont la possession avait joué un grand rôle dans les efforts des deux partis, donna son nom à cette première journée.

Pendant que la lutte était ainsi engagée au sud de Leipsick avec Schwartzenberg, Blücher, vers le milieu du jour, avait débouché au nord de la ville avec les 90,000 hommes de l'armée de Silésie. Mais, contenu par Ney et par Marmont, il dut s'arrêter au delà de la petite rivière de la Partha.

Le lendemain, 17, dans la matinée, Bernadotte et ses 70,000 hommes vinrent renforcer Blücher. Ces deux généraux, une fois réunis, franchirent la Partha et se mirent en communication avec Schwartzenberg et avec Beningsen, qui venait d'arriver à son tour, par la route de Dresde, sur les positions occupées par le généralissime autrichien. Tandis que ces quatre armées opéraient leur jonction et que leurs chefs concertaient une attaque en masse pour le jour suivant, Napoléon essayait de négocier un armistice. La bataille de Wachau était, à ses yeux, une victoire assez signalée pour lui permettre d'offrir la paix sans que cette démarche parût dictée par la nécessité. Parmi les prisonniers faits la veille, se trouvait le général autrichien comte de Merfeld ; l'Empereur lui donna la liberté, en le chargeant d'aller déclarer, en son nom, aux souverains alliés, qu'il était prêt à souscrire aux conditions qu'il avait repoussées lors des négociations précédentes. Mais la journée de Wachau, par les pertes mêmes qu'elle venait de coûter aux princes coalisés, avait augmenté leur irritation : plus Napoléon s'était montré terrible, plus ils s'animaient à sa ruine. Cette ruine, un nouveau combat pouvait suffire à la décider ; non-seulement ils avaient maintenant, par la réunion de toutes leurs forces, une supériorité assez considérable pour écraser nos troupes, mais ils savaient encore que nos munitions commençaient à s'épuiser ; la désertion des corps saxons et wurtembergeois, restés dans nos rangs, leur était promise, en outre, pour le lendemain ; enfin, une négociation, entamée depuis plusieurs mois, venait de mettre dans leurs intérêts, par l'espoir d'une paix séparée, cet insensé et malheureux Murat, dont le courage s'était déployé si brillamment contre eux dans la bataille de la veille, et qui, deux ans plus tard, devait voir finir si tragiquement son rêve de royauté napolitaine. Les Alliés répondirent à la démarche pacifique de Napoléon en se disposant à une lutte décisive pour le jour suivant, 18 octobre.

Les forces que Napoléon pouvait opposer aux armées réunies de Schwartzenberg, Bernadotte, Blücher et Beningsen, s'élevaient à environ 115,000 hommes; il les concentra au sud et à l'est de la ville. A neuf heures, l'attaque commença. Les Alliés, serrés en masse, au nombre de 330,000 combattants, formaient un immense demi-cercle, ayant sur son front une ligne de 1,500 pièces d'artillerie, et appuyant ses deux extrémités sur la Pleiss et la Partha. Quelque manœuvre que voulût tenter Napoléon, il venait se heurter contre une ligne forte partout et partout impénétrable. Le but des Alliés était moins d'emporter Leipsick que d'y enfermer l'armée française et de déborder sa gauche et sa droite de manière à couper sa route de retraite. Bien qu'il fût réduit à se battre un contre trois, Napoléon fit face sur tous les points. Les régiments opposés aux deux corps de Bernadotte et de Blücher se battirent entre autres, dès le début, avec une telle vigueur, que ces deux généraux, dont l'artillerie, d'ailleurs, était peu nombreuse, furent obligés de plier; nos soldats, redoublant d'énergie, s'élancèrent la baïonnette en avant; mais, au moment où, se précipitant au pas de course sur les masses placées devant eux, ils croient saisir la victoire, un vide soudain se fait au centre de leur ligne : 12,000 hommes d'infanterie saxonne, 10 escadrons de cavalerie wurtembergeoise, ayant avec eux 40 pièces de canon, qui combattaient et tiraient pour nous quelques minutes auparavant, passent aux Prussiens et aux Suédois, ainsi qu'ils l'avaient promis, se retournent, font feu et chargent immédiatement contre nous.

Nos régiments, un instant ébranlés par cette infâme désertion accomplie en plein combat, parviennent cependant à se reformer. Napoléon, averti de cette trahison, accourt avec la moitié de sa garde; il repousse les Saxons et les Suédois, et les chasse de leurs positions. Les colonnes de Schwartzenberg et de Beningsen, malgré de prodigieux efforts, viennent également se briser contre les divisions françaises placées devant elles. Vers les quatre heures, l'ennemi, découragé, fait un mouvement rétrograde sur toute sa ligne, et va prendre ses bivacs en arrière des positions qu'il a vainement essayé d'enlever. Dans cette seconde journée, dite de la *Partha*, notre armée réussit à garder le champ de bataille.

Napoléon, le soir de cette seconde rencontre, loin de songer à la retraite, prenait, au contraire, des dispositions nouvelles pour le lendemain, lorsque les commandants de l'artillerie vinrent lui annoncer que les munitions allaient manquer. *Deux cent vingt mille* coups de canon, tirés depuis trois jours, avaient épuisé les réserves; le matin, il en existait encore cent dix mille; mais *quatre-vingt-quinze mille* coups ayant été dépensés dans la journée, il n'en restait plus que quinze mille, c'est-à-dire un nombre à peine suffisant pour alimenter le feu pendant deux heures. L'Empereur dut se résoudre à quitter Leipsick; et cependant, en prolongeant sa résistance vingt-quatre heures, peut-être contraignait-il les souverains de se séparer : leurs soldats, réunis depuis deux jours, au nombre de près de 340,000 hommes, sur un terrain ruiné par nos troupes, manquaient complétement de vivres; de sourdes dissensions, résultat de rivalités que l'insuccès des deux derniers jours avait encore irritées, allaient, en outre, éclater entre les différents généraux en chef. Mais, ainsi que l'a dit Napoléon, *l'étoile pâlissait;* tout nous devenait contraire.

La nuit fut employée à disposer la retraite. Le 19 au matin, Napoléon, après avoir présidé au défilé de ses têtes de colonne, se rendit chez le roi de Saxe, venu de Dresde avec l'armée, et que jetait dans un désespoir profond la déloyale conduite de ses troupes. Après une assez courte visite, l'Empereur le quitta en lui conseillant de céder, comme les rois de Bavière et de Wurtemberg, aux passions de son peuple, d'abandonner, comme eux, son alliance, et de traiter à son tour avec les coalisés. A ce moment, une vive fusillade se faisait entendre dans toutes les directions. C'étaient les Alliés, qui, instruits de notre mouvement rétrograde, essayaient de pénétrer dans Leipsick et de s'emparer des portes. Les corps désignés pour quitter la ville les derniers, rangés à l'entrée des faubourgs, en défendaient vigoureusement l'approche. Cependant la retraite continuait, mais lentement, par suite des difficultés de la route, espèce de défilé long de près de trois quarts de lieue, encombré de chevaux morts et de voitures brisées, et qui, courant, à partir des murs de Leipsick, au milieu de marais formés par la Pleiss et par l'Elster, traversait cinq ou six ponts, dont le plus considérable, jeté sur le principal bras de l'Elster, était le pont *dit* du Moulin. Bientôt Napoléon franchit à son tour ce pont, qu'il avait fait miner ; il s'y arrêta quelques instants et recommanda, dans les termes les plus exprès, au colonel du génie de Montfort, chargé de garder la mine, de n'y faire mettre le feu que lorsque le corps du maréchal Oudinot serait passé. Ce corps devait fermer la retraite ; mais, soit qu'un malentendu eût fait intervertir les ordres de départ, soit plutôt que ce corps se trouvât moins engagé que les 7°, 8° et 11°, toujours est-il qu'il évacua la ville avant ceux-ci. Quand Oudinot eut franchi le pont du Moulin, le colonel de Montfort, croyant le mouvement de retraite à sa fin, laissa la garde de la mine à un sous-officier de sapeurs et courut au maréchal pour lui demander ses derniers ordres. Cette démarche prit à peine quelques minutes ; le colonel revenait à son poste, et il n'en était plus qu'à une faible distance, lorsqu'une explosion terrible ébranle le sol sous ses pas : la mine venait d'éclater, le pont était détruit. Une courte interruption dans le passage de nos régiments et la présence inopinée, à l'entrée du pont, de plusieurs détachements de tirailleurs russes, qui s'étaient glissés le long des rives de l'Elster, avaient fait penser au sous-officier de sapeurs que toutes nos troupes avaient évacué la ville, que l'ennemi se jetait à leur poursuite, et que le moment de couper la route était arrivé. Voilà la vérité sur la destruction du pont de Leipsick, si diversement interprétée, destruction que quelques récits ont attribuée à la coupable négligence du colonel de Montfort, et qui fut seulement causée par l'erreur d'un subalterne placé sous les ordres de ce loyal officier.

Cependant les 7e, 8e et 11e corps, commandés par Régnier, Poniatowski et Macdonald, ayant avec eux 200 pièces de canon, étaient encore dans la ville, soutenant les efforts des Alliés; toute retraite leur était fermée. Le combat dut continuer sur les boulevards, dans les rues, dans les maisons. Leipsick, encombré de morts et de mourants, ne tarda pas à présenter une horrible scène de désordre. Des édifices entiers sont abattus par le canon; on se bat au milieu des décombres. Vainement les Français luttent en soldats qui n'attendent aucun quartier; les masses qu'ils ont devant eux, incessamment poussées par d'autres colonnes qui pénètrent dans la ville par trois portes différentes, les accablent sous leur nombre. Des hommes isolés sont massacrés de sang-froid jusque sous les yeux des souverains alliés, qui venaient d'entrer à Leipsick après avoir donné l'ordre d'arrêter le vieux et noble roi de Saxe, coupable, à leurs yeux, d'une fidélité trop obstinée à la cause de Napoléon. Le carnage dura jusqu'à midi. Tous ceux qui ne tombèrent pas sous le plomb et la mitraille de l'ennemi, ou qui ne périrent pas égorgés, furent faits prisonniers. Quelques-uns essayèrent d'échapper en franchissant la Pleiss et l'Elster. La première de ces rivières n'opposa aux fuyards que peu d'obstacles; mais la seconde, dont le lit, encaissé et bourbeux, a ses rives en quelque sorte coupées à pic, engloutit le plus grand nombre des fugitifs. Le maréchal prince Poniatowski fut une de ces victimes. Poursuivi par des cavaliers russes qui l'entourèrent à différentes reprises, et se frayant, chaque fois, un chemin à coups de sabre, il atteignit enfin l'Elster, et y lança son cheval; mais, arrivé à l'autre bord, ce fut vainement qu'il essaya de gravir la berge;

le courant l'emporta. Le maréchal Macdonald, plus heureux, parvint à gagner la rive.

Du demi-million d'hommes engagés sous les murs de Leipsick, le quart, 125,000 environ, périrent durant les trois jours de cette effroyable lutte. Les calculs les plus certains portent la perte des Français à 50,000 hommes, tant tués que prisonniers. Nous citerons, parmi les morts, le maréchal Poniatowski, les généraux de division Vial, Rochambeau et Delmas; parmi les blessés, les maréchaux Ney et Marmont, les généraux de division Compans, Latour-Maubourg, Maison et Friedrich; parmi les prisonniers, les généraux en chef Lauriston et Régnier, les généraux de division Charpentier, Rotnietzki (Polonais), Krasinzki (Polonais), Hochberg (Badois), et le prince Émile de Hesse-Darmstadt. La perte des coalisés fut encore plus considérable : elle ne fut pas moindre de 85,000 hommes, tués ou blessés. Ce chiffre s'explique par la rapidité et la justesse des coups de nos artilleurs, et par la profondeur des colonnes que leurs boulets venaient labourer. Les Autrichiens eurent 4 feld-maréchaux-lieutenants et 300 officiers de grades supérieurs tués ou blessés; les Russes comptèrent 2 lieutenants généraux et 4 généraux-majors tués, 3 généraux-majors blessés; la perte des Prussiens, en officiers généraux, ne fut pas moins considérable.

La puissance de Napoléon, déjà fortement ébranlée par la fatale retraite de Russie, reçut un coup mortel à Leipsick. C'était, en moins de quatorze mois, la troisième armée qui fondait, pour ainsi dire, en ses mains. L'effet politique de ce dernier désastre ne fut pas moins funeste que son résultat matériel. La défection gagna tous les alliés qui pouvaient nous rester encore. L'Europe entière s'ébranla contre la France. De tous les intérêts que l'Empire avait blessés, ou que la Révolution avait meurtris, un seul, l'intérêt des Bourbons, ne se montra nulle part. Les princes de cette famille, oubliés de la France et de l'Europe, se bornaient à faire, pour le triomphe des coalisés, des vœux qui n'étaient ni écoutés ni entendus. Voici ce qu'écrivait, à l'occasion du désastre de Leipsick, un des principaux hôtes du château d'Hartwell, le duc de Croï-d'Havré :

« Voilà une affaire dont les conséquences peuvent être majeures. C'est bien le cas de crier : *Vive le roi!* Le roi y a été très-sensible. Ah! si les puissances voulaient se rappeler ce cri tout français, en ajoutant au *souligné*[1] le nom de *Louis XVIII*, tout serait bientôt terminé; car cette victoire de Leipsick est le coup de cloche de l'agonie de Bonaparte, et un second doit l'achever. »

Triste condition des princes de la maison de Bourbon! Les désastres de nos armées pouvaient seuls exciter leurs joies, et la marche victorieuse de l'ennemi sur nos frontières était leur seule espérance!

Napoléon, en quittant Leipsick, avait porté son quartier général à Erfurth, où il espérait s'arrêter. Mais il devait recueillir cette « moisson de vengeances » que prévoyait le prince Eugène quatre ans auparavant, à l'occasion des humiliations infligées aux peuples de la Confédération germanique. Les populations allemandes, en effet, se levaient, s'armaient en masse, entraînant contre la France leurs propres souverains. Obligé par cette insurrection générale, et par l'immense supériorité numérique des forces attachées à sa poursuite, d'aller abriter les restes de son armée derrière le Rhin, Napoléon continua son mouvement de retraite sur Mayence, par Fulde et par Hanau. Le 29, à une faible distance de cette dernière ville, la tête de la première colonne entrait dans un bois qui en couvre les approches, lorsqu'une fusillade assez vive annonce que ce bois est gardé. Quelques officiers s'avancent à la découverte : 55,000 Bavarois, nos alliés la veille, conduits par le général de Wrède, et ayant leur front protégé par 80 bouches à feu, étaient rangés en bataille au delà du

---

[1] Vive le roi!

bois et nous barraient le chemin. A cette nouvelle, un seul cri s'échappe de toutes les bouches : Tout est perdu ! nous sommes coupés ! Les débris composant l'armée se trouvaient, à la vérité, dans un tel état d'épuisement et de désordre, que la moindre lutte devait sembler un effort impossible. Le plus grand nombre des fantassins avaient jeté leurs fusils ; la plupart des cavaliers avaient à peine gardé leurs sabres ; les soldats ne marchaient plus par détachements, mais pêle-mêle, sans chefs, par troupes nombreuses où toutes les armes et tous les corps étaient confondus. Au milieu de cette masse d'hommes exténués de fatigue ou de besoin, et démoralisés, les bataillons et les escadrons de la garde conservaient seuls une apparence d'organisation. Enfin l'Empereur arrive ; il interroge plusieurs généraux arrêtés à l'entrée du bois ; ces mots sont leur unique réponse : « Il n'y a plus de ressources ; nous sommes coupés ! » La consternation est sur tous les visages, le désespoir dans tous les cœurs. Napoléon, conservant son sang-froid, s'efforce de ranimer les courages et donne des ordres ; de nouveaux officiers vont reconnaître la position ; leurs rapports annoncent qu'il faut renoncer à forcer le passage. L'Empereur fait appeler le général Drouot et le charge de visiter les lieux à son tour. Drouot revient, et dit qu'avec 50 bouches à feu et deux bataillons de la vieille garde il se fait fort d'ouvrir le chemin. L'Empereur se rend avec lui sur le terrain et s'avance devant le front des Bavarois, au milieu d'une grêle de balles et de boulets. Drouot le supplie de se retirer, de ne pas compromettre inutilement sa vie. « Mais il faut bien que je voie moi-même la position de l'ennemi, répond Napoléon. — Ayez confiance en moi, Sire, réplique Drouot ; je vous promets d'ouvrir le passage avec 50 bouches à feu. — Comment les placerez-vous ? » Drouot explique les dispositions qu'il compte prendre ; l'Empereur les approuve, et se retire pour activer l'arrivée de l'artillerie. A une heure de l'après-midi, 3 premières pièces sont amenées à Drouot ;

d'autres suivent; enfin, vers les trois heures, 50 bouches à feu se trouvent en batterie. Jusque-là, Drouot s'était borné à canonner les Bavarois de loin, sans sortir en plaine, et sous la protection du bois; il porte alors ses 50 pièces en avant, mais sans montrer la moindre force pour les appuyer. La cavalerie ennemie, ainsi qu'il l'avait prévu, ne tarde pas à se rassembler en masse pour enlever cette batterie formidable que pas un seul détachement de troupe n'appuie et où se trouvent un certain nombre de pièces de 12, dont les boulets font d'énormes trouées dans les rangs bavarois; quand Drouot voit cette cavalerie s'ébranler, il fait charger tous ses canons à mitraille et défend de tirer avant qu'elle soit à quarante pas; les artilleurs obéissent; les canons se taisent; la cavalerie bavaroise s'avance. Au signal de Drouot, les 50 pièces font feu et foudroient l'ennemi. Napoléon lance aussitôt la cavalerie de sa garde sur cette masse de chevaux et d'hommes abattus, ou à demi broyés par la mitraille; d'autres détachements suivent, achèvent la destruction de la cavalerie bavaroise, sabrent et, culbutent les carrés d'infanterie chargés de la soutenir. Drouot porte alors ses 50 pièces encore plus avant dans la plaine, et redoublant son feu, il force bientôt l'ennemi à se retirer en désordre. Ce général et son artillerie venaient de sauver l'armée; ses débris purent continuer leur retraite. Le lendemain de cette victoire, la dernière que nous ayons gagnée de l'autre côté du Rhin, nos troupes arrivèrent à Francfort; le 2 novembre, elles entraient à Mayence; le Rhin était franchi.

On porte à 270,000 le nombre des soldats français, vieilles bandes ou nouvelles levées, qui, depuis le mois de mars précédent, avaient passé ce fleuve pour former, avec 30,000 hommes recueillis par Eugène de Beauharnais après la retraite de Russie, les deux armées qui firent la double campagne de 1813, la campagne qui précéda l'armistice de Plesswitz et celle qui suivit la rupture du congrès de Prague. De ces

300,000 Français, 40,000 environ rentrèrent alors à Mayence, et restèrent, pour la plus grande partie, dans les hôpitaux de cette ville, qui devint leur tombeau; 130 ou 140,000 étaient morts ou prisonniers; le reste formait les garnisons de Zamosc, Modlin, Dantzick, Glogau, Custrin, Stettin, Dresde, Torgau, Wittemberg, Magdebourg, Hambourg, Lubeck, etc.

Un mot sur ces garnisons : Napoléon les avait formées dans l'intérêt de ses manœuvres entre l'Elbe et la Vistule, lorsqu'il croyait pouvoir maintenir la guerre entre ces deux fleuves ; elles devinrent sans but après le désastre de Leipsick; malheureusement l'Empereur se trouva débordé si vite, la désertion de ses alliés, ainsi que le soulèvement des populations, se produisit d'une façon si générale et si soudaine ; ses communications avec les provinces qu'il était successivement forcé d'abandonner furent si promptement et si complétement interrompues ; enfin, son mouvement de retraite sur le Rhin fut si rapide, qu'il n'eut pas le temps de les rappeler. On a dit que quelques ordres, dans ce but, avaient été expédiés ; mais, soit qu'on les ait livrés, soit plutôt qu'ils aient été interceptés par l'ennemi, aucun de ces ordres ne parvint. Ce furent 150,000 hommes environ, toute une nombreuse armée, que la France perdit entièrement pour sa lutte contre l'invasion. Quelques-unes de ces garnisons tenaient encore au mois d'avril 1814.

30,000 hommes, entre autres, étaient restés à Dresde sous les ordres de Gouvion Saint-Cyr. Les instructions que l'Empereur, lors de son mouvement sur Düben, avait laissées à ce maréchal, lui enjoignaient de tenir ses troupes en mouvement sur les deux rives de l'Elbe. Le 16 octobre, Saint-Cyr, entendant la canonnade de la première journée de Leipsick[1], donna

---

[1] Quelques personnes, s'appuyant de la distance qui sépare Leipsick de Dresde (18 à 20 lieues), ont soutenu qu'il était impossible d'entendre sur ce dernier point le bruit de l'artillerie de Leipsick. Cette opinion a sa cause sans

au général Bonnet l'ordre de se préparer à enlever, le lendemain, une partie du corps allié resté en observation devant la place, et de marcher ensuite, à la tête de 15,000 hommes dans la direction de Leipsick. Le 17, Bonnet prit le commandement des divisions Razout, Claparède et Mouton-Duvernet, et sortit de ses lignes; ses dispositions étaient faites et il allait attaquer, lorsque le maréchal arriva sur le terrain et arrêta le mouvement. A quelques jours de là, lorsque la nouvelle du désastre de Leipsick et de la retraite de l'Empereur parvint à nos garnisons de l'Elbe, le comte de Narbonne, gouverneur de Torgau, le général Brun de Villeret, commandant les troupes, et le général Bernard, aide de camp de l'Empereur, que ses blessures avaient obligé de s'enfermer dans cette place, firent proposer au maréchal Saint-Cyr de prendre l'initiative d'un grand mouvement qui pouvait assurer le salut de toutes les troupes enfermées dans les places de cette ligne; il s'agissait, pour le maréchal, de sortir de Dresde avec son corps d'armée, de descendre l'Elbe, de rallier les garnisons de Torgau, Wittemberg, Magdebourg et Hambourg, et de ramener en France, par le Hanovre et par la Hollande, cette masse de forces s'élevant ensemble à plus de 80,000 hommes. Qui saurait dire les résultats de cette opération sur les événements de 1814, si elle s'était réalisée? Ce mouvement se trouvait implicitement indiqué dans quelques-uns des ordres adressés, depuis Düben, par l'Empereur, aux généraux enfermés dans les places de l'Elbe; Saint-Cyr ne refusa pas de l'exécuter; mais, au lieu de prendre rapidement son parti, il fit demander aux trois généraux, par son chef d'état-major, d'inutiles états de situation. Le 5 novembre, son irrésolution

---

doute dans des faits de répercussion empruntés à des batailles ordinaires; mais celle de Leipsick fut tout exceptionnelle: c'est la seule bataille moderne, nous le croyons, où près d'un demi-million d'hommes et 3,000 pièces d'artillerie furent engagés. Au reste, le maréchal Saint-Cyr et plusieurs des généraux sous ses ordres ont affirmé avoir positivement entendu le canon.

parut cependant cesser : le comte de Lobau reçut l'ordre de sortir de Dresde avec un nouveau corps de 15,000 hommes, et de marcher sur Torgau. Cette sortie était insuffisante ; le maréchal ne se décidait qu'à demi ; d'ailleurs, il était trop tard : non-seulement l'ennemi avait considérablement augmenté les troupes chargées du blocus de chaque place ; mais la population s'était levée en masse, et à chaque pas il fallait combattre. Lobau, après s'être avancé jusqu'à Drachenberg, dut se replier sur Dresde. La position du maréchal, à la suite de cette tentative incomplète, devint difficile : enfermé dans une ville mal fortifiée, au milieu d'habitants dont l'attitude se montrait chaque jour plus menaçante, dépourvu de vivres, sans munitions, il fut bientôt forcé d'écouter les propositions des généraux alliés qui le bloquaient dans Dresde. En pareille situation, des armées autrichiennes s'étaient plus d'une fois rendues prisonnières. Saint-Cyr ne pouvait accepter cette honte. Il consentit à sortir de Dresde, mais à la condition que toutes les troupes composant la garnison seraient ramenées en France. Cette capitulation, acceptée et signée par le général autrichien Kleineau et par le général russe Tolstoï, fut odieusement violée. Lorsque Saint-Cyr et ses régiments, au nombre de près de 30,000 hommes, après avoir déposé les armes, se furent avancés de quelques marches vers le Rhin, le généralissime autrichien Schwartzenberg déclara le maréchal et ses soldats prisonniers de guerre. A six semaines de là, la garnison de Dantzick devait se trouver victime de la même perfidie. Disons-le bien haut, à l'honneur de la France et à la honte de ses ennemis : il n'était pas une seule place forte du continent européen qui, depuis vingt ans, ne fût tombée au pouvoir des généraux de la République ou de l'Empire ; toutes les capitulations avaient été religieusement observées. On ne pourrait pas citer, dans l'histoire des longues et sanglantes guerres que nous eûmes à soutenir durant cette période, un seul exemple de la déloyauté dont firent preuve les coalisés pour les troupes capitulées de Dresde et de Dantzick.

Parti de Mayence le 7 novembre, Napoléon arriva le 9 à Saint-Cloud, et, le 14, il reçut aux Tuileries tous les corps constitués. Voici ses premiers mots au Sénat :

« Toute l'Europe marchait avec nous il y a un an ; toute l'Europe marche aujourd'hui contre nous : c'est que l'opinion du monde est faite par la France ou par l'Angleterre. »

Il était difficile de résumer la situation politique du moment en moins de mots et avec plus de justesse. Le lendemain 15, le Sénat reprenait son travail habituel, et formulait, en Sénatus-Consultes, les ordres que lui portèrent les ministres de l'Empereur. Un premier Sénatus-Consulte mit à la disposition du gouvernement 300,000 conscrits, pris dans les classes des années XI, XII, XIII et XIV de la République, 1806 et années suivantes, jusques et y compris 1814. Les hommes mariés étaient exempts de cette levée. Cinq semaines auparavant, le 9 octobre, le Sénat avait déjà décrété un appe de 280,000 conscrits, dont 120,000 devaient être pris sur les classes de 1814 et années antérieures, et 160,000 sur la classe de 1815 ; les départements sur lesquels avait pesé une levée spéciale, décrétée le 24 août précédent, pour l'armée d'Espagne, étaient exempts, ainsi que les hommes mariés. Ces différents décrets appelaient, en réalité, sous les armes tous les hommes valides et disponibles, sans exception, qui pouvaient rester en France. On calcula qu'ils atteindraient même les hommes âgés de trente-trois ans. Ces appels sans mesure n'avaient probablement pour but que d'effrayer l'ennemi, en exagérant à ses yeux la puissance et les ressources militaires de la France ; car ils dépassaient évidemment les forces de la population, que ses précédents sacrifices avaient presque épuisée, et qui ne renfermait plus un nombre de célibataires suffisant pour fournir le chiffre de conscrits fixé par le Sénat ; aussi ce chiffre fut-il loin de se trouver rempli. La seule énonciation du total des différentes levées de conscrits décrétées en 1813 suffit pour faire comprendre cette impuissance : elles s'élèvent toutes ensemble, pour cette seule année, à 1,140,000 hommes[1].

Un second Sénatus-Consulte du même jour (15 novembre) prorogeait, pour la session du Corps législatif, fixée au mois de décembre suivant, les pouvoirs des membres composant la Série dont le mandat expirait le 1er janvier 1814; il supprimait ensuite le droit qu'avait ce corps politique de présenter les candidats parmi lesquels son président devait être choisi, et déférait directement cette nomination à l'Empereur, sans l'astreindre à prendre le titulaire dans le sein de l'Assemblée. En exigeant du Sénat ce dernier Sénatus-Consulte, Napoléon poursuivait un double but : éviter l'excitation publique que pouvaient faire naître, en un pareil moment, de nouvelles nominations; et mettre dans ses mains la direction effective du Corps législatif. La faculté d'imposer ainsi à cette Assemblée un président qui lui était étranger violait une disposition formelle de la Constitution; le ministre de la justice fut chargé de justifier ce nouvel empiétement du pouvoir impérial.

Ce ministre était un homme jeune encore et qui devait son élévation rapide à l'affection de Cambacérès, à la faiblesse de Napoléon pour les noms de l'ancien régime, et à une exaltation monarchique qui s'était manifestée par des brochures où il proclamait le despotisme pur comme le régime politique le plus désirable et le meilleur système de gouvernement. Maître des requêtes, conseiller d'État, comte, puis ministre

---

[1] Les conscriptions décrétées par le Sénat, sous l'Empire, depuis le 2 vendémiaire an XIV (septembre 1805) jusques et y compris les derniers mois de 1813, s'élèvent en totalité à 2,103,000 conscrits. Mais nous devons faire observer que ces levées s'opéraient sur un territoire beaucoup plus étendu que celui de la France actuelle. La population de la France impériale, en 1812, présentait un total de près de 50,000,000 d'habitants, total dans lequel la France, telle qu'elle est aujourd'hui, n'entrait que pour un chiffre de 28,700,000 âmes.

de la justice, en quelques années, M. Molé, dans cette occasion, donna une preuve curieuse de cette servilité intrépide qui fit la fortune d'un grand nombre de serviteurs alors fort dévoués de l'Empire, mais qui ne fut pas sans influence sur la chute du souverain; voici le motif sur lequel il insista :

« Il peut arriver que les hommes portés sur la liste des candidats, quelque honorables et distingués qu'ils soient par leurs lumières, n'aient jamais été connus de l'Empereur...

« Or il est, dans le palais, des *étiquettes*, des formes, qu'il est convenable de connaître, et qui, faute d'être bien connues, peuvent donner lieu à des *méprises*, à des lenteurs que les corps interprètent toujours mal. Tout cela est évité par la mesure que nous proposons. »

La mesure, nous l'avons dit, fut adoptée; on viola la Constitution dans la crainte que les candidats du Corps législatif ne possédassent pas assez parfaitement la science de l'étiquette. Voilà où en étaient venus, dans les derniers jours de l'Empire, les ministres de Napoléon et le Sénat! Disons-le toutefois : au milieu de cet abaissement moral où il avait réduit les pouvoirs et les hommes dont il était entouré, et qui fut une des causes les plus actives de sa chute, Napoléon se maintenait national et grand. Depuis plusieurs années, il tenait en réserve, dans les caves des Tuileries, une partie des contributions de guerre que, dans ses jours de victoires, il avait frappées sur l'ennemi; on le vit alors consacrer aux dépenses publiques ce trésor dont il ne devait compte à personne. Quelques jours après son retour de Leipsick, il y puisait 50 millions, qu'il versait dans les caisses de la trésorerie nationale[1].

Ce premier secours permit de faire immédiatement de

---

[1] Les avances faites par Napoléon, sur son trésor particulier, pour les besoins généraux de l'État, dans les derniers mois de 1813 et les trois premiers mois de 1814, s'élevèrent à 244,164,500 francs. C'était la presque totalité du numéraire existant dans cette réserve.

nombreuses demandes aux dépôts de remontes, aux fonderies, aux manufactures d'armes, aux ateliers d'habillement. Des conseils d'administration, des conseils de guerre et de finances, se succédaient d'heure en heure aux Tuileries. Ce que Napoléon n'avait pu faire le jour, il le faisait la nuit. Aucune mesure ne restait en souffrance, aucune décision n'attendait. Il conduisait avec la même activité la formation de nouveaux corps de troupes, la réorganisation de tous les services à l'intérieur, et les négociations alors ouvertes avec les coalisés.

Ceux-ci, depuis vingt ans, n'étaient pas habitués à vaincre. Le choc de Leipsick, malgré l'importance de ses résultats, laissait leurs généraux incertains sur l'issue d'une invasion qui porterait la guerre, non plus au milieu de populations foulées longtemps par la conquête française, heureuses d'en être délivrées, et accueillant les soldats alliés comme des libérateurs, mais au centre même de la redoutable puissance de Napoléon, au cœur des provinces d'où s'étaient élancées, depuis 1792, ces nombreuses armées si longtemps victorieuses sur tous les champs de bataille de l'Europe. Si les Alliés avaient osé pénétrer en France à la suite de l'Empereur, peut-être seraient-ils entrés dans Paris avec son arrière-garde; car rien n'était préparé pour la résistance aux premiers jours de novembre 1813. Napoléon, d'ailleurs, rentrait à peu près seul; les armées assurément ne lui manquaient pas; outre deux armées en Espagne et une armée en Italie, il avait plus de 150,000 hommes dispersés sur les côtes de la Hollande, en Allemagne, en Prusse, jusqu'au fond de la Pologne, dont ils occupaient les places fortes. On peut dire que, à cette date, les troupes françaises étaient partout, excepté en France. Or toutes ces forces se trouvaient entièrement perdues pour la défense du sol national, et il fallait du temps pour lever, pour organiser de nouveaux soldats! Heureusement l'aspect seul de nos frontières militaires intimida les coalisés; arrivées au Rhin, leurs têtes de colonnes, étonnées de leur succès, s'arrêtèrent.

Ce fut dans ce premier instant de crainte et d'hésitation que M. de Saint-Aignan, ministre de France près la cour de Weimar, enlevé de son poste par une bande de partisans, se vit amené au quartier général des coalisés. La liberté lui fut sur-le-champ rendue; on le renvoyait en France. Le départ de cet agent diplomatique parut à M. de Metternich une occasion favorable pour transmettre au gouvernement impérial de nouvelles propositions d'accommodement; il lui donna rendez-vous à Francfort, et, là, lui dicta une note qui obtint l'approbation unanime des chefs politiques et militaires de la coalition, même celle de lord Aberdeen, ambassadeur anglais à Vienne, que sa cour venait d'accréditer auprès du grand quartier général allié. Cette note, que M. de Saint-Aignan fut chargé de remettre directement à Napoléon, était datée de *Francfort, 9 novembre*, et portait :

« Que les puissances coalisées étaient engagées par des liens indissolubles qui faisaient leur force, et dont elles ne dévieraient jamais ;

« Que les engagements réciproques qu'elles avaient contractés leur avaient fait prendre la résolution de ne faire qu'une paix générale ;

« Que, lors du congrès de Prague, on avait pu penser à une *paix continentale*, parce que les circonstances n'auraient pas donné le temps de s'entendre pour traiter autrement ; mais que, depuis, les intentions de toutes les puissances et celles de l'Angleterre étaient connues: qu'ainsi il était inutile de penser soit à un armistice, soit à une négociation qui n'aurait pas, pour premier principe, une *paix générale*.

« Que les souverains coalisés étaient unanimement d'accord sur la puissance et la prépondérance que la France devait conserver dans son intégrité, et en se renfermant *dans ses limites naturelles, qui sont*: le RHIN, les ALPES et les PYRÉNÉES ;

« Que le principe de l'indépendance de l'Allemagne était une condition *sine quâ non* ; qu'ainsi la France devait renoncer, non pas à l'influence que tout grand État exerce nécessairement sur un État de force inférieure, mais à toute souveraineté sur l'Allemagne ; que d'ailleurs c'était un principe que Sa Majesté avait posé elle-même en disant qu'il était convenable que les grandes puissances fussent séparées par des États plus faibles ;

« Que, du côté des Pyrénées, l'indépendance de l'Espagne et le rétablissement de l'ancienne dynastie étaient également une condition *sine quâ non* ;

« Qu'en Italie, l'Autriche devait avoir une frontière qui serait un objet de négociation ; que le Piémont offrait plusieurs lignes que l'on pourrait discuter, ainsi que l'État de l'Italie, pourvu, toutefois, qu'elle fût, comme l'Allemagne, gouvernée d'une manière indépendante de la France ou de toute autre puissance prépondérante ;

« Que, de même, l'État de la Hollande serait un objet de négociation, en partant toujours du principe qu'elle devait être indépendante ;

« Que l'Angleterre était prête à faire les plus grands sacrifices pour la paix, fondée sur ces bases, et à reconnaître la liberté du commerce et de la navigation à laquelle la France a droit de prétendre ;

« Que, si ces principes d'une pacification générale étaient agréés par Sa Majesté, on pourrait neutraliser sur la rive droite du Rhin tel lieu qu'elle jugerait convenable où les plénipotentiaires de toutes les puissances belligérantes se rendraient sur-le-champ *sans cependant que les négociations suspendissent le cours des opérations militaires.* »

Ces bases n'étaient plus celles du mois de juillet précédent. A Prague, lorsque, campé à Dresde et maître de toute la ligne de l'Elbe, Napoléon commandait à plus de 200,000 soldats, on lui laissait toutes les conquêtes de la République et la plus grande partie des agrandissements territoriaux décrétés par l'Empire. A Francfort, les conditions s'étaient amoindries en proportion de sa fortune ; rejeté au delà du Rhin, on ne lui accordait plus que les *frontières naturelles ;* encore ne lui donnait-on même pas la certitude que, en acceptant ces bases, il préserverait la France de l'invasion, puisque « les opérations militaires devaient continuer nonobstant les négociations. »

Si l'on songe que, au moment où M. de Saint-Aignan remit à l'Empereur ce dur *ultimatum*, la Hollande restait encore tout entière dans ses mains, que l'Italie, également intacte, était, en outre, gardée par une armée nombreuse, on comprendra la grandeur de l'effort que Napoléon dut s'imposer pour lire cette note jusqu'au bout. Il fit plus : il y répondit. M. de Saint-Aignan était arrivé à Paris le 14 novembre au matin; le surlendemain 16, le duc de Bassano, ministre des affaires étrangères, annonça à M. de Metternich que l'Empereur faisait choix de la ville de Manheim pour la réunion du congrès proposé par les souverains; qu'il y serait représenté par le duc de Vicence, et que ce plénipotentiaire s'y rendrait aussitôt qu'on lui aurait fait connaître le jour indiqué pour l'ouverture des conférences. Cette réponse, nous devons le faire remarquer, gardait le silence le plus absolu sur les bases indiquées par les coalisés. Le ministre autrichien la soumit aux souverains ainsi qu'à leurs ministres, et répondit, le 25, au duc de Bassano : « que les Alliés acceptaient la ville de Manheim pour lieu de réunion, et qu'ils seraient prêts à entrer en négociation dès qu'ils auraient la *certitude* que S. M. l'Empereur des Français admettait les *bases générales et sommaires* indiquées à M. de Saint-Aignan, bases dont la lettre de M. de Bassano ne faisait *aucune mention.* » Le 2 décembre, le duc de Vicence, qui venait de remplacer M. de Bassano au ministère des relations extérieures, répondit, au nom de Napoléon, que l'Empereur *adhérait* aux bases générales et sommaires proposées. Le 10, M. de Metternich répliqua que cette adhésion avait été accueillie avec la plus vive satisfaction par les souverains de Russie, de Prusse et d'Autriche; « mais, ajoutait ce ministre, il est nécessaire que ce consentement soit communiqué à tous les alliés de ces monarques; immédiatement après la réception de toutes les réponses, les conférences *pourront* s'ouvrir. »

Si, au commencement de cette négociation, dans le but surtout d'éloigner le moment de l'entrée des Alliés sur notre territoire et de gagner du temps pour préparer ses moyens de défense, Napoléon avait volontairement retardé les préliminaires en évitant de se prononcer sur les bases posées par les Alliés, ceux-ci, à leur tour, semblaient bien moins pressés, comme on le voit, de donner suite à leurs propositions du 9 novembre. C'était le 2 décembre que Napoléon y avait adhéré; à sept semaines de là, les Alliés n'avaient pas encore fixé le jour où pourraient se réunir les plénipotentiaires. Cette lenteur des ministres de la coalition à ouvrir les conférences dont eux-mêmes avaient pris l'initiative tenait à plusieurs causes : d'abord, à une succession de faits politiques et militaires que nous aurons à énumérer; ensuite, au refus formel de l'Angleterre d'accéder à l'arrangement proposé.

Lord Aberdeen s'était empressé d'envoyer à sa cour une copie de la note remise à M. de Saint-Aignan. La lecture de ce document causa le plus vif mécontentement au Cabinet anglais, et le ministre spécialement chargé de la direction des affaires étrangères, lord Castlereagh, se hâta d'enjoindre à lord Aberdeen de remettre sur-le-champ aux Alliés une protestation énergique contre les bases de pacification arrêtées à Francfort. La dépêche qui accompagnait cet ordre met en pleine lumière les motifs secrets de cette guerre implacable, acharnée, sans trêve, que, depuis vingt-deux ans, l'Angleterre entretenait contre la France; elle éclaire tous les actes de sa politique envers la République et l'Empire, et peut faire pressentir quelques-unes des transactions qui devaient être arrêtées après la lutte. Cette dépêche, datée du 15 novembre 1813, contient, entre autres passages, la déclaration suivante :

« Je dois particulièrement vous recommander de fixer votre attention sur ANVERS. La *destruction* de cet arsenal *est essentielle à notre sûreté. Le laisser entre les mains de la France*, c'est *nous imposer la nécessité d'un état de guerre* PERPÉTUEL. Après tout ce que nous avons fait pour le continent, nos alliés nous doivent et se doivent à eux-mêmes d'éteindre cette source féconde de périls pour eux comme pour nous. Nous ne voulons pas imposer à la France des conditions déshonorantes comme le serait la délimitation du nombre de ses vaisseaux : mais *il ne faut pas la laisser en possession d'Anvers*. C'est là un point que vous devez considérer *comme essentiel* PAR-DESSUS *tous les autres* en ce qui concerne les intérêts britanniques [1]. »

Non-seulement cette formelle opposition de la Puissance que ses subsides constituaient le *trésorier* de la coalition suffisait pour arrêter l'ouverture des conférences indiquées à Manheim, mais une suite d'événements graves survenus pendant les mois de novembre et de décembre venait, en outre, d'apporter dans la situation de chaque parti de rapides changements qui devaient nécessairement modifier d'une manière notable les résolutions des Alliés. Ainsi Napoléon commençait à lutter contre des difficultés intérieures qui ne s'étaient jamais manifestées et qu'il n'avait jamais prévues, tandis que les Alliés, dont les forces grossissaient dans des proportions colossales, gagnaient un immense terrain : au nord, la Hollande venait d'accueillir Bulow et ses Prussiens comme des sauveurs, et proclamait son indépendance ; au midi, Wellington avait franchi les Pyrénées et envahissait les départements français limitrophes ; à l'est, Murat, trahissant ses devoirs les plus saints et ses véritables intérêts, traitait avec l'Autriche et s'apprêtait à s'unir à cette puissance pour conduire toutes les forces de son royaume contre le prince Eugène, qui déjà tenait tête à une armée autrichienne commandée par le général Bellegarde. En un mot, vers le milieu de décembre, les immenses frontières de l'empire se trouvaient menacées au centre et entamées à leurs deux extrémités, et le courage ainsi que l'assurance étaient revenus aux chefs de la coalition.

Napoléon, à son retour de Leipsick, avait d'abord fixé l'ouverture du Corps législatif au 2 décembre. L'espérance de pouvoir annoncer officiellement la réunion du congrès de Manheim, fit proroger cette solennité au 19 ; mais l'attente demeura vaine : un nouveau délai pouvait alarmer l'opinion ; la

[1] Recueil des correspondances et dépêches de lord Castelreagh, second marquis de Londonderry.

cérémonie eut lieu au jour indiqué. Napoléon s'y rendit avec la pompe habituelle, malgré un temps détestable, où nombre de gens virent un signe de sinistre augure ; le discours qu'il prononça contenait les passages suivants :

« Sénateurs, conseillers d'État, députés des départements au Corps législatif, d'éclatantes victoires ont illustré les armes françaises dans cette campagne ; des défections sans exemple ont rendu ces victoires inutiles : tout a tourné contre nous. La France même serait en danger sans l'énergie et l'union des Français.

« Dans ces grandes circonstances, ma première pensée a été de vous appeler près de moi. Mon cœur a besoin de la présence et de l'affection de mes sujets.

« Je n'ai jamais été séduit par la prospérité. L'adversité me trouverait au-dessus de ses atteintes.

« J'ai plusieurs fois donné la paix aux nations lorsqu'elles avaient tout perdu. D'une part des conquêtes, j'ai élevé des trônes pour des rois qui m'ont abandonné.

« J'avais conçu et exécuté de grands desseins pour la prospérité et pour le bonheur du monde !... Monarque et père, je sens ce que la paix ajoute à la sécurité du trône et à celle des familles. Des négociations ont été entamées avec les puissances coalisées. J'ai adhéré aux bases préliminaires qu'elles ont présentées. J'avais donc l'espoir qu'avant l'ouverture de cette session le congrès de Manheim serait réuni. Mais de nouveaux retards, qui ne peuvent être attribués à la France, ont différé ce moment, que presse le vœu du monde.

« J'ai ordonné qu'on vous communiquât toutes les pièces originales qui se trouvent au portefeuille de mon département des affaires étrangères. Vous en prendrez connaissance par l'intermédiaire d'une commission. Les orateurs de mon conseil vous feront connaître ma volonté sur cet objet.

« Rien ne s'oppose de ma part au rétablissement de la paix. Je connais et je partage tous les sentiments des Français : je dis des Français, parce qu'il n'en est aucun qui désirât la paix au prix de l'honneur.

« C'est à regret que je demande à ce peuple généreux de nouveaux sacrifices ; mais ils sont demandés par ses plus nobles et ses plus chers intérêts. J'ai dû renforcer mes armées par de nombreuses levées : les nations ne traitent avec sécurité qu'en déployant toutes leurs forces.

« Sénateurs, conseillers d'État, députés des départements au Corps législatif, vous êtes les organes naturels de ce trône : c'est à vous de donner l'exemple d'une énergie qui recommande notre génération aux générations futures. Qu'elles ne disent pas de nous : — Ils ont sacrifié les premiers intérêts du pays! Ils ont reconnu les lois que l'Angleterre a cherché en vain, pendant quatre siècles, à imposer à la France!... »

Le surlendemain, 21, un décret autorisait le Sénat et le Corps législatif à nommer, chacun dans leur sein, une commission extraordinaire de cinq membres, les présidents non compris, qui prendraient connaissance des pièces relatives aux négociations entamées à Francfort. Le Sénat composa la sienne de MM. *de Talleyrand*, *de Fontanes*, *de Saint-Marsan*, *Burbé-Marbois* et du général *Beurnonville*; la désignation se fit sans discussion. Il n'en fut pas de même dans le Corps législatif, où nombre de membres avaient pris la résolution de repousser inexorablement tous ceux de leurs collègues qui se trouvaient sous la dépendance directe du gouvernement; aussi n'est-ce qu'après de nombreux tours de scrutin que sortirent enfin de l'urne les noms de MM. *Raynouard*, *Lainé*, *Gallois*, *Flaugergues* et *Maine de Biran*, qui représentaient non pas les passions ou les opinions politiques de cette Assemblée, car elle n'avait ni opinions ni passions de cette nature, mais les rancunes et les griefs de sa majorité. Le Corps législatif impérial offrait, dans son organisation, le spectacle étrange d'une Assemblée législative nombreuse dont les membres, choisis par un autre corps politique, par le Sénat, se réunissaient, chaque année, durant plusieurs mois, non pour proposer des mesures d'utilité publique, pour examiner ou pour débattre les propositions du gouvernement, mais pour voter silencieusement les seuls projets de loi qu'on daignait lui soumettre. Toute discussion y était interdite. Si un patriotisme véritable, si des sentiments généreux avaient animé la majorité de cette Assemblée, elle aurait nécessairement rencontré, dans les projets de loi plus ou moins oppressifs soumis à son vote, plus d'une occasion d'opposition ou de censure. Or, dans sa docilité infatigable aux volontés du Pouvoir, jamais son approbation la plus explicite n'avait manqué aux demandes qui lui étaient faites. Ce n'était donc pas de l'intolérable despotisme de l'Empire que se plaignait cette majorité : la position inférieure, le rôle effacé que lui assignaient la Constitution et l'Empereur, voilà ce qui la mécontentait.

Le 13 décembre 1808, quelques journaux, rapportant une réponse de l'Impératrice à nous ne savons quelle Adresse du Corps législatif, avaient mis ces paroles dans la bouche de Joséphine : .... « Le Corps législatif, qui représente la nation... » Le lendemain 14, le *Moniteur* contenait un article évidemment dicté par l'Empereur, et dans lequel on lisait :

« S. M. l'Impératrice n'a point dit cela : elle connaît trop bien nos constitutions ; elle sait trop bien que le premier représentant de la nation, c'est l'Empereur : car tout pouvoir vient de Dieu et de la nation.

« Dans l'ordre de nos constitutions, après l'Empereur est le Sénat ; après le Sénat est le Conseil d'État ; après le Conseil d'État est le Corps législatif ; après le Corps législatif viennent chaque tribunal et fonctionnaire public, dans l'ordre de ses attributions.

« ..... Ce serait une prétention chimérique et même criminelle que de vouloir représenter la nation avant l'Empereur.

« Le Corps législatif, improprement appelé de ce nom, devrait être appelé *conseil* législatif, puisqu'il n'a pas la faculté de faire des lois, n'en ayant pas la proposition...

« Dans l'ordre de notre hiérarchie constitutionnelle... le *conseil* législatif a seulement le quatrième rang.

« Tout rentrerait dans le désordre, si d'autres idées constitutionnelles venaient pervertir les idées de nos constitutions monarchiques. »

Le Corps législatif ressentit profondément la dureté de ce commentaire, impérieux jusqu'à l'offense ; tant qu'il dut rester dans son rôle de muet, il se contint. Une occasion lui était enfin offerte de parler, il s'empressa de la saisir et de venger son injure. La mission qu'il entendit donner à ses cinq commissaires avait donc moins pour objet de plaider la cause de la liberté violée que de répondre au commentateur hautain du 14 décembre 1808 ; et il ne fallut rien de moins que les prodigieux événements des trois mois qui suivirent, et que nul homme assurément ne prévoyait encore, pour donner aux rancunes de cette Assemblée l'importance d'un fait politique considérable.

Les commissaires du Corps législatif n'avaient pas encore commencé leur travail, que la commission du Sénat avait déjà terminé le sien; son rapport, confié à M. de Fontanes, fut suivi d'une Adresse laudative, obséquieuse comme toujours, et dont nous citerons le dernier paragraphe :

« La paix est le vœu de la France et le besoin de l'humanité. Si l'ennemi persiste dans son refus, eh bien, nous combattrons pour la patrie entre les tombeaux de nos pères et les berceaux de nos enfants! »

Les commissaires du Corps législatif se livrèrent à l'examen des documents diplomatiques mis sous leurs yeux par le comte d'Hauterive, avec l'ardeur inquiète, irritée, de gens que l'on a longtemps tenus à très-grande distance, et dont on est forcé de solliciter l'approbation et l'appui. Une discussion s'éleva, dans une des séances, entre M. Flaugergues et le duc de Massa (Régnier) qui, nommé président du Corps législatif, bien qu'il n'en fût pas membre, faisait partie de la commission : « Ce que vous demandez, dit le duc de Massa au commissaire, est contraire à la Constitution. — Non, répondit M. Flaugergues, et il n'y a d'inconstitutionnel ici que vos fonctions et votre présence. — Il faut *relever* le Corps législatif si longtemps *déprimé!* » s'écria plusieurs fois M. Lainé dans le cours de cette conférence.

La première réunion des commissaires avait eu lieu le 24, cinq jours après l'ouverture de la session; le 28, ils firent leur rapport au Corps législatif. Après avoir exposé, dans tous leurs détails, les correspondances échangées entre M. de Metternich et les ministres de l'Empereur à la suite de la note apportée par M. de Saint-Aignan, les commissaires poursuivaient en ces termes :

« Comme le Corps législatif attend de sa commission des réflexions propres à préparer une réponse digne de la nation française et de l'Empereur, nous nous permettrons de vous exposer quelques-uns de nos sentiments.

« Le premier est celui de la *reconnaissance* pour une communication qui appelle en ce moment le Corps législatif à *prendre connaissance des intérêts politiques de l'État*. On éprouve ensuite un sentiment d'espérance, au milieu des désastres de la guerre, en voyant les rois et les nations prononcer à l'envi le nom de paix. Les déclarations solennelles et réitérées des puissances belligérantes s'accordent, en effet, messieurs, avec le vœu universel de l'Europe pour la paix, avec le vœu si généralement exprimé autour de chacun de nous *dans son département*, et dont le Corps législatif est *l'organe naturel*.

« ..... Cette paix, qui peut donc en retarder les bienfaits? Les puissances coalisées rendent à l'Empereur l'éclatant témoignage qu'il a adopté les bases essentielles au rétablissement de l'équilibre et de la tranquillité de l'Europe. Nous avons pour premiers garants de ses desseins pacifiques, et cette *adversité, conseil véridique des rois*, et le besoin des peuples hautement exprimé, et l'intérêt même de la couronne.

« ..... D'après les lois, c'est au gouvernement à proposer les moyens qu'il croira les plus prompts et les plus sûrs pour repousser l'ennemi et asseoir la paix sur des bases durables. Ces moyens seront efficaces, si les Français sont persuadés que le gouvernement n'aspire plus qu'à la gloire de la paix; ils le seront, si les Français sont *convaincus que leur sang ne sera plus versé que pour défendre une patrie et des lois protectrices*. Mais ces mots consolateurs de *paix et de patrie retentiraient en vain* si l'on ne *garantit les institutions qui promettent les bienfaits de l'une et de l'autre*.

« Il paraît donc indispensable à votre commission qu'en même temps que le gouvernement proposera les mesures les plus promptes pour la sûreté de l'État, Sa Majesté soit suppliée de *maintenir l'entière et constante exécution des lois* qui garantissent aux Français *les droits de la liberté, de la sûreté, de la propriété*, et à la nation *le libre exercice de ses droits politiques*. Cette garantie a paru à votre commission le plus efficace moyen de rendre aux Français l'énergie nécessaire à leur propre défense.

« Ces idées ont été suggérées à votre commission par le désir et le besoin de *lier intimement le trône et la nation*, afin de réunir leurs efforts contre *l'anarchie, l'arbitraire* et les ennemis de notre patrie.

« ..... Si la première pensée de Sa Majesté, en de grandes circonstances, a été d'appeler autour du *trône* les députés de la nation, leur premier devoir n'est-il pas de répondre dignement à cette convocation en portant au monarque la vérité et le *vœu du peuple* pour la paix? »

Si les commissaires du Corps législatif, dans leur rapport,

sollicitaient une garantie pour le libre exercice des droits politiques promis par les constitutions, s'ils invoquaient l'exécution des lois auxquelles la sûreté des biens et la liberté des personnes étaient confiées, ils ne mettaient pas une moindre insistance, comme on le voit, à opposer la *nation* au *trône*, et à se poser comme les *organes naturels*, comme les *députés* de cette *nation*. Assurément, quand on songe au despotisme du régime impérial, il est impossible de ne pas reconnaître que jamais réclamations ne furent plus légitimes, ni langage plus modéré. Le moment, toutefois, était-il bien choisi pour ces plaintes? L'Empereur demandait au Corps législatif de l'aider à repousser l'invasion étrangère, à sauver l'indépendance nationale, et ses commissaires répondaient par une pétition de prérogatives et de principes! Les préoccupations constitutionnelles de M. Lainé et de ses collègues, si humbles, si dociles jusque-là, étaient d'autant plus inopportunes, qu'à ce moment-là même on venait d'apprendre à Paris l'invasion de la Suisse par 100,000 soldats aux ordres du généralissime Schwartzenberg, ainsi que leur marche sur notre extrême frontière. Toute opposition, toute discussion, devaient cesser à cette seule nouvelle; et, loin de mettre des conditions au concours du Corps législatif, de créer ainsi au chef du gouvernement des embarras inattendus, les commissaires de cette Assemblée auraient dû voiler la statue de la Liberté, si l'Empire l'avait laissée debout. Les républiques antiques, dans ces moments suprêmes, plaçaient toutes les lois sous la sauvegarde d'une dictature.

Le rapport de la commission, discuté en comité secret les 29 et 30 décembre, fut adopté, après un débat assez vif, par 233 voix contre 21. La Chambre en ordonna immédiatement l'impression au nombre de six exemplaires pour chacun de ses membres. Mais Napoléon, dès qu'il connut ce vote, voulut dérober aux puissances alliées les termes et la portée de cette protestation : il en fit arrêter l'impression, les formes furent détruites, tous les exemplaires déjà tirés furent saisis, la salle des séances fut fermée, et, le lendemain, un décret ajourna le Corps législatif sous prétexte de laisser à des élections nouvelles le soin de compléter la Série dont les pouvoirs expirés avaient été prorogés par le Sénatus-Consulte du 15 novembre.

La plupart des historiens, et Napoléon lui-même, dans le premier moment de son irritation, ont signalé le rapport des cinq comme le résultat de l'influence anglaise ou d'une complicité bourbonienne. M. Lainé était de Bordeaux; ce député, quelques jours avant l'ouverture du Corps législatif, avait reçu la visite de son compatriote, le comte Lynch, maire de cette ville, accouru à Paris « pour mettre son dévouement et celui de ses administrés aux pieds de son auguste souverain. » Bordeaux est la première ville qui se soit livrée aux Anglais et déclarée pour les Bourbons; le comte Lynch accepta un rôle de complice dans cet événement. On a conclu du rapprochement de tous ces faits que M. Lainé, dans la commission comme au sein de l'Assemblée, avait nécessairement été un instrument de l'Angleterre et de la dynastie exilée. Cependant les écrivains royalistes les mieux informés ne font ni à M. Lainé, ni à aucun autre membre du Corps législatif, l'injure de les glorifier de cette trahison; il est même certain qu'au mois de décembre 1813 il n'existait pas au sein de tous les pouvoirs politiques de l'Empire un seul homme qui entrevît la restauration prochaine de la maison de Bourbon. Les Alliés, s'ils venaient de pénétrer en Suisse, n'avaient pas encore franchi la frontière; il y a plus, ils consentaient ostensiblement à traiter. En admettant même qu'ils ne fussent pas de bonne foi, en supposant que déjà l'empereur de Russie et le roi de Prusse eussent la pensée de remplacer Napoléon et sa famille par l'ancienne dynastie, supposition inadmissible, ainsi que les faits ne tarderont pas à le prouver, toujours est-il qu'ils n'auraient assurément pas admis dans la confidence de leurs desseins M. Lainé, alors homme politique obscur, ni les

223 membres qui approuvèrent son rapport. Comme nous l'avons dit, il ne fallut rien de moins que les fautes et les malheurs des trois mois qui suivirent, pour donner à cet acte de rancune étroite et d'aveugle taquinerie le caractère d'une manifestation contre-révolutionnaire.

La prorogation du Corps législatif vint clore l'année 1813. Cette Assemblée avait toujours vécu silencieuse et inaperçue; la suspension de ses séances eut également lieu sans bruit. L'attention publique était alors exclusivement absorbée par les préparatifs de défense qui avaient lieu sur tous les points du territoire, et par les mouvements des coalisés.

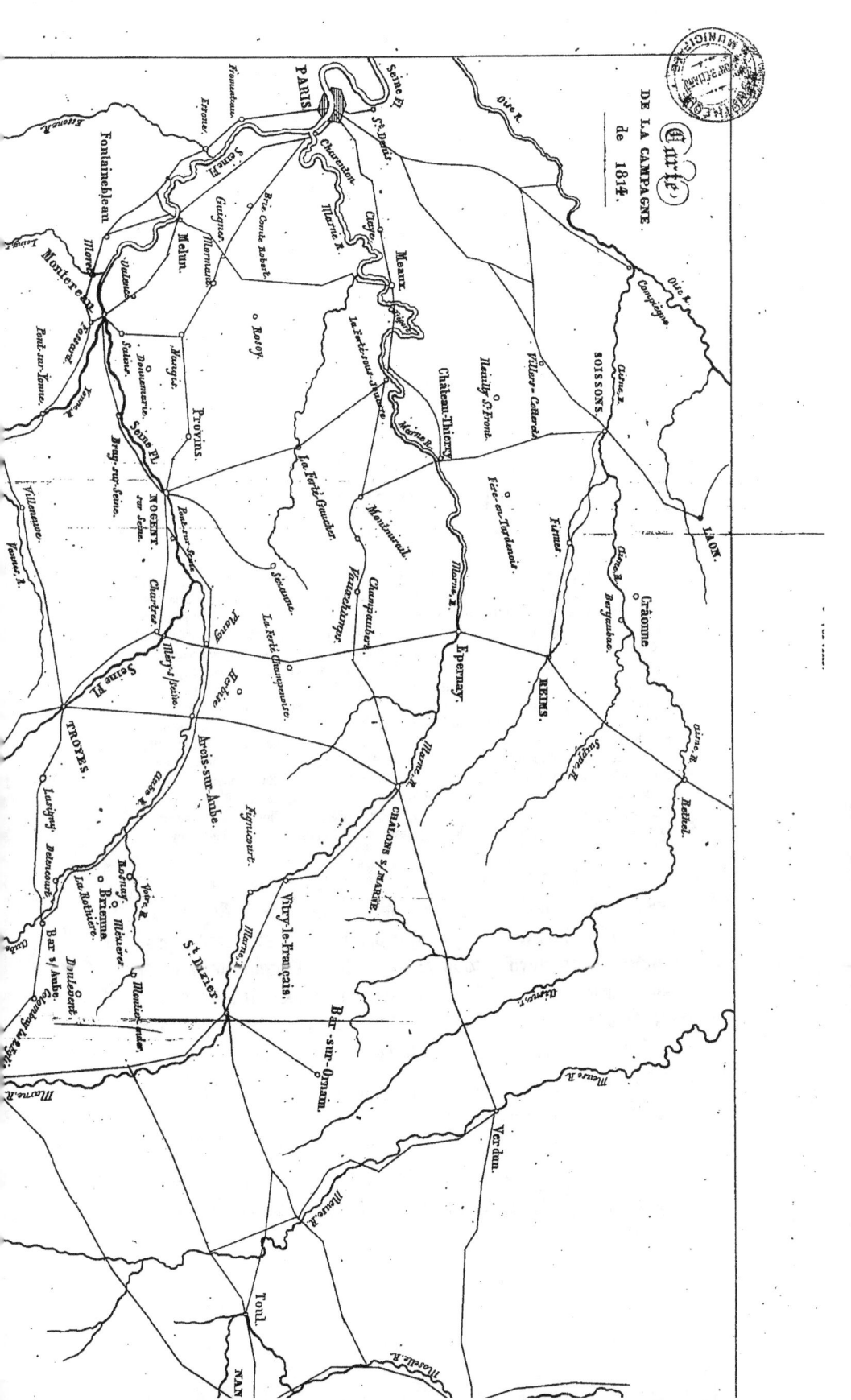

CHAPITRE IV

Réception aux Tuileries, le 1er janvier 1814 : allocution de l'Empereur au Corps législatif ; scènes diverses. — Les Alliés franchissent la frontière sur deux points : proclamations des souverains et des généraux alliés.— Napoléon pourvoit au gouvernement de l'empire et réorganise la garde nationale de Paris; son allocution aux officiers de cette garde; dernier conseil de cabinet; paroles de l'Empereur au comte Mollien. — Napoléon part pour Châlons-sur-Marne. — Mouvement sur Saint-Dizier; l'armée de Blücher est coupée; Napoléon se porte sur Brienne. — Combat de Brienne; bataille de la Rothière; retraite des Français sur Troyes; combat de Rosnay; Napoléon se replie sur Nogent : son découragement; ses hésitations. — Congrès de Châtillon. — Blücher s'avance sur Paris; Napoléon marche pour arrêter ce mouvement; combat de Champaubert; bataille de Montmirail; combat de Château-Thierry; seconde bataille de Montmirail; Blücher se retire sur Châlons. — Schwartzenberg, à son tour, menace Paris; Napoléon quitte Blücher pour arrêter la marche des Autrichiens; combats de Guignes, de Mormans, de Nangis. Proposition d'armistice : lettre de l'Empereur à son frère Joseph. — Bataille de Montereau. — Napoléon poursuit Schwartzenberg; combat de Méry-sur-Seine, les Français entrent dans Troyes.

1814. — Le 1er janvier 1814, tous les corps constitués vinrent aux Tuileries présenter leurs hommages à Napoléon. Le Corps législatif, bien que prorogé la veille, ne voulut pas manquer à ce devoir; tous ses membres étaient accourus, désireux sans doute de faire oublier leur opposition de l'avant-veille. Quand vint leur tour de défiler devant le trône, Napoléon les arrêta du geste, éleva la voix et leur dit :

« Députés du Corps législatif, vous pouviez faire beaucoup de bien, et vous avez fait beaucoup de mal.

« Les onze douzièmes d'entre vous sont bons; les autres sont des factieux.

« Je vous avais appelés pour m'aider, et vous êtes venus dire et faire ce qu'il fallait pour *seconder l'étranger* : au lieu de nous réunir, vous nous divisez.

« Votre commission a été entraînée par des gens dévoués à l'Angleterre : M. Lainé, votre rapporteur, est un méchant homme. Son rapport a été rédigé avec une astuce et des intentions dont vous ne vous doutez pas. Deux batailles perdues en Champagne *eussent fait moins de mal.*

« Dans votre rapport, vous avez mis l'ironie la plus sanglante à côté des reproches ! Vous dites que l'adversité m'a donné des conseils salutaires. Comment pouvez-vous me reprocher mes malheurs? Je les ai supportés avec honneur, parce que j'ai reçu de la nature un caractère fort et fier, et, si je n'avais pas cette fierté dans l'âme, je ne me serais pas élevé au premier trône du monde.

« Cependant j'avais besoin de consolations, et je les attendais de vous. Vous avez voulu me couvrir de boue; mais je suis de ces hommes qu'on tue, mais qu'on ne déshonore pas.

« Était-ce par de pareils reproches que vous prétendiez relever l'éclat du trône? Qu'est-ce que le trône, au reste? Quatre morceaux de bois revêtus d'un morceau de velours. Tout dépend de celui qui s'y assied. Le trône est dans la nation. Ignorez-vous que c'est moi qui la représente par-dessus tout? On ne peut m'attaquer sans l'attaquer elle-même. Quatre fois j'ai été appelé par elle; quatre fois j'ai eu les voix de cinq millions de citoyens pour moi. J'ai un titre, et vous n'en avez pas. Vous n'êtes que les députés des départements de l'Empire.

« Est-ce le moment de me faire des remontrances, quand 200,000 Cosaques franchissent nos frontières? Est-ce le moment de venir disputer sur les libertés et les sûretés individuelles, quand il s'agit de sauver la liberté politique et l'indépendance nationale? Vos idéologues demandent des garanties contre le Pouvoir : dans ce moment, toute la France ne m'en demande que contre l'ennemi.

« N'êtes-vous pas contents de la Constitution? C'est il y a *quatre mois* qu'il fallait en demander une autre, ou attendre deux ans après la paix. Vous parlez d'abus, de vexations; je sais cela comme vous; cela dépend des circonstances et des malheurs du temps. Pourquoi parler devant l'Europe armée de nos débats domestiques? Il faut laver son linge sale en famille. Vous voulez donc imiter l'Assemblée constituante et recommencer une révolution? Mais je n'imiterai pas le roi qui existait alors; j'abandonnerais le trône, et j'aimerais mieux faire partie du peuple souverain que d'être roi esclave ! »

Ces paroles, prononcées d'une voix forte, vibrante, produisirent un effet que nous devons renoncer à décrire. La trivialité de quelques expressions, la personnalité hautaine et l'indomptable fierté qui perçaient sous chaque justification, disparaissaient au milieu des grandes et fortes pensées patriotiques que jetait à son auditoire l'impérial improvisateur. Passant immédiatement de la salle du Trône dans la salle des réceptions, pour recevoir le serment des chefs de la garde nationale, récemment réorganisée, il aperçoit M. de Gontaut-Biron père, qui, nommé chef d'une des douze légions, n'avait pas accepté cet honneur : « Que venez-vous faire ici, monsieur ? lui dit-il. — Sire, vous offrir mes hommages. — Comment l'osez-vous, après avoir refusé l'insigne honneur que je vous avais fait ? Vous croyez donc que le temps où vous étiez trop heureux de caracoler autour de ma voiture et de la suivre à Paris est passé ? Allez, monsieur, vous n'êtes pas digne du signe qui décore votre poitrine ; sortez ! » M. de Gontaut, après avoir balbutié quelques paroles confuses, disparut. Napoléon, continuant à faire le tour du salon, et apercevant M. Pictet-Diodati, député du Léman, s'approcha et lui dit : « Eh bien, monsieur, vos magnifiques seigneurs de Genève ont donc ouvert leurs portes aux ennemis de la France, et les ont invités, par une Adresse, à entrer dans leurs murs ? (Il venait d'en recevoir la nouvelle.) Est-ce votre père, est-ce votre frère, qui l'ont signée ? — Sire, mon père est mort, et je suis fils unique. — C'est toujours un de vos parents. Ecrivez à Genève que je n'y laisserai pas pierre sur pierre, et que je ferai un exemple de cette ville coupable. » M. Pictet-Diodati et ses collègues quittèrent la salle, éperdus et tremblants. Des amis de M. Lainé, alarmés par les reproches directs échappés à l'Empereur, lui conseillèrent de se mettre en sûreté. M. Lainé refusa de fuir. On doit louer ce courage. Mais toute crainte était inutile : ce député ne fut nullement inquiété ; comme tous ses collègues, il put se retirer, paisible, dans son département.

« C'est il y a *quatre mois*, avait dit l'Empereur, qu'il fallait demander une autre Constitution. » Quelques textes portent *quatre années*. Nous avons adopté la première version. Il est difficile, en effet, de supposer que Napoléon ait voulu parler de 1810, année de son union avec Marie-Louise. Les fêtes de ce mariage, qui l'introduisait dans les vieilles familles monarchiques de l'Europe, auraient été assez mal choisies pour demander et pour obtenir des institutions politiques larges et sérieuses. L'Empereur, évidemment, faisait allusion aux derniers temps de son séjour en Saxe. Si la levée de boucliers du Corps législatif avait eu lieu au mois d'août précédent, il est probable que Napoléon se serait montré plus facile aux propositions des Alliés ; la paix aurait été signée à Prague.

« Est-ce le moment de faire des remontrances, de demander des institutions politiques, s'était écrié Napoléon, quand 200,000 Cosaques envahissent nos frontières? » L'Empereur connaissait depuis quelques jours l'entrée des Alliés en Suisse ; son coup d'œil militaire ne l'avait pas trompé sur les résultats de ce mouvement. A l'heure même où il prononçait les paroles que nous venons de rappeler, deux armées, fortes ensemble de plus de 350,000 hommes, pénétraient, en effet, sur notre territoire. Ce fut dans la nuit du 31 décembre au 1ᵉʳ janvier que ces deux armées franchirent la frontière : la première, sous les ordres du généralissime Schwartzenberg, s'avançait par la Suisse et par le haut Rhin sur les deux vallées du Doubs et de la Saône ; la seconde, commandée par le maréchal Blücher, avait franchi le hin entre Spire et Coblentz, et se dirigeait sur la haute Moselle et sur la Meuse. Les têtes de colonnes de l'une et de l'autre étaient tournées vers Paris ; mais, avant de descendre les vallées qui conduisent du Jura et des Vosges à cette capitale, toutes deux devaient manœuvrer de manière à pouvoir se joindre. Le plateau de Langres était le point désigné pour leur communication.

Les Alliés avaient hésité pendant six semaines avant d'oser franchir le Rhin. Redoutant, toutefois, en entrant sur notre territoire, de voir prendre à la résistance un caractère général et d'avoir à combattre une levée en masse, ils voulurent arrêter l'élan possible des populations envahies, atténuer du moins leur effort, en essayant d'isoler l'Empereur de la nation, de diviser leur cause, de séparer, en un mot, l'intérêt de la France du sort du chef qui, après avoir précipité la patrie dans les périls d'une lutte suprême, pouvait seul encore en sauver l'indépendance. Dans ce but, les souverains et leurs généraux avaient publié différentes proclamations où ils protestaient à l'envi de leurs vues pacifiques et de leur désintéressement. Un de ces documents, ayant pour titre : *Déclaration des puissances alliées,* contenait les passages suivants :

« Les puissances alliées ne font point la guerre à la France, mais à cette prépondérance hautement annoncée, que, pour le malheur de la France et de l'Europe, l'Empereur Napoléon a trop longtemps exercée hors des limites de son empire.

« La victoire a conduit les armées alliées sur le Rhin. Le premier usage que LL. MM. II. et RR. ont fait de la victoire a été d'offrir la paix à S. M. l'Empereur des Français. Leurs vues sont justes dans leur objet, généreuses et libérales dans leur application, rassurantes pour tous, honorables pour chacun. Elles désirent que la France soit grande, forte et heureuse, parce que la puissance française grande et forte est une des bases fondamentales de l'édifice social. Elles désirent que la France soit heureuse, que le commerce français renaisse, que les arts, ces bienfaits de la paix, refleurissent, parce qu'un grand peuple ne saurait être tranquille qu'autant qu'il est heureux. Les puissances confirment à l'Empire français une étendue de territoire que n'a jamais connue la France sous ses rois, parce qu'une nation valeureuse ne déchoit pas pour avoir, à son tour, éprouvé des revers dans une lutte opiniâtre et sanglante où elle a combattu avec son audace accoutumée. »

— « Français! nous ne faisons pas la guerre à la France; nous ne voulons que briser le joug que votre gouvernement voulait imposer à nos pays, qui ont les mêmes droits à l'indépendance et au bonheur que le vôtre, » disait, à son tour, le 24 décembre, le prince de Schwartzenberg. — « L'Empereur Napoléon a réuni à l'Empire français la Hollande, une partie de l'Allemagne et de l'Italie, et a déclaré qu'il ne céderait aucun village de ses conquêtes, quand même l'ennemi occuperait les hauteurs qui dominent Paris. C'est contre cette déclaration et ces principes que marchent les armées de toutes les puissances européennes, » ajoutait Blücher le 31 décembre.

Voilà les promesses et les déclarations mensongères que les Alliés n'hésitaient pas à jeter à la France au moment où ils envahissaient son territoire avec 550,000 soldats. Bien que possédant encore une armée en Italie, deux armées en Espagne ou sur cette frontière, et une force de près de 150,000 hommes enfermés dans les places du nord de l'Allemagne et de la Pologne, Napoléon ne pouvait opposer aux masses de l'ennemi, dans les premiers jours de janvier, que les débris ramenés de Leipsick. L'armée de Blücher n'eut donc qu'à marcher pour traverser successivement la Sarre, la Moselle et la Meuse, pour s'emparer de toutes les villes ouvertes ou mal fortifiées, et pour chasser devant elle les corps chargés de la défense de cette partie de nos frontières. Le généralissime Schwartzenberg arriva sans éprouver plus de difficultés jusqu'au pied des Vosges. Le passage de cette barrière fut disputé; il fallut vaincre la patriotique résistance de la population de ces montagnes, que vinrent appuyer quelques régiments de la garde, amenés par le maréchal Mortier. Le nombre l'emporta; après deux jours de combats, les Vosges furent franchies, et Schwartzenberg occupa Langres. Les deux grandes armées alliées, à la date du 20 janvier, communiquaient entre elles, sans être cependant réunies, et se trouvaient déjà à moins de 65 lieues de Paris. Adossées aux Vosges et à la Meuse, leur ligne présentait un arc de cercle dont les points principaux passaient par Langres, Nanci et Verdun : les deux extrémités de cet arc s'appuyaient sur l'Aisne et sur la haute Seine, qui formaient les deux côtés d'un angle ayant Paris pour sommet; Châlons-sur-Marne en occupait le centre. C'est dans cet étroit espace que devaient se concentrer toutes les opérations de la campagne de 1814.

La position centrale de Châlons porta Napoléon à choisir

cette ville pour son premier quartier général. Du 15 au 25 janvier, toutes les troupes dont il pouvait disposer y furent successivement dirigées. Mais, avant de s'y transporter de sa personne, il voulut pourvoir à la sûreté de la capitale et à l'administration de l'Empire. Depuis longtemps la garde nationale n'avait plus qu'une existence nominale; il venait de la réorganiser, mais sur des proportions étroites et dans un déplorable système de défiance contre la partie la plus nombreuse et la plus énergique de la population. On ne la composa provisoirement que de dix à douze mille hommes pris parmi les employés des administrations publiques, les notaires, les avoués, les avocats, tous les hommes, en un mot, qui se trouvaient placés sous la dépendance plus ou moins directe de l'autorité, ou qui semblaient offrir le plus de garantie en faveur de l'ordre public. L'Empereur se réserva la nomination de tous les officiers, et choisit, pour les grades supérieurs, soit des personnages de l'ancienne ou de la nouvelle aristocratie, soit les hauts fonctionnaires qu'il supposait le plus dévoués à son gouvernement et à sa personne. Il porta la méfiance plus loin : la nouvelle milice ne reçut pas de fusils; on se contenta de l'armer avec des piques; quelques gardes nationaux privilégiés obtinrent seuls des sabres ou des carabines sans baïonnettes. Cette organisation avait été décrétée le 8 janvier. Le 25, Napoléon signa des lettres patentes qui investissaient Marie-Louise du titre et des fonctions de régente, et, quelques jours plus tard, il lui adjoignit, en qualité de lieutenant général de l'Empire, son frère Joseph, que l'insurrection de ses sujets, aidée par les armées anglaises et par la nullité de ce monarque, avait chassé d'Espagne [1]. Le 24, l'Empereur manda aux

---

[1] Les lettres patentes contenant la nomination de Joseph aux fonctions de lieutenant général de l'Empire portent seulement la date du 28 janvier. Cette nomination et l'établissement d'un conseil de régence, dont nous aurons à parler lors de l'arrivée des Alliés sous Paris, ne furent point annoncés dans le *Moniteur*.

Tuileries tout le corps des officiers de la nouvelle garde nationale, le réunit dans le salon des Maréchaux, et, s'avançant au milieu du cercle, accompagné de l'Impératrice, et en tenant dans ses bras le jeune roi de Rome, son fils, il annonça que, par suite des mouvements qu'il allait exécuter, il était possible que l'ennemi trouvât l'occasion de s'approcher de Paris; le danger, dans ce cas, n'aurait rien de sérieux, ajoutait-il, parce qu'il serait toujours en mesure d'accourir au secours de la capitale et de la délivrer. « Je vous recommande d'être unis entre vous, continua Napoléon; on ne manquera pas de chercher à vous diviser, à ébranler votre fidélité à vos devoirs; je compte sur vous pour repousser toutes ces coupables instigations. Je vous laisse l'Impératrice et le roi de Rome... ma femme et mon fils, reprit-il d'une voix émue : je partirai l'esprit dégagé de toute inquiétude, parce qu'ils seront sous votre sauvegarde. Ce que j'ai de plus cher au monde, après la France, je le remets dans vos mains. »

L'émotion de l'Empereur, en prononçant ces dernières paroles, était profonde; tous les assistants la partagèrent et répondirent à son allocution par les acclamations les plus bruyantes et par les serments de fidélité et de dévouement les plus énergiques.

« Cette scène avait été attendrissante, a dit un des ministres qui s'y trouvaient présents; celle qui suivit eut une teinte lugubre. L'Impératrice s'étant retirée, Napoléon avait retenu les ministres, auxquels, disait-il, il voulait faire connaître ses dernières dispositions. Ses premières paroles eurent, en effet, la gravité de dispositions testamentaires; mais, après qu'il eut parlé, pendant quelques instants, de la faiblesse des moyens dont il pouvait disposer malgré nos efforts, auxquels il rendait justice, et de la fermeté que nous devions conserver, son regard, porté, comme par hasard, sur un des dignitaires présents, s'alluma, et, comme par une inspiration subite, il ajouta qu'il savait bien qu'il laissait à Paris d'autres ennemis que ceux qu'il allait combattre; que son absence allait leur laisser le champ plus libre... Ces insinuations n'étaient qu'indirectes; mais on ne pouvait se méprendre sur le personnage auquel elles s'adressaient [1]. La violence des accusations s'accrut encore lorsque l'Empereur vit que ce dignitaire continuait avec sang-froid, dans un coin du cabinet, une conversation entamée avec le roi Joseph... Je revis Napoléon plus tard : il n'avait pas répondu à plusieurs notes dans lesquelles je lui exposais que le Trésor public perdait chaque jour quelques-unes de ses communications avec les caisses des départements, et que bientôt un parti de Cosaques suffirait pour lui enlever celles qui lui restaient encore. Je lui proposais, dans mon devoir, les mesures qui pouvaient prévenir une pénurie complète de ressources; voici sa réponse : « Mon cher, si l'ennemi arrive aux portes de Paris, *il n'y a plus d'Empire.* » Ce sont là les derniers mots que m'adressa Napoléon [2]. » Dans la nuit du 25, l'Empereur livra aux flammes ses papiers les plus secrets, dit à sa femme et à son fils un adieu long, déchirant, qui devait être éternel, et quitta les Tuileries à trois heures du matin.

Pour la première fois, depuis l'origine de notre histoire, l'Europe entière s'avançait contre nous. 700,000 soldats, premier ban de sa population armée, étaient alors en marche pour renverser la puissance impériale; 160,000 Anglais, Espagnols et Portugais, conduits par Wellington, avaient déjà franchi les Pyrénées à la suite des maréchaux Soult et Suchet; 80,000 Autrichiens, Illyriens, Italiens, commandés par les généraux de Bellegarde et Bubna, s'efforçant de rejeter l'armée du prince Eugène hors de la péninsule italique, cherchaient à se frayer, à travers les Alpes, un chemin jusqu'à Lyon; 12,000 Hollandais et 8,000 Anglais, aux ordres du général Graham, donnant la main aux 80,000 Suédois, Hanovriens,

---

[1] M. de Talleyrand.
[2] Comte MOLLIEN, *Mémoires d'un ministre du Trésor*, t. IV.

Russes et Prussiens, composant l'*armée du Nord*, commandée par Bernadotte, s'avançaient par la Hollande, le bas Rhin et la Belgique; enfin, les deux armées *de Bohême* et *de Silésie* conduites par Schwartzenberg et Blücher, et où l'on voyait, mêlés aux soldats de toutes les puissances du nord de l'Europe, des baskirs accourus du fond de l'Asie, des musulmans appelés des bords de la mer d'Azoff et de la Caspienne, venaient de déboucher sur la haute Meuse et au pied des Vosges, et s'apprêtaient à envahir la Champagne. 400,000 autres soldats s'organisaient ou étaient en marche sur les trois grandes lignes qui, de Vienne, de Varsovie et de Berlin, centres des armements de l'Autriche, de la Russie et de la Prusse, conduisent à la frontière française. Armées actives et réserves, c'était plus d'*un million* de soldats !

Napoléon, quelque audacieux que fût son génie, n'aurait certes pas entrepris de lutter contre de telles forces, s'il avait dû les combattre toutes à la fois. Mais, comme l'a dit avec justesse un des meilleurs annalistes de l'époque impériale[1], son œil exercé a *toisé le géant* qui s'avance, et, dans sa colossale structure, il a reconnu quelques parties faibles qui peuvent servir de point de mire à ses coups. Ce n'est que successivement, d'ailleurs, que les différentes armées, les nombreuses colonnes en marche, peuvent arriver sur le véritable théâtre des événements. Soult et Suchet pourront arrêter longtemps Wellington au pied des Pyrénées ; Eugène est assez habile et assez fort pour défendre, durant un mois ou deux, les passages des Alpes ; les premiers commandent à 70,000 hommes ; le second en a 50,000 sous ses ordres. Les troupes françaises sont, à la vérité, beaucoup plus faibles sur la frontière du Nord ; mais elles ont pour elles les canaux, les rivières, les fleuves qui sillonnent la Hollande et la Belgique ; le pays est, en outre, hérissé de places fortes ; Carnot, qui garde Anvers,

[1] Le baron Fain.

Maison, qui commande les détachements pouvant tenir la campagne, se chargeront, de ce côté, de gagner du temps. Paris, but de tous les efforts des Alliés, n'a donc rien à craindre de ces trois côtés; il n'est menacé sérieusement que par les deux armées de Bohême et de Silésie. Là est le véritable péril.

Ces deux armées, à leur entrée en France, comptaient, comme nous l'avons dit, 350,000 combattants. La garde des villes qu'ils ont enlevées, le blocus des places qui tiennent sur leurs derrières, ont réduit cet effectif à moins de 280,000 hommes. Napoléon dispose du cinquième au plus de ce chiffre de soldats. Mais il espère qu'en manœuvrant avec vivacité au centre des marches de l'ennemi il pourra couper ses communications, isoler ses principales colonnes, battre séparément celles-ci, et parvenir, en multipliant ses coups, à suppléer l'infériorité du nombre. Si, du moins, les régiments avec lesquels il doit combattre se composaient de vétérans aguerris! Mais le peu de troupes dont il dispose est en partie formé de soldats tirés de tous les dépôts, ou de conscrits à peine habillés, précipitamment armés, et exercés pendant les marches. « Levés et incorporés à la hâte, l'innocence et la simplicité de ces braves jeunes gens amusaient les vieux soldats, a dit un des acteurs de cette lutte suprême, le colonel Fabvier. Leur habillement consistait en une redingote grise et un bonnet de forme féminine; on les appelait les *Marie-Louise* (la plupart furent levés par décrets signés de la Régente). Ces enfants manquaient de forces et d'instruction; mais chez eux l'honneur remplaçait tout, et leur courage était indomptable. Au cri : *En avant, les Marie-Louise!* on voyait leurs figures éteintes se couvrir de la plus noble rougeur; affaiblis par la fatigue et par la faim, leurs genoux se roidissaient pour voler à l'ennemi. Quant à ce qu'ils savaient faire, les grenadiers russes peuvent le dire. [1] » 60 à 65,000 hom-

---

[1] *Journal des opérations du 6ᵉ corps pendant la campagne de* 1814, par le colonel Fabvier.

mes, voilà la seule force que Napoléon peut opposer aux masses de Schwartzenberg et de Blücher, masses qui, dans trois mois, s'élèveront à 500,000 soldats. Le succès ne serait pas douteux s'il disposait des 70,000 hommes qui défendent notre frontière d'Espagne, et des 140 à 150,000 soldats qu'il a imprudemment jetés dans les places fortes de la Pologne et du nord de l'Allemagne! Toutefois, réduit, comme il l'est, à se battre un contre cinq, il ne désespère pas de la fortune ; le génie qui, l'année précédente, lui aurait encore une fois donné l'Europe, — après les batailles de Lutzen et de Bautzen, s'il avait eu de la cavalerie; après la bataille de Dresde, si Vandamme avait été appuyé, — ce génie ne l'abandonnera pas; loin de là : jamais il n'aura brillé d'un éclat plus vif; jamais Napoléon ne se sera montré plus grand capitaine. Nouvel Antée, il lui aura suffi de toucher la terre natale pour retrouver toute la force, toute l'énergie de ses plus jeunes et de ses plus belles années de gloire.

Ce fut le soir même du 25 janvier que Napoléon arriva au quartier général de Châlons-sur-Marne. L'approche de l'ennemi avait jeté une sorte de stupeur sur toute la route qu'il venait de parcourir; son passage suffit pour rassurer les populations; son arrivée prochaine à l'armée était pour elles un gage de délivrance. Napoléon allait se battre; donc il allait vaincre. Aussi sa présence, dans chaque village, à chaque relais, était-elle accueillie par des cris frénétiques de *vive l'Empereur!* auxquels se mêlaient toutefois, comme une plainte contre le système administratif et une critique amère du régime économique de son règne, les cris de : *A bas les droits réunis!*

L'arrivée de Napoléon à Châlons suspendit le mouvement rétrograde des corps français que les masses de l'ennemi poussaient devant elles; tous s'arrêtèrent. Dès le lendemain 26, ces corps, réunis aux troupes arrivées de Paris les jours précédents, reprirent l'offensive, traversèrent Vitry-le-Français pendant la nuit, et, le 27 au matin, rencontrèrent à quelque distance de Saint-Dizier la tête d'une colonne prussienne que le général Duhesme attaqua sur-le-champ et rejeta au delà de cette ville. La campagne était commencée.

Le généralissime Schwartzenberg ne s'était pas arrêté longtemps à Langres; ses communications avec Blücher une fois établies, il avait quitté cette position pour descendre dans les vallées de l'Aube et de la Seine. Blücher, dont l'armée se trouvait entre la Meuse et l'Aisne, reçut l'ordre de venir joindre le généralissime, avec qui marchaient l'empereur de Russie, l'empereur d'Autriche et le roi de Prusse. Troyes était le point de réunion désigné pour les deux armées. Les Prussiens, pour passer de Lorraine en Champagne, étaient obligés de traverser la haute Marne et l'Aube; divisés en quatre corps, les deux premiers venaient de franchir la Marne, quand Napoléon, qui remontait cette rivière depuis Châlons, avait rencontré à Saint-Dizier les têtes de colonne des deux derniers corps. Ceux-ci, arrêtés dans leur marche par Duhesme, s'étaient hâtés de rétrograder. Les poursuivrait-il dans leur retraite, de manière à compléter leur isolement et à les détruire, ou bien, gagnant de vitesse les deux premières colonnes de Blücher, essayerait-il d'occuper Troyes avant que l'ennemi y eût paru, et d'empêcher ainsi la jonction des deux généraux alliés? L'Empereur se décida pour ce dernier parti. Les régiments français qui avaient déjà dépassé Saint-Dizier furent rappelés, et toute l'armée, traversant la forêt du Der, parvint, malgré la pluie et le mauvais état des chemins, à atteindre Montier-en-Der le lendemain au soir 28. Le 29, au point du jour, Napoléon se remit en marche pour Brienne, et, dès huit heures du matin, il rencontra, à quelque distance de cette ville, dans les bois de Maizières, les éclaireurs des deux premiers corps de Blücher, qui, bien que séparé de la moitié de son armée, n'en avait pas moins continué de marcher à la rencontre de Schwartzenberg. Averti de l'approche des Français, le général prussien fit aussitôt occuper Brienne, concentra la plus grande partie de ses forces sur les hauteurs où se trouve le château dans lequel Napoléon avait fait ses premières études militaires, et confia la défense de la ville basse aux deux corps russes de Sacken et d'Alsufief. Nos troupes, malgré les fatigues d'une longue marche faite par des chemins de traverse que la neige et la pluie avaient défoncés, ne furent arrêtées ni par la force de la position ni par le nombre; elles attaquèrent sur tous les points, et enlevèrent successivement la ville et le château. Mais Blücher, la nuit venue, parvint à rallier la plus grande partie de ses troupes, continua son mouvement sur Troyes en remontant la rive droite de l'Aube, et se hâta de gagner Bar, où il espérait rencontrer Schwartzenberg.

Deux incidents signalèrent cette rencontre du 29. Au plus fort de la lutte, des tirailleurs français, franchissant la grande rue du château, se heurtèrent contre un gros d'officiers prussiens qui s'efforçaient de gagner la ville basse; des coups furent aussitôt échangés; nombre d'officiers ennemis tombèrent sous le fer et le feu de nos soldats, plusieurs furent pris; quelques-uns seulement s'échappèrent à grand'peine. Parmi les prisonniers se trouvait un neveu de M. de Hardenberg, chancelier de Prusse; il raconta que le groupe ainsi dispersé se composait de l'état-major général prussien, et que Blücher lui-même en faisait partie; entouré à plusieurs reprises par nos tirailleurs, ce général n'avait dû, en effet, son salut qu'à une défense énergique et à la vigueur de son cheval.

A quelques heures de là, Napoléon, précédé de quelques aides de camp, et suivi par plusieurs généraux de sa maison, se retirait de Brienne au village de Maizières, son quartier général durant cette journée. Il était nuit noire. Dans ce moment, une bande de Cosaques rôdait entre le village et la ville, cherchant quelque occasion de butin. Le bruit causé par le pas des chevaux que montaient Napoléon et son escorte les fait accourir. Ils se ruent d'abord sur un des généraux de la suite de l'Empereur qui crie : *Aux Cosaques!* et se défend. Un des assaillants, apercevant à quelques pas de là un cavalier à redingote grise qui marchait à peu près seul, quitte aussitôt ses camarades, et court sur ce dernier. Le général Corbineau se jette vainement à la traverse : « Je serais mort, a raconté Napoléon, si Gourgaud n'avait, d'un coup de pistolet, fait sauter la cervelle d'un Cosaque dont la lance m'atteignait déjà en pleine poitrine[1]. » L'escorte arrive enfin, sabre quelques-uns de ces effrontés maraudeurs, qui abandonnent alors le terrain et disparaissent.

Si la journée du 29 janvier nous avait donné la ville de Brienne, elle ne fit que hâter, en revanche, la jonction des deux premiers corps de Blücher et de l'armée de Schwartzenberg. La rencontre eut lieu à Bar-sur-Aube, ainsi que l'avait espéré le feld-maréchal prussien. Une fois réunis, les deux généraux, descendant la rive droite de l'Aube, revinrent ensemble sur Napoléon, et ne s'arrêtèrent qu'à deux lieues et demie au-dessus de Brienne, au village de la Rothière, où se trouvaient nos avant-postes. Une bataille devenait inévitable; elle eut lieu le 1er février. L'acharnement fut égal des deux parts. Les Français combattaient au nombre de 40,000 hommes contre 160,000. Grâce aux efforts du plus héroïque courage, nos troupes parvinrent à conserver leur champ de bataille; elles ne purent rien gagner au delà. Trop faibles pour tenter le lendemain la fortune, elles profitèrent de la nuit pour passer sur la rive gauche de l'Aube, à l'aide des ponts rétablis pendant les deux jours précédents, et se retirer sur Troyes. Les Alliés ne pouvaient se glorifier de nous avoir battus; cette rencontre de la Rothière n'en demeu-

---

[1] *Récits de la captivité de Sainte-Hélène*, par le comte de Montholon: « Je regrette, à présent, ajoutait l'Empereur, que le bulletin de la bataille de Brienne n'ait pas dit cette circonstance ; c'est Berthier qui ne l'a pas voulu, afin de ne pas effrayer l'Impératrice, et de ne pas faire connaître l'excès des périls qui menaçaient l'Empire. » Le général Gourgaud reçut, à cette occasion, de l'Empereur, l'épée que ce dernier portait dans ses campagnes d'Italie.

rait pas moins un véritable échec : elle était la première bataille rangée de la campagne ; il nous fallait une victoire, et la journée se terminait par une retraite. Le chiffre des morts et des prisonniers fut, dit-on, le même de chaque côté ; on l'évalue à 12,000 pour les deux armées ; mais la perte n'était pas égale : elle s'élevait, pour nous, au septième environ des combattants, tandis qu'elle allait à peine au vingt-cinquième pour les Alliés.

Le maréchal Marmont avait été laissé en avant de Brienne pour masquer la retraite du corps principal ; ses troupes ne se montaient pas à 6,000 hommes. Lorsque le dernier peloton des régiments qui devaient suivre l'Empereur à Troyes eut traversé l'Aube, tous les ponts furent coupés, et le duc de Raguse se retira par la rive droite. L'ennemi lança plusieurs corps à la poursuite du maréchal. Le général bavarois de Wrède, entre autres, reçut l'ordre de forcer la marche, de tourner Marmont et de lui couper la route d'Arcis ; de Wrède gagna près de deux heures sur le duc de Raguse, et le devança au village de Rosnay-sur-la-Voire. Arrivé sur ce point, Marmont trouva le passage de la rivière gardé par un corps de 3,000 Bavarois établis sur une hauteur qui domine le village ; 20,000 autres soldats de la même nation arrivaient à marche forcée ; un fort parti de cavalerie alliée s'étendait déjà dans la plaine. La Voire n'est pas guéable ; Wrède renouvelait la même manœuvre qu'à Hanau ; le danger pour nos troupes était semblable ; le corps de Marmont, coupé de sa route, courait risque d'être forcé et détruit. Le maréchal, voyant le péril, prend trois bataillons, se met à leur tête, monte au pas de charge la colline de Rosnay, aborde l'ennemi sans s'arrêter et le culbute. Quelques escadrons de cuirassiers, chargeant aussitôt avec la plus grande vigueur, complètent la déroute ; tout ce qui avait passé la Voire fut tué, noyé ou pris, et Marmont put arriver à Arcis au même moment où Napoléon entrait dans Troyes.

Troyes, ville ouverte, ne présentait pas un point de résistance sérieuse. En se renfermant dans cette ville, Napoléon laissait d'ailleurs tous les autres chemins de Paris ouverts aux coalisés. Le 6 février au matin, après trois jours de repos donnés à ses troupes, il quitte le chef-lieu du département de l'Aube, et, le 7, arrive à Nogent-sur-Seine. Son double mouvement de flanc et de retraite, depuis Saint-Dizier, l'avait rapproché de Paris d'environ vingt-cinq lieues. Cette marche constamment rétrograde portait le découragement dans toutes les âmes; les populations commençaient à croire que Napoléon lui-même abandonnait sa cause. — Où donc nous arrêterons-nous? disaient à leur tour les soldats.

L'Empereur n'était pas moins inquiet. La seconde journée de Brienne venait de renverser tous ses plans. Il avait manœuvré pour isoler les principaux corps ennemis, pour les attaquer séparément, et, par une fatalité déplorable, c'était précisément contre leurs masses réunies à la Rothière qu'il avait dû combattre, c'était devant elles qu'il était forcé de se retirer. En continuant à marcher sur lui, elles pouvaient le contraindre de reculer jusqu'aux barrières de la capitale de l'Empire. Ce n'est pas tout : des nouvelles de Paris lui apprenaient que le maréchal Soult, obligé d'abandonner Bayonne, venait de laisser la route de Bordeaux ouverte et de se replier sur Toulouse; que le général Maison, malgré les efforts des troupes sous ses ordres, avait, à son tour, été forcé d'abandonner la Belgique et de s'abriter derrière la ligne de places fortes qui défend le département du Nord. Enfin, comme si tous ces coups ne suffisaient pas, il reçut du duc de Vicence des dépêches de nature à lui enlever tout espoir de négociation.

Le projet d'un congrès pour la pacification de l'Europe n'avait pas été officiellement abandonné; de chaque côté, on avait continué de prononcer le mot de *négociations*, mais faiblement, par intervalle, et dans l'unique but de persuader aux populations envahissantes ou envahies que leurs souverains, en faisant peser sur elles les lourdes charges de la guerre, voulaient seulement arriver à une paix honorable. Si M. de Metternich, après avoir annoncé, le 10 décembre, à notre ministre des relations extérieures, « qu'on lui indiquerait ultérieurement le jour de l'ouverture des conférences, » était resté complétement silencieux, Napoléon, à son tour, n'avait pas fait la moindre tentative pour avancer la négociation. Tout le mois de décembre s'était écoulé sans aucune démarche des deux parts; et c'est seulement après la levée de boucliers du Corps législatif, et quand il connut le passage du Rhin par les deux armées de Silésie et de Bohême, que Napoléon avait enfin fait partir le duc de Vicence, dans le but d'activer l'ouverture du congrès. Caulaincourt était arrivé, le 6 janvier, à Lunéville, où le manque de sauf-conduits nécessaires pour aller plus loin l'avait obligé de s'arrêter. Le même jour, il écrivit à M. de Metternich pour lui demander la réponse promise par sa lettre du 10 décembre précédent. Le ministre autrichien lui répondit, le surlendemain 8, qu'il n'avait pas écrit plus tôt parce que lord Aberdeen, seul représentant officiel de l'Angleterre près de l'Alliance, était *sans pouvoirs suffisants* pour traiter; « mais, ajoutait-il en gardant le silence sur la protestation de la cour de Londres contre les bases convenues, on attend, d'un moment à l'autre, le ministre des affaires étrangères lui-même, lord Castlereagh. L'Empereur, mon auguste maître, et le roi de Prusse, disait en terminant M. de Metternich, me chargent de prévenir Votre Excellence qu'elle recevra, le *plus tôt possible*, une réponse à la proposition de se rendre au quartier général des souverains alliés. » Les coalisés s'avançaient alors, sans éprouver, pour ainsi dire, de résistance, jusqu'au centre du territoire; la réponse promise ne vint donc pas, et, le 26 janvier, le duc de Vicence attendait encore aux avant-postes, lorsque la nouvelle du départ de Napoléon de Paris (le 25), ainsi que la crainte d'un de ces prodiges familiers à son génie, vint rendre tout à coup la parole aux diplomates de la coalition. Le 27, quelques heures après avoir appris l'arrivée de l'Empereur au milieu de ses troupes à Châlons-sur-Marne, M. de Metternich fit parvenir au plénipotentiaire impérial les sauf-conduits dont il avait besoin, et s'empressa de lui annoncer que, le 4 février, le congrès s'ouvrirait enfin, non plus à Manheim, cette place se trouvant trop loin du théâtre des événements, mais à Châtillon-sur-Seine, qui serait neutralisée.

Les plénipotentiaires chargés de représenter les différentes puissances à ce congrès étaient : le duc de Vicence; le comte de Stadion, pour l'Autriche; le comte Razumouski, pour la Russie; le baron de Humboldt, pour la Prusse; lord Castlereagh, pour l'Angleterre.

Les instructions du duc de Vicence lui défendaient de rien céder sur les *frontières naturelles;* il devait exiger les limites de 1799. « La France, lui avait fait écrire Napoléon, sans les départements du Rhin, sans la Belgique, sans Anvers, sans Ostende, ne serait rien. Ce sont là ses *limites naturelles*, et l'Empereur fait de leur conservation une condition *sine quâ non*. Sa résolution est bien prise; elle est *immuable*. Ces bases, toutes les puissances les ont reconnues à Francfort. » Toutefois, Napoléon, après la seconde journée de Brienne, comprit que cet *ultimatum* pouvait arrêter court les négociations. Il n'avait pas encore quitté Troyes, lorsque, le 3 février, veille de l'ouverture des conférences, M. de la Besnardière, premier commis des relations extérieures, qui devait rejoindre le duc de Vicence, vint demander à l'Empereur ses dernières instructions. Napoléon le chargea de dépêches qui modifiaient ses premières résolutions. Il fit plus : le 5, avant son départ pour Nogent, il expédia au duc de Vicence un nouveau courrier qui lui portait *décidément carte blanche;* le duc avait tout pouvoir « pour conduire la négociation à une heureuse issue, sauver la capitale et éviter une bataille où sont les dernières espérances de la nation. »

Si la bataille du 1ᵉʳ février avait pu faire ainsi fléchir la volonté de Napoléon, le résultat de cette journée, agissant en sens contraire sur les Alliés, avait grandi leurs prétentions. Dès les premières séances, ils refusèrent de traiter en accordant les *frontières naturelles* comme limites de la France. « Les alliés disconviennent des bases proposées à Francfort, écrivait le duc de Vicence à l'Empereur; pour obtenir la paix, il faut rentrer dans les *anciennes limites*. »

Voici, en effet, ce qu'on lit dans le protocole de la séance tenue par le congrès, le 7 février :

« .....Les plénipotentiaires des cours alliées consignent au protocole qu'ils ont l'*ordre* de demander :

« Que la France *rentre dans les limites qu'elle avait* AVANT LA RÉVOLUTION... qu'elle *renonce à toute influence hors de ces limites*. »

Ce fut une copie de ce protocole que, le 8 février, Napoléon reçut à Nogent. Il s'enferma dans son cabinet après l'avoir lue, et resta plusieurs heures sans vouloir recevoir personne. Le prince de Neufchâtel et le duc de Bassano purent enfin entrer. L'Empereur, quand ils se présentèrent, leur tendit silencieusement la copie du protocole. Berthier et Maret, après en avoir pris lecture, demeurèrent interdits. La première émotion passée, ils hasardèrent quelques considérations sur la nécessité de céder. A ce mot, Napoléon éprouva une sorte de secousse électrique; il se leva avec vivacité et s'écria :

« Quoi! vous voulez que je signe un pareil traité et que je foule aux pieds mon serment[1]! Des revers inouïs ont pu m'arracher la promesse de renoncer aux conquêtes que j'ai faites;

---

[1] Le serment prêté par Napoléon à son couronnement était ainsi conçu:
« Je jure de maintenir l'intégrité du territoire de la République... et de
« gouverner dans la seule vue de l'intérêt, du bonheur et de la gloire du
« peuple français. »

mais que j'abandonne aussi celles qui ont été faites avant moi, que je viole le dépôt qui m'a été remis avec tant de confiance; que, pour prix de tant d'efforts, de sang et de victoires, je laisse la France plus petite que je ne l'ai trouvée : jamais! Le pourrais-je sans trahison ou sans lâcheté?... Vous êtes effrayés de la continuation de la guerre; moi je le suis de dangers plus certains que vous ne voyez pas. Si nous renonçons à la limite du Rhin, ce n'est pas seulement la France qui recule, c'est l'Autriche et la Prusse qui s'avancent!... La France a besoin de la paix; mais celle qu'on veut lui imposer entraînera plus de malheurs que la guerre la plus acharnée! Songez-y. Que serais-je pour les Français, quand j'aurai signé leur humiliation? Que pourrais-je répondre aux républicains du Sénat, quand ils viendront me demander leurs barrières du Rhin? Dieu me préserve de tels affronts!... Répondez à Caulaincourt, si vous le voulez; mais dites-lui que je rejette ce traité. Je préfère courir les chances les plus rigoureuses de la guerre[1]! »

L'Empereur se jette alors sur un lit de camp, et le duc de Bassano passe une partie de la nuit à son chevet, cherchant à ramener le calme dans cet esprit agité et à lui inspirer une résignation nécessaire. Ses efforts ne furent pas sans succès : il obtint enfin l'autorisation de répondre au duc de Vicence en termes qui lui permissent du moins de ne pas rompre sur-le-champ la négociation. Le duc sortit pour rédiger la dépêche ; quand elle fut écrite et remise au courrier qui l'attendait, il rentra dans le cabinet de l'Empereur et le trouva couché sur d'immenses cartes, un compas à la main; il lui annonça que la dépêche était partie. « Ah! vous voilà, lui dit Napoléon ; il s'agit maintenant de bien d'autres choses! Je suis en ce moment à battre Blücher de l'œil ; il s'avance sur Paris par la route de Montmirail ; je pars; je le battrai demain; je le battrai après-demain ; si ce mouvement a le succès qu'il doit

---

[1] *Manuscrit* de 1814, du baron Fain.

avoir, l'état des affaires se trouvera complétement changé; et nous verrons alors ! »

Les espérances de Napoléon venaient d'être ranimées par un courrier que lui avait expédié, dans la nuit, le maréchal Macdonald dont la lettre était ouverte devant lui.

Après la bataille de la Rothière, les Alliés n'avaient qu'à suivre en masse la route de Troyes pour arriver, en passant sur le corps de la petite armée impériale, jusqu'aux portes de Paris. C'était, assure-t-on, l'opinion de l'empereur Alexandre; mais ce parti, dicté par le bon sens le plus vulgaire, ne parut pas assez savant. Les généraux alliés se mirent en tête de manœuvrer. Schwartzenberg, avec les souverains, passa l'Aube, et se porta à pas comptés sur Troyes, dans le but d'arriver à Paris en descendant le bassin de la Seine. Blücher revint sur Châlons pour rallier les deux corps que le mouvement de l'Empereur sur Saint-Dizier avait rejetés en Lorraine, et, la jonction faite, marcher sur Paris par le bassin de la Marne. Chacun de ces deux généraux voulait prévenir l'autre dans l'attaque de la capitale française; c'était le mouvement de Blücher et la marche de ses colonnes sur Meaux que Macdonald annonçait à Napoléon.

On ne compte pas moins de douze lieues de traverse entre la route de Paris à Troyes, que barrait alors Napoléon, et la route de Châlons à Paris, que suivaient Blücher et ses troupes. Cette distance, malgré les obstacles que présentaient les chemins et la saison, fut rapidement franchie par nos troupes. L'Empereur avait quitté Nogent le 9 février; le 10, il rencontrait au village de Champaubert plusieurs colonnes de l'armée de Blücher. Cette armée, forte de 120,000 combattants, marchait échelonnée sur une seule ligne, qui, partant de Châlons, pénétrait alors assez avant dans le département de Seine-et-Marne. Les colonnes qui traversaient Champaubert, au moment où l'Empereur s'y présentait, se composaient de troupes russes. Attaquées sur-le-champ avec vigueur, elles furent mises en si complète déroute, que l'une d'elles, forte de 6,000 hommes, compta 5,000 morts, blessés ou prisonniers. Tout ce qui ne fut pas pris ou tué s'enfuit en désordre, partie dans la direction de Meaux, partie vers Châlons[1]. Une seconde fois, l'armée de Blücher était coupée en deux. Blücher, de sa personne, se trouvait entre Champaubert et Châlons avec la moitié de ses forces; le reste, aux ordres des généraux Sacken et York, n'était plus qu'à une petite distance de Meaux et pouvait en apercevoir les clochers; encore deux marches, et ces corps, qui forçaient de vitesse pour arriver les premiers sous Paris, pouvaient bivaquer au pied de Belleville et de Montmartre.

Avertis par les fuyards de Champaubert, York et Sacken s'arrêtèrent, revinrent en toute hâte sur leurs pas, et, le 11, se trouvèrent, à Montmirail, en face de l'Empereur, qui, lui-même, marchait à leur rencontre. La journée précédente, à vrai dire, avait été moins une bataille qu'un heureux et brillant combat. Cette fois, l'affaire fut sérieuse : 50,000 Russes ou

---

[1] Le colonel Fabvier, dans le *Journal des opérations du 6° corps*, plus haut cité, rapporte, sur le combat de Champaubert, les détails suivants :

« L'ennemi occupait fortement un petit bois. On se disposa à l'enlever. Les *Marie-Louise* (voir plus haut, page 241), composant le 113°, eurent la tête; des pelotons de tirailleurs furent placés autour du bois, pour l'attaquer en même temps, soutenus de deux brigades en masse. Avant le signal, le duc de Raguse parcourut les pelotons de tirailleurs en répétant les ordres; à l'un d'eux il demanda : « Qui commande ici ? y a-t-il un officier ? — Non, lui dit « un conscrit qui était un véritable enfant. — Un sous-officier ? — Non, « mais nous sommes bons là. » Plus loin, un autre *Marie-Louise* dit : « Oh ! « je tirerais bien mon coup de fusil, seulement je voudrais bien avoir quelqu'un « pour le charger. » Avec de pareilles gens on pouvait donner le signal. Tout s'élança en même temps ; le bois fut enlevé.

« Le corps d'Alsufieff, composé de 9,000 grenadiers, fut totalement détruit; ce général fut pris dans le bois par un chasseur du 16°, conscrit de six mois, qui ne voulut jamais le quitter qu'il ne l'eût conduit à l'Empereur; il fut fait légionnaire.

« Un enfant de treize ans amena d'une lieue deux grenadiers. Il avait pour arme un grand couteau de boucher qu'il brandissait d'un air tout à fait plaisant. « Ces gaillards-là voulaient broncher, disait-il, mais je les ai bien fait « marcher. »

Prussiens et 25,000 Français se trouvèrent engagés. Nos soldats se battaient un contre deux ; le courage suppléa au nombre ; ils culbutèrent l'ennemi sur tous les points, l'obligèrent de se sauver à travers champs, dans la direction de la Marne, et, le lendemain 12, l'atteignirent de nouveau à Château-Thierry. Les rues, les maisons, devinrent le théâtre de luttes acharnées, auxquelles on vit se mêler les habitants de la ville et de la campagne, à l'aide de fusils prussiens ou russes ramassés sur les chemins. L'ennemi, chassé de Château-Thierry après y avoir subi de nouvelles et notables pertes, fut encore obligé de s'enfuir en désordre dans la direction de Soissons. Les abords de Paris, de ce côté, devenaient libres dans une distance de 50 lieues.

Lorsque, le 10 février, Blücher avait appris, à son tour, par les fuyards de Champaubert, la présence des Français au centre de sa ligne de marche, il s'était hâté d'appeler à lui les corps des généraux Kleist et Langeron, que de nouvelles troupes, arrivées du nord de l'Europe, venaient de remplacer dans le blocus de Mayence et des places fortes de la Lorraine. Dès que ces forces furent réunies à celles qui lui restaient, il se remit en marche pour rallier les régiments d'York et de Sacken, et s'ouvrir une seconde fois la grande route de Châlons à Paris. Ce fut le 13 que ses têtes de colonne se présentèrent en vue de Montmirail, au même moment où, débarrassé de Sacken et d'York, dont il avait abandonné la poursuite sur Soissons au maréchal Mortier, Napoléon, marchant à la rencontre du général en chef prussien, arrivait lui-même à moins d'une demi-lieue de son champ de bataille du 11. Les troupes de Blücher étaient beaucoup plus nombreuses que celles qui avaient été engagées l'avant-veille. Les régiments amenés par Napoléon se trouvaient, au contraire, plus faibles de toutes les pertes essuyées dans les trois derniers jours. Nos soldats étaient à peine un contre quatre. Cette disproportion de forces n'arrêta pas l'Empereur ; il prit résolûment position dans la plaine de

Vauxchamps, passa la nuit à faire ses dispositions, et, le 14 au matin, ordonna l'attaque. Malgré son immense supériorité numérique, l'ennemi, culbuté partout, fut forcé de reprendre, en désordre, la route de Châlons. Blücher, enveloppé à diverses reprises avec son état-major, et obligé chaque fois de lutter corps à corps avec nos cavaliers pour se dégager, dut uniquement son salut, dans une dernière charge, à l'obscurité de la nuit.

Napoléon avait prophétisé juste : les cinq jours écoulés depuis son départ de Nogent avaient, pour ainsi dire, été signalés par autant de victoires; et, si les forces de Blücher n'étaient pas détruites, du moins cette armée, battue à quatre reprises différentes, fuyait dispersée. L'Empereur, au milieu de ses dernières marches, avait reçu la réponse de Caulaincourt aux dépêches expédiées, le 5, de Troyes, et dans lesquelles il lui avait donné *carte blanche;* cette réponse contenait les phrases suivantes :

« J'étais parti les mains presque liées, et je reçois des pouvoirs illimités ; on me retenait, et l'on m'aiguillonne... Dois-je consentir à tout, aveuglément, sans discussion, sans retard ? »

Le 17, trois jours après la seconde journée de Montmirail (bataille de Vauxchamps), Napoléon répondait à son plénipotentiaire :

« Monsieur le duc de Vicence, je vous avais donné carte blanche pour sauver Paris et éviter une bataille qui était la dernière espérance de la nation. La bataille a eu lieu; la Providence a béni nos armes; j'ai fait 30 à 40,000 prisonniers et enlevé 200 pièces de canon..... Votre attitude doit être la même : vous devez tout faire pour la paix ; mais mon intention est que vous ne *signiez rien sans mon ordre*, parce que *seul je connais ma position.* »

Le chiffre de nos soldats était malheureusement si réduit, et les troupes qu'ils avaient à combattre étaient si nombreuses, que chaque corps d'armée alliée présentait, isolément, une masse d'assaillants trois et quatre fois plus considérable que les forces conduites par Napoléon. Chaque coup qu'il frappait entamait et faisait reculer l'ennemi placé devant lui; mais il se multipliait en vain pour arrêter le torrent humain qui se précipitait alors sur la France : refoulé sur un point, le flot envahisseur débordait partout où Napoléon n'était pas, partout où il n'était plus. C'est ainsi que les Autrichiens avaient profité de la marche de l'Empereur sur la Marne pour forcer le passage de la Seine à Nogent, à Bray, à Montereau, et pour s'approcher de Paris en descendant les deux rives du fleuve. Les ducs de Bellune et de Reggio, chargés de disputer le terrain, n'avaient pu résister au nombre; vainement chaque pouce du sol qu'ils avaient cédé avait été marqué par un combat; les progrès de l'ennemi étaient si rapides, que le 16, dans la journée, les équipages des deux maréchaux avaient déjà gagné Charenton, et que Paris, en alarmes, s'attendait à voir le lendemain, à ses portes, les avant-gardes alliées.

Napoléon, à ces nouvelles, cesse de poursuivre Blücher, et court à la rencontre de Schwartzenberg. Il trouve dans le patriotisme de la population des campagnes une aide qui jamais, du reste, ne lui a manqué; nos soldats harassés doublent leurs étapes sur les voitures que les habitants de chaque village mettent à leur disposition; l'artillerie elle-même est conduite en poste. L'armée fait 30 lieues en 36 heures. C'est à Guignes, à 8 lieues seulement de Paris, que, le 16 février, l'Empereur rencontre les premières colonnes autrichiennes. A la vigueur des coups portés immédiatement à Mormant, à Donnemarie, à Nangis, où deux de ses divisions sont complétement détruites; à la vue de ses régiments rejetés les uns sur les autres et couvrant bientôt tous les chemins de leurs morts et de leurs blessés, Schwartzenberg reconnaît la présence de Napoléon; il ordonne aussitôt la retraite, et, précédé par les souverains, rétrograde précipitamment sur Troyes après avoir dépêché un de ses officiers, le comte de Parr, à l'Empereur pour en solliciter une suspension d'armes.

Après la bataille de la Rothière, Napoléon avait autorisé le duc de Vicence à accepter les *anciennes limites*, c'est-à-dire à obtenir la paix au prix de sacrifices territoriaux qui obligeaient la France de rentrer dans les frontières de l'ancienne Monarchie. Après les victoires de Champaubert, de Montmirail, de Vauxchamps, et la dispersion de l'armée de Blücher, l'Empereur n'avait pas révoqué formellement ces instructions, mais il défendait à son plénipotentiaire « de rien signer sans son ordre. » Les derniers avantages qu'il a remportés sur Schwartzenberg, la retraite précipitée à laquelle il vient de l'obliger, la suspension d'armes qui lui est demandée, modifient encore une fois ses résolutions. Ses espérances sont revenues, ses prétentions grandissent, ce sont d'autres conditions qu'il entend exiger, et, sous cette impression, il écrit à son frère Joseph la lettre suivante :

Nangis, 18 février.

« Le prince de Schwartzenberg vient enfin de donner signe de vie. Il vient d'envoyer un plénipotentiaire pour demander une suspension d'armes. Il avait constamment refusé, dans les termes les plus insultants, toute espèce de suspension, d'armistice, même de recevoir mes parlementaires, après la capitulation de Leipsick, celle de Dresde, violations horribles dont on trouverait peu d'exemples dans l'histoire. Ces misérables, au premier échec, tombent à genoux. Heureusement qu'on n'a pas laissé entrer l'aide de camp du prince de Schwartzenberg. Je n'ai reçu que sa lettre. Je n'accorderai aucun armistice qu'ils n'aient purgé mon territoire. D'après les nouvelles que j'ai, tout a changé chez les Alliés. L'empereur de Russie, qui, il y a peu de jours, avait rompu les négociations, parce qu'il voulait pour la France des conditions pires que les anciennes limites, désire les renouer ; et j'ai l'espérance que j'arriverai promptement à une paix fondée sur les *bases de Francfort*, ce qui est le *minimum* de la paix que je puisse faire avec honneur.

« Avant de commencer mes opérations, je leur ai fait offrir de signer sous la condition des *anciennes limites*, pourvu *qu'ils s'arrêtassent sur-le-champ*. Cette démarche a été faite par le duc de Vicence, le 8. Ils ont répondu négativement, en disant que même la signature des préliminaires n'arrêterait pas les hostilités, lesquelles ne pouvaient l'être que lorsque tous les articles de la paix seraient signés. Cette inconcevable réponse a été punie ; et hier, 17, ils me demandent un armistice ! Vous concevez qu'en me voyant à la veille d'une bataille dans laquelle j'étais décidé à vaincre ou à périr¹, et sans laquelle, si je cédais, ma capitale eût été prise, j'eusse consenti à tout, pour éviter cette grande chance. Je devais ce sacrifice de mon amour-propre à ma famille et à mon peuple; mais, dès qu'ils ont refusé, dès que la chance de la bataille a eu lieu et que tout est rentré dans les chances d'une guerre ordinaire où le résultat d'une bataille ne peut plus menacer ma capitale, et que toutes les données possibles sont pour moi, je dois aux intérêts de l'Empire et à ma gloire de négocier une véritable paix.

« Si j'eusse signé les *anciennes limites*, j'aurais couru aux armes deux ans après, et j'aurais dit à la nation que ce n'était pas une paix que j'avais signée, mais une capitulation. Je ne pourrais le dire d'après le nouvel état des choses, puisque, la fortune étant revenue de mon côté, je suis maître de mes conditions. L'ennemi est dans une position bien différente de celle où il se trouvait lors des *bases de Francfort*, et avec la presque certitude qu'il ramènera bien peu de monde au delà des frontières. Sa cavalerie est excessivement fatiguée, et à bas; son infanterie est lasse de ses mouvements et contre-mouvements; enfin il est entièrement découragé. J'espère donc pouvoir faire une paix telle que tout homme raisonnable peut la désirer; et mes désirs ne vont pas au delà des propositions de Francfort².

« NAPOLÉON. »

En même temps que l'Empereur songeait à profiter de ses derniers succès pour arracher aux coalisés une paix digne de la France et de lui-même, il s'occupait de poursuivre et de compléter les avantages qu'il venait d'obtenir.

Un corps de 25 à 30,000 hommes, aux ordres du général Bianchi, avait passé la Seine à Montereau, et s'était avancé, par la rive gauche du fleuve, jusqu'à Fontainebleau³, en même

¹ L'Empereur fait allusion à la position où il se trouvait à Nogent-sur-Seine, après sa retraite de Troyes et avant son mouvement de flanc sur Champaubert et Montmirail.

² Les *limites naturelles* qui formaient la base des propositions de Francfort, et que Napoléon se montrait prêt à accepter, étaient la frontière tracée par le Rhin, la Belgique comprise, les Alpes et les Pyrénées; les *anciennes limites*, qu'il repoussait, et que les Alliés entendaient lui imposer, étaient les frontières de l'ancienne Monarchie, c'est-à-dire les limites, à quelques cantons près, de la France actuelle.

³ On lit dans le *Moniteur* du 21 février : « Le palais de Fontainebleau a été conservé. Le général autrichien Hardeck, dès son entrée dans la ville, y

temps que le gros de l'armée de Schwartzenberg descendait vers Paris par les routes de la rive droite. Ce corps, pour suivre le mouvement général de retraite de l'armée alliée sur Troyes, était forcé de revenir à Fossard, hameau distant de Montereau d'environ une demi-lieue. La route, à Fossard, se divise en deux embranchements : l'un, qui conduit de ce point au chef-lieu du département de l'Aube, en traversant Montereau, Bray-sur-Seine et Nogent ; l'autre, qui mène également à Troyes, en passant par Pont-sur-Yonne, Sens et Villeneuve-sur-Vannes. En devançant le général Bianchi à Fossard, Napoléon lui coupait donc ses deux seuls chemins de retraite et le forçait de poser les armes. Mais, pour arriver au point de bifurcation, il fallait que les ponts de Montereau se trouvassent libres. Ils étaient faiblement gardés par l'ennemi ; Napoléon le savait : le 17, il donna au maréchal Victor l'ordre de les occuper le soir même. Le maréchal, en se hâtant, pouvait s'en emparer sans rencontrer une résistance sérieuse ; mais, au lieu d'opérer rapidement, il s'arrête à Salins, où il passe la nuit, et ne se présente sur la position que le lendemain matin, à dix heures, lorsque, depuis moins d'une heure, un corps nombreux de Wurtembergeois, détaché par le général autrichien, et qui avait marché toute la nuit, venait de s'établir sur les hauteurs de Surville, en avant de Montereau, de manière à couvrir la ville et ses ponts. Vainement le maréchal, pour réparer sa faute, s'épuise en efforts dignes de son courage et de la bravoure de ses troupes ; les Wurtembergeois tiennent ferme. Victor, dont le gendre, le général Château, vient d'être tué en conduisant la première attaque, était arrivé par la route de Donnemarie. Napoléon accourait de son côté par la route de Valence. Mais, lorsqu'à deux heures de l'après-midi il débouche de la forêt du même nom, au lieu de trouver le passage ouvert, ainsi qu'il s'y attendait, des coups de fusil

avait placé des sentinelles pour le défendre des excès des Cosaques, qui sont cependant parvenus à piller plusieurs portiers. »

l'arrêtent. Un effort vigoureux le rend bientôt maître des hauteurs qui dominent le confluent de la Seine et de l'Yonne; puis, à l'aide de batteries qu'il y fait établir à mesure qu'arrivent les pièces, il foudroie les masses wurtembergeoises alors concentrées sur les ponts et dans les rues de Montereau. Il pointe lui-même les canons de sa garde et commande les décharges. Le feu de l'artillerie ennemie n'est ni moins vif ni moins meurtrier; les boulets sifflent de tous les côtés; bon nombre de canonniers sont tués sur leurs pièces à côté de l'Empereur, qui conserve son calme et continue de prodiguer les encouragements et les ordres. Les soldats auxquels il est mêlé, murmurent de le voir exposer ainsi sa vie : «Allez, mes amis, répond-il en souriant à ceux qui insistent pour qu'il se retire, le boulet qui doit me tuer n'est pas encore fondu. » Au bout de quelques heures d'un feu terrible, l'Empereur lance sur le faubourg le plus rapproché un corps de gardes nationaux bretons, arrivés depuis quelques jours et que commande le général Gérard : le faubourg est emporté. On arrive proche des ponts. Le général Pajol s'y précipite à la tête de sa cavalerie, et les enlève avec tant de vigueur et de rapidité, que les Wurtembergeois n'ont pas le temps de faire sauter une seule arche. On les poursuit dans toutes les rues, sur tous les chemins; leurs pertes sont énormes. Cette journée du 18 février, glorieuse pour nos armes, fut une victoire inutile. La résistance des Wurtembergeois avait atteint son but: pendant la bataille, le gros des forces de Bianchi défilait rapidement à une demi-lieue de là, et, quand nos troupes arrivèrent à Fossard, elles purent apercevoir au loin, sur la route de Sens, les dernières colonnes de ce corps d'armée, dont l'arrière-garde servait de point de ralliement aux fuyards de Montereau.

Si Napoléon ne manquait pas à son génie, si nos soldats se montraient aussi braves, aussi dévoués et plus infatigables peut-être qu'à aucune autre époque de nos guerres, un grand

nombre de chefs, en revanche, avaient perdu de leur vigueur
et de leur activité. Lors des campagnes d'Italie, début de Napoléon, et qui présentent une remarquable analogie avec la
campagne de France, dernière phase de sa carrière militaire,
ses généraux les plus âgés avaient à peine trente ans. En 1814,
l'Empereur avait bien encore autour de lui les anciens lieutenants du général Bonaparte; mais ce n'étaient plus les mêmes
hommes : usés par la guerre, amollis par les honneurs et par
la fortune, ils se montraient fatigués, alourdis, et trop âgés
de plusieurs années. La veille de cette bataille, à Villeneuve
le-Comte, une fausse manœuvre du général Lhéritier, com
mandant une division de dragons, avait fait avorter un mouvement qui devait amener la destruction du principal corps
bavarois; pendant la nuit, un parc d'artillerie, confié au général Guyot, avait été surpris et enlevé; dans la journée, au plus
fort du combat, l'artillerie, par la faute du général Digeon,
avait manqué de munitions; enfin le général de brigade Mont-
brun, chargé de défendre, avec 1,800 hommes, la petite ville
de Moret et la forêt de Fontainebleau, les avait abandonnées
sans résistance et s'était replié sur Essonne. Nous avons dit
la faute du duc de Bellune. Napoléon, irrité, voulut punir;
quelques excuses, le souvenir des anciens services, suffirent
pour désarmer sa colère. Le 19, il lança plusieurs corps à la
poursuite des différentes colonnes alliées, qui continuaient
leur retraite sur Troyes; le 20, au matin, il remontait la
Seine, déjeunait à Bray dans la maison que l'empereur de Russie avait quittée la veille, et couchait, le soir, à Nogent. La
journée du 21 fut employée tout entière à presser la marche
des troupes sur Troyes. Le 22, lui-même se mit en chemin
pour cette ville, et vint coucher aux portes de Méry-sur-Seine,
où nos troupes venaient de rencontrer une résistance inattendue, qu'elles n'avaient pu vaincre qu'après une lutte acharnée.
Ce combat, dont nous parlerons plus loin, n'avait pas été soutenu par un des corps de Schwartzenberg, car la retraite des

Autrichiens, depuis l'avant-veille, était presque une déroute : une partie de leurs bagages gagnaient déjà les passages des Vosges; la garde russe se retirait sur Langres; le quartier général allié était reporté à Colombé-les-Deux-Églises, à huit lieues au delà de Bar-sur-Aube, et les souverains étaient, de leur personne, à Chaumont. En six jours, Schwartzenberg avait reculé de près de soixante lieues.

Le 23, l'Empereur arriva enfin devant le chef-lieu du département de l'Aube. Les portes étaient fermées et barricadées; les Russes occupaient encore la ville. Après un combat de quelques heures, dans lequel les Français ménagèrent cette vieille cité, Napoléon consentit à suspendre son attaque, afin de donner à l'ennemi le temps de se retirer; il voulait sauver Troyes. Les Russes profitèrent de cette généreuse tolérance : leur dernier peloton sortait par une des portes, le lendemain 24, au même moment où l'avant-garde française entrait par la porte opposée.

Les Alliés étaient restés maîtres de Troyes pendant trois semaines. Le séjour des souverains dans cette ville fut marqué par un incident qui mérite quelques détails ; car il fut le premier symptôme public, la première révélation d'un sentiment favorable à la restauration des Bourbons.

CHAPITRE V.

Manifestation royaliste à Troyes; exécution du chevalier de Gouault. — Etat de l'opinion au mois de février 1814. — Conférence militaire de Lusigny. — Première reddition de Soissons; réunion de tous les corps de l'armée de Blücher; ce général s'avance une seconde fois sur Paris. — Napoléon quitte Troyes et marche sur la Marne pour arrêter le mouvement des Prussiens; il arrive à la Ferté-sous-Jouarre. — Blücher met la Marne entre les Français et lui, et se retire sur l'Aisne; Napoléon le poursuit; seconde capitulation de Soissons; Blücher se retire sur Laon. — Bataille de Craonne; les Prussiens, maîtres de Laon, sont attaqués par Napoléon, qui se replie à son tour sur l'Aisne, occupe Soissons et chasse les Russes de Reims. — Second mouvement de Schwartzenberg sur Paris; Napoléon marche sur la Seine; panique des souverains alliés; ils rétrogradent encore au delà de Troyes. — Napoléon manœuvre pour opérer sur les derrières de l'ennemi; bataille d'Arcis-sur-Aube. — Pointe de Napoléon sur Saint-Dizier; décret de levée en masse; nouveau plan de campagne. — *Traité de Chaumont.* — Congrès de Châtillon; sa rupture. — Concentration de toutes les forces alliées à Châlons-sur-Marne; elles se portent en masse sur Paris. Napoléon quitte Saint-Dizier, traverse Troyes, Sens, Fontainebleau, et arrive à cinq lieues de Paris, le 30 mars, à dix heures du soir.

Deux officiers d'origine française faisaient partie de l'état-major de l'empereur Alexandre : le comte de Rochechouart, émigré, et l'ex-adjudant général Rapatel, ancien aide de camp de Moreau. Pendant les seize à dix-huit jours qu'ils venaient de passer à Troyes, ces officiers s'étaient naturellement mis en rapport avec les rares habitants demeurés fidèles au culte de la vieille Monarchie; dans leurs entretiens avec ceux-ci, tous deux témoignaient sans cesse leur étonnement du complet oubli où était tombée la cause de la royauté; ils avaient pénétré jusqu'au centre de la France, disaient-ils, et pas un cri, pas un signe dans les villages ou dans les villes traversées par eux, n'avait annoncé qu'il existât encore des royalistes. Leurs auditeurs se récriaient; ils répondaient que les royalistes étaient nombreux, mais que la crainte de se compromettre inutilement les empêchait de se montrer. Ces conversations, d'abord simples confidences, aboutirent à une démarche plus significative. Un ancien marquis, M. de Vidranges, se rendit auprès du prince de Wurtemberg, et lui demanda quelles étaient les intentions des Alliés à l'égard du rétablissement de la maison de Bourbon. Le prince s'excusa de répondre, et conseilla au marquis de s'adresser directement à Alexandre. Encouragé et soutenu par MM. de Rochechouart et Rapatel, exalté par la pensée d'une glorieuse initiative, M. de Vidranges parvint à entraîner quelques-uns de ses amis, et, tous ensemble, ils se rendirent solennellement chez le Tzar, que les sollicitations de ses deux officiers d'état-major avaient décidé à leur accorder une audience.

Ce fut le 11 février, à midi, que cette députation fut reçue; elle se composait de *huit* personnes, dont voici les noms : marquis de Vidranges, chevalier de Gouault, Richemont, de Montaigu, Mangin de Salabert, Gaulon, Delacour-Bureau, et Picard, médecin. Les deux premiers étaient décorés de la croix de Saint-Louis; tous avaient arboré la cocarde blanche; M. de Vidranges porta la parole en ces termes :

« Sire, organes de la plupart des *honnêtes gens* de Troyes, nous venons mettre aux genoux de Votre Majesté Impériale l'hommage de notre humble respect, et la supplier d'agréer le vœu que nous formons *tous* pour le rétablissement de la maison royale de Bourbon sur le trône de France. »

Alexandre répondit qu'il voyait la députation avec plaisir; mais la démarche de ses membres, disait-il, lui semblait un peu prématurée. « Les chances de la guerre sont incertaines, ajouta le Tzar, et je serais fâché de vous voir sacrifiés. »

Cette réponse n'était pas fort encourageante : le marquis de Vidranges le comprit. MM. de Rochechouart et Rapatel lui avaient annoncé le débarquement du comte d'Artois sur le continent, et l'arrivée de ce prince en Suisse. M. de Vidranges, en homme plus avisé que ses collègues, se donna la mission de porter au prince la nouvelle de leur tentative royaliste. M. de Gouault resta.

Vingt-cinq ans s'étaient écoulés depuis que la cocarde tricolore avait été substituée à la cocarde blanche : la croix de Saint-Louis avait disparu depuis vingt-trois ans. La population de Troyes, lorsqu'elle vit défiler au milieu des rues ces couleurs et ces insignes oubliés, n'éprouva d'abord qu'un sentiment de profonde surprise. Mais, lorsque les quelques habitants qui avaient connu l'ancien régime eurent expliqué la signification des croix et des cocardes, lorsqu'on apprit surtout la démarche de M. de Vidranges et de ses amis auprès du chef des coalisés, l'étonnement fit place à l'indignation : on oublia les royalistes; on ne vit plus dans les membres de la députation que des ennemis et des traîtres. La colère fut si forte, que, le 24, quand Napoléon entra dans la ville, des cris de vengeance se mêlèrent aux acclamations qui partaient de toutes les bouches. L'Empereur dut céder au sentiment public. A peine descendu à son logement, il jeta ses gants sur une table, et, la cravache encore à la main, il ordonna la réunion d'un conseil de guerre où M. de Gouault seul parut. Condamné à mort, sa famille essaya de le sauver. Une demande en grâce fut remise, le lendemain matin du jugement, par M. de Mesgrigny, écuyer de service et compatriote du condamné. L'Empereur ordonna immédiatement de suspendre l'exécution; mais, quand l'officier d'ordonnance porteur de l'ordre arriva, M. de Gouault venait d'être passé par les armes avec cet écriteau sur la poitrine : *Traître à la patrie.*

La manifestation du 11 février fut un acte de mouvement spontané, une tentative isolée. Aucun plan de restauration n'existait à cette date. Dans quelques salons de Paris, dans un petit nombre de châteaux de province, on commençait à regarder la chute de l'Empire comme un événement possible;

on échangeait des espérances encore vagues, on se cherchait pour obtenir des nouvelles; mais on ne faisait rien au delà. Ce sont pourtant ces confidences à huis clos, ces visites inaperçues, que quelques écrivains, dupes de vanteries de châteaux ou de salons, n'ont pas craint de transformer en une vaste conspiration ayant son organisation, son mot d'ordre et ses chefs. C'est le sort de tous les gouvernements nouveaux d'avoir à subir la révélation improvisée d'une foule de dévouements avides qui ne se sont jamais montrés, d'une foule de services, taxés très-haut, qu'on ne leur a jamais rendus. Il suffit de quelques vanités cupides, donnant un appui mutuel à leurs mensonges, pour faire accepter certaines fables politiques comme autant de vérités hors de conteste. Résultat de manœuvres conçues, exécutées par quelques roués habiles, au moment même de son avénement, la Restauration, comme on le verra plus loin, ne fut l'œuvre d'aucun effort, le produit d'aucune combinaison préparés à l'avance par une opinion ou par un parti politique. Comme parti, les royalistes ne présentaient que des individualités cachées dans toutes les administrations publiques et locales, ou isolées dans leurs terres; comme opinion, comme expression des sentiments ou des vœux d'une partie de la population, ils n'existaient plus. La population, considérée dans sa généralité, dans ses masses, se plaignait amèrement, sans doute, du régime économique et politique de l'Empire, de cette passion de conquêtes et de batailles qui avait poussé l'Empereur jusqu'aux limites de la Russie asiatique; mais elle ne demandait ni ne désirait une contre-révolution. Loin de là, toute décimée, tout épuisée qu'elle était par les levées incessantes qui, durant vingt-deux ans de guerre, avaient alimenté les armées de la République et de l'Empire, elle soutint la cause de Napoléon, devenue, en face de l'ennemi, la cause nationale, jusqu'au dernier homme, pour ainsi dire, et jusqu'au dernier jour. Il n'est pas un seul des départements envahis par la coalition, dont les habitants n'aient pris les armes en grand nombre pour harceler les détachements alliés, pour enlever les convois et se mêler dans l'occasion avec nos soldats. Ce fut même l'héroïque patriotisme de certaines populations urbaines et de toute la population rurale des Vosges, de la Lorraine, de la Champagne et de la Bourgogne, qui dicta à Napoléon ses derniers décrets, qui inspira son dernier plan de campagne. Il attendit trop tard !

Ce dévouement des masses pour le gouvernement impérial, et le complet oubli où elles laissaient l'ancienne Monarchie, ainsi que ses princes, avaient vivement frappé les chefs des coalisés. En vain, renouvelant la tactique employée à une autre époque par d'autres coalitions contre un des souverains les plus illustres de l'ancienne Monarchie [1], ils déclaraient ne pas faire la guerre à la France, mais à Napoléon seul : pas un homme ne se rangeait de leur côté ; nulle part on ne se soulevait contre l'Empereur ; partout, au contraire, la population leur opposait la résistance la plus vive. Aussi les souverains avaient-ils repoussé toutes les ouvertures tendant à faire admettre à leur quartier général un des membres de la maison de Bourbon ; et, dans le Midi même, comme on le verra au chapitre suivant, Wellington, reprochant aux quelques royalistes qui, à Bordeaux, venaient de se déclarer pour l'ancienne famille royale, l'imprudence et la nullité de cette démonstration vaine, leur signifiait « qu'il dépasserait probablement la ligne de ses devoirs s'il prêtait à leur cause le moindre appui. » Il y a plus : les Alliés maintenaient le congrès de Châtillon, bien que le duc de Vicence eût formellement refusé, au nom de Napoléon, de consentir aux limites de 1789. « La Belgique ainsi que les départements de la rive gauche du Rhin, avait dit le duc, ayant été *constitutionnellement* déclarés partie intégrante du territoire français, et reconnus comme tels par

---

[1] Les puissances coalisées contre Louis XIV proclamaient dans leurs manifestes qu'elles faisaient la guerre, non contre la France, mais contre ce prince et sa politique de conquêtes.

tous les traités conclus depuis leur réunion, l'Empereur ne pouvait pas, de son autorité privée, accéder à cette clause.» Enfin, au moment même de la rentrée des Français dans Troyes, le généralissime Schwartzenberg négociait avec Napoléon une suspension d'armes.

Ces pourparlers, résultat de la proposition d'armistice faite huit jours auparavant, le 17, à Nangis, par le comte de Parr, furent sérieusement abordés, le 23, au hameau de Châtres, près Méry-sur-Seine, entre les quatre murs nus de la chaumière d'un charron où Napoléon venait de passer la nuit. Le négociateur, cette fois, était le prince de Wentzell-Lichtenstein, aide de camp du généralissime. Cet officier ne dissimula point la portée des derniers échecs subis par les Alliés; il affirma que les souverains désiraient sincèrement une suspension d'armes, et que sa démarche était sérieuse. Napoléon se montra incrédule; et, parlant de bruits qui se répandaient sur un nouveau système que l'on prêtait aux Alliés, il demanda s'il était vrai que la querelle eût changé de nature, et que ce fût à sa personne et à sa dynastie qu'en voulaient positivement les souverains; en un mot, si l'Europe, conformément au plan favori de l'Angleterre, n'avait envahi la France que pour rétablir la famille de Bourbon. Le prince de Lichtenstein repoussa ces *suppositions* avec la plus grande vivacité. Napoléon, toutefois, insista, en appuyant ses doutes de plusieurs faits dont il venait de recevoir la nouvelle positive : la présence du duc d'Angoulême au quartier général des Anglais dans le Midi, le débarquement du duc de Berri à Jersey, dans le voisinage de nos provinces de l'Ouest, et l'arrivée du comte d'Artois sur notre frontière de la Suisse. « Cependant, ajouta l'Empereur, je ne saurais croire que mon beau-père puisse entrer dans de pareils projets, et qu'il veuille prêter son concours au renversement de sa fille et de son petit-fils. »

M. de Lichtenstein protesta de nouveau contre le projet d'une restauration de l'ancienne famille royale, ajoutant que, si les Bourbons avaient débarqué et si l'on tolérait leur présence à la suite des armées alliées, c'était uniquement comme moyen de guerre et dans le but d'opérer quelques diversions : « Mais il n'y a rien de sérieux dans tout cela, disait-il; l'Autriche ne se prêtera jamais à une combinaison hostile à l'existence politique de Votre Majesté et au maintien de sa dynastie; ce que désirent les Alliés, c'est la paix; la mission que je viens remplir, ajouta le prince en terminant, en est la preuve. »

Napoléon remit sa réponse au lendemain. Le 24, un nouvel aide de camp du généralissime autrichien se présenta et proposa, pour la réunion des généraux négociateurs de l'armistice, le village de Lusigny, à quelques lieues au delà de Troyes, à mi-chemin entre cette ville et Vandœuvres. Il ajouta que les commissaires nommés par les puissances étaient : le général Duca, pour l'Autriche ; le général Schouwaloff, pour la Russie, et le général Rauch, pour la Prusse. Napoléon, de son côté, désigna le général Flahaut, son aide de camp, qui partit pour Lusigny le jour même. La conférence fut immédiatement ouverte.

Ainsi deux négociations allaient se poursuivre parallèlement à quelques lieues seulement de distance. A Châtillon, les représentants de la diplomatie européenne essayaient vainement d'arriver à un traité de pacification générale; à Lusigny, c'étaient les députés de chaque armée qui devaient discuter une suspension d'armes. La pensée des coalisés, à l'égard de cette dernière réunion, n'allait pas au delà d'un simple armistice. La question, réduite à ces termes, aurait été promptement résolue. Mais Napoléon espérait profiter de cette conférence e généraux pour faire accepter, par les chefs militaires de la coalition, des bases de pacification différentes de celles posées par ses diplomates. Pour lui, pas de paix possible, acceptable, sans Anvers et les côtes de la Belgique; pour l'Angleterre, au contraire, pas de traité acceptable ni possible avec ces limites. L'Angleterre avait ses représentants à Châtillon; aucun général ne stipulait ses intérêts spéciaux à Lusigny : la possession d'Ostende, d'Anvers et des bouches de l'Escaut, question toute politique, devait importer assez peu, d'ailleurs, à des généraux russes, autrichiens et prussiens. L'Empereur comptait sur cette double circonstance pour arriver à son but; la proposition dont il avait chargé M. de Flahaut était formulée de manière à trancher la question sans cependant la poser en termes formels. Anvers se trouvait dans nos mains; M. de Flahaut demanda que la ligne d'armistice s'étendît depuis cette place jusqu'à Lyon. Le plénipotentiaire autrichien consentait à discuter cette ligne; les représentants de la Prusse et de la Russie admettaient le *statu quo*, en prenant pour base la position actuelle de chaque corps d'armée, mais rien de plus; leurs ordres étaient formels : au reste, une proposition était faite; ils allaient la soumettre à leurs souverains. En effet, le soir même, des courriers furent expédiés au quartier général. Cet incident suspendit la négociation au moment où le congrès de Châtillon interrompait lui-même ses protocoles sous prétexte d'attendre le résultat de la conférence militaire de Lusigny.

De son côté, Napoléon n'avait pas arrêté son mouvement; il continuait à pousser les Alliés l'épée dans les reins, convaincu qu'une poursuite active, victorieuse, était le plus puissant argument qu'il pût fournir à M. de Flahaut. L'événement lui aurait sans doute donné raison, si Blücher n'était venu se jeter à la traverse.

Blücher, après la bataille de Vauxchamps, s'était retiré en désordre, comme nous l'avons dit, sur Châlons, fort incertain du parti qu'il devait adopter et très-inquiet des deux corps de Sacken et d'York. On sait que, battus trois jours avant lui, ces deux généraux s'étaient enfuis de Château-Thierry, dans la direction de l'Aisne. Arrêtés par cette rivière et poursuivis par le duc de Trévise, les régiments qu'York et Sacken avaient pu emmener auraient été achevés sous les murs de Soissons, si les portes et les ponts de cette place s'étaient fermés devant eux. Mais, au moment où ils se présentèrent devant la ville, elle venait de se rendre à plusieurs divisions russes et prussiennes, commandées par le général Woronzoff, et qui, après la conquête de la Belgique, avaient, à leur tour, franchi la frontière et marché sur l'Aisne en suivant la route de Vervins et de Laon. Soissons n'avait que quelques soldats pour garnison : son commandant, le général Rusca, n'hésita pourtant pas à se défendre ; il fut tué dès la première attaque ; sa mort livra la place aux nouveaux arrivants. Ceux-ci, quand ils aperçurent les fuyards de Château-Thierry, ouvrirent les portes de la ville, et y recueillirent ces débris. Une fois réunis, tous ces corps se mirent en marche pour rallier Blücher, qu'ils joignirent enfin à Châlons, après deux jours de recherche. Grâce à ces renforts, à quelques autres corps de troupes arrivées par la Lorraine, et à 9,000 hommes détachés du corps de Langeron, Blücher se vit bientôt à la tête de plus de 60,000 combattants. Informé du mouvement de retraite de Schwartzenberg, et croyant pouvoir le rejoindre en avant de Troyes, il se porta entre cette ville et Nogent, et se présenta à Méry-sur-Seine, le 22 février, au moment même où Napoléon, marchant à la poursuite de la grande armée alliée, y arrivait avec une partie seulement de ses forces. Ce fut cette rencontre inopinée qui amena la lutte dont nous avons parlé, lutte obstinée et sanglante, dans laquelle Blücher fut blessé, et où l'on vit nos conscrits, mettant à contribution toutes les boutiques de Méry pour fêter le mardi-gras, se battre à outrance, affublés de masques et d'habits de carnaval.

Napoléon n'apprit que beaucoup plus tard le nom du général ennemi qui était venu ainsi se heurter contre ses colonnes de marche. Blücher, en effet, n'avait pas persisté. Sa jonction avec les Autrichiens se trouvant manquée, il avait repassé l'Aube et gagné de nouveau le bassin de la Marne. Arrivé là il eut un moment d'hésitation. Le souvenir de la diversion que, dix jours auparavant, Schwartzenberg avait faite en sa faveur en marchant sur Paris, le décida : il voulut rendre aux Autrichiens le service qu'il en avait reçu. Une seconde fois, il descend la Marne sur les deux rives, et s'avance rapidement sur Paris. Les ducs de Raguse et de Trévise, chargés de la défense du cours inférieur de la Marne et du pays compris entre cette rivière et l'Aisne, étaient trop faibles pour arrêter ce nouvel effort des Prussiens : tous deux se retirèrent, disputant chaque position, et, le 24 février, ils se réunirent à la Ferté-sous-Jouarre, à sept lieues en avant de Meaux, à quinze lieues seulement de Paris.

Ce fut le 26 février, le lendemain de l'ouverture des conférences militaires de Lusigny, que Napoléon connut le mouvement de Blücher. Cette nouvelle changeait tous ses plans. Les Prussiens n'étaient plus qu'à deux journées de marche de la capitale de l'Empire ; il fallait la sauver. Le 27 au matin, il quitte Troyes, traverse dans la journée Arcis-sur-Aube, couche au petit village d'Herbisse, près de Fère-Champenoise, et, le 28, arrive à Sézanne, où il apprend que, l'avant-veille, Marmont et Mortier, forcés d'abandonner la Ferté-sous-Jouarre, se sont retirés sur Meaux. Des dépêches expédiées de Troyes lui annoncent en même temps que, profitant de son départ de cette ville, les Autrichiens ont repris l'offensive, et que, tandis qu'il court à la rencontre de Blücher, Schwartzenberg, à son tour, a rallié toutes ses forces entre Langres et Bar, et revient sur Paris.

L'énergie de Napoléon semble grandir avec le péril. Il ne désespère pas de tenir tête à l'un et à l'autre assaillant. Des deux généraux alliés, Blücher est celui dont les progrès menacent le plus immédiatement la capitale française ; l'Empereur continue de marcher sur lui, et, le 1er mars, il arrive à la Ferté-Gaucher. Là, il apprend que les ducs de Trévise et de Raguse tiennent encore en avant de Meaux, et que Blücher est arrêté à la Ferté-sous-Jouarre. On ne pouvait donner à Napoléon une meilleure nouvelle. Enfin, il allait donc prendre corps à corps cet adversaire insaisissable! Les troupes, exaltées par la promesse d'une bataille pour le soir même, franchissent, pour ainsi dire, au pas de course, les quelques lieues qui séparent les deux Ferté; elles arrivent. Vain espoir! efforts perdus! Du haut des collines qui dominent la Ferté-sous-Jouarre et la rive gauche de la Marne, nos soldats aperçoivent, sur la rive droite, Blücher et son armée qui se disposent à la retraite. Les joindre est impossible : tous les ponts sont coupés. La nuit entière, toute la journée du lendemain, sont employées à rétablir les passages. Malgré l'avance que cette opération donne aux Prussiens, Napoléon espère les atteindre avant qu'ils aient encore pu mettre le cours de l'Aisne entre eux et lui. Ils ne se retirent pas, d'ailleurs, ils fuient dans un désordre qui ralentit leur marche, et par des chemins de traverse qu'un dégel subit vient de transformer en une boue liquide où les équipages et l'artillerie enfoncent jusqu'à l'essieu.

Le 2 mars au soir, les ponts sur la Marne se trouvant enfin rétablis, l'armée impériale n'attendit pas le jour pour passer sur la rive droite. Mais, au lieu de marcher derrière l'ennemi, elle remonta la grande route pavée de Paris à Châlons jusqu'à Château-Thierry, et là, tournant à gauche, elle se dirigea sur Fère-en-Tardenois et Fismes, où elle arriva le 4 au matin. Ce mouvement plaçait l'Empereur entre Soissons et Reims, et le rendait maître de tous les chemins entre ces deux villes.

La position de Blücher était critique. Non-seulement ses régiments harassés se débandaient, laissant à chaque pas des blessés, des traînards, des bagages; mais, pressé sur sa droite par Napoléon; menacé sur sa gauche par les deux corps de Marmont et de Trévise, qui, sur les ordres de l'Empereur, venaient de reprendre l'offensive et de déboucher par Neuilly-Saint-Front et Villers-Cotterets; arrêté en tête par l'Aisne, dont Soissons garde le seul passage, toutes les issues lui sont fermées; il se voit perdu. Résolu de tenter un effort désespéré, il ordonne à tout hasard une démonstration contre Soissons. Ses colonnes démoralisées s'avancent, prêtes à rétrograder et à se dissoudre au premier coup de canon. Chose étrange! L'artillerie des remparts reste muette, les ponts-levis s'abaissent; les Prussiens étonnés pénètrent une seconde fois dans la place. Blücher est sauvé!

Soissons, abandonné par les généraux Woronzoff, York et Sacken après leur jonction dans cette place, avait été occupé par le duc de Trévise, le 19 février. Forcé de se replier sur Meaux, à la suite du dernier mouvement offensif de Blücher, le maréchal y avait laissé une garnison suffisante sous les ordres d'un général au nom malheureux, le général Moreau. Les troupes amenées de Belgique par le général Woronzoff n'étaient que l'avant-garde d'un corps plus considérable commandé par les généraux Bulow et Wintzingerode, qui suivaient à quelques marches de distance. Arrivés, à leur tour, devant Soissons au moment même où Blücher quittait la Ferté-sous-Jouarre, Bulow et Wintzingerode sommèrent le général Moreau de rendre la place. Ce général pouvait se défendre; il capitula : nous venons de dire les résultats de cette lâche faiblesse.

L'armée prussienne ne s'arrêta pas dans Soissons; elle continua de rétrograder en désordre sur Laon, où elle devait se reformer. Décidé à se débarrasser de Blücher par une bataille, Napoléon quitte Fismes, franchit à son tour l'Aisne, à dix lieues au-dessus de Soissons, à Béry-au-Bac, et suit le mouvement de l'ennemi. Le 7 mars il atteint, à Craonne, les corps russes venus de Belgique, que Blücher venait de trouver à Soissons et qui étaient chargés de protéger sa retraite : ces corps, retranchés sur des hauteurs hérissées d'artillerie, occupaient une position formidable qu'ils défendirent avec le plus grand acharnement, et dont l'Empereur parvint cependant à s'emparer. Les Russes se replièrent sur le gros des troupes de Blücher, qui bientôt atteignit Laon après s'être éloigné de la vallée de l'Aisne de plus de vingt-cinq lieues. Ce général ne se serait pas arrêté dans cette ville et aurait probablement fui jusqu'en Belgique, si, par un hasard qui se reproduisit souvent dans cette guerre de quelques semaines, de nouvelles forces,—une partie de l'armée de Bernadotte,— ne l'avaient rejoint au moment où son arrière-garde était chassée de Craonne. Ce nouveau secours le rendait plus fort que jamais : il commandait encore une fois à plus de 100,000 soldats. Malgré cette immense supériorité numérique des Prussiens, Napoléon résolut de les déloger de leur nouvelle position, et, le 8 mars au soir, il fit ses dispositions pour les attaquer le lendemain.

Les approches de Laon, dans la direction suivie par nos troupes, étaient couvertes par le village d'Étrouvelle, que défendaient 7 à 8,000 soldats russes d'élite placés sous les ordres du général Woronzoff. Une chaussée longue d'une lieue, espèce de défilé tracé à travers des marais, conduisait à ce village, dont la possession était indispensable pour aborder Blücher et ses troupes. Le maréchal Ney, chargé de la poursuite des Russes depuis Craonne, avait vainement essayé, dans la journée, d'arriver jusqu'aux soldats de Woronzoff : tous ses efforts pour approcher d'Étrouvelle s'étaient arrêtés devant une forte batterie d'artillerie placée en avant du village, et dont le feu enfilait la chaussée. Dans la nuit, l'Empereur donna, à son premier officier d'ordonnance, le colonel Gourgaud, l'ordre de faire disparaître cet obstacle. Gourgaud prit deux bataillons d'infanterie ainsi que trois escadrons de cavalerie de la vieille garde, et, se jetant dans des chemins de traverse qui couraient sur les parties les plus solides des marais, il tourna ceux-ci, surprit les régiments chargés de défendre le défilé, les chassa de leur position, rendit la chaussée libre, et donna ainsi à nos soldats la facilité de déboucher sur la position des Prussiens.

Le lendemain 9, à quatre heures du matin, l'Empereur achevait de s'habiller et demandait ses chevaux, quand deux dragons se présentent à lui, les habits en désordre, et lui apprennent que le corps du maréchal Marmont vient d'être surpris et dispersé, laissant aux mains des Alliés 2,500 à 3,000 prisonniers et 40 pièces de canon. Napoléon modifie quelques parties de son plan, et la bataille ne tarde pas à s'engager. L'ennemi, descendu, la veille, des hauteurs dont Laon occupe le sommet le plus élevé, fut repoussé jusqu'aux portes de cette ville. Mais tous les efforts de nos soldats, dont le chiffre était encore réduit par la dispersion du corps de Marmont, et qui se battaient 1 contre 5, vinrent échouer contre la force de la position et contre le nombre de ses défenseurs. Obligé de battre en retraite à son tour, Napoléon revient sur ses pas, et entre dans Soissons, où il passe les journées du 11 et du 12 avec les 20,000 hommes qu'il venait de ramener. Le 13, averti qu'un corps russe conduit par le général de Saint-Priest s'est emparé de Reims, il se porte sur cette ville, et en chasse l'ennemi, le soir même, après lui avoir tué, blessé ou pris 4 à 5 mille hommes. Le général de Saint-Priest, ancien émigré, était au nombre des morts. Les Russes avaient, en outre, été contraints d'abandonner 10 canons, 100 chariots de munitions, et l'Empereur, que les 100,000 soldats de Blücher n'avaient pas osé suivre, put séjourner dans cette ville les 14, 15 et 16, sans y être inquiété.

La pointe que Napoléon venait de faire sur Laon avait laissé le généralissime Schwartzenberg sans autres adversaires que les maréchaux Macdonald et Oudinot. Après avoir reformé ses masses, comme nous l'avons dit, entre Langres et les deux villes de Bar-sur-Seine et de Bar-sur-Aube, Schwartzenberg était revenu sur Troyes, puis, s'avançant une seconde fois sur Paris, par la vallée de la Seine, il avait passé cette rivière à deux lieues au-dessus de Nogent, à Pont, dans la nuit du 13 au 14 mars. Le 16, son avant-garde était à Provins, à deux jours de marche seulement de la capitale de l'Empire. La petite armée française achevait de se reposer à Reims, lorsque la nouvelle de ce mouvement parvint à Napoléon. Trop éloigné pour songer à se placer entre Schwartzenberg et Paris, l'Empereur se décide à se jeter sur les derrières du généralissime autrichien, et à le forcer de suspendre sa marche pour se retourner contre lui. Le 17 mars, au matin, il quitte Reims, arrive le même jour à Épernay, où il apprend que quelques anciens privilégiés, ainsi que nous aurons à le raconter plus loin, ont relevé le drapeau blanc à Bordeaux, et introduit les Anglais dans cette importante place maritime. Le 18, il continue sa marche sur l'Aube, et entre dans Fère-Champenoise, où il passe la nuit. Le 19, Napoléon poursuit son mouvement, franchit l'Aube, dans la journée, à Plancy, traverse ensuite la Seine à Méry, et s'arrête une seconde fois sur la grand'route de Paris à Troyes, au petit hameau de Châtres, où il s'empare de tout un équipage de pont, d'une asssez grande quantité de bagages et d'un fort détachement qui rétrogradaient sur la haute Seine. Napoléon interroge les prisonniers; ils lui annoncent, à sa grande surprise, que, loin d'avoir son avant-garde, comme il le croyait, à quelques lieues seulement de Paris, Schwartzenberg venait de se retirer en toute hâte, dans le plus grand désordre, et de reporter son quartier général à Troyes.

Schwartzenberg, en apprenant la prise de Reims et la mort du général de Saint-Priest, avait, en effet, arrêté immédiatement son avant-garde. La nouvelle de la marche de Napoléon sur Épernay n'avait pas tardé à lui arriver. Effrayé de la pensée d'avoir sur ses derrières ce terrible capitaine devant lequel Blücher et lui-même, malgré le nombre de leurs soldats, n'ont cessé de fuir depuis le commencement de la campagne, le généralissime venait de donner, encore une fois, l'ordre de la retraite. Une sorte de panique s'etait mise aussitôt dans toute cette armée. L'empereur d'Autriche, croyant voir son gendre déjà maître de tous les passages des Vosges et des montagnes de la haute Saône, avait traversé Troyes sans oser s'y arrêter, et s'était enfui jusqu'à Dijon. L'empereur de Russie et le roi de Prusse, plus résolus, avaient fait halte à quelques lieues au delà de Troyes, pour attendre le gros de l'armée, qui suivait en toute hâte en enlevant tous les ponts qu'elle avait jetés sur son passage. C'était l'équipage d'un de ces ponts qui venait de tomber aux mains de Napoléon, et la colonne qu'il avait également capturée formait le dernier détachement de l'extrême arrière-garde. La perspective d'une marche de Napoléon sur leur route de retraite, et de manœuvres ayant pour résultat de couper leurs communications avec le Rhin, avait jeté une épouvante si grande dans tous les rangs des coalisés, qu'un officier anglais, attaché au quartier général allié, raconte, dans ses Mémoires, que, le 18, à quatre heures du matin, Alexandre fit dire au prince de Schwartzenberg qu'il croyait urgent d'envoyer à Châtillon un courrier chargé de porter aux plénipotentiaires l'ordre d'accepter toutes les propositions du duc de Vicence, et de signer le traité de paix tel qu'il le demanderait. Un autre écrivain militaire étranger ajoute que le Tzar s'écria à diverses reprises, pendant cette marche, « que la moitié de sa tête en blanchirait. »

L'épouvante que le seul bruit de ses pas jetait au cœur de ses ennemis trompa plus d'une fois, dans le cours de cette héroïque guerre, les calculs de Napoléon. Ainsi l'Empereur venait de quitter Reims avec le projet de mettre les masses de Schwartzenberg entre Paris et la petite armée française, et, par le fait de la retraite de ce général, c'étaient nos troupes, au contraire, qui se trouvaient placées entre les Alliés et Paris. Trop faible pour attaquer de front, Napoléon reprend son projet de manœuvrer sur les derrières de l'ennemi, et se met aussitôt en devoir de le réaliser en se portant, par sa gauche, sur Chaumont et sur Langres. Le 20, dans la nuit, il part de

Châtres, revient sur ses pas, franchit de nouveau les ponts de Méry-sur-Seine et Plancy-sur-Aube, et là, quittant le chemin de Fère-Champenoise et d'Épernay, il remonte la rive droite de l'Aube. A midi, l'Empereur se trouvait à la hauteur d'Arcis. L'Aube sépare cette ville de la route que suivaient alors les troupes impériales. Cette route est coupée, en face d'Arcis, par le grand chemin qui, traversant la ville et son pont, conduit de Troyes à Châlons. Arrivée au point d'intersection, notre avant-garde aperçoit de l'autre côté de la rivière, dans la direction de Troyes, un corps assez considérable de troupes qui semblaient hâter leur marche pour arriver à Arcis. L'Empereur ne devait pas entrer dans cette ville, mais la laisser sur sa droite. Cependant il ordonne une reconnaissance ; des éclaireurs franchissent aussitôt le pont, traversent Arcis et se jettent sur les détachements alliés les plus avancés. La résistance que rencontrent nos soldats est opiniâtre ; Napoléon les fait soutenir ; l'ennemi reçoit également quelques renforts : des deux parts le nombre des combattants continue à s'accroître ; bientôt des colonnes entières se trouvent engagées ; au bout d'une heure ou deux, ce combat d'avant-garde devient une affaire sérieuse. Voici l'explication de ce nouvel incident.

Une fois les masses de Schwartzenberg ralliées à Troyes, les chefs coalisés avaient tenu conseil pour arrêter une dernière et décisive résolution. Le prince de Schwartzenberg et le roi de Prusse avaient opiné pour éloigner encore le quartier général et pour le reporter au delà de la Seine et de l'Aube. L'empereur de Russie admettait l'impossibilité de se maintenir sur ces deux rivières ; mais il ne consentait à quitter cette ligne que pour se porter sur Châlons, y rallier Blücher, unir ainsi, dans la vallée de la Marne, toutes les forces de la coalition et marcher ensuite sur Paris avec une telle masse de soldats, que leur seul poids dût suffire pour écraser les troupes peu nombreuses chargées de les arrêter. Toute opération d'attaque ou de retraite devait être ajournée jusqu'après cette concentration. Ce plan n'appartenait pas tout entier au Tzar : les instances et les promesses d'un royaliste arrivé de Paris, et dont nous dirons plus loin la démarche, avaient surtout décidé l'empereur Alexandre : on adopta l'avis de ce souverain. Plusieurs officiers portèrent immédiatement à Blücher l'ordre de concentrer toutes ses colonnes à Châlons, et Schwartzenberg, à la tête de toutes ses forces, se mit lui-même en marche pour gagner cette ville. Comme on l'a vu, la route qui devait l'y conduire traversait Arcis, et c'étaient ses têtes de colonnes qui se présentaient sous les murs de cette cité, par la rive gauche de l'Aube, quand Napoléon, convaincu que le quartier général des souverains s'était replié à plus de vingt lieues de là, remontait la rive droite.

Cette rencontre inattendue, nouveau et fatal résultat de la terreur qu'il inspirait, devint une des plus rudes batailles de cette courte campagne.

L'Empereur, à la vue des masses qui se déployaient de l'autre côté de l'Aube, à la persistance et à la force des décharges de leur artillerie, reconnut la présence de toute l'armée de Schwartzenberg. Il ne voulut pas reculer. Traversant au galop le pont et la ville, il arriva sur le champ de bataille au moment où les régiments alors engagés commençaient à plier sous les coups d'une batterie de 60 pièces et sous l'effort d'un ennemi huit fois plus nombreux. Sa présence rétablit le combat. A Montereau, lui-même avait pointé les canons de sa garde; cette fois, il mit l'épée à la main et lutta de sa personne. Enveloppé à différentes reprises dans le tourbillon des charges de cavalerie, il ne dut son salut qu'à son propre courage et au dévouement des officiers placés à ses côtés. Enfin, la garde arrive et forme ses lignes. L'ennemi redouble son feu. Un obus tombe à quelques pas de l'Empereur et vient rouler le long d'un des carrés placés devant lui. Le sentiment de conservation agit instinctivement sur ces hommes d'élite ;

la présence du projectile prêt à éclater occasionne une sorte de flottement dans les rangs les plus proches. Napoléon s'en aperçoit; il lance son cheval sur l'obus, et, pendant que l'animal flaire, épouvanté, la mèche enflammée, il demande froidement la cause de ce mouvement; il s'étonne que des soldats aussi éprouvés fassent attention à un obus. A ce moment, l'obus éclate; un nuage épais de poussière et de fumée enveloppe l'Empereur : un long cri d'épouvante s'élève des rangs; le nuage se dissipe; Napoléon est toujours debout, ses traits ont conservé leur calme. Les soldats le saluent d'acclamations frénétiques; son cheval était tué; il s'élance sur un autre et court se placer sous le feu de nouvelles batteries. Comme à Montereau, aucun coup, aucun éclat ne l'atteint. Ce n'est pas là qu'il doit mourir.

Cependant les Alliés s'étendent en un immense demi-cercle, qui, se resserrant par degrés, finit par enfermer l'armée française dans Arcis. Nos soldats, repoussés dans les faubourgs, crénellent les maisons, et, malgré les bombes, les obus qui sillonnent l'air, malgré les incendies qui éclatent de tous les côtés, ils parviennent à s'y maintenir. La nuit arrive; Napoléon en profite pour faire établir un second pont, et le lendemain, 21, la lutte recommence à l'entrée des faubourgs, non plus pour arracher à l'ennemi une victoire impossible, mais pour donner à l'armée le temps de se retirer en ordre et sans être poursuivie. Plus convaincu que jamais, par la sanglante expérience qu'il vient de faire, que vouloir lutter corps à corps avec les masses de l'ennemi serait une tentative inutile; décidé, d'ailleurs, à ne pas subir la honte de se voir refoulé de position en position jusqu'aux barrières de Paris, l'Empereur abandonne décidément les avenues de sa capitale à Schwartzenberg, et se porte, par la traverse, vers la haute Meuse et la Lorraine. Son plan n'est point changé, mais sa pensée vient de lui donner une portée et des proportions nouvelles.

A Soissons, à Reims, à Épernay, partout où il avait séjourné au retour de sa pointe sur Laon, des courriers, expédiés par les autorités civiles ou militaires des départements compris entre la haute Marne et le Rhin, lui avaient annoncé que le mouvement de retraite de Schwartzenberg, après les affaires de Mormant, Nangis et Montereau, avait agité les populations jusqu'au delà de la Lorraine et de l'Alsace. Les habitants des Vosges, enhardis par le passage de détachements autrichiens rétrogradant vers le Rhin, s'étaient soulevés et avaient fait éprouver à l'ennemi des pertes énormes sur toutes les routes. Dans le département de la Meuse, près de Bar-sur-Ornain, les habitants de plusieurs villages, réunis en partisans, avaient tué un général russe et dispersé tout un régiment qui lui servait d'escorte. Les garnisons de Verdun, de Metz, faiblement observées, faisaient des sorties continuelles et envoyaient des partis jusqu'aux portes de Saint-Mihiel et de Nanci. La garnison française de Mayence arrêtait une partie des renforts venant de la Saxe et de la Silésie. Enfin, toutes les populations de la rive gauche du Rhin se montraient disposées à seconder les efforts des autorités et des troupes impériales.

Ces nouvelles, jointes à l'impuissance de son système de défense régulière, avaient décidé Napoléon à recourir enfin au moyen de résistance le plus énergique et le plus sûr pour les empires envahis, à la levée en masse, à l'insurrection nationale. Le 5 mars, *cinq mois* seulement après l'entrée de Wellington sur le territoire français, plus de *deux mois* après l'invasion de la Lorraine, de l'Alsace et des Vosges par les masses de la coalition, quinze jours seulement avant la bataille d'Arcis, la dernière que Napoléon devait livrer, il avait signé, à Fismes, deux décrets ainsi conçus :

« I. — Considérant que les généraux alliés ont déclaré qu'ils passeraient par les armes tous les paysans qui prendraient les armes, décrétons :

« Art. 1ᵉʳ. — Tous les citoyens français sont non-seulement *autorisés* à courir aux armes, mais requis de le faire; de sonner le tocsin aussitôt qu'ils entendront le canon de nos troupes s'approcher d'eux ; de se rassembler, de fouiller les bois, de couper les ponts, d'intercepter les routes, et de tomber sur les flancs et sur les derrières de l'ennemi.

« Art. 2. — Tout citoyen français pris par l'ennemi, et qui serait mis à mort, sera sur-le-champ vengé par la mort, en représailles, d'un prisonnier ennemi.

« II. — Considérant que les peuples des villes et des campagnes, indignés des horreurs que commettent sur eux les ennemis, et spécialement les Russes et les Cosaques, courent aux armes par un juste sentiment de l'honneur national, pour arrêter des partis de l'ennemi, enlever ses convois et lui faire le plus de mal possible, mais que dans plusieurs lieux ils en ont été détournés par le maire ou par d'autres magistrats, décrétons :

« Article unique. — Tous les maires, fonctionnaires publics et habitants qui, au lieu d'exciter l'élan patriotique du peuple, le refroidissent, ou dissuadent les citoyens d'une légitime défense, seront considérés comme traîtres et traités comme tels. »

Il était bien tard pour en appeler à l'énergie et au patriotisme des masses. Deux mois et demi auparavant, cet appel eût arrêté les Alliés à la frontière. Jamais, assurément, les souverains n'auraient osé franchir le Rhin si, au lieu de rencontrer, pour uniques adversaires, Napoléon, ses lieutenants enrichis, ses fonctionnaires sans conviction et ses soldats épuisés, ils avaient dû lutter contre la nation tout entière, debout et armée pour le maintien de son indépendance. Mais aucune parole du chef de l'Empire, aucune mesure n'indiquaient alors chez lui la pensée même la plus lointaine d'un appel à la population. Loin de là : dans ses discours comme dans ses publications officielles, on l'entendait tonner encore contre les factions, la démagogie, les idées révolutionnaires. Le 20 décembre précédent, alors que les coalisés s'apprêtaient à franchir la frontière, il répondait à une Adresse où le Conseil d'Etat faisait quelque timide allusion aux malheurs qui menaçaient la patrie :

« C'est à l'idéologie, à cette ténébreuse métaphysique qui, en recherchant avec subtilité les causes premières, veut sur ces bases fonder la législation des peuples, au lieu d'approprier les lois à la connaissance du cœur humain et aux leçons de l'Histoire, qu'il faut attribuer *tous les malheurs* qu'a éprouvés notre belle France. Ces erreurs devaient et ont effectivement amené le régime des hommes de sang. En effet, qui a proclamé le principe d'insurrection comme un devoir? qui a adulé le peuple, en le proclamant à une souveraineté qu'il était incapable d'exercer? qui a détruit la sainteté et le respect des lois?..... »

Ces accusations contre l'idéologie, à propos de nos récentes défaites et de l'approche de l'ennemi, témoignent d'une préoccupation étrange. La France n'avait alors rien à redouter de la métaphysique ni de l'idée révolutionnaire; le péril, pour Napoléon lui-même, n'était point là : l'équipée royaliste de Troyes le lui fit comprendre. Aussi les menaces du second décret de Fismes s'adressaient-elles exclusivement aux anciens privilégiés, aux émigrés placés par lui dans tous les services publics et à la tête de la plupart des administrations locales. Dans les premiers jours de 1814, à plusieurs semaines même de là, les fonctionnaires de cette catégorie auraient secondé l'effort de la population. Mais au mois de mars, lorsque deux fois déjà les coalisés s'étaient approchés des portes de Paris, ils attendaient et demeuraient incertains ou inertes. Disons, au reste, qu'aux derniers jours de l'Empire, époque d'affaissement ou de défection universelle, l'esprit de nationalité, le sentiment patriotique s'étaient réfugiés dans ce peuple des villes, des campagnes et de l'armée, qui avait tant donné à Napoléon et pour lequel il avait fait si peu. Triste condition des fortunes que l'aveuglement ou l'enthousiasme des nations fait si hautes! Napoléon, ce génie dont le regard était si perçant, ne voyait plus rien, depuis longtemps, au delà de l'horizon borné que lui faisait son entourage officiel. Il lui fallut les hasards de la campagne de 1814, ainsi que le contact inattendu où elle le mit avec les vignerons de la Champagne et de la Bourgogne, avec les ouvriers des villes de ces deux provinces, pour découvrir toutes les ressources qu'il aurait pu trouver dans le courage et dans le patriotisme inépuisable de ces classes si nationales, si fortes, et pourtant si dédaignées; leur concours moins tardif aurait sauvé son empire comme il avait sauvé la République vingt ans auparavant; mais, jusque-là, il n'avait aperçu les classes laborieuses que du haut des fenêtres de ses palais ou à travers les nuages d'encens dont l'enivraient ses fonctionnaires, ses autorités constituées, tout ce monde officiel qui se renouvelle sans changer jamais, et dont le banal dévouement à tous les puissants et à tous les régimes n'a jamais sauvé ni un pouvoir ni un souverain. « Partout j'ai des plaintes du peuple contre les maires et les bourgeois qui l'empêchent de se défendre, écrivait-il de Soissons, le 13 mars, à son frère Joseph; je vois la même chose à Paris. Le peuple a de l'énergie et de l'honneur : je crains bien que ce ne soient certains chefs qui ne veulent pas se battre, et qui seront tout sots, après l'événement, de ce qui leur sera arrivé à eux-mêmes. [1] »

Napoléon, à mesure qu'il approchait de la Lorraine, soulevait les populations, organisait des corps de partisans et lançait sur tous les chemins des officiers chargés de provoquer et de généraliser le mouvement. Ce nouveau système de défense devait placer entre l'Allemagne et les puissances alliées l'épaisseur de quinze départements dont l'insurrection, régularisée par Napoléon en personne, soutenue par l'armée qu'il

---

[1] On lit dans le *Journal des opérations du 6ᵉ corps pendant la campagne de 1814*, par le colonel Fabvier :

« Dans cette campagne sacrée, où chacun défendait le sol qui l'avait vu naître, chaque jour voyait des scènes nouvelles ou attendrissantes : tantôt, malgré nos efforts, il fallait abandonner aux barbares nos villes, nos villages et leurs habitants; d'autres fois, nous y rentrions en vainqueurs, et alors, malgré les pillages et les incendies, ces nobles paysans venaient nous offrir leurs dernières ressources. Souvent on voyait, du milieu d'épaisses forêts s'élever des colonnes de fumée : c'étaient des vivres qui cuisaient pour nous on les apportait à la faveur de la nuit, à travers mille périls, à nos colonnes harassées. Habitants des campagnes, vous êtes la partie la plus vénérable du peuple français! Que n'auraient-ils pas fait, ces paysans, si une politique insensée, habituelle au despotisme, ne les eût tenus désarmés de longue main!..... »

conduisait et par les garnisons des places de l'Est, menaçait de jeter en quelques jours, sur les derrières et sur les flancs de l'ennemi, plus d'un demi-million d'hommes armés. Les Alliés, dans cette position, pouvaient difficilement s'aventurer sur Paris; ils étaient forcés, soit d'aller chercher en Belgique une nouvelle base d'opérations, soit de se retourner contre Napoléon pour rétablir leurs communications avec le Rhin. La retraite en Belgique délivrait la plus grande partie du territoire; un retour offensif sur la Meuse trouvait l'Empereur plus fort de toutes les ressources nouvelles que ses décrets de levée en masse devaient lui donner. Voilà les projets qui occupaient la pensée de Napoléon trois jours après la bataille d'Arcis, lorsque, ayant traversé la Marne à une demi-lieue au-dessus de Vitry-le-Français, au gué de Frignicourt, il entrait le 23 mars à Saint-Dizier. C'était sous les murs de cette ville, le 27 janvier précédent, qu'avait eu lieu le premier engagement de la campagne; c'était également là qu'elle devait finir.

Une des premières visites que reçut l'Empereur à son nouveau quartier général fut celle du duc de Vicence.

Nous avons dit que la conférence militaire de Lusigny avait suspendu les lents et stériles protocoles de Châtillon; ouverte le 25 février, cette conférence compta deux séances à peine; les généraux alliés, frappés d'impuissance dès le premier jour, par la proposition du général de Flahaut, avaient été obligés de demander de nouvelles instructions. Ces instructions n'arrivèrent pas. Les progrès de Blücher sur la Marne, la marche de Napoléon sur la Ferté-sous-Jouarre et Fismes, le retour offensif de Schwartzenberg lui-même sur Paris, emportèrent la négociation. Les négociateurs se retirèrent devant cette lutte qui se poursuivait plus générale, plus active que jamais, et, le 8 mars, le général de Flahaut avait rejoint l'Empereur entre Craonne et Laon.

Ce projet d'armistice produisit cependant un résultat important.

L'Angleterre n'avait pas de soldats dans les rangs alliés; aucun général de cette nation ne la représentait dès lors officiellement au grand quartier général de l'armée active; les diplomates qu'elle entretenait auprès des souverains, et son principal ministre, étaient au congrès de Châtillon. Un armistice, résultant de faits exclusivement militaires, et conclu entre les chefs des différentes armées, pouvait donc engager les puissances continentales, à l'insu des agents anglais, sur cette *question d'Anvers*, « la plus essentielle *par-dessus* toutes les autres, » avait écrit lord Castlereagh lui-même au comte d'Aberdeen, et qui n'était l'objet d'aucune stipulation spéciale dans les traités d'alliance ou de subside qu'elle avait précédemment signés. Ainsi cette question se serait trouvée résolue contre l'Angleterre, si les commissaires militaires alliés, à Lusigny, avaient immédiatement accepté la base proposée par le général de Flahaut. Avertis par le péril qu'ils venaient de courir, les représentants anglais se mirent en mesure de n'avoir plus à redouter une pareille surprise. Ils offrirent aux souverains une augmentation de subsides, que ceux-ci s'empressèrent d'accepter. Ce fut la régularisation de cette affaire d'argent qui devint l'occasion et le prétexte du fameux *traité de Chaumont*. Ce traité, conclu le 1er mars, six jours après la proposition de M. de Flahaut, contenait quatre articles:

Par le premier, l'Angleterre, l'Autriche, la Prusse et la Russie s'engageaient, dans le cas où la France refuserait d'accepter les conditions de la paix proposée (*les limites de* 1789), à poursuivre la guerre contre elle de tous leurs moyens, et à les employer dans un *parfait concert*.

Aux termes du second, chaque puissance continentale devait constamment tenir en campagne une force active de 150,000 hommes au moins.

Le troisième stipulait qu'aucune négociation *séparée* ne pourrait avoir lieu avec l'ennemi commun.

Enfin l'Angleterre s'engageait, par le quatrième article, à

fournir un subside annuel de 4,800,000 l. sterl. (120 millions de francs) à répartir entre les trois alliés.

L'Angleterre, par ce traité, obtenait un double résultat : d'abord, elle faisait décider, en principe, comme la base de toute pacification future, le rétablissement des frontières de 1789, c'est-à-dire la perte, par la France, des côtes de la Belgique et du port d'Anvers; en second lieu, elle n'avait plus à craindre, quels que fussent les incidents de la campagne, de voir ses alliés nous laisser, par une négociation *séparée*, la possession de ce port, menace toujours ouverte contre Londres, et dont la destruction, « essentielle à sa sûreté, » était le but caché des efforts et des sacrifices qu'elle s'imposait depuis vingt ans.

La conclusion de cette convention n'avait pas arrêté les impuissantes entrevues ni les conversations inutiles du congrès de Châtillon : suspendues lors de la réunion des commissaires militaires, à Lusigny, elles reprirent leur cours le 10 mars. Le protocole de cette séance ne contient que des observations fort justes sans doute, mais diffuses, interminables, du duc de Vicence, sur les bases exigées par les Alliés. Le 13, les plénipotentiaires des coalisés consignèrent au protocole une réplique non moins longue, dans laquelle ils déclaraient ne pouvoir se départir de leurs demandes; ils insistaient, en terminant, sur une réponse catégorique, et n'accordaient, pour tout délai, au plénipotentiaire français, que la journée du lendemain : si, le 15 au matin, le duc de Vicence n'avait pas accepté le traité, sans condition, le congrès était dissous. Le 15, au lieu d'une acceptation pure et simple, Caulaincourt remit à l'assemblée un projet de traité en neuf pages et en vingt-neuf articles, dont voici la substance : l'Empereur renonçait, pour lui et pour ses successeurs, aux provinces illyriennes et à tous les territoires formant les départements français situés au delà du Rhin et des Alpes, à l'exception, toutefois, de l'île d'Elbe; il renonçait également au royaume d'Italie en faveur du prince Eugène, qui garderait cette couronne en toute souveraineté pour lui et sa descendance, à perpétuité; la princesse Élisa, sœur de Napoléon, conservait pour elle et ses descendants, en toute propriété et souveraineté, Lucques et Piombino; enfin, la principauté de Neufchâtel et le duché de Bénévent demeuraient, l'une au maréchal Berthier, l'autre à M. de Talleyrand.

Cette contre-proposition, qui laissait à la France la Belgique, Anvers, la rive gauche du Rhin et la Savoie, était la négation formelle du projet des coalisés. Cependant les conférences ne furent pas immédiatement rompues : les plénipotentiaires alliés avaient reçu, dans la nuit, la nouvelle du mouvement de retraite de Schwartzenberg lors de la dernière panique causée par le retour de Napoléon à Reims et à Épernay, et par le seul bruit de sa marche sur la Seine. Mais, lorsque la panique fut passée et que les souverains eurent décidé de concentrer à Châlons toutes les forces de la coalition, ils décidèrent aussi que le congrès serait dissous. Le 19, un protocole final, résumé prolixe de toutes les conversations précédentes, fut signé, et les plénipotentiaires quittèrent Châtillon.

Ce congrès ne fut qu'un solennel mensonge. Ni les Alliés, ni Napoléon n'attendaient un résultat sérieux de ses travaux. Chaque matin, les instructions des plénipotentiaires variaient selon le résultat du combat livré la veille. Cependant les deux parties avaient laissé ce congrès constamment ouvert comme un instrument de rédaction et un moyen de transaction toujours prêts; c'était un dernier recours que chacune d'elles se réservait pour le cas d'un péril suprême. L'Empereur se serait bien gardé d'en abréger la durée; sa position était trop incertaine. Les Alliés eux-mêmes ne prirent le parti de le dissoudre que lorsqu'ils se furent résolus à réunir toutes leurs forces, à tenter un dernier et décisif effort contre la capitale de l'Empire. En changeant le plan de leurs opérations et leur champ de bataille, ils devaient également changer le théâtre des négociations; vainqueurs ou vaincus, Paris devenait désormais, pour eux, le seul lieu où ils pouvaient traiter.

Disons, avant d'aller plus loin, que, dans aucune des notes ou des conversations officielles échangées dans ce congrès, pas plus que dans les conférences préliminaires qui avaient eu lieu à Francfort, on n'entendit la moindre allusion à la cause des Bourbons, et que le nom même de ces princes n'y fut jamais prononcé.

Quand les chefs militaires qui entouraient Napoléon apprirent, par le retour du duc de Vicence, la rupture définitive des négociations, ils se répandirent en murmures, en plaintes et en reproches. Les plus élevés, ceux qu'il avait le plus grandis et que sa main, prodigue d'honneurs et de richesses, avait le plus comblés, ceux-là, surtout, se montraient consternés. « Plus de paix possible! que prétend donc l'Empereur? disaient-ils. Où veut-il aller? La guerre! toujours la guerre! quand donc viendra le repos? »

Napoléon entendait ces plaintes, qui, dans d'autres bouches et dans un autre moment, eussent été fondées; il les écoutait sans colère et discutait même les terreurs de ses lieutenants : « Je suis plus près de Munich que les Alliés ne le sont de Paris, » leur disait-il. Ce mot révèle toute la portée du plan qu'il venait d'adopter, et qui, selon les expressions consignées dans une lettre écrite par lui à l'Impératrice et interceptée par l'ennemi, devait *tout perdre ou tout sauver*.

C'est le 25 mars, au même moment où Napoléon arrivait à Saint-Dizier, qu'avait eu lieu, dans les plaines de Châlons, la jonction de toutes les forces alliées. Jamais, depuis Attila, dit un annaliste, témoin des événements, l'immense plaine qui s'étend entre Châlons et Arcis n'avait contenu plus de soldats! Les coalisés avaient quitté les vallées de la Seine et de l'Aube, avec la ferme résolution de marcher sur Paris. Mais, une fois réunis, ils redevinrent hésitants. La présence de Napoléon sur leurs derrières épouvantait le plus grand nombre. Durant un jour et deux nuits ils flottèrent entre les résolutions les plus diverses. La question d'une retraite générale sur le Rhin fut posée et longuement débattue; appuyée par le roi de Prusse et par le généralissime Schwartzenberg, elle fut opiniâtrément combattue par Alexandre, qui faisait observer que, dans la position prise par Napoléon, la véritable route de retraite des Alliés était, non pas la route du Rhin, puisque l'Empereur la gardait en s'appuyant sur trois lignes de forteresses et sur une insurrection générale dirigée par lui-même, mais la route de la Belgique. Il ajoutait que la marche de leurs armées dans cette dernière direction présentait un autre avantage : le dernier mouvement de Napoléon laissait libres toutes les avenues de Paris; on pourrait tenter un coup de main sur cette capitale : si l'attaque échouait, les Alliés poursuivaient leur chemin; si elle réussissait, ainsi qu'on le lui avait fait espérer, Napoléon, privé de sa capitale, pourrait difficilement prolonger la lutte. Ces considérations parurent ébranler le roi de Prusse et le prince de Schwartzenberg; cependant ils résistaient encore lorsque, le 24, dans la nuit, Alexandre déclara que, las de ne se porter en avant que pour reculer toujours, il était décidé, pour en finir, à jouer *le tout pour le tout*, et qu'il s'avancerait sur la capitale française, dût-il marcher avec ses seules troupes. Cette menace fit cesser toutes les hésitations. Le 25 au matin, les coalisés, réunis en une seule masse, descendirent les deux rives de la Marne.

Napoléon ne connut ce mouvement que le 26 au soir, par des prisonniers appartenant à un corps de 10,000 cavaliers russes et prussiens, chargés, sous les ordres du général Wintzingerode, de harceler la petite armée impériale, et de masquer le nouveau mouvement des souverains sur Paris. L'Empereur passa la nuit sur ses cartes. Courrait-il au secours de Paris menacé, ou bien, abandonnant cette capitale aux chances de la guerre, et donnant à son dernier plan de campagne un développement inattendu, pousserait-il droit au Rhin, soulevant les populations sur son passage, soufflant dans toutes les âmes le feu de la vengeance et de la guerre? Libre de ses mouvements comme il l'était, qui donc l'empêcherait de pénétrer dans l'Allemagne aujourd'hui sans soldats; de réunir à son armée, que grossirait une partie des garnisons françaises d'entre le Rhin et la Meuse, les 60 à 70,000 combattants encore enfermés dans les places du haut Weser et de l'Elbe; puis, tandis que l'insurrection de tous les départements de l'Est et du Centre tiendrait les souverains enfermés dans Paris, de parcourir en victorieux les États désarmés de ses adversaires, de porter, à son tour, la terreur jusque dans Vienne et dans Berlin?

Mais, en même temps que ces pensées fermentaient dans l'esprit de Napoléon, les murmures qu'il avait entendus les jours précédents s'élevaient autour de lui plus violents et plus nombreux. Ce qui les surexcite, c'est la nouvelle du nouveau mouvement des Alliés sur Paris. Paris, disait-on, allait être enlevé de vive force et livré au pillage. Des intérêts égoïstes, dissimulant leurs secrètes préoccupations, s'indignaient à la pensée de l'incendie dévorant ces palais, ces monuments, dépôts inestimables, gages glorieux de la richesse et de la grandeur nationales. C'est à Paris qu'il faut courir! s'écriait le haut état-major tout d'une voix.

Si Napoléon, traversant les rangs pressés de ses premiers généraux et de sa maison militaire, avait interrogé le patriotisme des officiers inférieurs et des simples soldats, il n'aurait rencontré dans ce peuple de l'armée qu'un sentiment, la haine de l'ennemi, qu'une préoccupation, la crainte de ne pas lui faire payer assez cher l'audace de l'invasion. Depuis deux mois, ces bandes héroïques ne connaissaient plus le repos; obligées chaque jour à de nouveaux combats ou à des marches nouvelles, sans pain souvent et souvent sans abri, au milieu de la saison la plus rude de l'année, nulle part on ne les avait vues se lasser ou faiblir. Luttant toujours un contre cinq, quelquefois un contre dix, partout où elles avaient pu joindre l'ennemi, leurs coups avaient été terribles. Un grand nombre, conscrits ou gardes nationaux mobilisés, venaient de quitter leurs familles et le bien-être du foyer domestique; pas un murmure, pas une plainte, ne s'élevaient pourtant parmi eux. Napoléon n'avait qu'à marcher, et tous, vétérans ou soldats de la veille, attachés fidèlement à ses pas, l'auraient suivi jusqu'au fond de l'Europe. Le peuple des campagnes n'était ni moins dévoué ni moins énergique; les maux de la guerre exaltaient son courageux patriotisme au lieu de le glacer. Dans la journée même du 27, les paysans du petit village de Saint-Thibaut amenèrent à l'Empereur, conduits sur des charrettes, un ambassadeur autrichien, un général suédois, un conseiller de guerre prussien et plusieurs officiers généraux russes pris, la veille, par eux, et dont ils avaient dispersé l'escorte. Parmi ces prisonniers, se trouvait un personnage royaliste dont nous aurons occasion de parler, M. de Vitrolles, qui venait de quitter le comte d'Artois à Nancy. M. de Vitrolles, se glissant parmi les domestiques de ses compagnons de charrette, parvint à s'échapper. Napoléon rendit la liberté aux autres prisonniers. Peu de jours auparavant, le 10 mars, les habitants du village de Pers, arrondissement de Montargis, apprenant l'arrestation de la voiture de la poste aux lettres par une colonne de cavalerie russe, s'étaient réunis aux sons du tocsin, et, rangés en bataille par leur curé, nommé Pothier, qui, le pistolet au poing, leur avait donné lui-même le signal de l'attaque, ils s'étaient précipités sur les Russes, les avaient mis en fuite et avaient délivré la voiture ainsi que ses conducteurs. Ce n'étaient pas non plus ces braves paysans qui eussent exigé de l'Empereur qu'il cessât la lutte au prix d'indignes sacrifices! Mais, emprisonné au milieu des triples barrières que, dans les déplorables calculs d'une fausse grandeur, lui-même avait élevées autour de sa personne; condamné par cet isolement à subir l'influence d'un entourage doré, titré, qu'il regardait comme indispensable à la splendeur de son rang, il n'eut pas la force de résister aux obsessions de ses lieutenants : après avoir lutté durant tout un jour et toute une nuit contre leur mécontentement, il céda; et, le 28 mars au matin, l'armée reprit la route de Paris.

L'Empereur venait de perdre cinq jours à Saint-Dizier. Son inaction dans cette ville lui fut fatale. Napoléon, à Saint-Dizier, ne se trouvait pas assez éloigné de Paris pour être dans l'impossibilité de courir à la défense de cette capitale; il ne s'en trouvait pas assez près pour être certain d'arriver à temps. Si, le 23, il avait suivi sa première inspiration, non-seulement il n'aurait pu songer à revenir sur ses pas, mais il aurait continué d'avancer sur le Rhin, et le comte d'Artois, enfermé dans Nancy, à douze heures de marche de Saint-Dizier, tombait en ses mains. Nous avons dit les autres résultats qu'il attendait de ce mouvement. Mieux que personne les généraux coalisés pouvaient apprécier le péril où les jetait ce nouveau système d'opérations. Or voici ce qu'on lit dans l'histoire de la campagne de 1814, par un témoin oculaire, par sir Robert Wilson, général anglais, alors attaché à l'état-major des souverains :

« Les Alliés se trouvaient dans un cercle vicieux d'où il leur était IMPOSSIBLE DE SE TIRER, si la défection ne fût venue à leur secours. Ils étaient *hors d'état d'assurer leur retraite*, et cependant ils étaient *obligés de se retirer*. Cette défection, favorable à leur cause, fut consommée *au moment même où le succès de* Bonaparte semblait HORS DES ATTEINTES DE LA FORTUNE. Le mouvement sur Saint-Dizier, qui *devait lui assurer l'empire*, lui fit perdre la couronne. »

La défection, ici, ne doit pas s'entendre dans le sens matériel du mot. Sir Robert fait allusion à deux faits : d'abord, à la concentration des Alliés, à leur mouvement sur Paris, résultats d'une entrevue entre Alexandre et un royaliste dont nous avons déjà prononcé le nom; en second lieu, à la résistance qui força Napoléon d'abandonner son dernier plan de campagne pour courir à la défense d'une capitale qu'il pouvait difficilement sauver. Sans l'abandon de ce plan, la marche des Alliés sur Paris n'aurait pas été décisive; en perdant sa capitale, Napoléon n'aurait perdu qu'une ville ouverte; ce n'était pas, en effet, en rétrogradant de la Lorraine vers Paris que « son mouvement sur Saint-Dizier devait lui assurer l'empire. »

L'ennemi avait une avance de trois jours. Toutefois, le nombre et l'épaisseur de ses bataillons, l'immensité de son matériel, devaient alourdir ses mouvements. Il était impossible, d'ailleurs, que, sur certains points, les corps détachés sur la basse Marne ne parvinssent pas à retarder sa marche. Les routes, au contraire, étaient libres pour l'armée française. Schwartzenberg, en se portant sur Châlons, avait rappelé tous les détachements auparavant répandus sur les deux rives de la Seine. Napoléon, en suivant la route de Troyes, de Sens, de Fossard et de Fontainebleau, n'avait donc aucun obstacle, aucun retard à craindre; il pouvait, si Paris tenait seulement deux jours, y devancer encore les coalisés. Une fois sous les murs de sa capitale, lui-même se mettait à la tête de la population, et, appuyé sur elle, soutenu par les troupes qu'il ramenait, il faisait face à l'ennemi, lui présentait un front inexpugnable, tandis que l'insurrection de tous les départements du Centre et de l'Est, séparant les coalisés de tous leurs dépôts et de toutes leurs communications avec l'Allemagne, ne leur laissait d'autre alternative qu'une retraite désastreuse à travers les départements du Nord, ou un traité dont Napoléon dicterait alors les termes.

Le succès de cette nouvelle combinaison était subordonné, comme on le voit, à deux faits : la résistance de Paris pendant 48 heures; la rapidité du retour de l'Empereur et de ses troupes. On ne compte pas moins de 65 lieues entre Saint-Dizier et Paris, par les détours de la route que devait suivre l'armée. Parties le 28 au matin, les troupes vinrent coucher le soir à Doulevant. Le lendemain, de bonne heure, elles se remirent en marche. Parvenu à Doulencourt, première halte de cette journée, l'Empereur dépêcha un de ses aides de camp, le général Dejean, à Joseph, pour lui annoncer son retour et lui enjoindre de tenir *jusqu'à son arrivée*. L'armée, continuant sa route, passa la nuit du 29 à Troyes. Le 30, de grand matin, l'Empereur quitta cette ville, marcha militairement jusqu'à Villeneuve-sur-Vannes, et là, certain que la route était parfaitement libre, il se jeta dans une carriole d'osier et arriva à Sens, où il apprit, en changeant de chevaux, le départ de l'Impératrice et du roi de Rome pour Blois. On ne savait rien au delà. L'impatience de Napoléon en devint plus vive ; il pressait les postillons ; les roues de sa carriole brûlaient le pavé ; il traversa successivement et sans s'arrêter Pont-sur-Yonne, Fossard, Moret, Fontainebleau, et le soir, à dix heures, il arriva enfin à cinq lieues de Paris, à Fromenteau, après avoir fait plus de quarante lieues dans cette seule journée. Encore une heure, et il était aux Tuileries. Des groupes de soldats accablés de fatigue, quelques officiers abattus stationnaient devant la maison de poste. Napoléon les interroge. Le général Belliard lui annonce qu'ils battent en retraite. Il était trop tard ! Paris, attaqué le matin, venait de se rendre !

CHAPITRE VI

Les Bourbons : débarquement du duc de Berri à l'île de Jersey; immobilité de la Bretagne et de la Vendée. Arrivée du comte d'Artois en Suisse; il entre en France par Pontarlier; son séjour à Vesoul, puis à Nancy; sa retraite projetée derrière le Rhin; arrivée de M. de Vitrolles. — Le duc d'Angoulême à Saint-Jean-de-Luz; sa proclamation à l'armée française; ordre du jour du maréchal Soult; le duc veut retourner à Londres. — Bordeaux; quelques royalistes offrent de livrer cette ville aux Anglais; expédition de lord Beresford; *journée du 12 mars*. — *Paris* : M. de Talleyrand, ses salons, son entourage; M. de Dalberg, l'abbé de Pradt, l'abbé Louis. — M. de Vitrolles; son départ pour Bâle; il s'arrête à Châtillon, puis à Troyes; son entretien avec MM. de Metternich et de Nesselrode; entrevue avec Alexandre; ouverture pour la restauration des Bourbons. — Concentration de toutes les forces alliées à Châlons; hésitation des souverains; les trahisons au mois de mars 1814. — Envoi d'une députation royaliste à Bernadotte. — Les Alliés descendent en masse les deux rives de la Marne; ils rencontrent les ducs de Raguse et de Trévise, les généraux Pacthod et Amey; retraite des deux maréchaux; combats de Fère-Champenoise et de la Ferté-Gaucher; prise de Meaux. — Réunion du conseil de régence; délibération; lettre de l'Empereur; l'Impératrice et le roi de Rome partent pour Blois. — Arrivée des Alliés devant Paris. — Physionomie de Paris le 29 mars; situation; Joseph, Clarke et Hullin. — Bataille de Paris. — Paris et les frères de l'Empereur pendant la bataille; Joseph et le général Dejean. — Armistice; Marmont et le conseil municipal; capitulation. — Récit du général Belliard à l'Empereur, le 30 au soir, à Fromenteau.

Nous avons fait, sans l'interrompre, le récit des opérations militaires de 1814; deux motifs nous ont empêché d'y mêler les détails relatifs à l'arrivée et au séjour de trois des princes de la maison de Bourbon sur nos côtes ou à l'extrême arrière-garde des armées alliées : d'abord, la présence de ces princes sur notre territoire n'exerça pas la moindre influence sur ces opérations; en second lieu, ils n'eurent aucune action personnelle sur les intrigues et sur les actes qui amenèrent leur rappel; cet événement s'accomplit loin d'eux, sans eux, et, comme on le verra, il était officiellement décidé depuis plusieurs jours, qu'ils n'en savaient même rien encore.

L'envahissement du territoire français par une armée ennemie remontait aux premiers jours d'octobre 1813 : le 7 de ce mois, le duc de Wellington avait déjà franchi la Bidassoa à la tête de 140,000 soldats anglais, espagnols et portugais. Cet événement ne put déterminer la petite cour d'Hartwell à quitter son rôle d'observation silencieuse et passive. Il ne fallut rien de moins que l'invasion de la Suisse par les Alliés, à près de trois mois de là, le 21 décembre; le passage du Rhin par Blücher dans la nuit du 1er janvier 1814, et l'envahissement de la haute Alsace et de la Franche-Comté par Schwartzenberg, le même jour, pour réveiller les espérances du chef de la maison de Bourbon. Mais, à cette date même, la politique des Cabinets, l'éloignement et l'oubli systématiques où le tenaient depuis si longues années les souverains du continent, permettaient difficilement à Louis XVIII une pétition de droits directe, une démarche officielle. Ce fut donc par une voie détournée qu'il essaya de rappeler à l'Europe victorieuse sa personne et ses titres de Prétendant. Les 12 et 14 janvier 1814, son frère et ses deux neveux, après d'assez nombreuses démarches, obtinrent du gouvernement britannique l'autorisation de se rendre, sur bâtiments anglais, — le comte d'Artois, dans un des ports de la Hollande gardés par une flotte anglaise; le duc d'Angoulême, au port de Saint-Jean-de-Luz, alors occupé par Wellington; et le duc de Berri, à l'île anglaise de Jersey.

Louis XVIII, en envoyant le plus jeune de ses neveux à Jersey, avait compté que sa présence déciderait sinon un mouvement, du moins une manifestation royaliste dans les anciennes provinces de l'Ouest. Ses souvenirs le trompaient. Le temps avait marché pour la Bretagne et la Vendée comme pour le reste de la France. Les jeunes enthousiastes des insurrections de 1793 à 1797 avaient atteint l'âge mûr; les hommes faits de cette époque étaient devenus des vieillards;

d'autres générations leur avaient succédé. Habitudes, opinions, intérêts, tout était si profondément changé, que ce furent plusieurs bataillons de gardes nationaux bretons qui, le 18 février, à Montereau, enlevèrent, aux cris de *Vive l'Empereur !* le faubourg situé en avant des ponts, et que, le 25 mars, à Fère-Champenoise, lorsque les maréchaux Marmont et Mortier se retiraient, poussés vers Paris par la masse des armées alliées, on put voir 3,000 conscrits vendéens, entourés par des forces décuples, se battre en héros pour la cause impériale et se faire tuer plutôt que de rendre leurs armes aux alliés de ces Bourbons pour lesquels leurs pères, durant cinq années, avaient résisté à tous les efforts de la République. La manifestation attendue par le duc de Berri et par son oncle ne se produisit donc pas; le jeune prince ne devait mettre le pied en France que trois mois après son arrivée à Jersey, lorsque déjà la Restauration était officiellement installée aux Tuileries.

Le comte d'Artois n'obtint pas un meilleur succès. Débarqué en Hollande vers le milieu de janvier, et n'osant pas s'aventurer à la suite des corps russes et prussiens qui s'avançaient alors en Belgique, il avait gagné l'Allemagne, remonté la rive droite du Rhin, en mettant constamment une grande distance entre lui et les garnisons impériales assises sur ce fleuve, et était venu attendre en Suisse le moment de franchir la frontière française. Lorsque la nouvelle du premier mouvement de Schwartzenberg sur Paris lui arriva, ce prince crut l'instant favorable pour s'avancer plus loin, et, le 19 février, il entra en France par Pontarlier, accompagné des comtes de Trogoff, de Walls, François d'Escars, Melchior de Polignac; du marquis de Vidranges, accouru de Troyes après l'équipée du 11 février; de l'abbé de Latil, et du comte de Bruges, qui arrivait du quartier général allié, où il avait sollicité vainement un sauf-conduit pour se rendre à Châtillon, afin d'y représenter, auprès du congrès, les intérêts de la maison de Bourbon.

Le comte d'Artois, en pénétrant sur notre territoire, ne voulut cependant pas s'éloigner de la frontière. Il ne quitta Pontarlier que pour se diriger vers la Lorraine par Vesoul, où il entra le 21, à six heures du soir. Son train se composait de deux landaus allemands. Arrêté à la poste aux chevaux, en dehors de la ville, par un poste de troupes alliées, il fut interrogé, au nom du général autrichien commandant les troupes d'occupation dans cette partie des Vosges, sur le motif et le but de son voyage : le prince répondit que le gouvernement anglais lui avait délivré un passe-port pour se rendre à Bâle, « mais qu'absent de France depuis vingt-trois ans et se trouvant à la frontière, il n'avait pu résister au désir de la franchir. » Le général allié, après de longues hésitations, lui permit d'entrer dans Vesoul et de se rendre à l'auberge de la Madeleine.

Quelques anciens émigrés, que le bruit de son arrivée venait de faire accourir à la poste, se disposèrent à l'accompagner, en portant, comme signe de ralliement, une large cocarde blanche fixée au chapeau. Le général autrichien, averti des préparatifs de cette manifestation, refusa de la tolérer, et menaça, si les royalistes persistaient, de dissoudre le cortége du prince par la force. « Les anciennes dynasties ont droit à tous mes respects, sans doute, dit à cette occasion le général autrichien; mais je ne dois pas oublier que la fille de mon souverain est impératrice des Français. » Le comte dut traverser la ville à pied, comme un simple voyageur. Des troupes russes occupaient Nancy. Espérant que les généraux de cette nation se montreraient plus tolérants ou mieux disposés, le frère de Louis XVIII résolut d'aller se placer sous leur protection, et la leur fit demander. Les Russes répondirent par un refus. Les envoyés du prince revinrent à la charge. Après de longs pourparlers, ils obtinrent enfin pour le prince l'autorisation de se rendre à Nancy, mais à condition qu'il y entrerait *seul, sans cocarde, sans décorations; qu'il ne prendrait aucun titre po-*

litique et qu'il n'habiterait aucun édifice public. Ces conditions furent acceptées et observées; le comte logea dans la maison d'un avocat consultant, M. de Micque, alors chef de l'administration provisoire de la ville, et occupa ses loisirs à la rédaction et à la publication clandestine d'une proclamation qu'il data de Vesoul, et dont il essaya de faire secrètement parvenir plusieurs exemplaires à quelques anciens privilégiés notoirement connus de son entourage pour leur fidélité persistante aux souvenirs de la vieille monarchie. Cette proclamation, où le prince prenait le titre de *Monsieur* et la qualité de *lieutenant général du royaume*, était ainsi conçue :

« Français! le jour de votre délivrance approche; le frère de votre Roi est arrivé. *Plus de tyran, plus de guerre, plus de conscription, plus de droits réunis!* Qu'à la voix de votre souverain, de votre père, vos malheurs soient effacés par l'espérance, vos erreurs par l'oubli, vos dissensions par l'union dont il veut être le gage. Les promesses qu'il vous a faites solennellement, il brûle de les accomplir, et de signaler par son amour et par ses bienfaits le moment fortuné qui, en lui ramenant ses sujets, va lui rendre ses enfants. *Vive le Roi!* »

Le séjour du comte d'Artois à Nancy faillit être de très-courte durée : vers le milieu du mois de mars, les garnisons de Metz et de Verdun, comme on l'a vu, poussaient des reconnaissances jusqu'aux portes de cette ville; d'un autre côté, les paysans lorrains, excités par les décrets de levée en masse que venait de rendre l'Empereur, enhardis par l'exemple des montagnards des Vosges et des vignerons champenois, commençaient à se soulever. Le comte, effrayé, voulut regagner la frontière. Ses préparatifs de départ étaient déjà faits, lorsque M. de Vitrolles, ce royaliste dont nous avons parlé dans le chapitre précédent, arriva soudainement de Troyes, et lui fit connaître le mouvement de concentration résolu par les Alliés, ainsi que l'effort décisif qu'ils devaient tenter sur Paris. Ces nouvelles pouvaient être bonnes pour la cause royale, mais elles ne rassuraient nullement le prince sur sa sûreté personnelle : aussi auraient-elles été impuissantes à le retenir, si M. de Vitrolles, faisant ressortir avec force les inconvénients d'une retraite qui laisserait les royalistes sans drapeau, sans chef, au moment où le sort de la France allait probablement se décider, n'avait arraché au prince la promesse d'attendre, du moins, les renseignements qu'il s'offrait d'aller chercher sur le théâtre même des événements militaires. Ce fut en s'efforçant d'accomplir cet engagement que M. de Vitrolles tomba entre les mains des paysans de Saint-Thibaut. Nous avons dit comment il put échapper.

Le duc d'Angoulême eut à lutter contre les mêmes répugnances et les mêmes obstacles que son père; le séjour de ce prince sur notre frontière des Pyrénées, derrière les rangs de l'armée anglaise, qui poussait alors le maréchal Soult sur Toulouse, devait cependant décider, dans cette partie de la France, une manifestation dont les intérêts de parti et les passions politiques de l'époque ont singulièrement exagéré l'importance.

Peu de jours après son arrivée à Saint-Jean-de-Luz, le neveu de Louis XVIII avait levé le drapeau de l'ancienne Monarchie dans une proclamation du 2 février, adressée *à l'armée française*, et où il disait :

« J'arrive; je suis en France! Je viens briser vos fers; je viens déployer le drapeau blanc, le drapeau sans tache que vos pères suivaient avec tant de transport. Ralliez-vous autour de lui, braves Français! Marchons tous ensemble au renversement de la tyrannie!

« Soldats! mon espoir ne sera pas trompé; je suis fils de vos rois et vous êtes Français! »

Le duc d'Angoulême avait quitté la France presque enfant. Durant les vingt-quatre ans écoulés depuis cette époque, son nom n'avait figuré nulle part. Ce nom, dès lors, était resté profondément ignoré du maréchal Soult, soldat illettré, ainsi que du reste de la population et de l'armée. Le maréchal demanda quel pouvait être ce duc inconnu qui osait parler ainsi à ses troupes de drapeau blanc, de tyrannie à abattre, de fers à briser. On lui dit qu'il appartenait probablement à la famille de Bourbon. La possibilité d'une Restauration bourbonienne, à cette date, était tellement en dehors de toute prévision, que le maréchal Soult, si humble, si obséquieux près du duc d'Angoulême à quelques semaines de là, ne fit pas alors à ce prince l'honneur de prendre son rôle ni sa personne au sérieux. Il ne vit, dans le nom mis au bas de l'Adresse *à l'armée*, qu'une sorte de signature fantastique sous laquelle se cachait le nom du général anglais. Ce fut donc à Wellington seul que le maréchal répondit. Voici l'ordre du jour qu'il publia à cette occasion :

« Soldats! le général qui commande l'armée contre laquelle nous nous battons tous les jours a eu *l'impudeur* de nous provoquer et de provoquer nos compatriotes à la *révolte* et à la *sédition*. Il parle de paix, et les brandons de la discorde sont à sa suite! Il parle de paix, et il excite les Français à la guerre civile! Grâces lui soient rendues de nous avoir fait connaître ses projets! Dès ce moment, nos forces sont centuplées, et, dès ce moment, il rallie lui-même aux aigles impériales ceux qui, séduits par de trompeuses apparences, avaient pu croire qu'il faisait la guerre avec loyauté.

« On a osé insulter à l'honneur national, on a eu *l'infamie* d'exciter les Français à trahir leurs serments et à être parjures envers l'Empereur. Cette offense ne peut être vengée que *dans le sang*. Aux armes! Que dans tout le midi de l'Empire ce cri retentisse!

« Soldats! vouons à l'opprobre et à l'*exécration publique* tout Français qui aura favorisé d'une manière quelconque les projets *insidieux* des ennemis. Quant à nous, notre devoir est tracé : combattons jusqu'au dernier les ennemis de notre auguste Empereur et de notre chère France. *Haine implacable* aux traîtres et aux ennemis du nom français! *Guerre à mort* à ceux qui tenteraient de nous diviser pour nous détruire! Contemplons les efforts prodigieux de notre GRAND EMPEREUR et ses victoires signalées. Soyons toujours dignes de lui; soyons Français! et mourons les armes à la main plutôt que de survivre à notre déshonneur!

« Au quartier général de Rabasteins, le 8 mars 1814. »

Le général anglais, fidèle au mot d'ordre de la coalition, ne cessait, en effet, comme le lui reprochait le maréchal, d'annoncer, dans ses discours et dans ses proclamations, que les Alliés ne faisaient pas la guerre à la France, qu'ils la voulaient grande et libre, et qu'ils entendaient n'exiger d'elle qu'une paix honorable, ainsi que des garanties pour l'indépendance des autres peuples du continent. L'appel du duc d'Angoulême à l'antique bannière de la Monarchie, au drapeau blanc, était un démenti à ces affirmations; Wellington en avait ressenti un mécontentement d'autant plus vif, qu'il ne croyait à l'existence ni d'une opinion ni d'un parti en faveur de la maison de Bourbon : « L'opinion que j'ai pu reconnaître à cet égard, écrivait-il au comte Bathurst, c'est que vingt ans se sont écoulés depuis que les princes de cette maison ont quitté la France; qu'ils sont autant et peut-être *plus inconnus* en France que les princes de *toute autre maison royale en Europe;* que les Alliés doivent s'accorder entre eux pour proposer à la France un souverain à la place de Napoléon, dont il faut se débarrasser si l'on veut que l'Europe jouisse jamais de la paix, mais qu'il *importe peu* que ce soit un prince de la maison de Bourbon ou de toute autre famille royale[1]. » La réponse du maréchal Soult à la proclamation du duc d'Angoulême, et les accusations violentes qu'elle renfermait, augmentèrent l'irritation du général anglais; il enjoignit au neveu de Louis XVIII d'avoir à s'abstenir désormais de toute démarche publique, et lui fit défense de revêtir aucun caractère politique, de prendre aucun titre. Le prince se soumit; fatigué cependant, au bout de quelques semaines, des déboires de sa position, il se disposait à retourner à Londres, lorsque l'offre de livrer Bordeaux aux Anglais vint modifier sa résolution et changer à son égard les dispositions de Wellington.

Bordeaux, port commercial de premier ordre, ancienne

[1] Lettre adressée de Saint-Jean-de-Luz par le duc de Wellington au comte Bathurst, n° 852 du *Recueil des dépêches et des ordres du jour* de ce général.

résidence d'un parlement et centre d'une production vinicole considérable, était depuis longtemps un foyer d'opposition. Ses armateurs accusaient le blocus continental de paralyser toute spéculation maritime; ses jeunes et nombreux légistes reprochaient à l'Empereur son antipathie bien connue pour les gens de palais, pour les *avocats*; ils maudissaient surtout l'égalité inflexible et l'insatiable avidité de son système de conscription; enfin ses négociants en vins et ses propriétaires de vignes attribuaient aux exigences fiscales des droits réunis le bas prix de leurs marchandises ou de leurs récoltes, et le manque de débouchés suffisants. Ce mécontentement, plus bruyant qu'actif, ne s'était jamais manifesté qu'à l'état de simples discussions de salon, ou de causeries animées au foyer du Grand-Théâtre et dans les principaux cafés de la ville; deux ou trois compagnies de dépôt suffisaient pour le maintenir dans ces limites. Les écrivains royalistes les mieux informés signalent, il est vrai, quelques confidences échangées, dès 1810, à Hartwell, entre M. de Blacas et un négociant bordelais, M. Jacques-Sébastien Rollac; mais ces conversations, renouvelées à différentes reprises, en 1812 et en 1813, n'aboutirent qu'à quelques envois de lettres, à quelques excursions insignifiantes, et à la nomination d'un très-ignoré *commissaire royal pour la province de Guienne*. Le duc de Wellington était entré en France depuis près de cinq mois, le duc d'Angoulême était débarqué aux portes de Bayonne depuis plus de six semaines, que les royalistes bordelais, malgré l'absence d'une force armée sérieuse, n'avaient pas encore osé concerter, en faveur des Bourbons, nous ne dirons pas une démonstration, mais une simple démarche.

Considérée dans sa généralité, la population de Bordeaux, loin de se montrer hostile au gouvernement impérial, avait au contraire saisi toutes les occasions de lui donner des preuves de dévouement. Ainsi, après la campagne de Russie, Bordeaux s'était empressé d'offrir à l'Empereur une compagnie entière de cavalerie montée et équipée. Son maire, M. Lynch, organe habituel de ces témoignages de fidélité, avait reçu plusieurs preuves pécuniaires de la satisfaction de Napoléon, qui en avait fait, en outre, un chevalier de la Légion d'honneur et un comte de l'Empire. Il était difficile, au reste, d'aller plus loin que M. Lynch dans l'expression de son admiration pour la personne de l'Empereur et de son attachement à la dynastie impériale. Le 27 novembre, accourant aux Tuileries, au retour de Napoléon après le désastre de Leipsick, il s'écriait : « Napoléon a tout fait pour les Français ; les Français feront tout pour lui ! » Le 29 février 1814, à l'occasion d'une remise de drapeaux à la garde nationale bordelaise, il rappelait à ses administrés « leurs devoirs envers leur auguste souverain ; » il traitait de *téméraires* les armées qui avaient envahi notre territoire, et promettait, « si le danger s'approchait de Bordeaux, de donner l'exemple de la fidélité et du dévouement. » Nous le répétons : c'était le 29 février que M. Lynch tenait ce langage, et l'avant-veille, 27, ébranlé par la crainte du triomphe des Alliés, ébloui par les récompenses promises à son concours, ce magistrat municipal avait concerté avec M. Taffard de Saint-Germain, *commissaire royal pour la province de Guienne*, l'envoi de MM. de la Rochejaquelein et Bontemps-Dubarry au quartier général de Wellington. Ces messieurs devaient solliciter l'occupation de Bordeaux par un corps de troupes anglaises que le duc d'Angoulême accompagnerait. La mission fut acceptée et remplie. Wellington débuta par un refus. Les envoyés bordelais revinrent opiniâtrément à la charge. Leur persistance, l'espoir surtout de s'emparer sans coup férir d'un de nos premiers ports commerciaux, finirent par triompher des répugnances du général anglais. Le 7 mars, 15,000 hommes, commandés par lord Beresford, partirent pour Bordeaux. Les quelques compagnies de dépôt composant la garnison de cette ville, réunies aux différents détachements disséminés dans toute l'étendue de la division militaire dont Bordeaux est le chef-lieu, formaient à peine un effectif de 450 à 500 hommes. Toute résistance devenait impossible. Le 11, à l'approche du corps d'armée britannique, les troupes et les principales autorités impériales franchirent la Gironde et se retirèrent sur Libourne Lorsque le dernier soldat, le dernier gendarme, eurent passé le fleuve et laissé les royalistes sans avoir à craindre l'opposition d'un seul homme armé, M. Taffard de Saint-Germain se transporta à l'hôtel de ville, et là, en qualité de commissaire du roi Louis XVIII, maintint le comte Lynch dans ses fonctions de maire, MM. de Puységur, de Labroue, Both de Tauzia, dans leurs fonctions d'adjoints, et reçut leurs serments.

Les 15,000 Anglais de Beresford, après avoir successivement traversé Saint-Sever, Roquefort et Bazas, s'étaient arrêtés au pont de la Maye, à moins d'une lieue de Bordeaux. Le 12 mars au matin, ils se remirent en marche. Les autorités municipales se portèrent à leur rencontre. Une fois hors des murs, M. Lynch arracha la cocarde tricolore de son chapeau, la jeta par terre, et, arrivé devant le général, compléta sa métamorphose en arborant la cocarde blanche et en ôtant de sa boutonnière la croix de la Légion d'honneur. « Mais, monsieur, lui dit lord Beresford, vous allez beaucoup trop loin; vous vous compromettez; on négocie en ce moment, à Châtillon, avec Napoléon.... Au reste, ajouta-t-il après un moment de réflexion, faites ce que vous voudrez! vos dissensions intérieures ne me regardent pas. *Je prends possession de Bordeaux au nom du roi mon maître.* » Puis il continua sa route. Le cortége laissa les troupes anglaises s'avancer vers la ville, et se porta au-devant du duc d'Angoulême, qui marchait derrière la première colonne.

Ce cortége, que précédait le corps municipal, se composait de 40 volontaires à cheval, élite de la jeunesse dorée bordelaise, d'un petit nombre d'anciens privilégiés et de négociants qu'entraînait le désir de voir le prince, de saluer sa venue, et de 2 à 3,000 individus, curieux ou désœuvrés, également prêts à siffler ou à applaudir, selon l'impression du moment. Les 40 volontaires, quand parut le duc, firent entendre les cris de *vive le roi! vive le duc d'Angoulême!* Ces cris, dont l'étrangeté laissait la masse des assistants étonnée et indécise, ne rencontrèrent d'abord qu'un écho assez faible. Mais le prince ayant répondu aux acclamations des volontaires par ces mots : *Plus de guerre, plus de conscription, plus de droits réunis, plus d'impôts vexatoires!* un subit enthousiasme gagna jusqu'aux plus indifférents. *Plus de guerre! plus de conscription! plus de droits réunis!* répéta la foule enivrée. Ces cris accompagnèrent le prince jusque dans la ville, et lui acquirent, dès le jour même, une popularité qu'il aurait vainement demandée à ses droits et à son titre. Le drapeau blanc fut immédiatement arboré sur les principaux édifices publics; un député au Corps législatif, membre de la *Commission des Cinq*, M. Lainé, prit la direction de l'administration départementale, et le duc, installé au Palais-Royal, reçut des députations, entendit des adresses, et distribua des cocardes blanches et des rubans blancs.

Ce mouvement ne put dépasser le pont de Bordeaux; il s'arrêta en même temps que les soldats de Beresford. Malgré le séjour prolongé du neveu de Louis XVIII dans cette populeuse cité, pas une ville, pas un seul des villages placés entre la Garonne et la Loire ne déserta la cause impériale. De Bayonne à Bordeaux, sur la route suivie par l'armée anglaise, deux petites localités, Roquefort et Bazas, furent les seules où le passage du duc d'Angoulême avait fait arborer quelques cocardes blanches et pousser des cris de *vivent les Bourbons!* La manifestation si vantée du Midi, en 1814, ne produisit rien au delà. Son impuissance, au reste, fut si profonde, que les royalistes de Bordeaux, au bout de quelques jours, effrayés de leur audace et tremblants à la pensée des châtiments qu'elle pouvait appeler sur eux, supplièrent le duc d'Angoulême de demander au duc de Wellington des renforts de troupes, des envois de fonds, et des pouvoirs qui eussent pour résultat de placer la ville et ceux des habitants qui s'étaient déclarés pour Louis XVIII sous la protection effective, spéciale, de l'armée anglaise et du gouvernement britannique. Le prince transmit cette demande au général anglais, qui lui répondit le 29 mars :

« C'est contrairement à mon avis et à ma manière de voir que certaines personnes de la ville de Bordeaux ont jugé convenable de proclamer roi Louis XVIII. Ces personnes ne se sont donné aucune peine ; elles n'ont pas souscrit *un schelling* pour le soutien de leur cause, et n'ont pas levé *un seul soldat*; et maintenant, parce que je n'étends pas l'armée que je commande au delà de ce que je pense nécessaire et convenable, et parce que leurs propriétés et leurs familles sont exposées, non pas à cause de leurs actions (car elles n'ont rien fait), mais à cause de leur déclaration prématurée, elles me jettent le blâme et m'accusent en quelque manière. Le fait est que la manifestation de Bordeaux n'est pas unanime ; que ces sentiments ne se sont étendus *nulle part, pas même dans la Vendée*, ni dans aucune autre partie du pays occupé par l'armée. Non-seulement, dans l'état de choses actuel, je ne peux faire à Votre Altesse Royale l'avance de fonds qu'elle me demande ; mais, après tout ce qui s'est passé, je ne sais pas si je ne vais pas *au delà de la ligne de mes devoirs* en prêtant à votre cause la moindre protection ou le *moindre appui*. Il est assez curieux qu'on me demande, à moi qui, de toute manière, ne puis être regardé que comme un Allié, de fournir des troupes pour appuyer le gouvernement civil de Votre Altesse Royale quand j'aurais le droit d'attendre le secours des armes de Votre Altesse Royale contre l'ennemi commun. »

Le lendemain, 30 mars, le jour même de la reddition de Paris, Wellington, dans une nouvelle lettre au duc d'Angoulême, ajoutait :

« La proclamation du maire de Bordeaux donne à entendre dans tout le pays que les Alliés sont obligés de donner protection à ceux qui se déclareraient en faveur de la famille de Votre Altesse Royale. Il faut que le public connaisse la vérité. Je dois informer Votre Altesse Royale que si je n'apprends pas, d'ici à dix jours, qu'elle ait démenti les paroles à réfuter dans la proclamation de ce maire, je les démentirai moi-même publiquement [1]. »

Deux causes ont surtout contribué à donner à la journée du 12 mars une importance qui ne lui appartient pas : d'abord, le besoin, chez les princes de la maison de Bourbon, de placer sous la protection d'une manifestation politique intérieure, de nationaliser, pour ainsi dire, leur retour; en second lieu, la vanité locale, mais surtout l'intérêt de toute la partie remuante, ambitieuse de la population bordelaise à se créer des titres et des droits exceptionnels aux faveurs du nouveau gouvernement, et à grandir le service outre mesure, afin d'imposer à la reconnaissance des obligations proportionnelles.

Simple incident dans l'histoire de l'invasion du Midi par les troupes britanniques, protestation contre le blocus continental, la conscription et les droits réunis, plutôt que soulèvement royaliste, le mouvement bordelais n'exerça pas la moindre influence sur les destinées de l'Empire. Bordeaux, en ouvrant ses portes aux Anglais, n'avança pas d'une heure la chute de Napoléon; et, lors même que sa population eût repoussé l'ennemi au lieu de l'accueillir, le rappel des anciens princes n'en eût pas été retardé d'un seul jour. C'est à Paris que furent exclusivement portés les coups qui achevèrent la ruine de l'édifice impérial; ce fut dans les salons et dans le cabinet de M. de Talleyrand que, malgré lui-même, ainsi qu'on le verra, le rétablissement de l'ancienne famille royale devait s'accomplir.

M. de Talleyrand a joué le principal rôle dans les événements d'avril 1814. Son influence, sans être décisive, fut prépondérante. De là, la diversité et la passion des jugements portés sur ses actes de cette époque. Les partisans du régime politique introduit par la Restauration ont glorifié à cette oc-

[1] Lettres du duc de Wellington au duc d'Angoulême, datées de Seysses, et publiées sous les n°s 890 et 891 dans le *Recueil des dépêches et ordres du jour* de ce général.

casion le génie de ce personnage; les partisans de l'Empire et les amis de l'Empereur ont accusé sa perfidie et sa trahison. L'éloge et le blâme sont également excessifs. M. de Talleyrand ne fit pas la situation ; il la vit venir, se mit en mesure de ne pas être emporté par elle, et se laissa ensuite aller au courant des événements. On a dit de sa politique que c'était « une manœuvre selon le vent[1]. » Le mot est juste. Lui-même, dans son testament, en parlant de sa conduite envers Napoléon, a dit « qu'il ne l'avait point trahi ; que, s'il l'avait abandonné, c'était qu'il avait reconnu qu'il ne pouvait plus confondre, comme il l'avait fait jusqu'alors, la France et l'Empereur dans la même affection; que ce ne fut pas sans un vif sentiment de douleur, car il lui devait presque toute sa fortune ; qu'au reste il n'avait abandonné aucun gouvernement *avant* que ce gouvernement se fût abandonné lui-même. » Cet aveu, fait en face de la mort, ne justifie assurément pas le rôle du prince de Bénévent; il l'explique. L'étude attentive des faits, en 1814, prouve, en effet, que M. de Talleyrand, à cette époque, fut moins coupable envers l'Empereur qu'envers la France : il a trahi la patrie plus que l'Empire, et sa trahison, comme on le verra, n'est nullement dans les faits où l'a placée longtemps le préjugé public.

Nous avons dit, à l'occasion de l'équipée royaliste de Troyes, que, vers le milieu de février, tous les hommes que leur opinion ou leurs intérêts rendaient les adversaires du gouvernement impérial se bornaient à échanger, à voix basse, des espérances encore très-confuses, et à quêter partout des nouvelles. Prince de Bénévent, vice-grand-électeur de l'Empire, vice-président du Sénat, membre du conseil de régence, M. de Talleyrand était un des hommes que Napoléon avait le plus comblés de biens et grandis; on ne pouvait donc, à cette date, le ranger au nombre des ennemis de l'Empire et de la dynastie

---

[1] Madame de Staël.

impériale; mais, ministre disgracié, les salons le classaient parmi les mécontents. Sa position, d'un autre côté, était tout exceptionnelle : son haut rang, ses dignités, sa grande existence, lui donnaient sans doute, sur les affaires publiques, des moyens personnels d'information qui l'obligeaient à une certaine réserve; mais, placé en dehors du mouvement des affaires actives, il pouvait s'observer moins que les membres du gouvernement dans le choix de ses relations et tolérer plus facilement autour de lui une certaine liberté de langage. En outre, M. de Talleyrand, issu de race noble, et tour à tour évêque, membre de l'Assemblée constituante, émigré, ministre sous le Directoire, prince sous l'Empire, avait touché à toutes les époques, s'était mêlé aux hommes de toutes les opinions et de tous les régimes. Ses salons, un mois après le départ de l'Empereur pour l'armée, étaient donc devenus le rendez-vous naturel des principaux opposants de toutes les catégories; on y voyait jusqu'à des abbés. On n'y conspirait pas, comme on l'a dit; on y commentait assez bas les rares et courts bulletins publiés par le *Moniteur*; on s'y inquiétait surtout des projets des Alliés. Quels étaient les plans, les vues des souverains? Les travaux du congrès de Châtillon devaient-ils aboutir à un résultat pacifique? Voilà les questions que chacun s'y adressait, et auxquelles personne ne pouvait répondre. « Le congrès de Châtillon était notre fléau, » a dit l'abbé de Pradt dans un *Récit historique* dont nous parlerons plus loin. M. de Talleyrand lui-même ne savait rien, n'entrevoyait rien. Cette incertitude le tourmentait. « *Ah!* s'écriait-il souvent en parlant du congrès de Châtillon, *si quelqu'un pouvait aller là!* » Tenter une démarche directe était aussi difficile que dangereux : qui envoyer? à qui écrire? L'ombrageuse police de l'Empire continuait à veiller; les souverains, ainsi que Napoléon, d'ailleurs, étaient à la fois partout et nulle part : aujourd'hui sur un point, le lendemain à vingt lieues en deçà ou au delà. Aucune route n'était sûre. Des partis de toutes les armées ne cessaient de s'y succéder, interceptant les communications, arrêtant les voyageurs ou dépouillant les courriers, tantôt au nom de la France, tantôt au nom des Alliés. Il n'était pas jusqu'à l'insurrection des campagnes qui ne vînt ajouter à la difficulté du passage. Ce fut dans ces circonstances que le duc de Dalberg, l'homme le plus avant dans l'intimité de M. de Talleyrand, prononça le nom du baron de Vitrolles.

Ancien soldat de l'armée de Condé, cœur chaud, intelligence prompte, esprit plein de ressources et d'audace, M. de Vitrolles était une de ces natures actives, une de ces organisations énergiques, qui, perdues dans la foule durant le calme, se révèlent au milieu des tourmentes politiques, et deviennent les hommes d'un événement. Le vague sentiment d'une crise prochaine l'avait fait accourir du fond des Alpes à Paris, dans les derniers jours d'octobre 1813. Lié, depuis longues années, avec M. de Dalberg, il trouvait chez lui quelques rares numéros du *Times* ou du *Chronicle*, que M. de Pradt, alors dans son archevêché de Malines, recevait par l'entremise d'un employé supérieur de la douane, et qu'il faisait ensuite tenir très-secrètement à M. de Talleyrand et à ses amis; ces journaux n'arrivaient qu'à grand'peine, et c'était par cette voie détournée, fort peu régulière, que le prince de Bénévent et son entourage parvenaient à connaître les nouvelles du dehors et à saisir quelque chose des mouvements des coalisés. Dans les premiers jours de février, les feuilles anglaises annoncèrent le départ du comte d'Artois pour le continent. A deux ou trois semaines de là, le bruit se répandit dans quelques salons que le prince était arrivé en Suisse. M. de Vitrolles conçut aussitôt le projet d'aller le rejoindre; il le dit à M. de Dalberg. « Il faudra passer par Châtillon! » s'écria le duc, qui, dans l'ignorance où il était, ainsi que M. de Talleyrand, de la situation et des faits, croyait que les souverains, absorbés dans le commandement de leurs armées, avaient abandonné aux plénipotentiaires de Châtillon la décision suprême de la paix ou de la guerre. « Vous sauriez ce que fait le congrès, ajouta-t-il : la marche de ses travaux doit importer au comte d'Artois; vous la lui feriez connaître, et vous pourriez en même temps nous en instruire. — Mais à qui m'adresser? répondit M. de Vitrolles; je ne suis connu personnellement d'aucun plénipotentiaire. — Peut-être M. de Talleyrand consentira-t-il à écrire quelques lignes. Dans tous les cas, je vous donnerai quelques mots de reconnaissance pour MM. de Nesselrode et de Stadion, tous deux mes anciens et intimes amis. »

M. de Vitrolles eut promptement terminé ses préparatifs. Mais, lorsqu'au moment de monter en voiture il demanda si le prince de Bénévent avait préparé quelques lignes, M. de Dalberg lui apprit qu'il n'avait rien voulu donner. Quant au dernier, il tint sa promesse : il traça sur le portefeuille du hardi voyageur, pour M. de Stadion, les noms de deux jeunes dames de Vienne, que le plénipotentiaire autrichien et lui avaient connues à la même époque; pour M. de Nesselrode, cette recommandation laconique : *Ayez confiance*. Ces noms et ces mots, écrits en encre sympathique, furent les seules lettres de créance de M. de Vitrolles, qui, parti de Paris le 6 mars, arriva le surlendemain, 8, à Châtillon après de longs détours et force incidents de route. Les noms des deux Viennoises, prononcés par lui, furent une sorte de talisman qui lui valut, de la part du plénipotentiaire autrichien, l'accueil le plus cordial et le plus empressé. Il lui dit le motif de sa venue. « Vous ne saurez rien ici, lui répondit M. de Stadion; le congrès ne fait rien et ne peut rien décider; c'est au quartier général qu'il vous faut aller. » M. de Vitrolles partit pour Troyes, et trouva, dans MM. de Nesselrode et de Metternich, des auditeurs non moins bienveillants, mais bien plus avides encore de nouvelles. Ces ministres ignoraient l'état des choses à Paris aussi complétement que MM. de Talleyrand et de Dalberg ignoraient la position et les projets des Alliés.

Aux nombreuses questions des deux ministres sur la situation politique et morale de la capitale de l'Empire et des provinces où la guerre n'avait pas encore pénétré, M. de Vitrolles, qui ne savait que la pensée du monde où il vivait, répondit que la France, épuisée de sacrifices, lasse de la guerre, aspirait au renversement de Napoléon et à l'établissement d'un gouvernement pacifique. « Cependant partout on nous repousse, répondirent les ministres; partout on nous traite en ennemis. — C'est que vous vous présentez en ennemis. Les souverains auraient dû faire de la guerre actuelle une question française. S'ils avaient présenté à la France le drapeau blanc et prononcé le nom des Bourbons, Napoléon serait aujourd'hui renversé et la paix signée. » Plusieurs conférences eurent lieu; la discussion ne sortit pas de ce cercle.

M. de Vitrolles était arrivé en simple curieux; ces entretiens avaient grandi son rôle. Le temps pourtant s'écoulait; les ministres de la coalition discutaient sans rien décider. M. de Vitrolles résolut d'entraîner le chef même des coalisés, qui venait d'arriver à Troyes, battant une seconde fois en retraite depuis Provins, avec l'armée de Schwartzenberg. Il sollicita une audience d'Alexandre. Ce souverain, quelques jours auparavant, avait opposé les refus les plus opiniâtres, les plus désobligeants, à des demandes de même nature, faites, au nom du comte d'Artois, par MM. François d'Escars et Jules de Polignac, arrivés de Nancy. Repousser M. de Vitrolles était plus difficile; il était appuyé dans sa démarche par les deux principaux ministres de la coalition; l'empereur consentit à l'écouter.

Dans cette entrevue, qui eut lieu le 17 mars, M. de Vitrolles aborda résolument la question du rétablissement des Bourbons. Alexandre témoigna d'abord la répugnance la plus extrême pour ces princes et pour leur cause. « Ils 'sont oubliés en France, dit-il; personne n'y songe, aucune voix ne les appelle. — (On ne connaissait pas encore au quartier général allié la manifestation de Bordeaux.) — Leur retour est une éventualité irréalisable. » Tout autre que M. de Vitrolles se serait tenu pour battu après une telle déclaration; mais, loin de céder, il insista avec tant de chaleur sur l'opportunité du rappel des anciens princes, dont le rétablissement, disait-il, importait au repos de l'Europe autant qu'à l'intérêt de la France; la conviction qui l'inspirait était si forte, qu'il finit par ébranler Alexandre. S'il ne gagna pas immédiatement le Tzar à la cause des Bourbons, il réussit du moins à le détacher du nombre de leurs adversaires. C'était déjà un succès; il devait en obtenir un autre plus important.

« Votre Majesté ne connaît de la France que quelques départements, ajouta M. de Vitrolles : or ce n'est pas dans les provinces que les partisans des Bourbons peuvent donner la mesure de leurs forces; c'est à Paris, centre de l'opinion royaliste, foyer de toutes les résistances au gouvernement de Napoléon. Le jour où les troupes alliées paraîtront sous les murs de la capitale, les nombreux royalistes qu'elle renferme ne craindront pas de se montrer, et le mouvement contre Napoléon éclatera, général, irrésistible. — En êtes-vous bien sûr? — J'en réponds sur ma tête. — Mais ce mouvement, qui le dirigera? » Entraîné par sa situation même à s'exagérer la signification réelle de l'adoption du rapport de la *commission des Cinq*, et de l'opposition persistante des quatre ou cinq Sénateurs qui avaient voté contre l'établissement de l'Empire, M. de Vitrolles n'hésita pas à promettre le concours de la majorité du Corps législatif et d'une partie du Sénat. Parmi les hauts fonctionnaires de l'Empire décidés à se prononcer dans le même sens, il cita, à tout hasard, les noms de MM. de Talleyrand, de Dalberg, de l'abbé de Pradt et du baron Louis. « Je crois, comme vous, dit le Tzar après quelques instants de silence, que c'est à Paris seulement que la question entre Napoléon et nous doit se décider. Je l'ai toujours pensé, je l'ai dit cent fois! Je suis las, d'ailleurs, de cette lutte sans résultats où nous n'avançons que pour battre en retraite; je veux jouer *le tout pour le tout*. Monsieur de Vitrolles, ajouta-t-il en élevant la voix, mon parti est pris. Mes alliés et moi, jusqu'ici, nous avons agi isolément : nous allons réunir toutes nos forces, et, coûte que coûte, nous arriverons sous Paris! »

Cet entretien dura trois heures. Le lendemain, 18, la concentration de toutes les troupes alliées dans les plaines de Châlons était décidée, comme nous l'avons dit, malgré le roi de Prusse et le prince de Schwartzenberg; le 19, on enjoignait aux membres du congrès de Châtillon de se séparer, et des courriers portaient à Blücher l'ordre de se trouver au rendez-vous général avec toutes ses forces; enfin, le 20 au matin, les souverains, comme on l'a vu, quittaient Troyes, et, vers le milieu de la journée, venaient se heurter contre Napoléon sous les murs d'Arcis.

L'avant-veille, 18, après avoir écrit à M. de Dalberg une lettre que M. de Metternich se chargea de faire parvenir et qui n'arriva jamais, M. de Vitrolles était parti pour Nancy, où les rapports des commandants russes de la Lorraine aux généraux en chef annonçaient la récente arrivée du comte d'Artois. On a vu à quel moment il joignit ce prince et le danger qu'il courut en cherchant à traverser une seconde fois le théâtre des opérations militaires.

L'Empereur, pour masquer ses erreurs et ses fautes; les partisans de l'Empire, dans un but analogue; le peuple, les soldats, par un orgueil ou une crédulité faciles à comprendre, ont tous attribué à la trahison le résultat de la campagne de 1814. Pendant seize années, de 1814 à 1830, avoir trahi donnait des droits aux honneurs et à la fortune. Personne ne s'est fait faute de produire ses titres; d'autres sont allés plus loin, ils en ont inventé. Nombre de gens ont même poussé l'audace jusqu'à solliciter des récompenses pour des actes de lâcheté ou de friponnerie commis par eux durant la période impériale et qu'ils transformaient en témoignages de haine contre l'Empire et de fidélité à l'ancienne dynastie. Rarement ils ont demandé en vain le prix de leurs services menteurs. Aucune intrigue n'est donc restée sous le boisseau. Eh bien, si l'on interroge attentivement et avec conscience tous les documents, toutes les révélations relatives aux jours qui précédèrent le rappel des Bourbons, on demeure convaincu que si, pendant la campagne de 1814, on put remarquer, dans les hauts rangs de l'administration ou de l'armée, de la lassitude, du découragement ou de l'hésitation, en revanche, il n'y eut, avant le 31 mars, à Paris, comme dans l'armée conduite par l'Empereur, ni complot ni trahison, dans l'acception matérielle du mot. On a parlé de communications avec les souverains : un seul homme fut reçu par Alexandre et par les principaux ministres alliés, M. de Vitrolles; de correspondances avec Paris : le quartier général allié n'en eut avec personne. Qu'aurait-on appris, d'ailleurs, aux coalisés? que Paris ne serait pas défendu? Qui le savait? Paris, comme on le verra, renfermait des forces et des ressources suffisantes pour une résistance énergique et prolongée. D'un autre côté, lorsque, le 17 mars, M. de Vitrolles sollicitait Alexandre d'arriver à tout prix sous les murs de la capitale de l'Empire, ce souverain, le roi de Prusse et le généralissime Schwartzenberg fuyaient devant Napoléon, qui accourait alors d'Épernay et se rapprochait de Paris. L'empereur d'Autriche et tous les diplomates de la coalition, emportés par le même sentiment de terreur, devaient se sauver jusqu'à Dijon; enfin, le 20, lorsque le mouvement de concentration des coalisés commençait, Napoléon, campé au hameau de Châtres, sur la grande route de Paris à Troyes, était placé entre les Alliés et sa capitale, et couvrait celle-ci. On sait les hésitations qui se manifestèrent au quartier général des coalisés, même après la réunion de toutes leurs masses dans les plaines de Châlons; on n'ignore pas davantage que ce fut surtout la position prise par l'Empereur sur leurs derrières, cinq jours plus tard, lors de son mouvement sur Saint-Dizier, qui décida les souverains à marcher une dernière fois sur Paris; encore prenaient-ils cette direction, moins dans l'espérance d'emporter la capitale de l'Empire que pour se frayer une route de retraite par la Belgique. Depuis le milieu de février jusqu'au 31 mars, époque de confusion politique, de pêle-mêle et de surprises militaires, ce fut l'imprévu qui conduisit les hommes et la plupart des événements.

A la vérité, M. de Vitrolles avait hardiment promis le concours de MM. de Talleyrand, de Dalberg, de Pradt et Louis[1]. Tous les quatre, après le triomphe des Alliés, ont réclamé le bénéfice de cette déclaration de noms, contre laquelle ils auraient certainement protesté avec toute la chaleur de l'in-

[1] L'abbé de Pradt, émigré rentré, avait été comblé des bienfaits de l'Empereur, dont il fut longtemps un des adulateurs les plus exagérés. Attaché d'abord à la chapelle impériale, en qualité d'aumônier, il prenait, à cette époque, le titre passablement étrange d'*aumônier du dieu Mars*. Promu ensuite à l'évêché de Poitiers, il ne tarda pas à solliciter le siège archiépiscopal de Malines, que Napoléon lui donna malgré l'opposition de tout le clergé belge et malgré les répugnances du pape lui-même.

L'abbé Louis, ancien conseiller clerc au parlement de Paris, avait été fait baron par l'Empereur et nommé par lui administrateur du Trésor public. C'est en cette dernière qualité que, présentant au Corps législatif un projet de loi sur la vente des biens des communes, il disait à cette Assemblée :

« Si quelque chose pouvait ajouter à la reconnaissance des Français envers le *restaurateur de la monarchie*, ne serait-ce pas cet ordre invariable, cette économie sévère portée dans les moindres détails de l'administration? Rien n'échappe à la vigilance de l'Empereur; rien de trop petit pour l'occuper lorsqu'il en peut résulter du bien. Nous le voyons, comme Charlemagne, ordonner la vente des herbes inutiles de ses jardins, lorsque sa main distribue à ses peuples les richesses des nations vaincues. Si un homme du siècle des Médicis ou du siècle de Louis XIV revenait sur la terre, et qu'à la vue de tant de merveilles il demandât combien de règnes glorieux, combien de siècles de paix il a fallu pour les produire, vous répondriez qu'il a suffi de douze années de guerre et d'un seul homme. »

C'est le 11 mars 1813, moins de *dix mois* avant l'entrée des Alliés en France, que M. Louis tenait ce langage.

Quant à M. de Dalberg, baron d'origine allemande et duc de création impériale, la générosité de l'Empereur envers lui avait été sans bornes. Lorsque Napoléon, dans sa munificence impériale, éleva l'électorat de Bavière au rang de royaume, un des articles secrets de l'acte de création stipulait en faveur de M. de Dalberg, pour des services dont nous ignorons la nature, un présent de 4 millions, qui lui furent intégralement payés par le nouveau monarque.

dignation la plus vive, si la coalition avait été vaincue. Les souverains comptaient positivement sur eux; mais sur eux seuls. C'est l'abbé de Pradt lui-même qui en a fait l'aveu dans un écrit publié le lendemain, pour ainsi dire, de l'événement, lorsque le mensonge était impossible, et quand il était plus profitable pour son ambition d'exagérer les dévouements de cette nature que de les amoindrir[1]. Après avoir exalté les motifs qui portaient MM. de Talleyrand, de Dalberg et Louis, à désirer la chute de l'Empereur et le triomphe de l'ennemi, ce prêtre effronté se dénonce lui-même en ces termes : « Quelque peu de titres que je puisse avoir à cet *honneur* (de se trouver au nombre des auxiliaires sur lesquels comptait l'ennemi), il m'avait été accordé. On avait même poussé l'attention jusqu'à pourvoir à notre avenir, s'il eût été compromis par les événements[2]. »

Ajoutons, pour la parfaite appréciation des faits de cette époque, que l'abbé de Pradt, MM. de Talleyrand, de Dalberg et Louis, ne connurent qu'après l'entrée des Alliés les ouvertures royalistes où leur nom était intervenu. Parti de Paris à l'aventure, sans autre but que de rejoindre le frère de Louis XVIII, M. de Vitrolles, une fois à Troyes, n'avait pris mission que de lui-même. L'occasion l'avait inspiré. La PAIX avec l'établissement impérial, moins l'Empereur, voilà le seul changement désiré par les mécontents de l'Empire. Leur audace n'allait pas au delà. On lit, en effet, dans le *Récit historique* déjà cité : « Que voulait-on à cette époque? deux choses: être délivré d'un joug insupportable et CONTINUER L'ORDRE ÉTABLI. Il faudrait n'avoir pas habité Paris une minute pour *élever le*

---

[1] *Récit historique sur la restauration de la royauté en France, le 31 mars 1814.* — 1816.

[2] M. de Pradt fait allusion, ici, à des paroles dites par les ministres étrangers à M. de Vitrolles, et que ce dernier avaient rapportées, après le 31 mars, à l'archevêque de Malines. « Si ces messieurs se compromettaient, avaient dit MM. de Nesselrode et de Metternich à M. de Vitrolles, ils n'auraient rien à craindre pour leur avenir, ils en trouveraient un chez nous. »

moindre doute à cet égard[1]. » Il ne faut pas l'oublier : l'abbé de Pradt écrivait et publiait ces lignes en 1816, en pleine réaction royaliste, lorsque, dans les deux Chambres comme au dehors, tous les orateurs, tous les écrivains, affirmaient que, hormis quelques bonapartistes et quelques jacobins incorrigibles, la France entière s'était toujours montrée impatiente du joug impérial et n'avait jamais cessé d'invoquer le retour des Bourbons. Le *Récit historique* de l'ancien archevêque de Malines donnait le plus éclatant démenti aux affirmations de tous les écrivains royalistes et aux prétentions personnelles de tous les hommes officiels de cette époque de réaction furieuse. Pas une voix ne protesta.

Un seul royaliste, parti de Paris sans un autre but que de gagner la Suisse, et n'ayant pris ensuite sa mission que dans ses inspirations propres, se trouva sérieusement mêlé aux événements, avant la journée du 31 mars; ce fut M. de Vitrolles. Veut-on savoir quelles étaient, en effet, les illusions et l'attente des autres membres de cette opinion, non les plus obscurs, mais les plus élevés par leur naissance ou par leur fortune; non dans le fond des provinces, mais à Paris même, centre de toute nouvelle et de toute intrigue? Ils plaçaient leurs espérances dans Bernadotte! Bien plus : cet ancien maréchal était, à leurs yeux, l'âme de la coalition; et, le croyant à Laon, quand il se tenait arrêté à près de cent lieues de là, derrière le Rhin, ils lui adressaient des députés chargés de solliciter son appui! Cette mission, à laquelle devait d'abord concourir M. Maine de Biran, fut confiée à MM. Vinchon de Quémont et Gain de Montaignac, qui, arrivés à Laon le 13 mars, apprirent du général Gneizenau que Bernadotte, demeuré avec ses Suédois sur la frontière de Hollande, ne prenait plus part, depuis deux mois, aux opérations des coalisés. Ce général leur conseilla de s'adresser à Alexandre. Revenus en toute hâte à Paris, et obligés, pour une nouvelle entente,

[1] *Récit historique* de l'abbé de Pradt, pages 38, 39.

de *forcer la porte* des sommités du faubourg Saint-Germain, qui fuyaient leur contact dans la crainte de se compromettre, ils se mirent, le 21 mars, à la recherche de l'empereur de Russie. Incertains de leur route, obligés à de longs détours, ils remontèrent la Loire jusqu'à la Charité, se jetèrent dans le Morvan, et, le 26, atteignirent enfin Dijon, où venaient d'arriver l'empereur d'Autriche et les principaux ministres de la coalition, fuyant depuis Troyes, comme nous l'avons dit, à la suite du second mouvement de retraite de Schwartzenberg. Ce fut là seulement que ces députés apprirent l'entrée du comte d'Artois à Vesoul, puis à Nancy; on ne connaissait, lors de leur départ de Paris, que son arrivée en Suisse. Repoussés d'abord par les ministres étrangers, ils obtinrent, au bout de quelques jours de démarches, des lettres de M. de Metternich, de lord Castlereagh et du baron de Stein. Mais Paris, quand ils y revinrent, était, depuis huit jours, au pouvoir des chefs militaires alliés.

On a vu dans le chapitre précédent que c'est le 25 mars, cinq jours après avoir quitté Troyes, qu'Alexandre, le roi de Prusse et le prince de Schwartzenberg, étaient partis de Châlons pour tenter un coup de main sur la capitale de l'Empire. Leur principale colonne suivait la route de Montmirail; arrivée entre Bussy-l'Évêque et Vatry, ses coureurs rencontrèrent les corps des maréchaux Marmont et Mortier, que Napoléon avait d'abord laissés sur l'Aisne pour contenir Blücher, mais qui, rappelés ensuite par lui quand il s'était décidé à opérer sur les derrières des Alliés, essayaient alors de le rejoindre sur la haute Marne. Marmont avait sous ses ordres 3,500 hommes d'infanterie et 1,500 chevaux; Mortier commandait à 6 ou 7,000 hommes. Obligés de battre en retraite devant l'avalanche de soldats qui se précipitait en ce moment de Châlons sur Paris, les deux maréchaux se replièrent, par les défilés de Somesous, dans la direction de Fère-Champenoise. Atteints à peu de distance de cette ville, entourés et assaillis dans toutes les directions par une cavalerie formidable plus nombreuse à elle seule que ne l'étaient leurs deux corps réunis, chargés par des masses d'infanterie, accablés de boulets et de mitraille, Marmont et Mortier se battirent avec un véritable acharnement; la résistance de leurs soldats était désespérée : cependant elle aurait été vaincue, et la lutte inégale soutenue par les deux maréchaux aurait amené l'entière destruction de leurs colonnes, si un de ces incidents qui se renouvelèrent souvent dans cette courte et rude campagne, n'était pas venu affaiblir progressivement, puis suspendre les attaques furieuses qu'ils s'efforçaient de repousser

Deux divisions de gardes nationaux mobilisés, commandées par les généraux Pacthod et Amey, conduisaient de Meaux et de Sézanne, à l'Empereur, un convoi assez considérable d'artillerie. Arrêtés près du village de Morin par les premiers détachements alliés, ces deux généraux se replièrent. Bientôt de fortes décharges, venant de leur droite, les avertirent du voisinage d'un corps de troupes françaises. Ces troupes étaient celles de Marmont et de Mortier. Pacthod et Amey s'avancèrent dans la direction du canon; mais, au lieu de donner dans les régiments des deux maréchaux, ce fut au milieu des réserves de l'armée russe qu'ils tombèrent. L'effort de l'ennemi se tourna immédiatement contre eux. Les héroïques paysans qui composaient ces deux divisions, arrachés la veille à leur famille, étaient à peine exercés : ils se forment sur-le-champ en carrés par régiment, et se disposent à la résistance la plus désespérée. La plaine qu'ils sont obligés de traverser est sans bois, sans mamelons, sans le moindre accident de terrain. Assaillis dans leur marche par un ennemi dont le nombre grossit à chaque pas, ils parviennent cependant à atteindre le pied des collines de Fère-Champenoise sans que leurs rangs aient faibli une seule fois, sans qu'une seule charge les ait entamés. Mais là, entourés par les quatre corps des généraux Palhen, Wassiltchikoff,

Korff, et du grand-duc Constantin, foudroyés par le canon et par la mitraille de près de cent pièces d'artillerie qui les battent, pour ainsi dire, en brèche, chargés sur tous leurs fronts par des masses énormes de cavalerie, ce ne fut ni le découragement ni la lassitude, mais la mort seule qui mit un terme à leur résistance. Sommés à différentes reprises, par les généraux russes et par Alexandre lui-même, de cesser le combat, presque tous se firent tuer plutôt que de rendre leurs armes. C'est là que périrent, aux cris de *vive l'Empereur!* les 3,000 conscrits vendéens dont nous avons parlé [1]. Ce double combat de Fère-Champenoise, soutenu, en quelque sorte, sur le même terrain, et à moins d'une heure d'intervalle, par deux colonnes françaises parties de deux points différents et se dirigeant l'une et l'autre vers l'Empereur, fut un des plus meurtriers de la campagne; il venait de nous coûter 10,000 hommes, 6 généraux pris ou tués, 60 pièces de canon et 350 caissons [2].

Le soir de cette journée (25 mars), Mortier et Marmont, que cette diversion venait de sauver, se retirèrent vers Sézanne, toujours luttant contre les troupes attachées à leur poursuite; et, la nuit venue, ils prirent position sur les hauteurs d'Allement. Le 26 au matin, les deux maréchaux poursuivirent leur mouvement de retraite sur la basse Marne. Arrivés vers la fin

---

[1] Voyez page 269.

[2] Les gardes nationaux des deux divisions Pacthod et Amey appartenaient tous aux provinces de l'Ouest ou du Centre. Nous n'avons pu obtenir de renseignements que sur la composition de la seule division Pacthod; elle comprenait quatre régiments divisés en huit bataillons : deux de ces bataillons avaient été fournis par le département de la *Sarthe*, deux autres par le département d'*Eure-et-Loir*, deux par celui du *Loiret*, un bataillon par le département de *Loir-et-Cher*, et un dernier bataillon par le département d'*Indre-et-Loire*. On lit, dans un rapport adressé au ministre de la guerre par le général Delort, commandant une des brigades de cette division : « Je ne saurais trouver d'expression pour caractériser la bravoure des gardes nationales sous mes ordres; les épithètes de brave et d'héroïque dont tout le monde s'honore sont sans valeur et sans force pour donner une idée juste et précise de leur conduite. »

de la journée à la Ferté-Gaucher, ils trouvèrent la ville occupée par le corps d'armée du Prussien Kleist, détaché la veille pour leur couper la retraite et qui barrait la grande route de Coulommiers. Le lendemain, une nouvelle lutte, effort désespéré, ouvrit à nos soldats les chemins de Rosoy et de Brie-Comte-Robert, où ils arrivèrent le 28, sans être poursuivis. Le même jour, le gros des troupes alliées, qui avaient continué de descendre la rive gauche de la Marne, passait sur la rive droite par le pont de Triport, chaque régiment musique en tête, et s'emparait de Meaux.

A cette dernière nouvelle, le roi Joseph se hâta de convoquer aux Tuileries tous les membres du conseil de régence. Ce conseil, nommé lors du départ de l'Empereur pour l'armée, comptait seize membres, non compris l'Impératrice; il était ainsi composé : l'Impératrice, le roi Joseph, les princes Cambacérès, Lebrun et de Talleyrand; les ducs de Massa (Régnier), président du Corps législatif; de Gaëte (Gaudin), ministre des finances; de Rovigo (Savary), ministre de la police; de Feltre (Clarke), ministre de la guerre; de Cadore (Champagny); les comtes Mollien, ministre du Trésor; Montalivet, ministre de l'intérieur; Daru, Boulay (de la Meurthe), Regnault de Saint-Jean-d'Angély, Defermon et Sussy.

Lorsque tous ces personnages furent réunis, Marie-Louise prit place comme présidente, ayant Joseph à sa droite, Cambacérès à sa gauche; et ce dernier, au nom de la régente, posa cette question : L'Impératrice et le roi de Rome doivent-ils rester à Paris ou se retirer à Blois?

Joseph s'empressa d'opiner pour le départ : appuyé avec chaleur par Cambacérès et par Clarke, il fut combattu par le duc de Cadore, qui remplissait les fonctions de secrétaire du conseil, et par MM. Boulay (de la Meurthe) et de Talleyrand. Le conseil se trouva d'abord partagé : l'ex-consul Lebrun, le duc de Massa, MM. Montalivet, Sussy et Regnault de Saint-Jean-d'Angély, s'étaient rangés à l'avis des premiers; les ducs de Gaëte et de Rovigo, les comtes Daru, Mollien, et Defermon se trouvaient avec les seconds. Ils étaient huit contre huit. La discussion dut continuer. Joseph, Cambacérès et le duc de Feltre reprirent successivement la parole. Joseph ne conseillait pas le départ, il l'exigeait; Cambacérès s'exprima dans le même sens avec une véhémence qu'on ne lui connaissait pas; Clarke s'emporta. Clarke, a-t-on dit, était inspiré par la coalition; il n'était inspiré que par la peur : Cambacérès et lui, doués du même courage, s'irritaient à la pensée de rester à Paris quand l'ennemi s'avançait; ils voulaient fuir. L'un et l'autre s'appuyaient exclusivement, ainsi que Joseph, sur les intentions de l'Empereur : elles étaient connues, disaient-ils, et la désobéissance serait criminelle. Puis ils ajoutaient pour dernier argument : « La France est dans l'Impératrice et dans son fils ; les exposer à tomber entre les mains des Alliés, c'est vouloir livrer la patrie à l'ennemi.

— Quitter Paris, répondait M. Boulay (de la Meurthe), ce serait décourager la population et abandonner la partie. Rester, ce serait, au contraire, doubler le dévouement, ainsi que l'énergie de la garde nationale et de l'armée. Qui pourrait dire, ajoutait-il, l'enthousiasme et l'élan qui s'emparerait de tous les cœurs à la vue de l'Impératrice traversant, son fils dans ses bras, les quartiers populeux de la capitale pour aller s'installer à l'Hôtel de Ville, et invoquant sur son passage, à l'exemple de son aïeule Marie-Thérèse, la protection de tous les citoyens? »

Cette opinion, développée avec énergie par son auteur, appuyée par M. de Talleyrand et par le duc de Cadore, entraîna successivement le duc de Massa, les comtes de Sussy et Regnault de Saint-Jean-d'Angély. La majorité se trouvait dès lors opposée au départ. Le conseil allait donc décider que Marie-Louise et son fils ne quitteraient point Paris, lorsque Joseph, à bout d'arguments, exhiba une lettre dans laquelle l'Empereur s'exprimait en ces termes :

« Reims, le 16 mars.

« Mon frère, conformément aux instructions verbales que je vous ai données et à l'esprit de toutes mes lettres, vous ne devez permettre, en aucun cas, que l'Impératrice et le roi de Rome tombent entre les mains de l'ennemi. Vous serez plusieurs jours sans avoir de mes nouvelles ; si l'ennemi s'avance sur Paris avec des forces telles que toute résistance devienne inutile, faites partir dans la direction de la Loire la régente, mon fils, les grands dignitaires, les ministres, les officiers du Sénat, les présidents du Conseil d'État, les grands officiers de la couronne, le baron de La Bouillerie et le Trésor. Ne quittez pas mon fils, et rappelez-vous que je préférerais le savoir dans la Seine plutôt qu'entre les mains des ennemis de la France. Le sort d'Astyanax, prisonnier des Grecs, m'a toujours paru le sort le plus malheureux de l'Histoire.

« NAPOLÉON. »

Le sens prophétique de l'Empereur ne le trompait pas : son fils eut le sort d'Astyanax ; mais ce fut précisément pour avoir quitté Paris.

Cette communication atterra la majorité du conseil.

« Sire, dit aussitôt le duc de Cadore à Joseph, je connaissais la lettre que vient de lire Votre Majesté. Cette lettre a été écrite pour une circonstance différente de celle qui se présente ; elle ne saurait donc modifier l'opinion du conseil.

— Cette lettre a treize jours de date, dit à son tour M. Boulay (de la Meurthe) ; depuis cette époque, la même menace de danger qui nous fait délibérer s'est produite. Les Alliés se sont approchés de la capitale. Cependant l'Impératrice est restée. L'Empereur n'a blâmé ni Sa Majesté ni ses conseillers. Cette approbation tacite équivaut à un changement d'instructions.

— Dans tous les cas, ajouta M. de Talleyrand en se tournant vers l'Impératrice, Sa Majesté ne saurait courir le moindre péril, et il est impossible qu'elle n'obtienne pas de l'Empereur, son père, et des souverains alliés, des conditions meilleures que celles qu'ils accorderaient si elle était à 50 lieues de Paris. »

Mais l'Empereur avait parlé, et telle était la soumission aveugle, absolue, à laquelle il avait habitué les personnages même les plus élevés de son empire, que MM. Boulay (de la Meurthe), de Talleyrand, Defermon, et le duc de Cadore restèrent à peu près seuls du parti de la désobéissance. Le départ fut décidé; il était alors plus de minuit.

« Si j'étais ministre de la police, dit en sortant de la salle un des membres au duc de Rovigo, Paris serait insurgé avant vingt-quatre heures et l'Impératrice ne partirait pas.

— Il dépendait du conseil de l'empêcher de partir, » répondit le ministre de la police.

M. de Talleyrand marchait alors près de ce dernier; il se tourna de son côté et lui dit :

« Eh bien, voilà donc la fin de tout ceci? C'est perdre la partie à beau jeu. Pardieu, l'Empereur est bien à plaindre! mais on ne le plaindra pas, car son obstination à garder son entourage n'a pas de motif raisonnable. C'est une faiblesse qui ne se comprend pas dans un homme tel que lui. Voyez, monsieur, quelle chute dans l'histoire! donner son nom à des aventures au lieu de le donner à son siècle! Quand je pense à cela, je ne peux m'empêcher d'en gémir. Maintenant, quel parti prendre? Il ne convient pas à tout le monde de se laisser engloutir sous les ruines de cet édifice. Allons! nous verrons ce qui arrivera. L'Empereur, au lieu de me dire des injures, aurait mieux fait de juger ceux qui lui inspiraient des préventions; il aurait vu que des amis comme ceux-là sont plus à craindre que des ennemis. »

On assure que M. de Talleyrand, à l'occasion de son opposition au départ de l'Impératrice et du roi de Rome, n'a pas craint de dire plus tard : « On se méfiait de moi; je savais que, si je conseillais le départ, l'Impératrice resterait; je n'ai insisté pour qu'elle demeurât que dans le but de décider plus sûrement sa retraite sur Blois. »

Ce langage, si M. Talleyrand l'a tenu, est encore un de ces

mensonges faits après coup, dont il a été si prodigue et qui lui ont si longtemps servi à duper l'opinion. Ici, le commentaire avait un double but : maintenir dans l'esprit du vulgaire son renom de profonde habileté, puis, expliquer dans un sens favorable à son récent royalisme des conseils qui, adoptés, auraient sauvé, sinon l'Empereur, du moins l'Empire. M. de Talleyrand était sincère lorsque, le 28 mars, il combattait le départ de l'Impératrice. La régence était sa secrète pensée; ce qu'il voulait à ce moment, ainsi que tout son entourage, c'était, en effet, l'Empire moins l'Empereur. Sous Napoléon, M. de Talleyrand était, en quelque sorte, le second personnage du pays; avec la régence, il devenait inévitablement le premier. *Altesse sérénissime*, vice-grand électeur, vice-président du Sénat, il était surchargé de dignités, et les traitements dont il jouissait étaient immenses. En outre, sa principauté de Bénévent ne lui donnait pas un vain titre; cette possession faisait de lui presque un souverain. Quelle combinaison politique pouvait lui assurer les mêmes honneurs et la même fortune? Sa position avec l'établissement impérial était si haute, en un mot, que l'avénement d'un autre pouvoir, quel qu'il fût, le forçait à descendre. M. de Talleyrand a *subi* le retour des Bourbons; il ne l'a point provoqué. Il ne prit parti pour eux qu'à la dernière extrémité, lorsque les souverains, maîtres de Paris, lui parurent décidés à rétablir l'ancienne famille royale. « A l'Empereur je préférerais tout, *même les Bourbons*, » disait-il à la duchesse de Vicence au moment où le canon des Alliés retentissait sur les hauteurs de Belleville. Cette répugnance de M. de Talleyrand pour les Bourbons est facile à comprendre : embaucheur de son ordre au profit du *tiers* en 1789, aumônier de la Fédération en 1790, provocateur de la vente des biens du clergé et prélat consécrateur du nouvel épiscopat constitutionnel en 1791 et 1792, ministre du Directoire lors des proscriptions de fructidor, dévoué durant de longues années à l'élévation de Napoléon comme à la ruine des Bourbons, acteur influent dans le sanglant épisode du duc d'Enghien, enfin, *évêque marié*, M. de Talleyrand, quelque service qu'il pût rendre aux Bourbons, se trouvait condamné, en cas de restauration, à une défense et à une lutte, pour ainsi dire, perpétuelles contre les préjugés, les rancunes ou les haines de ces princes et des deux *ordres* auxquels il avait appartenu. Son passé de vingt-cinq ans, inscrit tout entier au *Moniteur*, n'était pas de ceux qu'on puisse oublier ou que l'on pardonne.

Après la délibération dont nous venons de raconter les détails essentiels, Joseph et Cambacérès avaient suivi l'Impératrice dans son appartement intérieur. Troublés par l'énergique opposition qu'ils avaient rencontrée, et poursuivis par ces pressentiments qui manquent rarement aux hommes à la veille des grandes catastrophes politiques, le frère de Napoléon et l'archichancelier dirent à Marie-Louise que la résolution du conseil leur semblait, en effet, de nature à exercer une influence décisive sur les événements; que sa présence à Paris serait peut-être plus utile que son départ à la cause impériale; mais qu'elle seule pouvait être juge du parti qu'il serait convenable d'adopter en d'aussi graves circonstances. « Vous êtes mes conseillers obligés, leur répondit l'Impératrice, je ne prendrai jamais sur moi de désobéir à un ordre de l'Empereur et à la délibération du conseil privé; donnez-moi, dans un écrit signé, l'avis formel de demeurer à Paris, et j'y reste. » L'un et l'autre refusèrent d'assumer sur eux une telle responsabilité; ils se retirèrent après être convenus que Joseph se rendrait, le lendemain de bonne heure, aux avant-postes pour juger de la situation, et que l'Impératrice ne quitterait pas les Tuileries avant d'avoir entendu son rapport.

Les préparatifs pour le départ occupèrent toute la nuit. Le 29 mars, au petit jour, les passants pouvaient apercevoir de la place du Carrousel, à travers les fenêtres ouvertes des appartements du château, et à la lueur de bougies encore allumées, des femmes de la cour, des domestiques qui couraient d'une pièce à l'autre, quelques-uns pleurant, tous dans le plus grand trouble. A huit heures, les voitures de voyage vinrent se ranger dans la cour, devant le péristyle du pavillon de Flore.

Le départ avait été fixé à neuf heures. Mais, tout entière à l'attente de la visite que Joseph lui avait promise, et de quelque incident imprévu qui viendrait la retenir, la jeune Impératrice retardait, de quart d'heure en quart d'heure, le moment de quitter ce palais qu'elle ne devait plus revoir. Vainement le duc de Feltre lui dépêchait messager sur messager pour la presser de se mettre en chemin; une démarche faite par les officiers de la garde nationale et par ceux des autres corps, de service aux Tuileries, contribuait encore à sa résistance : tous étaient venus la conjurer de ne pas quitter Paris. Ainsi placée entre ces sollicitations contraires, voulant rester et ne l'osant pas, elle se jette dans un fauteuil et se met à pleurer. « Mon Dieu! disait-elle au milieu de ses larmes, ils me laissent seule! A quoi donc me décider? » Vers les dix heures, le duc de Feltre lui fit dire qu'elle n'avait plus un moment à perdre, et que, si elle tardait plus longtemps, elle s'exposait à tomber dans les mains d'un parti de Cosaques. Pendant une demi-heure elle attendit encore le rapport que Joseph s'était engagé si formellement à lui faire; mais ce prince continua à ne pas donner signe de vie; cet effort fut le dernier : Marie-Louise annonça qu'elle était prête à descendre avec son fils; ce jeune enfant poussait les hauts cris; il refusait de quitter les appartements du palais; sa gouvernante fut obligée de l'emporter dans ses bras. Il était dix heures et demie lorsque l'Impératrice, vêtue d'une amazone de couleur brune, prit enfin place avec le roi de Rome dans une voiture qu'entourait un fort détachement de la garde impériale, et que suivait une ligne interminable d'équipages où se trouvaient quelques-uns des grands dignitaires de la couronne ainsi que les personnes attachées à sa maison et à la personne de son fils. Ce lent et triste cortége, qui emportait la fortune de l'Empire, défila au milieu d'une double haie de spectateurs étonnés et silencieux, longea le quai des Tuileries, le quai de Chaillot, et franchit la barrière de Passy, au même moment où les têtes de colonnes des maréchaux Mortier et Marmont, battant en retraite depuis Fère-Champenoise, arrivaient par le pont de Charenton, et lorsque, du haut des collines qui couronnent le côté opposé de Paris, les habitants de Montmartre et de Belleville voyaient l'avant-garde des coalisés déboucher de la forêt de Bondy.

La présence des maréchaux Mortier et Marmont sous les murs de Paris, le 29, était un événement tout fortuit. S'ils avaient pu rejoindre l'Empereur, comme ils en avaient reçu l'ordre et comme ils avaient essayé de le faire; s'ils n'avaient pas été battus à Fère Champenoise; si, dans leur retraite, ils avaient pris un autre chemin ou s'étaient reposés un seul jour, l'entrée de Paris n'aurait pas été disputée aux Alliés. Ce furent le *hasard* et une défaite qui donnèrent à cette capitale quelques défenseurs!

La physionomie de Paris dans cette journée du 29 était singulièrement étrange. « Paris, du côté du midi, était en état de désertion, a dit un témoin oculaire, ministre de Napoléon; depuis la barrière jusqu'à Chartres, ce n'était qu'un immense convoi de voitures de toute espèce; on ne peut se faire une idée de ce spectacle lorsqu'on ne l'a pas vu[1]. » Tandis que les barrières situées au midi de la capitale de l'Empire donnaient ainsi sortie aux longues files d'équipages de l'aristocratie impériale, on voyait entrer, par les barrières du nord, les habitants de la plupart des villages situés entre Paris et Meaux, fuyant devant les Alliés, et amenant avec eux leurs enfants, leurs meubles, leurs grains, leurs chiens et leurs bestiaux. Ces tristes arrivages avaient commencé dès la veille.

[1] *Mémoires du duc de Rovigo,* tome VIII.

Leurs conducteurs étaient fort abattus. La plupart paraissaient dans la plus grande détresse. Fait incroyable! l'approche de l'ennemi pouvait suspendre les approvisionnements de Paris : en pareil cas, on alloue une prime aux chargements de denrées qui arrivent. Eh bien, l'octroi n'avait rien changé à ses tarifs ni à ses habitudes : à mesure que les fuyards de la campagne se présentaient pour entrer, les employés de la ville les arrêtaient impitoyablement aux portes, et contraignaient ces pauvres gens de payer pour leurs provisions, pour leurs fourrages et leur bétail, des droits qu'ils n'acquittaient qu'en vendant à vil prix, hors barrière, une partie de ce qu'ils espéraient sauver. Quand, entrés dans Paris, ils avaient pu trouver, sur les boulevards ou dans les grandes rues des faubourgs, un endroit où placer leurs chars ou leurs charrettes, ils attachaient les bestiaux aux ridelles ou aux roues, en confiaient la garde aux enfants et aux femmes, et allaient grossir les groupes, les lignes de curieux stationnés sur les boulevards compris entre la porte Montmartre et la place Saint-Antoine.

Cette foule était impatiente de nouvelles plutôt qu'agitée. On interrogeait chaque nouvel arrivant ou les soldats isolés qui passaient, et l'on commentait leurs réponses. Vers les deux heures, des crieurs circulèrent sur toute cette ligne, vendant un sou la proclamation suivante :

« *Le roi Joseph, lieutenant général de l'Empereur, commandant en chef de la garde nationale, aux citoyens de Paris.*

« Citoyens de Paris, une colonne ennemie s'est portée sur Meaux, elle s'avance par la route d'Allemagne; mais l'Empereur la suit de près, à la tête d'une armée victorieuse. Le conseil de régence a pourvu à la sûreté de l'Impératrice et du roi de Rome. Je reste avec vous!

« Armons-nous pour défendre cette ville, ses monuments, ses richesses, nos femmes, nos enfants, tout ce qui nous est cher! Que cette vaste cité devienne un camp pour quelques instants, et que l'ennemi trouve sa honte sous ces murs qu'il espère franchir en triomphe! L'Empereur marche à notre secours. Secondez-le par une courte et vive résistance, et conservons l'honneur français !

« Paris, ce 29 mars 1814.

« Joseph. »

Je reste avec vous, disait Joseph, dont les voitures et les bagages étaient déjà disposés pour le suivre le lendemain sur la route de Blois. *Armons-nous !* s'écriait-il. Mais où et comment s'armer? Non-seulement Joseph ne le disait pas; mais dans ce moment-là même le ministre de la guerre et le commandant de Paris refusaient des fusils et des munitions à la garde nationale.

Si un lieu d'armement ou de réunion avait été indiqué, plusieurs milliers d'hommes auraient immédiatement quitté les boulevards pour aller se mettre en mesure de repousser l'ennemi. Forcés à l'inaction par l'inconcevable silence du frère de l'Empereur, ils en étaient réduits à commenter sa proclamation. Le départ de l'Impératrice et du roi de Rome occupa d'abord les groupes; cet abandon, cause d'étonnement pour tous, indignait une partie de la foule. Des gardes nationaux en uniforme venaient-ils à passer, on les abordait vivement : « Vous auriez dû vous opposer à ce départ, même par la force ! leur criait-on; Marie-Louise aurait fait respecter Paris ! » Les détonations de l'artillerie des corps alliés qui, à ce moment-là même (deux heures et demie), poussaient le général Compans devant eux, et s'emparaient des approches de Romainville, venaient, de temps à autre, interrompre ces discussions. « C'est l'artillerie de la garde nationale qui s'exerce à Vincennes, disaient quelques personnes[1]. — Non, répliquaient d'autres curieux, c'est

[1] Le bruit lointain de l'artillerie des corps français ou alliés qui, durant le cours de cette campagne, s'étaient le plus approchés de Paris, avait porté l'alarme, à différentes reprises, dans les faubourgs de cette capitale. Pour apaiser ces terreurs, le gouvernement fit publier, dans tous les journaux du 26 mars, une note où il était dit que tous les jours les artilleurs de la garde nationale s'exerçaient à Vincennes. Or la garde nationale n'avait ni canonniers ni canons.

l'Empereur qui arrive; la proclamation l'annonce. » La venue de l'Empereur, mensonge excusable sans doute, devenait immédiatement le texte de toutes les conversations; on voyait déjà l'ennemi battu, chassé loin de Paris, et, pour quelques instants, l'inquiétude se calmait.

Joseph, pendant ce temps, s'installait aux Tuileries; le ministre de la guerre Clarke restait enfermé dans ses bureaux; et le général Hullin, commandant la place et la division militaire de Paris, se bornait à faire prendre note, au pont de Charenton, du nombre de soldats ramenés par Mortier et Marmont, et à diriger sur les barrières les plus menacées quelques canons, ainsi que des détachements empruntés soit aux conscrits, soit aux soldats de dépôt ou même aux convalescents composant la garnison.

Jusqu'au 29, Joseph avait eu le titre de lieutenant général de l'Empire sans en exercer sérieusement les fonctions : c'était l'Empereur qui continuait à gouverner à l'aide de décisions transmises de ses différents quartiers généraux. Les affaires courantes s'expédiaient par l'Impératrice-régente, assistée de Cambacérès et des ministres à département. Quant au lieutenant général, la plupart de ses journées s'écoulaient au Luxembourg, au milieu d'un petit nombre de courtisans dont les grosses flatteries lui faisaient prendre tellement au sérieux sa royauté *d'Espagne et des Indes*, que, sollicité par Napoléon, peu de temps auparavant, d'abdiquer en faveur de Ferdinand VII, il avait longtemps repoussé cette demande. Vainement l'Empereur lui faisait observer qu'un traité était déjà signé avec Ferdinand, qu'il ne perdait ni n'abandonnait rien, puisque, depuis plus de dix mois, il était sans sujets et sans royaume; Joseph ne céda qu'après une résistance opiniâtre. « En vérité, disait l'Empereur à cette occasion, ne dirait-on pas que je lui enlève sa part dans l'héritage du feu roi, notre père[1]? » Créé roi deux fois par Napoléon, Joseph avait perdu,

[1] Le prince Louis, nature infirme, organisation maladive, avait également

dans l'abus des faciles plaisirs de cette double royauté, toute décision et toute énergie. Il n'avait fait que traverser Naples, dont il laissa le trône à Murat; son inactivité et sa faiblesse doivent être comptées parmi les causes qui firent tomber de son front la couronne d'Espagne. Après sa rentrée en France, il vint un jour où, comme lieutenant général de l'Empire, il pouvait exercer une grande influence sur la fortune de sa famille; ce jour-là, Joseph allait encore se trouver au-dessous de sa position.

Capitaine au régiment d'Orléans-dragons lors de la Révolution, chef du bureau topographique du ministère de la guerre sous la Convention, chargé de missions *secrètes* près des armées sous le Directoire, général de division sans avoir jamais commandé un régiment, Clarke devait son grade et le titre de duc de Feltre à l'adulation infatigable et à l'admiration exaltée dont il faisait profession pour l'Empereur. Il avait parcouru toute sa carrière militaire dans les bureaux ; commis exact,

pris au sérieux les *droits* qu'il prétendait tenir de sa nomination, par l'Empereur son frère, au trône de Hollande. Le 1er juillet 1810, cédant à des motifs qui font honneur à son caractère, il avait abdiqué son éphémère couronne « en faveur de son fils Napoléon-Louis, et, à son défaut, en faveur de son second fils Charles-Louis-Napoléon. » Le 9, un décret impérial prononça la réunion de la Hollande à la France. Le 1er août, le roi démissionnaire, alors retiré à Tœplitz, protesta contre ce décret, « tant en son nom qu'au nom du *jeune* ROI *mineur*, qui devait parvenir à sa majorité sans rien perdre des droits que DIEU et la nation lui avaient donnés à la couronne, déclarant le décret de réunion *nul et de nul effet*, *illégal*, injuste aux yeux de Dieu et des hommes, et se réservant de faire valoir les *droits* de ses enfants mineurs aussitôt que les circonstances le permettraient. » La circonstance lui sembla venue en 1813, lors de la réunion du congrès assemblé à Prague, au mois de juillet, pour la pacification de l'Europe. Il saisit cette assemblée de sa protestation et de ses réclamations en faveur des *droits* de ses enfants. Sa démarche fut sans résultat. A cinq mois de là, le 29 novembre, lors du soulèvement de la Hollande et de la retraite des autorités et des troupes impériales, quand l'Empire penchait déjà vers sa ruine, Louis écrivit de Soleure aux magistrats d'Amsterdam, pour leur rappeler encore ses *droits*, lesquels étaient *bien supérieurs* à ceux de la maison d'Orange, disait-il, puisque le chef de cette maison avait *formellement renoncé* aux siens en recevant la principauté de Fulde à titre de dédommagement.

mais habitué à exécuter les ordres de Napoléon, à ne voir et à ne penser que par le maître, il était sans initiative, comme sans courage; ce n'étaient ni ses talents ni son énergie qui pouvaient suppléer l'insuffisance de Joseph.

La bravoure ne manquait peut-être pas au général Hullin; mais, simple soldat au début de sa vie militaire, il était resté soldat jusqu'au bout; sa capacité ne s'élevait pas au-dessus des détails matériels de son emploi; homme d'obéissance passive, non de commandement, ce n'était point lui, non plus, qui pouvait imposer au lieutenant général et au ministre de la guerre les mesures ainsi que les décisions nécessaires à ce moment de lutte suprême.

Parmi les autres membres du gouvernement, il en était un dont le concours actif n'aurait peut-être pas été sans quelque utilité. Nous voulons parler du duc de Rovigo. Mais, absorbé dans ses fonctions de ministre de la police, le général Savary ne voyait rien au delà des rapports de ses agents et de l'action de la gendarmerie. Un témoin oculaire des faits de la journée du 29 a raconté que, sortant du musée du Louvre, où il avait rencontré les artistes aussi nombreux que de coutume et paisiblement occupés, les uns à copier des tableaux, les autres à regarder à travers les fenêtres le départ de l'Impératrice et de son cortége, il était allé chez Savary, qu'il avait trouvé jouant au billard avec le conseiller d'État Réal. On parla de l'arrivée de l'ennemi. Réal conseilla la publication immédiate d'une ordonnance enjoignant aux Parisiens de dépaver les rues, d'en porter les pierres aux étages supérieurs des maisons, de les jeter sur l'ennemi quand il entrerait, et de faire feu, en même temps, de toutes les croisées. « Mais ce serait un moyen révolutionnaire! s'écria Savary effrayé; je ne l'emploierai certes pas! Que dirait l'Empereur? »

Le roi Joseph, le ministre Clarke, le général Hullin, voilà les trois hommes qui, le 29 mars, étaient chargés de diriger la défense de Paris et de tenir tête aux événements.

L'Histoire serait injuste si elle faisait peser exclusivement sur eux les fatals résultats de leur incapacité : la responsabilité en appartient à l'Empereur, qui, absent depuis plus de deux mois, aimait mieux laisser ces trois médiocrités en face d'un péril au-dessus de leurs forces que de confier le commandement suprême de Paris à un maréchal énergique et dévoué. Mais il aurait craint le mécontentement des deux rois, ses frères, et des autres maréchaux. Dans sa passion pour l'absolu pouvoir, passion que les revers rendaient encore plus inquiète et plus ombrageuse, il aurait redouté, surtout, de créer, pour un de ses lieutenants, une position trop importante, et de lui confier une autorité que, pendant quelques jours, les hasards de la guerre pouvaient rendre indépendante de la sienne.

Les moyens de défense, cependant, ne manquaient pas : on ne comptait pas moins de 400 pièces d'artillerie de gros calibre, suffisamment approvisionnées, soit à Vincennes, soit à l'École militaire ou au Champ de Mars, soit au dépôt central; 20,000 fusils neufs existaient, en outre, dans ce dépôt; voilà pour le matériel [1]. Quant aux hommes, le gouvernement pouvait disposer, outre les corps ramenés par Marmont et Mortier, de 7 à 8,000 hommes casernés à Paris, et appartenant aux dépôts de la garde impériale ou de la ligne; de 6 à 7,000 soldats de cavalerie, conscrits ou soldats de dépôt, démontés, pour la plupart, et casernés à Versailles ou dans les environs; de 15 à 18,000 conscrits ou soldats de dépôt, destinés aux régiments de ligne ou de garde nationale active, et casernés à Saint-Denis, à Courbevoie et dans d'autres villages épars autour de Paris [2]; de plus de 2,000 officiers sans emploi, qui, le 28 et

---

[1] 80 pièces du plus fort calibre, transportées de Cherbourg au Havre, où elles furent embarquées sur la Seine et destinées à la défense de Paris, attendaient depuis plus de trois semaines à Meulan des moyens de transport qui n'arrivèrent pas. Elles y furent oubliées par Clarke et par Joseph.

[2] Une note, que nous avons sous les yeux, porte ce dernier chiffre de soldats à près de 25,000, y compris un régiment de gardes d'honneur cantonné à Maintenon.

le jour même du 29, vinrent offrir leurs services au ministre de la guerre; de 15 à 20,000 ouvriers, tous anciens soldats, qui auraient répondu au moindre appel; enfin de 12,000 gardes nationaux, tous équipés et en partie armés. Ces forces réunies pouvaient présenter un effectif de 65 à 70,000 combattants qu'il était facile de rassembler en quelques heures et d'utiliser, même en ne leur donnant qu'un armement incomplet.

Joseph et Clarke connaissaient l'approche des Alliés dès le matin du 28; ils eurent donc toute cette journée, la nuit suivante, la journée du 29 et la nuit du 30, pour employer les ressources que nous venons d'énumérer; aucune ne fut, pour ainsi dire, mise en usage. Les canons restèrent dans leurs parcs, moins quelques pièces placées, les 28 et 29, aux barrières du nord et sur deux ou trois points des hauteurs qui commandent Paris de ce côté[1]; les fusils ne quittèrent point leurs râteliers; les 6 à 7,000 cavaliers démontés, de Versailles, ne furent point appelés, bien qu'une députation d'officiers fût venue solliciter de Clarke, au nom de ces corps, la faveur de prendre part à la défense de la capitale; les 15 à 18,000 conscrits casernés dans la banlieue restèrent dans leurs dépôts; le concours des 2,000 officiers fut repoussé[2]; les ouvriers, malgré leurs énergiques réclamations, durent se borner au rôle de spectateurs; enfin la garde nationale, réorganisée au mois de janvier précédent, avant le départ de l'Empereur, avait été dépouillée, dès le mois de février, par le général Hullin, du petit nombre de fusils qu'on lui avait donnés, sous prétexte que ces armes étaient nécessaires à la troupe de ligne. Vainement le maréchal Moncey, major général de cette

[1] L'artillerie qui fit feu, le lendemain, se composait, pour la plus grande partie, des canons ramenés par les deux maréchaux.
[2] On les accusait de *mauvais esprit*. Ce reproche était basé sur cette circonstance, que quelques-uns d'entre eux avaient été mis en réforme par suite de suspicions politiques qui remontaient à 1804. Il s'agissait bien alors d'accusations de républicanisme!

garde, dont Joseph était l'inutile commandant en chef, avait-il réclamé; Hullin ne voulut rien rendre; il lui fallait, disait-il, un ordre de l'Empereur; l'ordre ne vint jamais. Tous ceux des gardes nationaux qui, dans le courant de février et de mars, voulurent s'armer, furent donc obligés de se pourvoir au hasard. Aussi, à une revue passée le 27, trois jours auparavant, dans la cour des Tuileries, et où ils se trouvèrent 12,000, voyait-on, à côté d'un certain nombre de fusils de calibre, des fusils de prisonniers russes, autrichiens et prussiens, achetés à bas prix, une plus grande quantité de fusils de chasse, et des compagnies entières armées seulement de piques ornées de banderoles tricolores, piques que l'on délivrait dans les mairies aux seuls gardes nationaux, après dépôt préalable, ici de 10 fr., là de 20 fr.[1]. Il y a plus : le 29 au matin, lorsqu'on ne connaissait pas encore aux Tuileries le hasard providentiel qui amenait sous Paris les deux corps de Marmont et de Mortier, Joseph et Clarke faisaient sortir de cette capitale la partie la plus vigoureuse des dépôts de la garde impériale pour former à l'Impératrice une inutile escorte de près de 4,000 hommes d'infanterie et de cavalerie. Ces soldats d'élite, ainsi que nous l'avons dit, sortaient par la barrière de Passy, se rendant à Blois, au même moment où l'avant-garde des Alliés établissait déjà quelques batteries sur le canal Saint-Martin et s'emparait des approches de Romainville[2]. On croirait qu'il est

[1] On donnait, par dérision, aux hommes de ces compagnies, le nom de *Picards*. — « Il y avait plus d'un mois que la garde nationale demandait avec instance qu'on lui délivrât des fusils de munition au lieu de ces piques ridicules avec lesquelles on l'avait en grande partie armée; elle avait plusieurs fois renouvelé sa demande sans pouvoir rien obtenir. J'en avais écrit à l'Empereur, qui m'avait répondu : « Vous me faites une demande ridicule : l'arse« nal est plein de fusils, il faut les utiliser. » (*Mémoires* du duc de Rovigo, t. VII, p. 9.)

[2] Le duc de Rovigo, ministre de la police, ne quitta Paris, le 30 mars, que dans la soirée, après la bataille; il alla rejoindre l'Impératrice à Blois, et l'accompagna ensuite à Orléans. On lit dans ses *Mémoires*, à l'occasion de l'entrée de Marie-Louise dans cette dernière ville : « L'Impératrice arriva à Orléans, où on lui fit encore une réception de souveraine. Les troupes étaient

impossible de pousser plus loin l'impéritie; deux faits achèveront de donner la mesure des hommes à qui un hasard fatal et l'aveugle imprévoyance de l'Empereur, véritable vertige, remettaient le sort de la capitale de l'Empire.

Les abords de Paris, sur un cinquième environ de la circonférence de cette capitale, sont défendus par une chaîne de collines abruptes, continues, qui s'étendent depuis Rosny, à la hauteur des villages de Montreuil et de Charonne, jusqu'au faubourg de la Villette. Le point saillant et central de cette chaîne est Romainville. Le sol présente peu de mouvement entre la Villette et Montmartre; cet espace était seulement défendu par le faubourg de la Chapelle et par les nombreuses maisons bâties en dehors des barrières qui séparent ces deux points. De Montmartre à Neuilly, les avenues du mur d'octroi ne se trouvaient également protégées que par les édifices et les enclos construits entre ces deux communes. On sait que, de l'autre côté de la Seine, Paris est facilement abordable sur tous les points. Ce fut précisément par la ligne des fortifications naturelles, comprises entre Rosny et la Villette, que les Alliés attaquèrent les approches de Paris; et le premier point sur lequel ils se portèrent fut le saillant de Romainville. Quelques fortifications de campagne, un petit nombre de batteries, suffisamment approvisionnées et bien servies, auraient arrêté le premier effort de l'ennemi. Malheureusement il n'existait de retranchements nulle part; toutes les avenues de la capitale avaient été laissées ouvertes; aucune résistance n'était préparée; on n'avait pas donné un seul coup

sous les armes. Je faisais de bien tristes réflexions en voyant la ville d'Orléans pleine de troupes; nous en avions laissé encore bien davantage à Blois, où s'étaient successivement retirés les dépôts *qui étaient à Versailles* et à Chartres, ainsi que la *colonne des troupes de la garde impériale* qui accompagnait l'Impératrice, et cela, d'après les dispositions du ministre de la guerre. Comment tout cela n'avait-il pas été réuni aux corps des maréchaux Mortier et Marmont qui défendaient Paris? On ne peut en donner une autre raison, sinon qu'on ne l'avait pas voulu. Ces divers détachements s'élevaient à plus de VINGT MILLE HOMMES. » (T. VII, pages 169 et 170.)

de pioche, percé ou crénelé un seul mur; pas un arbre n'était abattu. Quelques tambours en bois, établis en avant de cinq ou six barrières, quelques canons placés en arrière des canaux Saint-Denis et Saint-Martin, voilà tous les préparatifs que, depuis deux mois, avait inspirés au gouvernement de la régente la présence, à quatre reprises différentes et à moins de quinze lieues de Paris, des têtes de colonnes de Blücher et de Schwartzenberg. L'ennemi n'eut donc qu'à se présenter pour s'emparer successivement du village de Noisy, du village et du bois de Romainville. S'il avait continué sa marche, il serait arrivé sans coup férir au mur d'octroi; Paris aurait été occupé dès le 29. Mais, dans leur ignorance des moyens de défense réunis sur les collines qui se dressaient devant elles, les têtes de colonnes des Alliés s'arrêtèrent pour attendre le gros de l'armée : cette halte devait donner à Marmont et à Mortier le temps de se placer entre elles et Paris.

Ce fut vers les trois heures de l'après-midi que l'ennemi occupa Romainville et Noisy. La nouvelle en parvint à cinq heures et demie au ministère de la guerre. A six heures, Clarke chargea un officier supérieur du génie de se rendre aux Tuileries pour faire connaître ces faits à Joseph et pour lui demander les ordres nécessaires à la reprise de Noisy, mais surtout du village et du bois de Romainville, clef de la position; cet officier voulut remplir sa mission; mais il fut arrêté à la porte des appartements intérieurs du palais : observations, prières, paroles de colère, tout fut inutile; l'envoyé du ministre de la guerre ne put arriver jusqu'au lieutenant général.

D'un autre côté, amenés sous les murs de Paris par les hasards d'une retraite, Marmont et Mortier, ainsi qu'on l'a vu, franchissaient la Marne au pont de Charenton, tournaient Paris par Saint-Mandé et Charonne, et s'avançaient vers la chaîne de collines dont nous venons de parler, en même temps que les Alliés prenaient position au pied et sur une partie de ces hauteurs. Marmont, vers le soir, visita les buttes de Chaumont et de Belleville, qu'il n'avait jamais étudiées comme position militaire; trouvant un terrain coupé dans toutes les directions par de nombreux murs de jardins, il lui parut indispensable d'y pratiquer de larges ouvertures pour faciliter les mouvements de la cavalerie et de l'artillerie; ses soldats, harassés de fatigue, étaient, en outre, sans pain, et avaient besoin des forces qui leur restaient pour la lutte du lendemain. Le maréchal se rendit donc en personne au ministère de la guerre, afin de demander des vivres pour les hommes, du fourrage pour les chevaux, et d'obtenir que quelques travaux fussent faits dans la nuit. Clarke demeura invisible comme Joseph; Marmont, quelles que fussent ses instances, ne put voir que le secrétaire de ce ministre, auquel il laissa, en désespoir de cause, un mot dont Clarke ne prit connaissance que le jour suivant. « Tout demeurait à l'abandon, a raconté un des principaux officiers du duc de Raguse. On croira difficilement que quand nos troupes arrivèrent, le 29, à Charenton, à Belleville, etc., elles n'y trouvèrent pas une seule ration de vivres ou de fourrages, et que, le lendemain, plus de 300 hommes combattirent pieds nus[1]. »

Voilà sous quels auspices s'ouvrit, à quelques heures de là, le 30 mars au matin, la lutte désespérée connue sous le nom de *bataille de Paris*.

Les troupes des ducs de Raguse et de Trévise, réunies aux deux petits corps des généraux Arrighi et Compans, furent les

---

[1] Colonel FABVIER. *Journal des opérations du 6ᵉ corps*, page 66.

Une note, publiée précisément à l'occasion de ce passage, par M. Brucy, ancien secrétaire général de la direction générale des vivres de la guerre contient les faits suivants :

« La direction générale des subsistances militaires préparait les quantités de vivres qui lui étaient demandées par le ministre de la guerre et les faisait diriger sur le quartier général de la grande armée quand le ministre ne lui prescrivait pas une autre destination. Chaque jour il partait des convois considérables. Les 28 et 29 mars, il était parti de Paris 60,000 rations de pain, 20,000 rations de vin et 20,000 rations d'eau-de-vie ; mais ce convoi avait dû rétrograder et était rentré dans la capitale. Sans doute il aurait été facile d'en dispo-

seules qui prirent une part sérieuse à cette journée avec plusieurs bataillons tirés des dépôts de la garde impériale, quelques centaines de gardes nationaux parisiens, les élèves de l'École polytechnique et plusieurs détachements d'artilleurs de la garde, de la marine et des invalides. Les soldats des deux maréchaux ne s'élevaient pas au delà de 7 ou 8,000 hommes d'infanterie et 2,500 cavaliers; ceux des généraux Compans et Arrighi allaient à peine à 3,000. Si l'on y joint 2,500 à 3,000 hommes de la garde, 12 à 1,500 hommes fournis par les gardes nationaux volontaires, les élèves et les détachements d'artillerie dont nous venons de parler, puis environ 5,000 soldats de toutes armes, convalescents, etc., placés directement sous les ordres du ministre de la guerre et du général commandant la division, on trouve, pour les forces actives qui, le 30 mars, furent destinées à concourir à la défense de Paris, un total de 21 à 23,000 baïonnettes ou sabres. Ces forces obéissaient à plusieurs chefs, tous jaloux de leur indépendance, et agissant, sans direction commune, isolément les uns des autres. Ainsi on ne comptait pas, à Paris, le 30 mars au matin, moins de huit personnages ayant, soit un rang égal, soit, pour la direction des affaires ou des troupes, un titre ou des fonctions indépendantes : le roi Joseph, lieutenant général de l'Empire; son frère le roi Jérôme; le général Clarke (duc de Feltre), ministre de la guerre; le maréchal Moncey, major général de la garde nationale; le général

ser aussitôt en faveur des deux corps d'armée qui arrivaient en même temps; mais la direction générale des vivres n'était pas instruite de ce qui se passait à l'armée, et, alors, son devoir lui prescrivait de mettre les subsistances en sûreté.

« La halle aux draps était pleine de pain... Enfin, la preuve sans réplique que la direction générale des vivres, en tout ce qui la concernait, avait fait son devoir, c'est que les 200,000 soldats alliés qui entrèrent le surlendemain trouvèrent dans les magasins militaires de la capitale les subsistances qui leur étaient nécessaires, et, ceci, jusqu'à ce que l'autorité civile se fût mise en mesure de remplir cette tâche. »

La direction des vivres, sans doute, avait fait son devoir. Mais le lieutenant général de l'Empire! mais le ministre!

Hullin, commandant la place et la division; le général Ornano, commandant supérieur de tous les dépôts de la garde impériale; les maréchaux Marmont et Mortier, chefs de deux corps appartenant à l'armée active; enfin, les généraux Compans et Arrighi avaient, en outre, le commandement distinct, séparé, de deux autres corps qu'ils consentirent à placer sous les ordres du duc de Raguse. Ce manque d'une autorité militaire unique, d'un chef suprême, amena le décousu et le désordre que l'on put remarquer dans la défense : des munitions pour pièces de 12 furent envoyées à des pièces de 8 ou de 4, et pour pièces de 8, à des canons de 4 ou de 12; de là, toutes les fausses rumeurs qui coururent, parmi le peuple et la troupe, sur la distribution de cartouches pleines de cendre et de gargousses remplies de son. Ce défaut d'unité dans le commandement eut encore pour conséquence que toutes les troupes ne furent pas également engagées; que des détachements nombreux demeurèrent toute la journée l'arme au pied, et que les positions de Marmont et de Mortier furent les seules qui présentèrent une défense sérieuse. La forte position de Montmartre, entre autres, resta, pour ainsi dire, désarmée, et ne fut pas défendue.

Les 12 à 13,000 combattants placés sous les ordres directs des deux maréchaux se trouvèrent eux-mêmes fort inégalement répartis.

Treize jours auparavant, le major général avait adressé à Marmont, au nom de l'Empereur, un ordre daté d'Épernay, le 17 mars, à six heures du soir, et dans lequel il lui disait:

« ..... L'Empereur désire, monsieur le maréchal, que vous ayez la direction de votre corps et de celui du duc de Trévise.....

« ..... Comme M. le maréchal duc de Trévise est le plus ancien, puisqu'il est de la création, ayez l'air de vous concerter avec lui plutôt que d'avoir la direction supérieure; c'est un objet de tact qui ne vous échappera pas..... »

Mortier, aux termes de cette dépêche, se trouvait subordonné à Marmont, qui prit le commandement effectif des deux corps, et se chargea de défendre toute la partie des approches de Paris qui s'étend depuis le canal de l'Ourcq jusqu'à la Marne, c'est-à-dire depuis le faubourg de la Villette jusqu'à Charenton; il abandonna au maréchal, son collègue, le soin de garder la gauche du canal jusqu'à la basse Seine, soit toute la ligne enfermée entre le faubourg de la Chapelle-Saint-Denis et Neuilly. Les positions prises, la veille, par l'ennemi indiquaient que le duc de Raguse aurait à soutenir le principal effort de la défense; il garda la majeure partie des troupes, 8 à 9,000 hommes environ; le reste fut emmené par le duc de Trévise. Ce partage inégal fut justifié par l'événement. Pendant la plus grande partie de la journée du 30, le choc devait demeurer concentré entre le saillant de Romainville et la Villette. Les hauteurs de Belleville et de Chaumont, comprises entre ces deux points, se trouvaient armées d'une soixantaine de pièces de campagne ou de position : 30 canons environ, manœuvrés par des conscrits et pointés par des soldats invalides, étaient en batterie sur les premières buttes; celles de Chaumont étaient défendues par 28 pièces, que servaient des artilleurs de la marine.

Il était trois heures et demie du matin quand Marmont gravit, du côté de Paris, à la tête de ses régiments, les pentes de Belleville et de Ménilmontant. Ignorant que, dès la veille, Schwartzenberg s'était emparé des hauteurs de Romainville, il marcha rapidement sur cette position, dans le but de couronner les crêtes de toutes les collines comprises entre le saillant de ce nom et le faubourg de la Villette. Mais, arrivé aux premiers jardins du village, de nombreux corps alliés, dont les coureurs, durant la nuit, s'étaient avancés jusqu'à Bagnolet, à quelques centaines de toises du mur d'octroi, l'arrêtèrent. Obligé de se former entre Romainville et Belleville, le maréchal établit ses troupes perpendiculairement à la plaine, sur une ligne transversale qui s'appuyait, à droite, sur Bagnolet, et s'étendait, à gauche, vers Pantin.

Pendant que le duc de Raguse disposait ses régiments, le canon tonnait déjà au pied des buttes. Compans venait d'être attaqué.

Les Alliés étaient arrivés, la veille, par la grande route de Meaux, poussant devant eux le général Compans, qui, après avoir vainement tenté de défendre cette ville, s'était replié, de position en position, jusque sur Pantin, où il avait enfin pu s'arrêter. L'ennemi, en ce moment, essayait de déloger nos troupes de ce village. Les soldats de Compans, débris de huit régiments composant deux divisions aux ordres des généraux Ledru-des-Essarts et Boyer, n'étaient pas 2,000. Leur résistance fut énergique. Mais, accablés par le nombre, ils ne tardèrent pas à abandonner Pantin, ainsi que le pied de toutes les rampes qui se dressaient à leur droite, et à gagner le faubourg de la Villette, où ils s'arrêtèrent.

L'ennemi, dans la plaine, venait de prendre l'offensive; sur les plateaux, ce fut Marmont qui attaqua le premier.

Ce maréchal, lorsque ses dispositions furent terminées, voulut chasser les Alliés du village et du bois de Romainville, et les rejeter au delà des hauteurs; il lança ses troupes. L'ennemi, attaqué avec impétuosité, fut culbuté sur tous les points. Nos régiments se logeaient déjà dans le village, quand l'arrivée de nouvelles colonnes alliées contraignit nos soldats de se défendre à leur tour. La lutte, alors, devint furieuse, acharnée. La nature du sol, sur ce point, empêchait les engagements par masses; on se battait par détachements, par pelotons. Le nombre, à la fin, l'emporta; les régiments de Marmont furent obligés de reculer. Refoulé sur un terrain plus découvert, le maréchal essaye d'arrêter l'ennemi. Il prend plusieurs bataillons, les forme en colonne d'attaque, se met à leur tête, et marche sur une batterie de 12 pièces que les Alliés venaient d'établir en avant des jardins de Romainville. Ces pièces tirent à mitraille; leur feu est appuyé par une attaque de la division des grenadiers russes de Rajewski, qui n'avaient pas encore combattu dans cette campagne, et par la charge d'un corps nombreux de grosse cavalerie russe dont faisaient partie plusieurs détachements de chevaliers-gardes, conduits par le général Miloradowitch. Ébranlée par la mitraille, désunie par les charges des cavaliers et des fantassins russes, la colonne du duc de Raguse se retire bientôt en désordre; les autres troupes du maréchal sont également repoussées dans toutes les directions; à sept heures et demie, les soldats de Marmont sont rejetés sur les premières maisons de Belleville, à cinq cents toises en deçà de leurs premières positions. De nombreux murs de jardins, des haies épaisses, leur permettent alors de s'arrêter. Le maréchal reforme sa ligne. Sa droite, dans cette nouvelle position, s'appuie à Ménilmontant; sa gauche s'étend vers les prés Saint-Gervais. Vainement l'ennemi redouble ses attaques; toutes sont repoussées; ses efforts, durant une heure, viennent se briser contre la résistance de nos soldats; ses morts couvrent le terrain.

Les Alliés ne s'étaient pas présentés, le 29, avec toutes leurs forces : 70 à 80,000 hommes de toutes les nations, commandés par Schwartzenberg, avaient seuls engagé l'action. La garde royale prussienne, plusieurs corps détachés, et l'armée de Blücher, composant un total de plus de 100,000 autres combattants, ayant traversé Meaux et Claye, la veille au soir ou durant la nuit, avec Alexandre et le roi de Prusse, devaient successivement arriver sur le terrain. Les attaques du général autrichien, quelles que fussent ses pertes, pouvaient donc se renouveler sans péril. A neuf heures, il ordonne un nouvel et furieux effort contre la nouvelle ligne du duc de Raguse; ses troupes sont encore repoussées. Le nombre de leurs morts et de leurs blessés, cette fois, est si considérable, que Schwartzenberg se hâte d'appeler à son aide la garde royale prussienne, dont on vient de lui annoncer l'arrivée en arrière de Pantin.

Cette garde, forte de 12 à 13,000 soldats d'élite qui avaient peu souffert dans cette campagne, prit la tête d'une nouvelle et nombreuse colonne. Mais, au lieu de déboucher par le plateau de Romainville et d'attaquer de front les positions de Marmont, les Prussiens s'avancèrent par la plaine, et reçurent l'ordre d'aborder les troupes du maréchal par les pentes découvertes des premières buttes de Belleville. Averti de ce mouvement sur son flanc gauche, le duc de Raguse fit immédiatement couronner les hauteurs par son artillerie. Les Prussiens s'avancèrent avec une grande bravoure. Quand ils furent à portée, les conscrits et les invalides des batteries de Belleville accueillirent ces nouveaux adversaires avec un feu si vif et si nourri, que la colonne, obligée de se retirer dans le plus grand désordre, et toujours poursuivie par nos boulets, ne put se rallier qu'à l'abri des maisons de Pantin. Il était dix heures et demie. A onze heures, la garde prussienne se présenta une seconde fois en ligne, appuyée par des forces encore plus nombreuses que celles qui l'avaient déjà secondée. Ses coups, toutefois, changèrent de direction; cette nouvelle attaque porta sur les buttes Chaumont; mais elle ne devait pas avoir un meilleur succès que la première : les marins, qui servaient les 28 pièces placées sur cette position, reçurent, à leur tour, la garde du roi de Prusse avec un feu si terrible, si soutenu, que ce corps et les masses qui l'appuyaient furent encore une fois obligés de reculer. Notre cavalerie ne se contenta pas de les regarder fuir; elle s'élança à leur poursuite et les chassa de Pantin.

Nos cavaliers, en entrant dans ce village, purent juger de la justesse et de la vigueur du feu de notre artillerie : plusieurs maisons, hautes de trois étages, construites en pierre de taille et derrière lesquelles la garde prussienne s'était reformée après l'attaque contre Belleville, avaient été entièrement percées à jour par nos boulets; pas un des arbres de la route n'était resté debout; les champs et les chemins, au pied des buttes, étaient littéralement couverts de morts et de blessés.

Un seul fait donnera la mesure des pertes énormes essuyées depuis le matin par les coalisés : la garde prussienne, dans les deux dernières attaques, venait de perdre, à elle seule, près de 2,000 hommes.

Il était onze heures et demie quand nos soldats avaient pénétré dans Pantin. Depuis quatre heures et demie du matin, ils luttaient 8 à 9,000 contre des forces presque décuples, sans autre appui que les mouvements naturels du sol. Tant d'efforts avaient lassé les plus robustes; l'ennemi lui-même avait besoin de repos. A midi, la canonnade se ralentit des deux parts; le bruit de la mousqueterie diminua; pendant quelques instants chaque parti sembla d'accord pour suspendre le combat. Ce repos devait profiter seulement aux Alliés. Vers une heure, les Français postés sur les hauteurs purent apercevoir, au fond de la plaine qui s'étendait à leurs pieds, des masses noires, profondes, qui s'avançaient lentement dans la direction de Noisy et de Pantin. A mesure qu'elles approchaient, ces masses se partageaient en trois colonnes : celle de droite s'étendait dans la direction de la basse Seine, vers Aubervilliers, Saint-Ouen et Clichy; celle du centre, et c'était la plus compacte, venait droit sur Pantin; celle de gauche se dirigeait vers Romainville. Ces masses étaient une nouvelle armée : c'étaient près de 100,000 soldats nouveaux amenés par Blücher, et que ce général venait lancer contre les débris héroïques qui, depuis l'aube du jour, disputaient à Schwartzenberg l'entrée ouverte de la capitale française.

Si les défenseurs de Belleville et des buttes Chaumont virent avancer ces nouveaux adversaires sans s'émouvoir, sans pâlir, il n'en fut pas ainsi de quelques spectateurs de haut rang alors enfermés dans un pavillon du village de Montmartre.

Six pièces de canon, deux obusiers, quelques détachements de cavalerie, un bataillon de sapeurs-pompiers et 150 à 200 gardes nationaux, voilà tous les moyens de défense réunis

— 1814 —

à Montmartre[1]. Éloignée de pa...
théâtre de la bataille, dont la séparaient... ...rs
canaux de l'Ourcq et de Saint-Denis, les populeu...
ges de la Villette et de la Chapelle, et les positions défendues par Mortier, la butte Montmartre ne fut pas inquié-
tée, même par les éclaireurs de l'ennemi, pendant la plus
grande partie de la journée du 30. Ce fut à cet observatoire
commode et sûr que le roi Joseph, accompagné du roi Jérôme
son frère et du ministre de la guerre Clarke, vint se placer
pour juger et attendre les événements. Si ce prince avait eu
le cœur ou l'intelligence au niveau de sa position, au lieu
d'assister à la chute de Paris et du trône impérial en spectateur inoccupé, on l'aurait vu, s'installant au centre de la
capitale, appeler la population aux armes, distribuer des fusils
et des cartouches, et diriger vers les positions des deux maréchaux ou détacher sur les flancs de l'ennemi les 15 à 20,000
volontaires levés à cet appel, les 25 à 30,000 soldats de dépôt qu'il laissait inactifs dans leurs casernes de la banlieue; ou
bien encore, prenant place derrière les combattants de Chaumont et de Belleville, il aurait donné aux généraux et aux
soldats ces encouragements, ces éloges qui sont assurément
le moindre prix dont les chefs des nations puissent payer le
sang versé pour eux. Mais non : après avoir pris, l'avant-
veille au soir, ainsi qu'on l'a vu, l'engagement de se rendre,
le lendemain 29, aux avant-postes, de reconnaître la situation

---

[1] Le ministre de la police, duc de Rovigo, avait visité cette position dans la matinée; on lit dans ses *Mémoires* : « Lorsque j'arrivai à Montmartre, je ne fus pas peu surpris de n'y voir aucune disposition de défense; on y avait grimpé deux ou trois pièces de campagne, et il y en avait *deux cents* dans le Champ de Mars que l'on aurait pu transporter n'importe sur quel point de Paris avec les chevaux de carrosse de la capitale. Le ministre de la guerre n'avait qu'un mot à dire; il ne le dit pas. Rien ne fut disposé pour la défense; les plates-formes n'étaient pas même ébauchées; il n'y avait pas une esplanade de faite pour mettre des canons en batterie. Bien plus, Montmartre était sans troupes; la garde nationale fut obligée de l'occuper. »
(T. VII, p. 10.)

et de porter un dernier et décisif avis à l'Impératrice, Joseph ne s'était pas borné à oublier complétement cette promesse : installé paisiblement, le matin du 30, aux fenêtres d'un pavillon appelé le *Château-Rouge*, il ne fit pas autre chose, ainsi que Jérôme et le duc de Feltre, depuis sept heures et demie du matin jusqu'à une heure de l'après-midi, que d'envoyer aux nouvelles et de tâcher de saisir, à l'aide de longues-vues, quelques détails des sanglants assauts que livraient les Alliés aux troupes de Marmont. Vainement dans Paris, hors Paris, 40 à 50,000 hommes, toute une armée, nous ne saurions trop le redire, émus depuis la veille par le bruit des canons alliés, demandaient des armes et des ordres ; aucune autorité ne répondait. Telle était l'absence, à cette heure suprême, de tout commandement et de toute direction, qu'à dix heures une partie de l'artillerie de position des deux maréchaux avait dû tirer avec des gargousses d'un calibre inférieur, et que, vers midi, plusieurs batteries avaient même complétement manqué de munitions, circonstance qui fut la première cause du ralentissement du feu. Cependant les munitions existaient en aussi grande quantité que les approvisionnements : le seul magasin de Grenelle renfermait 300,000 quintaux de poudre en barils, 5 millions de cartouches d'infanterie, 25,000 cartouches à boulet, et 3,000 obus chargés ; le parc de campagne, en outre, était approvisionné outre mesure ; enfin, la poudrière de Vincennes était encombrée. Aussi n'y avait-il qu'un cri d'indignation et de colère parmi les troupes de Mortier et de Marmont. Mais qu'importaient ces plaintes et ces clameurs au frère de l'Empereur et au duc de Feltre ! Indifférents à tous les soins qui n'intéressaient pas leur sûreté personnelle, ce roi de hasard et ce ministre sans courage n'attendaient que le moment de fuir. Aussi, lorsque, vers une heure, le duc de Raguse fit dire à Joseph que les positions où il s'était jusqu'alors maintenu commençaient à être forcées, et qu'un des corps amenés par Blücher s'avançait, par Romainville, sur

Ménilmontant et Charonne; quand ce prince, plongeant lui-même ses regards sur la plaine Saint-Denis, aperçut les nouvelles troupes qui noircissaient au loin la campagne, il chargea deux de ses officiers de porter aux maréchaux quelques lignes que, dans une indigne prévision, il avait écrites plus d'une heure auparavant; et, abandonnant à tous les hasards de la lutte le gouvernement, Paris et ses héroïques défenseurs, il s'élança au galop sur les boulevards extérieurs, et prit la route de Versailles, accompagné de Clarke et de Jérôme.

Dans ce moment, un officier général, accourant à franc étrier, paraît devant le *Château-Rouge*, et demande Joseph à grands cris. On le lui montre au milieu d'un groupe de cavaliers qui s'enfuyaient, de toute la vitesse de leurs chevaux, dans la direction du bois de Boulogne. Le général s'élance sur les traces des frères de l'Empereur.

On a vu, dans le précédent chapitre, que Napoléon, à quelques lieues au delà de Doulevent, à Doulencourt, avait dépêché son aide de camp, le général Dejean, à Joseph, pour lui annoncer son retour à Paris et lui enjoindre de *tenir jusque-là*. « Votre Majesté n'a rien de particulier à me prescrire pour la défense de la capitale? avait dit le général Dejean en quittant l'Empereur. — Non, avait répondu Napoléon, *tous mes ordres sont donnés à cet égard.* » C'était ce général qui venait d'arriver. Il atteignit Joseph au milieu du bois de Boulogne, et lui rendit compte de sa mission. « Il est trop tard, lui dit Joseph; je viens d'autoriser les maréchaux à traiter avec l'ennemi. — Mais vous pouvez retirer cet ordre, en suspendre, du moins, l'exécution. Revenez. Vous déclarerez ne consentir qu'à une simple suspension d'armes; l'essentiel est de gagner la nuit; l'Empereur sera ici demain matin, ce soir peut-être. — Allez trouver les maréchaux; dites-leur tout cela; c'est maintenant leur affaire. — Mais les ordres sont pour Votre Majesté. — Je ne le nie pas. Mais, en cas d'armistice, les Alliés, si je restais, pourraient me vouloir prendre *en otage;* que dirait l'Empereur, si un de ses frères se trouvait entre les mains de l'ennemi! »

Le général Dejean voulut répliquer; Joseph ne lui en donna pas le temps; il enfonça ses éperons dans le ventre de son cheval, et reprit sa course, toujours suivi par Clarke et par Jérôme; tous se rendaient à Blois. Le général Dejean, revenu à Paris, erra quelque temps à la recherche des deux maréchaux, et, vers les trois heures, arriva enfin sur les positions du maréchal Mortier.

Nous avons dit que le duc de Trévise était chargé de défendre la ligne comprise entre le canal et la basse Seine. Séparés de Marmont ainsi que des masses alliées par les deux faubourgs de la Chapelle-Saint-Denis et de la Villette, et réunis entre le premier de ces villages et Montmartre, les détachements placés sous les ordres de Mortier étaient restés, pour ainsi dire, sans adversaires durant tout le matin. Ce fut seulement vers les onze heures qu'ils eurent à repousser l'attaque de plusieurs corps avancés. Des charges de cavalerie et une vive canonnade suffirent longtemps pour arrêter l'ennemi dans cette direction. Le duc de Trévise se tenait, de sa personne, dans la partie de la plaine comprise entre Clignancourt et la Chapelle. C'est là que le trouva le général Dejean; il était dans une extrême irritation lorsque ce dernier se présenta; son artillerie, sa principale force, venait de cesser le feu, faute de munitions. Le général lui fit connaître les ordres de l'Empereur et lui rendit compte de sa courte entrevue avec Joseph[1]. Le maréchal, comprenant l'importance d'une suspension

---

[1] Non-seulement nous tenons de la bouche même du général Dejean les détails qui précèdent; mais nous les avons littéralement transcrits d'un *agenda* où cet aide de camp de l'Empereur prenait note, heure par heure, pour ainsi dire, des ordres verbaux qu'il était chargé de porter, des faits dont il était témoin, des impressions qu'il en ressentait, en un mot, de tout ce qui pouvait servir de base aux rapports qu'il rendait à Napoléon; ces détails furent écrits le soir même du 30 mars.

d'armes de quelques heures, se fit apporter un tambour et s'en servit, comme d'une table, pour écrire, pendant que les balles sifflaient autour de lui, une lettre dont nous citerons les passages suivants :

« *A S. A. S. le prince de Schwartzenberg, commandant en chef les armées combinées.*

« Sous Paris, le 30 mars 1814.

« Prince........, épargnons l'effusion du sang. Je suis suffisamment autorisé à vous proposer des arrangements. Ils sont de nature à être écoutés.

« J'ai donc l'honneur de vous proposer, Prince, une suspension d'armes de vingt-quatre heures, pendant laquelle nous pourrions traiter pour épargner à la ville de Paris, *où nous sommes résolus de nous défendre jusqu'à la dernière extrémité,* les horreurs d'un siége...

« Je prie Votre Altesse Sérénissime d'agréer, etc.

« Le maréchal DUC DE TRÉVISE. »

La lettre partit. Le maréchal, à quatre heures et demie, n'avait pas encore reçu de réponse. A ce moment, un dragon vint lui annoncer qu'un officier ayant un *papier* à lui remettre attendait depuis longtemps à la barrière un moyen de le lui faire tenir. « Pourquoi ne l'apporte-t-il pas? s'écria le maréchal. — Il prétend que c'est trop difficile, » répondit le dragon. Quelques balles, quelques boulets égarés, arrivaient jusqu'à la barrière; l'officier prétendait qu'il était impossible de passer. Le duc de Trévise envoya chercher la dépêche; c'étaient les quelques lignes adressées aux maréchaux par Joseph avant de quitter le *Château-Rouge.* Le duc les lisait quand lui arriva la réponse de Schwartzenberg : « Il ne dépendra que de vous, monsieur le maréchal, et des autorités de la ville de Paris, disait le généralissime autrichien, d'épargner à cette capitale les malheurs dont elle se trouve menacée. » Le maréchal se mit aussitôt en devoir de répondre à cette ouverture; mais, au moment où il rédigeait ses propositions, le général de brigade Meynadier, chef d'état-major du duc de Raguse, lui apporta une nouvelle qui coupait court à toute négociation.

L'ordre que Joseph avait fait transmettre aux deux maréchaux, formulé dans les mêmes termes pour l'un et pour l'autre, était ainsi conçu :

« Si M. le maréchal duc de Raguse et M. le maréchal duc de Trévise ne peuvent plus tenir, ils sont autorisés à entrer en pourparlers avec le prince de Schwartzenberg et l'empereur de Russie, qui sont devant eux.

« JOSEPH.

« Montmartre, ce 30 mars 1814, à *midi un quart*. — Ils se retireront sur la Loire. »

Cet ordre était arrivé aux mains de Marmont à deux heures; le maréchal n'en avait pas moins continué à se battre, bien qu'il eût alors à se défendre non-seulement contre les troupes de Schwartzenberg, mais encore contre le centre de cette *armée de Silésie* qui venait d'arriver, à son tour, sur le champ de bataille et de s'y partager en trois colonnes. La colonne du centre, commandée par le général Giülay, venait droit au duc de Raguse; celle de droite, conduite par Blücher en personne, se portait à pas comptés, par Aubervilliers et Clichy, sur la butte Montmartre; enfin, la colonne de gauche, aux ordres du prince de Wurtemberg, traversant le bois et le village de Romainville, s'avançait, partie sur Ménilmontant, partie sur Charonne et la chaussée de Vincennes, d'où elle devait se voir repousser par une batterie de 28 pièces que manœuvraient les élèves de l'École polytechnique. Ces élèves étaient au nombre de 216; des artilleurs de la vieille garde pointaient leurs canons; déjà ils avaient été attaqués, le matin à onze heures, par un corps nombreux de cavalerie, qui, tournant Romainville et ne rencontrant aucune résistance entre Noisy et Rosny, s'était approché de Vincennes, par Bagnolet et Montreuil. Aucune troupe d'infanterie ne soutenait les 28 pièces de ces jeunes gens, qui, chargés avec vigueur par les cavaliers alliés, s'étaient vus obligés d'abandonner leurs canons et de se retirer sous la protection de deux autres batteries de 6 pièces chacune, placées à la barrière du Trône, et que manœuvraient des artilleurs à cheval ainsi que des canonniers de marine. Quelques coups de mitraille, tirés par ces derniers, permirent à une compagnie de cuirassiers et à quelques pelotons de gendarmes qui se trouvaient là de charger l'ennemi. Les élèves reprirent leurs pièces, et purent ainsi défendre le passage de la chaussée contre le prince de Wurtemberg, qui, arrêté par leur feu, tourna le bois de Vincennes par Fontenay, Nogent et Saint-Maur, descendit la rive droite de la Marne, et s'empara du pont de Charenton.

Blücher ne devait pas rencontrer la même résistance. Ne pouvant croire que Montmartre n'était pas fortifié, il ne s'en approchait, comme on l'a vu, qu'avec les précautions les plus grandes. Ce fut à trois heures et demie seulement que ses premiers détachements parurent au pied de la butte. Quelques obus et quelques boulets furent lancés contre eux; mais, à quatre heures, il ne restait plus un seul homme armé sur ce point. Blücher l'occupa immédiatement en force, et, à quatre heures et demie, les 8 pièces que nos soldats y avaient laissées étaient tournées contre Paris et jetaient sur les faubourgs les plus rapprochés des boulets et des obus [1].

Il était près de quatre heures lorsque Marmont connut le double mouvement de Blücher et du prince de Wurtemberg :

[1] Un boulet tomba dans un terrain vague, derrière Tivoli, au milieu d'une troupe d'enfants occupés à jouer, et qui, courant après ce projectile, le ramassèrent. Un homme fut blessé par un autre boulet dans une maison de la rue Saint-Nicolas-d'Antin. Un obus éclata dans les jardins de l'hôtel Thelusson (la rue Neuve-Laffitte occupe aujourd'hui l'emplacement de ces jardins); un second tomba rue de Clichy, dans les jardins de M. Greffulhe. Enfin, un nouveau boulet, après avoir renversé une cheminée de la maison n° 8 de la rue Basse-du-Rempart, vint tomber dans le jardin de l'hôtel de Gontaut, rue Louis-le-Grand.

menacé sur sa gauche par le premier, sur sa droite par le second, et près de se voir forcé en tête par Schwartzenberg et par Giülay; laissé d'ailleurs dans la plus complète ignorance sur la prochaine arrivée de Napoléon, le maréchal jugea le moment venu de faire usage de l'autorisation de Joseph [1]. Il fit appeler le colonel Charles de Labédoyère, et lui donna l'ordre de traverser les lignes des deux armées, précédé d'un trompette, pour gagner le quartier général allié et proposer aux souverains une suspension d'armes. Ladédoyère partit; mais il ne tarda pas à reparaître : son cheval et celui de son trompette venaient d'être tués. Passer, disait-il, était impossible; l'ennemi, devant les positions du maréchal, se trouvait trop nombreux, le terrain trop difficile, et le feu trop vivement engagé [2].

Le général Compans, au bas des buttes, à la Villette, était plus favorablement placé; ses avant-postes tenaient l'entrée de la grande route. Le duc de Raguse lui envoya l'ordre de tenter la négociation. Compans fit successivement partir trois parlementaires : le premier fut tué, le second grièvement blessé; le troisième, M. de Quélen [1], son aide de camp, put enfin arriver au château de Bondy, où se trouvaient Alexandre et le roi de Prusse; il leur exposa sa mission. « Mon intention

---

[1] « Il ne vint à la pensée de Dejean ni de Mortier de faire connaître à Marmont la prochaine arrivée de l'Empereur, d'user le temps de la suspension d'armes, et de tenter un nouvel effort pour attendre la nuit. » (*Mémoires* du duc de Rovigo, t. VII, p. 17.)

[2] Le colonel de Labédoyère, grièvement blessé à la bataille de Bautzen, où il commandait, croyons-nous, le 112ᵉ régiment de ligne, était alors en congé à Paris. Bien qu'il fût encore souffrant le 30 mars, il n'hésita pas, ainsi que plusieurs autres officiers dans la même position, non point à offrir ses services au gouvernement, mais à se porter sur le champ de bataille et à se mettre sous les ordres du duc de Raguse.

Nous citerons, parmi les généraux qui tinrent cette noble conduite, le général Michel, de la garde impériale, qui, blessé grièvement à Montmirail, quitta littéralement son lit pour reprendre son épée et se mêler aux quelques détachements de grenadiers à pied chargés de la défense du canal; les généraux Chastel, Boyer de Rébeval et Boudin, blessés également tous trois.

[3] Frère de l'archevêque de Paris.

n'est pas de faire le moindre mal à la ville de Paris, dit Alexandre à M. de Quélen; ce n'est pas à la nation française que nous faisons la guerre, mais à Napoléon.—Ce n'est pas même à lui, ajouta aussitôt le roi de Prusse, mais à son ambition [1]. » La suspension d'armes fut consentie, et deux officiers revinrent, avec M. de Quélen, à la Villette, pour en arrêter les termes. La conférence se tint dans ce faubourg, chez un marchand de vin ayant pour enseigne le *Petit Jardinet*, et ce fut sur la table de ce pauvre cabaret que fut signé, à cinq heures du soir, un armistice de *quatre heures*, destiné à régler la retraite des troupes ainsi que les conditions d'une capitulation pour Paris.

Il était temps : Blücner hérissait déjà de batteries toutes les plates-formes de Montmartre; les hauteurs de Mont-Louis, à la droite de Ménilmontant, se couvraient également de canons alliés; enfin, Marmont, après la lutte la plus désespérée, se voyait littéralement acculé au mur d'octroi, mais sans avoir laissé, assure-t-on, ni un canon ni un prisonnier entre les mains de l'ennemi. On raconte que, dans les derniers instants, enveloppé dans la grande rue de Belleville par les corps alliés qui venaient de ramener sa droite depuis Bagnolet, il dut combattre en simple soldat. On se fusillait des croisées, de chaque côté de la rue où il était enfermé. Les généraux Ricart et Pelleport furent blessés près de lui; onze hommes tombèrent à ses côtés percés de coups de baïonnettes; son chapeau, ses habits, furent troués de balles. Ce fut à pied, une épée nue à la seule main qui lui restât libre, et à la tête seulement de 40 grenadiers, qu'il parvint à se faire jour et à gagner la barrière. C'est là que, pour sa gloire, ce maréchal aurait dû mourir [2]!

[1] M. de Lafayette ajoute à cette conversation le détail suivant : « L'empereur Napoléon est-il à Paris? demanda Alexandre. — Non, Sire. — L'Impératrice est-elle partie? — Oui, Sire. — Tant pis, » répondit l'Empereur. Et il se promena d'un air rêveur. (*Mémoires*, t. V, p. 304.)

[2] Le maréchal avait eu le bras droit cassé par un biscaïen à la bataille des

Pendant que quelques milliers de valeureux soldats, épuisés par la fatigue et par la faim, débris de plus de 160 bataillons ou escadrons qu'avaient décimés les luttes des deux derniers mois, défendaient ainsi, pied à pied, l'entrée ouverte des faubourgs de Paris[1], le peuple de cette capitale suivait avec une attention inquiète le bruit du canon tiré à ses portes. Selon que les décharges arrivaient plus distinctes ou plus sourdes, selon qu'elles étaient plus répétées ou plus ralenties, l'ennemi, dans la pensée de la foule, gagnait du terrain ou en perdait. Ces alternatives de craintes et d'espérances agitaient la masse des curieux qui, depuis la rue de la Paix jusqu'à la porte Saint-Antoine, occupaient chaque côté des boulevards. Il y avait cependant une notable différence entre l'attitude des groupes, selon qu'ils stationnaient près des quartiers opulents ou près des quartiers populeux. Sur le boulevard des Italiens, devant le café Tortoni, des oisifs des deux sexes, nonchalamment assis sur des chaises, ne prêtaient qu'une oreille distraite aux détonations de l'artillerie des deux armées et regardaient passer d'un œil indifférent les blessés, gardes nationaux[2] ou soldats, que l'on portait aux ambulan-

---

Arapiles; il le portait encore en écharpe. Il avait eu le pouce et l'index de la main gauche fracassés par un coup de feu à la bataille de Leipsick. Enfin, le cheval qu'il montait venait d'être tué; c'était le cinquième qui tombait mort sous lui depuis l'ouverture de la campagne.

[1] Ce chiffre de 160 bataillons ou escadrons donne une moyenne de 75 hommes par bataillon ou escadron. Cette moyenne est plutôt exagérée qu'amoindrie. Le général Fabvier, dans son *Journal des opérations du 6ᵉ corps en 1814*, donne le relevé des appels faits à différents jours du mois de mars. Le 29, au soir, veille de la bataille, la 8ᵉ division (4 régiments) comptait 92 officiers et 745 sous-officiers et soldats : c'était un peu plus de 200 hommes par régiment. La 20ᵉ division (4 régiments) présentait 1,200 sous-officiers et soldats et 204 officiers : c'était un officier pour 6 soldats. Il existait des bataillons où il ne restait plus que 25 hommes; dans d'autres, 15; un bataillon du 16ᵉ de ligne présentait sur le terrain 1 officier et 5 sous-officiers et soldats. La plupart des officiers se tenaient dans les rangs et se battaient à coups de fusil.

[2] On porte à 6 ou 700 le nombre des gardes nationaux volontaires qui, disséminés par pelotons inégaux, depuis Montmartre jusqu'à la barrière du Trône, prirent une part active à l'action; on voyait parmi eux d'anciens soldats

ces provisoires ou aux hôpitaux. Plus loin, au contraire, dans la partie la plus rapprochée des rues du faubourg Saint-Martin et du faubourg du Temple, la foule était compacte et agitée. Là, une sorte d'exaltation patriotique s'emparait de tous les groupes à la vue de chaque voiture qui amenait du champ de bataille des mourants ou des blessés. On interrogeait ceux-ci : « *Ah!* s'écriait un soldat dont le bras droit avait été fracassé par un biscaïen, *ils sont* TROP! » Sur certains points, on appelait la présence de l'Empereur; sur d'autres, on proposait de marcher à l'ennemi; ailleurs, on demandait des armes. L'Empereur? les dernières nouvelles qu'on avait de lui remontaient à sept jours! Des armes? Joseph, Clarke et Hullin, nous l'avons dit, avaient autorisé les mairies à délivrer des *piques* aux seuls gardes nationaux, moyennant un dépôt préalable de 10 ou de 20 francs! Le gouvernement, d'ailleurs, où était-il? Ses chefs, qu'étaient-ils devenus? Depuis la veille et le matin, régente, grands dignitaires, ministres, hauts fonctionnaires, les principaux employés des administrations, tout, jusqu'au Trésor, avait disparu; tout avait fui! Les seules autorités qui fussent restées étaient le préfet de la Seine, le préfet de police, et les maires, fort ignorés, des douze arrondissements.

Ce désarroi, cet abandon général, inspiraient les craintes les plus vives à la classe riche de la population de Paris; ils préoccupaient surtout 25 à 30 personnes, banquiers, commerçants, propriétaires, qui attendaient Marmont, lorsqu'à six heures du soir, après avoir fait avertir le duc de Trévise, par le général Meynadier, de la signature de l'armistice, il parut dans le salon de son hôtel de la rue de Paradis-Poissonnière. Il était à peine reconnaissable, a dit un témoin oculaire : sa barbe avait huit jours; la redingote qui recouvrait son uniforme était en lambeaux; de la tête aux pieds il était noir

---

amputés. 150 environ furent tués, plus de 200 blessés; quelques-uns furent faits prisonniers. La plupart se battirent en tirailleurs. Un certain nombre tinren longtemps dans le cimetière du Père-Lachaise, dont ils avaient crénelé les murs.

de poudre. Le duc de Raguse annonça la suspension d'armes. « C'est bien pour l'armée, s'écria-t-on autour de lui, mais Paris, qui le garantira des excès de l'ennemi ? Il faut une capitulation pour le sauver ! » Marmont en convint. « L'armistice, ajouta-t-il, a précisément pour objet de faciliter un arrangement particulier à la capitale. Mais je suis sans autorité pour traiter en son nom ; je ne la commande pas ; je ne suis pas le gouvernement. Simple chef de corps, je n'ai à m'occuper que des troupes sous mes ordres. Elles ne peuvent plus rien ; elles ont fait tout ce que l'on pouvait humainement exiger d'elles. On vient de m'annoncer le retour de l'Empereur par la route de Fontainebleau ; je vais me replier sur cette ville, et laisser, à qui doit le prendre, le soin d'une capitulation spéciale pour Paris. — Mais qui la proposera, qui la signera ? répliqua-t-on tout d'une voix. Le gouvernement, les ministres, tous les hauts fonctionnaires nous ont abandonnés ; il ne reste plus personne ! Ce n'est pas le conseil municipal qui peut traiter directement avec l'empereur de Russie et le roi de Prusse ; ces princes ne connaissent pas même de nom un seul de ses membres. Les maréchaux, après avoir défendu la ville, auraient-ils l'inhumanité de l'abandonner à toutes les exigences et à toute la colère du vainqueur ? Puisqu'ils ont conclu l'armistice, que leur coûterait-il de compléter la négociation ? Joseph, d'ailleurs, ne leur a-t-il pas donné carte blanche ? »

Marmont résista longtemps. A la fin, entraîné par les supplications de tout ce qui l'entourait, par les prières d'une députation du conseil municipal qui vint le conjurer de s'entremettre, il consentit à prendre la responsabilité d'un acte que, de toutes parts, on lui signalait comme l'unique moyen de salut pour Paris. A ce moment, — minuit, — un des principaux officiers de son état-major, le colonel Fabvier, qui venait de diriger le mouvement de retraite des troupes sur Fontainebleau, rentra. Marmont lui dit qu'il le choisissait, tout à la fois, comme négociateur chargé de le représenter dans la capitulation, et comme commissaire pour la remise des barrières de Paris aux Alliés. Le colonel se récria vivement contre cette double désignation : « En signant la capitulation, j'attacherais mon nom à un acte trop malheureux, disait-il au maréchal, et remettre les barrières à l'ennemi est une mission qui me répugne. — Il est pourtant essentiel que l'Empereur sache quelle est la composition et la force des troupes qui vont occuper Paris, répliqua Marmont; personne mieux que vous n'est en état de prendre à la hâte, au coup d'œil, des renseignements précis qui lui seront d'autant plus utiles, qu'il vous connaît et qu'il a confiance en vous. Aussi est-ce moins un ordre que je vous donne qu'un service que je vous demande dans l'intérêt de l'Empereur comme dans celui de la France. » Le colonel céda. Les troupes, pendant ce temps, continuaient leur mouvement de retraite, et c'étaient les détachements les premiers partis que l'Empereur venait de rencontrer à Fromenteau.

La capitulation de Paris étonna la France et l'indigna. Le peuple ne put comprendre comment Paris, capitale d'un grand empire, centre de toutes les ressources du gouvernement, avec une population de 700,000 âmes, s'était rendu après une lutte de quelques heures. Les nations ont leurs jours d'injustice : le gouvernement de la régente avait été inepte et lâche, l'Empereur imprévoyant et aveugle au delà de toute croyance ; l'armée, sous Paris, s'était montrée héroïque : fait inouï ! elle venait de tuer à l'ennemi plus de soldats qu'elle ne comptait de combattants; et ce furent les chefs de cette armée qu'on accusa[1] ! Les peuples ont aussi leurs passions : la défaite, même la plus honorable, leur semble une honte qu'ils ne peuvent accepter; être trahis va mieux à leur orgueil ; la capitulation, signée par les officiers du duc de Raguse, fut re-

---

[1] Les Alliés, dans leurs états officiels, ont porté le chiffre de leurs pertes, devant Paris, à 14,000 hommes. Au début de la lutte, on l'a vu, les soldats de Marmont et de Mortier étaient à peine 15,000.

prochée à ce maréchal comme un acte d'infâme trahison. — Joseph Bonaparte, Clarke, duc de Feltre, et le général Hullin, voilà les seuls noms sur qui doit éternellement peser le fatal souvenir de la *première* capitulation de Paris. Le maréchal Marmont était encore un des plus nobles soldats de notre armée, au 30 mars 1814!

L'Empereur se montrait plus équitable le soir même, quand, arrivé à dix heures à Fromenteau, il apprenait de la bouche du général Belliard les détails de cette funeste journée.

« Eh bien, Belliard, s'écria-t-il quand il aperçut ce général, qu'est-ce que cela? Vous ici avec votre cavalerie? où donc est l'ennemi? — Aux portes de Paris, Sire. — Et l'armée? — Elle me suit. — Elle vous suit! Et qui donc garde Paris? — La garde nationale. — Que sont devenus ma femme, mon fils? Où est Mortier? où est Marmont? — L'Impératrice et le roi de Rome sont partis hier pour Rambouillet; les maréchaux sont sans doute encore à Paris pour terminer leurs arrangements. »

Le général fit alors un récit succinct de la bataille. « Eh bien, messieurs, dit Napoléon au duc de Vicence et au prince de Neufchâtel, qui venaient d'arriver, vous entendez ce que dit Belliard? Allons! je veux aller à Paris; partons! Caulaincourt, faites avancer ma voiture! »

Le général Belliard fit observer à Napoléon qu'il ne pouvait aller plus loin, qu'il n'y avait probablement plus de troupes à Paris. « C'est égal, dit l'Empereur, j'y trouverai la garde nationale; l'armée me rejoindra demain ou après, et je rétablirai les affaires... Ma voiture!... Belliard, suivez-moi avec votre cavalerie! — Mais, Sire, Votre Majesté s'expose à se faire prendre et à faire saccager Paris. Plus de 120,000 hommes occupent toutes les hauteurs environnantes. D'ailleurs, j'en suis sorti en vertu d'une convention, et je ne peux y rentrer. — Quelle est cette convention? — Je ne la connais pas, Sire; seulement le duc de Trévise m'a prévenu qu'elle existait et que je devais me porter sur Fontainebleau. — Que fait Joseph? où est le ministre de la guerre? — Je l'ignore; nous n'avons reçu aucun ordre de l'un ni de l'autre de toute la journée, chaque maréchal agissant pour son compte : on ne les a point vus aujourd'hui à l'armée, du moins au corps du duc de Trévise. — Allons, il faut aller à Paris : partout où je ne suis pas, on ne fait que des sottises! »

L'Empereur était dans une agitation extrême; il marchait à pas inégaux et précipités. « Il fallait, messieurs, tenir plus longtemps, répétait-il sans cesse; il fallait tâcher d'attendre l'armée, il fallait remuer Paris, qui ne doit pas aimer les Russes, mettre en action la garde nationale, qui est bonne, et lui confier la défense des fortifications que Joseph et le ministre de la guerre ont dû faire élever et hérisser d'artillerie; elle les aurait sûrement bien gardées, tandis que les troupes de ligne auraient combattu en avant sur les hauteurs et dans la plaine. — J'ai l'honneur de répéter à Votre Majesté, Sire, qu'on a fait aujourd'hui plus qu'il n'était possible; l'armée entière, composée de 15 à 18,000 hommes, a résisté à plus de 100,000 jusqu'à quatre heures. — Tout cela est étonnant! Combien aviez-vous de cavalerie de votre côté? — 1,800 chevaux, Sire, y compris la brigade d'Autencourt. — Mais Montmartre fortifié, garni de gros canons, devait faire une vigoureuse résistance. — Heureusement, Sire, l'ennemi l'a cru comme vous, et voilà pourquoi il ne s'en est approché qu'à la fin de la journée et avec de grandes précautions; cependant il n'en était rien; il n'y avait que 6 pièces de 6. — Qu'a-t-on fait de mon artillerie? Il devait y avoir 200 pièces de position et des munitions pour les alimenter pendant plus d'un mois. — La vérité, Sire, est que nous n'avons eu à opposer à l'ennemi que des pièces de campagne, encore a-t-il fallu ralentir le feu à deux heures, faute de munitions. — Allons! je vois que tout le monde a perdu la tête. Voilà pourtant ce que c'est d'employer des hommes qui n'ont ni sens commun ni énergie! Eh bien, Joseph s'imagine cependant qu'il est en état de conduire une armée, et le routinier Clarke a tout l'orgueil d'un bon ministre[1]! »

Après avoir laissé échapper ces aveux, critiques amères de son aveuglement et de ses faiblesses, Napoléon reprit le projet de continuer sa route. Vaincu, pourtant, par les observations et par les instances de Berthier, de Belliard et de Caulaincourt, il permit à ce dernier d'aller seul à Paris pour s'informer de la situation exacte des choses, pour intervenir, s'il était possible, au traité; et il consentit à attendre à la maison de poste de la Cour-de-France le courrier que le duc devait lui expédier. Ce courrier arriva à quatre heures du matin. Caulaincourt annonçait à l'Empereur que tout était consommé:

[1] En 1847, quatre ans après la première publication de ce volume, le comte de Montholon faisait paraître ses *Récits sur la captivité de l'empereur Napoléon à Sainte-Hélène*; voici ce qu'on lit dans cet ouvrage, à l'occasion des événements que nous venons de raconter : « Tout le monde regarde Marmont comme un traître, nous dit l'Empereur, mais il y a bien des gens plus coupables que lui. Les hauteurs de Paris devaient être fortifiées, et elles ne l'étaient pas. La défection se montrait de tous côtés. On approvisionnait, avec des boulets de 8, des pièces de 6; on donnait ordre et contre-ordre; on délibérait quand il fallait se battre. Le roi Joseph a perdu la tête. Il a été frappé d'épouvante par la gravité des événements. Un aide de camp de Marmont n'a pu le rattraper. On a dit que c'était pour me forcer à faire la paix. C'est absurde : Joseph savait bien que tout était perdu avec Paris. Il a vu un corps de cavalerie ennemi qui gagnait sur sa gauche, il a eu peur d'être coupé, il n'est pas militaire, et il est parti. J'ai eu grand tort de le faire roi, surtout en Espagne. Il fallait là un roi ferme et militaire. Joseph ne pensait à Madrid qu'aux femmes et à faire des jardins. Il a de l'esprit; mais il se croit militaire, et il n'en a pas les moindres connaissances. Il m'a fait bien du mal en Espagne. Mes frères n'ont jamais rien compris aux événements; ils les ont toujours vus comme des niais, et cependant ils ont tous beaucoup d'esprit. Lorsque j'étais Premier-Consul, ils n'avaient pas de maison, mais on leur faisait la cour à cause de moi. Lafayette et Mathieu de Montmorency étaient toujours chez Joseph. Lorsque je le fis roi, il me les demanda pour les attacher à sa maison. Je me moquai de lui, mais je le laissai libre de faire ce qu'il voudrait. Ils lui ont ri au nez quand il leur a proposé d'être ses chambellans. Mes frères n'avaient d'idée de rien. Ils m'ont fait bien du mal. Quand les événements leur ont fait perdre leurs couronnes, ils me le reprochèrent, comme si je les avais privés de l'héritage du feu roi notre père. *Il est fou;* disaient-ils en parlant de moi. Les imbéciles! » (T. II, p. 192, 193 et 194.)

une capitulation, signée à deux heures de la nuit, venait de donner Paris aux Alliés. Cette capitulation, dont il lui transmettait une copie, était ainsi conçue :

« L'armistice de quatre heures dont on est convenu pour traiter des conditions de l'occupation de la ville de Paris et de la retraite des corps qui s'y trouvent ayant conduit à un arrangement à cet égard, les soussignés, dûment autorisés par les commandants respectifs des forces opposées, ont arrêté et signé les articles suivants :

ARTICLE PREMIER.

Les corps des maréchaux ducs de Trévise et de Raguse évacueront la ville de Paris le 31 mars, à sept heures du matin.

ART. 2.

Ils emmèneront avec eux l'attirail de leurs corps d'armée.

ART. 3.

Les hostilités ne pourront recommencer que deux heures après l'évacuation de la ville, c'est-à-dire le 31 mars, à neuf heures du matin.

ART. 4.

Tous les arsenaux, ateliers, établissements et magasins militaires seront laissés dans le même état où ils se trouvaient avant qu'il fût question de la présente capitulation [1].

---

[1] Malgré les termes de cet article, toutes les munitions enfermées dans la poudrière de Grenelle furent mises hors de service.
A quelques jours de là, lorsque les courtisans du nouveau gouvernement inventaient, chaque matin, contre l'Empereur déchu, de nouvelles injures et de nouvelles calomnies, le bruit se répandit dans le public, et les journaux répétèrent que Napoléon avait donné l'ordre de mettre le feu à la poudrière, dans le but, disait-on, de faire sauter une moitié de Paris. Nous croyons même que la Restauration récompensa un officier du nom de Lescours, qui se vanta d'avoir reçu cette mission et d'y avoir désobéi. Napoléon avait, en effet, laissé des instructions à la direction de l'artillerie, relativement à la poudrière ; mais elles prescrivaient uniquement de *détériorer* toutes les poudres de cet établissement avant que les Alliés pussent être à même de s'en emparer. Ce fut précisément pour obéir à la lettre de ces instructions que, dans la nuit du 30 au 31, les généraux d'Aboville et Caron firent noyer par un détachement de pompiers toutes les munitions de Grenelle. L'opération commença dès que l'on connut la signature de la capitulation. Le 31, au matin, il ne restait plus une seule cartouche en état de servir.

ART. 5.

La garde nationale ou urbaine est totalement séparée des troupes de ligne; elle sera conservée, désarmée ou licenciée, selon les dispositions des cours alliées.

ART. 6.

Le corps de la gendarmerie municipale partagera entièrement le sort de la garde nationale.

ART. 7.

Les blessés et maraudeurs restés après sept heures à Paris seront prisonniers de guerre.

ART. 8.

La ville de Paris est recommandée à la générosité des hautes puissances alliées.

Fait à Paris, le 31 mars 1814, à deux heures du matin.

Signé : Le colonel ORLOFF, aide de camp de S. M. l'Empereur de toutes les Russies;

Le colonel comte PARR, aide de camp de S. A. le maréchal prince de Schwartzenberg;

Le colonel baron FABVIER, attaché à l'état-major de S. E. le maréchal duc de Raguse;

Le colonel DENYS [1], premier aide de camp de S. E. le maréchal duc de Raguse. »

Le duc de Vicence parut lui-même au moment où l'Empereur achevait de lire sa dépêche : il reçut l'ordre de retourner à Paris et de sonder les intentions d'Alexandre; Napoléon revint à Fontainebleau.

---

[1] *Denys de Damrémont*, depuis gouverneur général de l'Algérie, et tué devant Constantine.

CHAPITRE VII

Paris, le matin du 31 mars. — Le conseil municipal au château de Bondy. — Message à M. de Talleyrand. — Manifestation en faveur des Bourbons. — Entrée des Alliés dans Paris; leur défilé sur les boulevards; cavalcade royaliste; attitude de la population; la colonne de la place Vendôme; on essaye de renverser la statue de l'Empereur. — Les souverains sur la place Louis XV; le colonel Fabvier. — Alexandre chez M. de Talleyrand; Conseil; délibération; déclaration des souverains. — Réunion royaliste dans le faubourg Saint-Honoré; députation à l'empereur de Russie; réponse de M. de Nesselrode. — Les journaux. Convocation du Sénat; formation du gouvernement provisoire; séance du Sénat le 1er avril. — Le conseil municipal; manifeste de M. Bellart. — Séance du Sénat le 2 avril; déclaration de déchéance. — Les sénateurs chez Alexandre. — Séance du 3 avril; texte du décret de déchéance. — Réunion du Corps législatif; déclaration d'adhésion. — Adhésions des autres corps constitués. — Les souverains à l'Opéra. — Mouvement parmi les troupes alliées.

Les habitants des quartiers placés au nord de Paris, en s'éveillant le matin du 31 mars, purent apercevoir toutes les hauteurs qui dominent cette partie de la ville couronnées par les feux encore allumés des bivacs de l'ennemi et par des lignes formidables d'artillerie. Une batterie de 60 pièces de 12 était établie sur une seule des rampes de Montmartre. Les quelques coups tirés la veille par Blücher, à l'aide des canons que nos soldats avaient laissés sur cette position, avaient été suspendus par la conclusion de l'armistice. Le feu devait recommencer vers une heure du matin, si, à minuit, la capitulation n'était point signée. « Faudra-t-il *bien allumer la ville?* avait demandé le général Müffling à Alexandre. — Non, répondit le Tzar; je veux seulement les effrayer et leur montrer que nous sommes les maîtres. » Chaque position occupée par les Alliés était couverte de soldats qui s'apprêtaient à figurer en grande tenue dans le cortége de 50,000 hommes dont l'empereur de Russie et le roi de Prusse voulaient se faire accompagner au moment de leur entrée solennelle dans Paris. A mesure que leurs apprêts étaient achevés, ces soldats, que les hasards de la guerre avaient amenés des contrées les plus diverses et les plus lointaines du continent européen, se réunissaient sur les points les plus élevés et contemplaient, avec un étonnement mêlé d'orgueil, l'amas confus, immense, d'édifices qui s'étendait devant eux. Quelques-uns, plus avides, se hissaient sur le mur d'octroi et jusque sur les barrières alors fermées, cherchant à saisir, à travers les rues et les lignes des maisons, quelques détails de cette capitale célèbre dont la renommée racontait tant de merveilles.

Tout le monde n'avait pas reposé durant cette nuit. Immédiatement après la signature de la capitulation, une députation composée de huit maires ou membres du conseil municipal, de MM. de Chabrol, préfet de la Seine, Pasquier, préfet de police, Alexandre de Laborde et Tourton, représentant la garde nationale, était sortie de Paris accompagnée des deux officiers étrangers qui avaient signé la capitulation. Arrivée à quatre heures du matin au château de Bondy, quartier général des souverains alliés, la députation dut attendre le réveil d'Alexandre. M. de Nesselrode, qui la reçut, ne tarda pas à s'approcher du comte de Laborde, dont le nom, comme écrivain et comme savant, lui était connu, et, l'emmenant dans l'embrasure d'une croisée, il lui demanda quel était l'état de l'opinion publique à Paris, ce qu'il fallait faire, ou, pour dire mieux, ce que les habitants voulaient qu'on fît. M. de Laborde évita d'abord de répondre; mais, pressé par le ministre russe, il lui dit que tous les hommes distingués par leurs lumières étaient fort attachés aux intérêts de la Révolution, et que la régence de Marie-Louise, si la force des choses obligeait à un changement de gouvernement, était la combinaison qui réunirait l'immense majorité des suffrages. « Et les Bourbons? demanda M. de Nesselrode, dominé par le souvenir de ses entretiens avec M. de Vitrolles. — On n'y pense que dans quelques salons de l'ancienne noblesse, » répondit le comte. Il ajouta que, dans le cas où les souverains désireraient des renseignements plus étendus, personne n'était plus à même de les leur fournir que M. de Talleyrand, tant à cause de sa grande expérience des affaires que par suite de ses rapports avec un grand nombre d'hommes politiques de toutes les opinions qui se réunissaient habituellement chez lui. « Mais est-il encore à Paris? demanda M. de Nesselrode. — Il a dû recevoir l'ordre d'accompagner l'Impératrice à Blois, répondit M. de Laborde; je crois pourtant qu'hier soir il n'était pas encore parti. — Retournez immédiatement à Paris, reprit le ministre d'Alexandre; si vous y trouvez le prince, faites qu'il ne parte pas, dites-lui d'attendre, et, s'il le faut, employez la force pour le retenir. » Le comte de Dunow, aide de camp du prince Wolkonski, fut chargé d'accompagner M. de Laborde, afin qu'on ne l'arrêtât pas aux avant-postes, et tous deux partirent suivis d'un seul Cosaque, le premier qui entra dans Paris. Arrivés près de la barrière, ils croisèrent le duc de Vicence, qui, le visage pâle et fatigué, se rendait auprès d'Alexandre. Ces messieurs se saluèrent sans se parler. Caulaincourt allait tenter de nouveaux efforts en faveur de la cause impériale; M. de Laborde, sans qu'il s'en doutât lui-même, allait préparer la chute de l'Empire.

La députation municipale, restée à Bondy, fut introduite à six heures et demie dans le salon où se trouvait Alexandre; elle réclama sa protection pour Paris. Le Tzar la promit dans les termes les plus bienveillants. Il parla de la guerre : « Ce n'est point moi qui l'ai provoquée, dit-il aux députés; Napoléon a envahi mes États sans motifs, et c'est par un juste arrêt de la Providence que je me trouve, à mon tour, sous les murs de sa capitale. » L'accent de sa voix, d'abord doux et caressant, s'était successivement élevé; les mots que nous venons de rapporter furent prononcés avec une certaine énergie. La conversation ne tarda pas à devenir plus générale; il adressa plusieurs questions à différents membres de la députation, et demanda à M. Barthélemy, entre autres, « où était M. de Talleyrand, et si l'on connaissait ses dispositions. » M. Barthélemy ne put répondre. On se sépara.

Connaître les dispositions de M. de Talleyrand était difficile. Lui-même n'aurait su les dire. Incertain des événements, ne connaissant rien des projets des Alliés ni de la position exacte de l'Empereur, il n'avait aucune résolution arrêtée; il attendait. Comme grand officier de la couronne, M. de Talleyrand avait reçu l'ordre de rejoindre Marie-Louise à Blois. Le 29, il avait fait ses préparatifs de départ, et, le 30 au matin, il se disposait à monter en voiture quand le bruit du canon des buttes Chaumont et de Belleville vint soudainement l'arrêter. La bataille finie et l'armistice signé, sa perplexité augmenta. La reddition de Paris, événement nouveau, inattendu, pouvait décider du résultat de la campagne et du sort de l'Empereur. «Il ne convenait pas à tout le monde de se laisser ensevelir sous les ruines de l'édifice, » avait-il dit, au sortir du conseil de régence où fut décidé le départ de l'Impératrice; et il était de ceux qui voulaient échapper. Résolu à voir venir le *lendemain*, sans cependant se compromettre avec le gouvernement impérial, il se rendit chez le duc de Rovigo, ministre de la police : « — Je ne refuse pas de partir, lui dit-il, mais il me semble préférable, dans l'*intérêt de l'Empereur et de tout le monde*, de rester. Je désire, pour le bien de tous, que l'édifice ne soit pas détruit, et ce n'est plus qu'à Paris qu'on peut le sauver. — Et il recommença ses tirades contre ceux qu'il accusait de tous les malheurs qui arrivaient, a ajouté Savary; il plaignait vivement l'Empereur de s'en être rapporté aux *ignorants* qui l'avaient perdu[1]. » Le ministre de

[1] *Mémoires* de Savary, duc de Rovigo, t. VII.

la police, pour toute réponse, lui intima l'ordre de quitter Paris sur-le-champ, le prévenant que son départ serait surveillé, et qu'il allait prendre les mesures nécessaires pour le faire effectuer. M. de Talleyrand ne s'effraya pas; il courut chez M. Pasquier, préfet de police, et fit auprès de ce fonctionnaire les instances les plus vives pour obtenir la permission que le ministre venait de lui refuser. M. Pasquier se retrancha sur l'insuffisance de ses pouvoirs et refusa également d'accueillir sa demande[1]. Le prince de Bénévent tenta une nouvelle démarche. Le soir, vers les sept heures, il se rendit à l'hôtel du duc de Raguse, rue de Paradis-Poissonnière, et sollicita du maréchal, non plus l'autorisation de rester, mais une attestation écrite constatant l'occupation, par les Alliés, de toutes les avenues de Paris et l'impossibilité où l'on était de franchir les barrières. Le maréchal, à son tour, refusa cette attestation[2]. Battu de tous côtés, M. de Talleyrand, dès qu'il fut rentré chez lui, fit donner le mot à quelques gardes nationaux, ses gens ou ses fournisseurs, pour aller se poster, le lendemain de grand matin, à la barrière d'Enfer, placée sur la rive gauche de la Seine, à l'opposé des points occupés par les Alliés; puis, le 31, de bonne heure, il monta dans une voiture où se trouvait le duc de Plaisance; son cocher et les valets, debout sur le marchepied de derrière, étaient en grande livrée; on atteignit la barrière : « Vos passe-ports! crièrent aussitôt avec force plusieurs gardes nationaux placés près des grilles; on ne peut pas sortir sans passe-ports! — Mais vous voyez bien que c'est Son Altesse Sérénissime le prince vice-grand électeur! répondirent les valets de pied, qui n'étaient point dans le secret de cette comédie. — Oh! Son Altesse peut passer, répliquèrent d'autres gardes nationaux groupés silencieusement

[1] *Mémoires* de Savary, duc de Rovigo, t. VII.
[2] Ce détail est confirmé par une lettre du maréchal Marmont que nous avons eue sous les yeux.

devant la porte du corps de garde. — Non, non, s'écria le prince de Bénévent en avançant avec vivacité la tête hors de la portière; je n'ai pas de passe-port, et ce n'est pas moi qui violerai les ordres de l'autorité! » M. de Talleyrand revint rapidement à son hôtel. Quels reproches pouvaient lui adresser l'Empereur ou la Régente? n'avait-il pas fait publiquement tous ses efforts pour quitter Paris?

Ce fut à sept heures du matin, au retour de cette course, que le comte de Laborde lui transmit les paroles de M. de Nesselrode. Cette communication inattendue dépassait toutes les espérances du prince de Bénévent; il l'accueillit en affectant la plus profonde indifférence, et pria négligemment le comte de répéter ces détails au duc de Dalberg, à l'abbé de Pradt et à l'abbé Louis, qui causaient dans un salon voisin, puis de leur demander ce qu'ils en pensaient. M. de Laborde s'empressa d'aller raconter à ces trois personnages ses courses et ses conversations de la nuit et du matin. Pendant ce temps, M. de Talleyrand ne perdait pas une minute pour tirer de la démarche de M. de Nesselrode tout le parti qu'on pouvait attendre de son adresse dans les petites choses et de sa remarquable habileté dans toutes les questions où se trouvaient engagés ses intérêts de vanité ou d'ambition. Il se hâta d'écrire et de faire porter au ministre russe une lettre où il le sollicitait à une entrevue, et mettait à sa disposition et à celle d'Alexandre sa demeure ainsi que sa personne. A quelques heures de là, M. de Nesselrode se présentait à l'hôtel Saint-Florentin, et annonçait au prince de Bénévent que le Tzar, après le défilé et la revue des troupes alliées, viendrait se reposer chez lui.

Tandis que M. de Talleyrand préparait ainsi son influence et faisait sa position, à quelques pas de lui, sur la place Louis XV, sept ou huit royalistes, anciens titrés que l'Empire n'avait pas admis dans les rangs de sa noblesse, ou qui n'avaient obtenu que des qualifications inférieures à celles qu'ils avaient portées, essayaient, de leur côté, de faire tourner le triomphe de l'ennemi au profit de l'ancienne royauté. Sortis du faubourg Saint-Germain par le pont de la Concorde, ils parurent sur la place de ce nom à dix heures et demie du matin, au moment où passait un bataillon de garde nationale. Les royalistes étaient à cheval ; ils s'approchèrent du bataillon aux cris de *Vive le Roi!* et en agitant leurs chapeaux, auxquels étaient attachées de larges cocardes blanches. Accueillis par le silence le plus glacial, injuriés même par les derniers pelotons, qui, ne comprenant rien à cette démonstration, les prenaient pour des fous ou des gens ivres, ils se rendirent à la mairie du premier arrondissement, où ils renouvelèrent leurs provocations. Deux ou trois voix, parmi les gardes nationaux du poste, répondirent à leurs cris ; mais ce fut le seul encouragement qu'on leur donna, et, lorsqu'ils remontèrent vers la Madeleine pour prendre les boulevards, leur groupe ne comptait pas un seul adhérent de plus. Vainement, sur cette nouvelle ligne, ils continuèrent à agiter leurs chapeaux et à crier *Vive le Roi!* les passants étonnés regardaient, incertains de savoir s'ils devaient rire ou siffler. A la hauteur de la rue de la Paix, trois cavaliers, dont l'un portait une paire de pistolets à sa ceinture, se joignirent pourtant à la cavalcade, qui, arrivée sur le boulevard des Italiens, fit alors la rencontre de quinze à dix-huit autres royalistes que l'on voyait parcourir, depuis une heure, l'espace compris entre les bains Chinois et l'entrée du faubourg Montmartre, portant, en guise d'étendards, quelques mouchoirs de poche attachés à des cannes. Les deux groupes se confondirent, et leur réunion présentait un total de vingt-cinq à trente individus qui continuèrent à se promener sur cette partie des boulevards, les uns silencieux, les autres criant de toutes leurs forces : *Vive le Roi! vivent les Bourbons! à bas le tyran!* Il était près de midi. La foule, qui commençait alors à garnir les bas-côtés, entendait ces cris sans en comprendre le sens. Quel était le *Roi* que l'on saluait ainsi? Quels étaient ces *Bourbons* dont on invoquait le nom? Très-peu de spectateurs pouvaient s'en rendre compte. Le dernier cri de *Vive le Roi!* poussé à Paris, remontait à vingt-deux ans, et la masse de la population, depuis dix années, ne connaissait que le cri de *Vive l'Empereur!* Les hommes de 45 à 50 ans pouvaient seuls avoir conservé un souvenir fort effacé des princes de l'ancienne famille royale. Aussi les efforts du groupe royaliste n'éveillaient-ils chez les curieux qu'un sentiment de pitié ou de surprise si général, si marqué, que l'enthousiasme des membres les plus résolus de la cavalcade finit par se glacer : une partie d'entre eux, fort embarrassés de leur rôle, mettaient déjà leur cocarde dans leur poche, quand, vers midi et demi, un bruit lointain de fanfares vint leur rendre l'assurance. C'étaient les souverains alliés qui faisaient leur entrée dans la capitale française, à la tête de 50,000 soldats.

Un nombreux détachement de trompettes ouvrait la marche. Un corps épais de cavalerie, dont les hommes marchaient quinze de front, suivait. Les souverains et leur état-major venaient ensuite. Tous les yeux cherchaient Alexandre; l'instinct public devinait en lui le maître de la situation. Ce prince, revêtu d'un uniforme vert avec des épaulettes d'or, et coiffé d'un chapeau surmonté d'une touffe de plumes de coq, marchait en avant du groupe des généraux, ayant à sa droite le généralissime Schwartzenberg, qui représentait l'empereur d'Autriche, et à sa gauche le roi de Prusse. La figure grave et triste de ce dernier contrastait avec le visage ouvert d'Alexandre, qui souriait à la foule et saluait, en s'inclinant, les femmes qui, du haut des fenêtres, agitaient des mouchoirs blancs a son passage. Derrière eux marchaient en rangs pressés une foule de généraux parmi lesquels on distinguait l'hetmann Platoff, le général Müffling et plusieurs Anglais que signalaient leur habit écarlate et leur petit chapeau plat. Le cortége mit près de cinq heures à défiler; toutes ces troupes se rendaient aux Champs-Élysées.

Le sentiment qui dominait la foule était la stupeur : cette

foule était énorme; elle inspirait les craintes les plus sérieuses aux généraux alliés. « Notre inquiétude fut grande tant que dura le défilé, ont dit des officiers russes; nous redoutions, à chaque pas, de voir s'ébranler l'effroyable masse d'hommes qui se pressait de chaque côté des boulevards; il leur suffisait de se rapprocher pour nous étouffer; nos soldats n'auraient pu faire usage de leurs armes. Ce fut seulement en arrivant aux Champs-Élysées que nous commençâmes à respirer; encore n'étions-nous pas fort tranquilles. » En effet, on voyait, à l'attitude de la majorité des spectateurs, que la population, prise dans sa généralité, ressentait profondément l'abaissement national. Sur plusieurs points, à la vérité, un petit nombre de voix faisaient entendre avec force des cris de colère contre le despotisme impérial et des injures contre l'Empereur; mais ces insultes et ces cris témoignaient plus de haine contre le régime despotique de l'Empire que de sympathie pour les Alliés. Seuls, les royalistes manifestaient une joie dont les éclats insultaient, non-seulement au deuil, mais à la pudeur publique; car les cadavres des 4 à 5,000 Français tués la veille, et sur lesquels les Alliés avaient dû passer pendant la nuit et le matin pour entrer dans Paris, étaient encore gisants, sans sépulture, au pied des collines de Belleville et de Chaumont, ou dans les champs de Pantin. La cavalcade dont nous avons dit les inutiles provocations avait pris la tête du cortége : les hommes qui la composaient, heureux et fiers de guider l'ennemi sur les boulevards, se livraient aux démonstrations les plus bruyantes, et, s'adressant tour à tour aux officiers, aux soldats du cortége et aux spectateurs, ils poussaient les cris impies de *Vivent les Alliés ! vivent nos libérateurs !*

Un incident, remarqué par quelques curieux, signala cette marche. Le grand-duc Constantin, entré dans Paris depuis quelques heures, ne s'était point mêlé à l'état-major général. Placé sur un des bas-côtés du boulevard, il regardait le défilé et causait avec quelques étrangers, lorsque M. Sosthènes de la Rochefoucauld, dont la famille, ruinée par la Révolution, avait été comblée des bienfaits de l'Empereur, qui s'était empressé de lui restituer tous ses biens non vendus, s'approcha du grand-duc et lui adressa quelques mots que ce dernier accueillit avec une froideur marquée. M. Sosthènes parut insister ; un geste de hauteur dédaigneuse, accompagné de ces paroles prononcées assez haut : *Cela ne me regarde pas*, mit fin à l'incident. Voici ce qui se passait.

Lorsque la tête de la colonne alliée était arrivée en face de la rue de la Paix, quelques-uns des cavaliers royalistes qui la précédaient, voyant les regards des souverains et ceux de leur nombreux état-major se diriger curieusement vers la colonne de la place Vendôme, avaient eu aussitôt la pensée de fêter l'entrée triomphante de l'ennemi en abattant, sous ses yeux, et pendant le défilé de ses masses sur le boulevard, la statue placée au sommet de ce monument. MM. Sosthènes de la Rochefoucauld et de Maubreuil, entre autres, suivis par un groupe de leurs compagnons, s'étaient immédiatement détachés du cortége et mis en devoir de faire tomber Napoléon de son glorieux piédestal. Des cordes avaient été passées au cou de la statue, et MM. de Maubreuil, Sosthènes, ainsi que leurs amis, se faisant aider par quelques misérables auxquels ils jetaient des pièces de 5 francs, s'étaient eux-mêmes attelés aux cordes; mais c'est à peine s'ils étaient parvenus à les tenir tendues. Ils avaient alors eu recours à leurs montures. Ces chevaux, parmi lesquels figurait celui de M. de Maubreuil, ayant la croix de la Légion d'honneur de son cavalier suspendue à la queue, n'avaient pas fait mieux que les hommes. Ce peu de succès fut attribué à l'insuffisance des forces dont on pouvait disposer. M. Sosthènes de la Rochefoucauld se chargea d'aller demander du renfort aux chefs de l'armée alliée; il s'adressa au grand-duc Constantin. Nous venons de dire l'impression que produisit son indigne requête, même sur ce Tartare.

Il y eut plus d'une extravagance et plus d'une honte dans

cette triste journée : on vit les femmes d'un certain monde prodiguer les bravos, les soins, les caresses, aux soldats alliés, tandis que nos malheureux blessés de la veille, repoussés des ambulances et des hôpitaux faute de places, expiraient, sans secours, dans les rues et sur les chemins. Quelques-unes de ces femmes, vers le boulevard de la Madeleine, se précipitèrent au milieu du groupe qui accompagnait l'empereur de Russie et le roi de Prusse, poussant des cris de joie et s'efforçant de saisir les mains des deux monarques; d'autres, plus retenues, jetaient, sous les pieds des chevaux de ces princes et de leurs généraux, les bouquets de myrte et de laurier dont elles s'étaient parées. L'élégante et belle comtesse Edmond de Périgord (depuis duchesse de Dino), nièce de M. de Talleyrand, se promena, dans la soirée, assise à cheval derrière un Cosaque. Les filles perdues, le 31, ne parurent nulle part : les saturnales de la rue et de la place publique, ce jour-là, appartinrent aux dames riches et titrées.

Il faut rendre cette justice aux aristocraties étrangères : les classes élevées de Vienne, de Berlin et de Madrid, ne prostituaient pas avec cette impudeur la dignité nationale de leur pays lorsque nos soldats entraient en vainqueurs dans les murs de ces capitales. On sait l'accueil fait à nos troupes par la noblesse russe, le jour où elles franchirent l'enceinte de la vieille Moscou!

Les souverains, après avoir suivi la ligne des boulevards jusqu'à la place Louis XV, s'étaient arrêtés à l'entrée des Champs-Élysées pour y présider au défilé de leurs soldats. L'état-major qui les entourait était nombreux, et on pouvait remarquer au milieu de ce groupe, à quelques pas d'Alexandre, un colonel et un simple hussard français, tous les deux à cheval, en grand uniforme, et portant la cocarde tricolore : c'étaient le colonel Fabvier et son soldat d'ordonnance, qui, l'un et l'autre, n'avaient pas cessé, depuis la barrière, de marcher derrière les souverains. Longtemps le colonel demeura silencieux et fort attentif au défilé : compter les troupes qui passaient alors devant lui était une opération que l'habitude lui rendait facile; mais ce renseignement ne pouvait suffire : il n'importait pas moins à l'Empereur de connaître le chiffre des forces restées hors Paris, ainsi que les noms de leurs généraux. Apercevant, au milieu de l'état-major ennemi, le général Giülay, qu'il avait connu à Vienne et à Schœnbrunn, Fabvier s'approcha de lui, et en obtint, sans même les solliciter, toutes les indications, tous les détails qui pouvaient lui manquer. Le défilé fut seulement terminé à cinq heures du soir : le roi de Prusse alla prendre possession de l'hôtel du prince Eugène, rue de Lille, n° 82, et Alexandre se dirigea vers l'hôtel de M. de Talleyrand, où Fabvier le suivit dans l'espérance d'y rencontrer le prince Wolkonski, chef de l'état-major général allié, et d'en obtenir immédiatement une escorte pour rejoindre nos avant-postes. La petite cavalcade royaliste n'avait pas perdu Alexandre de vue. Quand ce souverain approcha de l'hôtel Talleyrand, il la trouva groupée sur son passage, agitant ses cannes surmontées de mouchoirs blancs, et criant avec un redoublement d'énergie : *Vive le roi! vivent les Bourbons!* « Eh bien, s'écria le Tzar dès qu'il aperçut M. de Talleyrand, il paraît que la France appelle les Bourbons! »

Cette exclamation tenait surtout à un détail que nous devons expliquer.

Les coalisés comptaient dans leurs rangs des soldats de toutes les nations; la confusion des langues existait dans chacun de leurs corps d'armée. Non-seulement les régiments d'une même division ne se comprenaient pas, mais plusieurs corps, nos alliés peu de mois auparavant, organisés, armés et habillés par nous, portaient le même uniforme que nos troupes. Cette dernière circonstance avait, assure-t-on, produit ce résultat que, dans plusieurs rencontres, des détachements d'un même corps s'étaient battus entre eux. Pour éviter toute méprise et donner à leurs régiments un moyen de se reconnaître en marche comme au milieu du feu, les souverains alliés, depuis la jonction de leurs masses à Châlons, avaient ordonné à chaque soldat de porter au bras un lambeau d'étoffe *blanche*, couleur qui tranchait fortement sur des uniformes dont le plus grand nombre étaient, comme ceux de notre armée, en drap de couleur foncée. La partie féminine ou timorée de la population parisienne crut voir dans ce signe de ralliement une manifestation de sentiments pacifiques, une sorte d'appel à la confiance et à l'union ; elle répondit à cette avance supposée du vainqueur en arborant à son tour et en agitant devant les souverains et leurs soldats force mouchoirs *blancs*. Ces milliers de mouchoirs de couleur uniforme, agités tout le long des boulevards, les cris confus poussés par ceux qui les tenaient à la main, frappèrent vivement Alexandre. Cette démonstration prit, à ses yeux, un sens politique; elle lui parut l'explosion d'un sentiment royaliste, une invocation au retour des Bourbons. Bon nombre de Parisiens, de leur côté, lorsqu'ils apprirent, le soir ou le lendemain, quel était le drapeau de l'ancienne monarchie, furent convaincus que les soldats alliés étaient entrés parés des couleurs de l'ancienne famille royale. Cette double méprise ne fut pas sans influence sur l'avénement de la Restauration. Nous avons dit que M. de Nesselrode avait précédé son maître, de quelques heures, à l'hôtel Saint-Florentin. M. de Talleyrand avait appris de ce ministre qu'Alexandre, depuis son départ de Châlons, le 25 mars, était décidé à *en finir* avec Napoléon. « Mais la régence? avait demandé M. de Talleyrand, qui était loin de soupçonner les ouvertures royalistes où M. de Vitrolles avait fait intervenir son nom. — L'Empereur est à peu près fixé sur ce point, avait répondu le ministre du Tzar; la régence, ce serait encore l'Empire avec l'Empereur derrière le rideau : nous profiterons de l'absence du père de Marie-Louise pour faire écarter cet arrangement. »

Ces révélations et l'exclamation d'Alexandre en entrant à

l'hôtel Saint-Florentin portèrent un coup assez rude aux espérances du prince de Bénévent, qui ne caressait alors qu'un rêve, ne poursuivait qu'un but, la *régence*. Sa pensée était connue du duc de Dalberg et partagée par ce confident; M. de Talleyrand résolut de le laisser s'aventurer à plaider la cause de Marie-Louise et celle du roi de Rome dans le Conseil qui devait se tenir le soir même, se réservant, si le plaidoyer ne réussissait pas, de se prononcer pour le parti que le Tzar paraissait décidé à adopter. Ce Conseil, convenu le matin, entre les souverains et leurs principaux généraux, avait un double objet : examiner la situation nouvelle faite aux Alliés par la prise de Paris, et arrêter un plan politique en rapport avec cet événement.

La conférence eut lieu à sept heures du soir, dans le grand salon de M. de Talleyrand; huit personnes y assistaient : l'empereur de Russie, le roi de Prusse, le prince de Schwartzenberg, le prince de Lichtenstein, le prince de Talleyrand, le duc de Dalberg, les comtes de Nesselrode et Pozzo di Borgo [1].

Après quelques phrases préliminaires, on convint de réduire le débat aux trois questions suivantes : Ferait-on la paix avec Napoléon en prenant toutes sûretés contre lui? Maintiendrait-on la régence? Les Bourbons seraient-ils rétablis?

Alexandre ouvrit la discussion en rappelant que ce n'était pas lui qui avait commencé la guerre, mais Napoléon, qui était venu la porter dans ses États et le chercher jusque dans son antique et fidèle Moscou. « Nous ne venons pas ici, dit-il, attirés par la soif des conquêtes ou animés par le désir de la vengeance. Nous ne faisons pas une guerre de représailles, nous ne faisons pas la guerre à la France : nous n'avons que deux adversaires à combattre, Napoléon et tout ennemi de la liberté des Français.

[1] Les chefs militaires de la coalition assistaient seuls à cette conférence: ses diplomates, on l'a vu, s'étaient enfuis à Dijon avec l'empereur d'Autriche.

Guillaume, et vous, Prince, ajouta-t-il en se tournant vers le roi de Prusse et vers le généralissime Schwartzenberg, qui représentait l'empereur d'Autriche, les sentiments que je viens d'exprimer ne sont-ils pas les vôtres? » Le roi de Prusse et le prince de Schwartzenberg, qui, durant toute cette séance où s'agitait le sort du Monde, jouèrent le rôle de personnages muets, inclinèrent la tête en signe d'assentiment. Alexandre dit encore quelques mots et soumit au Conseil la première question : elle fut à peine discutée; le Conseil décida tout d'une voix que l'on ne traiterait pas avec Napoléon.

La question de la régence fut ensuite posée : le duc de Dalberg s'empressa de prendre la parole et plaida chaleureusement la cause de Marie-Louise et de son fils. Il comptait sur l'appui de M. de Talleyrand; mais, à sa grande surprise, ce secours lui manqua. M. de Talleyrand, remarquant l'attitude contrainte, étonnée, d'Alexandre pendant le discours de son confident, baissa les yeux sur le tapis quand ce dernier eut cessé de parler, et resta immobile et muet. M. Pozzo di Borgo combattit avec énergie cette combinaison; lorsqu'il eut terminé, pas une voix ne s'éleva pour l'appuyer ou pour le contredire; la pensée du Tzar, que tous les regards interrogeaient, était évidente : la régence fut écartée.

Cette cause aurait-elle été perdue, nous dirons plus, aurait-on même posé la question, si Marie-Louise n'avait pas quitté Paris? La première visite des souverains aurait été pour l'Impératrice. En admettant même qu'ils eussent évité de la voir avant de se réunir chez le prince de Bénévent, auraient-ils osé la renverser du trône si les portes du salon où ils délibéraient s'étaient tout à coup ouvertes devant cette princesse tenant le roi de Rome dans ses bras et venant réclamer à haute voix le maintien de son titre et des droits de son fils? M. de Talleyrand ne se trompait pas, dans le Conseil du 28, lorsqu'il appuyait l'opinion de M. Boulay (de la Meurthe); l'éloignement de l'Impératrice et du roi de Rome, en laissan les adversaires de la dynastie impériale sans contradicteurs, devait consommer la chute de l'Empire[1].

Le traité direct avec Napoléon et la régence étant écartés, la question du rétablissement des Bourbons se trouvait implicitement résolue. Toutes les incertitudes du prince de Bénévent cessèrent : il prit enfin la parole, et se prononça pour le rappel de l'ancienne famille royale, en déclarant que cette combinaison était la seule qui convînt et qui fût désirée. Le prince de Lichtenstein, sujet autrichien, avait laissé passer, sans mot dire, la déchéance de la fille et du petit-fils de son maître; mécontent, sans doute, de cette décision, il s'en prit aux Bourbons, et répondit à M. de Talleyrand qu'il allait un peu loin en affirmant que le retour des Bourbons fût désiré par la France. « Nulle part, dit le prince autrichien, sur aucune des routes, dans aucun des villages, dans aucune des villes traversés par les troupes alliées, celles-ci n'avaient entendu un vœu de cette nature. La population, au contraire, s'était montrée partout hostile, et, dans l'armée, tous les soldats, vétérans ou conscrits, avaient constamment témoigné pour Napoléon et pour la cause impériale le dévouement le plus absolu. » Alexandre, emporté par le souvenir des faits de la campagne, appuya les observations du prince de Lichtenstein; il rappela que, six jours auparavant, à Fère-Champenoise, des conscrits, arrachés la veille à la charrue, s'étaient fait tuer, en effet, aux cris de *Vive l'Empereur!* plutôt que de rendre leurs armes.

Étonné de la direction que prenait le débat, peu sûr encore du terrain, M. de Talleyrand craignit de s'être trop avancé. « Je ne crois pas m'être trompé, dit-il au Tzar; dans tous les cas, mon erreur serait celle de tous les hommes qui connais-

---

[1] Marie-Louise, lorsqu'elle dut quitter Blois, se rendit à Orléans, puis à Rambouillet, où elle reçut la visite de son père. Les premiers mots de François II, en l'abordant, furent ceux-ci : *Vous seriez régente de l'Empire français si vous n'aviez pas quitté la capitale de la France.*

sent le mieux la France et l'état de l'opinion. » Il en appela au témoignage de MM. de Pradt et Louis, qui se tenaient dans une pièce voisine, et offrit de les aller chercher ; le Tzar consentit à les entendre. « M. de Talleyrand nous introduisit dans la pièce où se tenait le Conseil, a raconté l'archevêque de Malines. On se trouva rangé de manière que, du côté droit, le roi de Prusse et le prince de Schwartzenberg fussent les plus rapprochés du meuble d'ornement qui est au milieu de l'appartement : M. le duc de Dalberg était à la droite du prince de Schwartzenberg ; MM. de Nesselrode, Pozzo di Borgo et le prince de Lichtenstein suivaient. M. le prince de Talleyrand était placé à la gauche du roi de Prusse ; M. le baron Louis et moi étions près de lui ; l'empereur Alexandre faisait face à l'assemblée, allait et venait[1]. » Quelques mots de M. de Talleyrand avaient rapidement appris aux nouveaux venus le service qu'il en attendait ; interrogés par Alexandre : « Nous sommes tous royalistes! toute la France est royaliste! s'écria le fougueux archevêque de Malines. — Oui, toute la France est royaliste ! répéta M. Louis avec non moins de véhémence. Elle repousse Bonaparte, elle n'en veut plus ; cet homme n'est plus qu'un cadavre, seulement il ne pue pas encore. »

Alexandre ignorait la France : il n'en connaissait ni les hommes ni les choses. *Vivent les Alliés! vivent les Bourbons! à bas le tyran!* étaient les seuls cris poussés distinctement autour de lui durant la journée. Il avait, en outre, parcouru toute la ligne des boulevards, précédé d'étendards de couleur *blanche*, et avait marché, pour ainsi dire, entre deux haies de mouchoirs *blancs*. Les affirmations effrontées des deux abbés ne furent donc pour lui que la confirmation du vœu déjà manifesté sur son passage[2]. Plus de doute : l'opinion publique, ainsi que le

---

[1] *Récit historique* de l'abbé de Pradt, p. 68.

[2] Deux prêtres et un moine apostats avaient joué le rôle le plus influent dans l'avénement de Napoléon au gouvernement de la République, lors des journées de Brumaire, l'ex-abbé Sieyès, Directeur, l'ex-évêque Talleyrand, ministre des affaires étrangères peu de jours auparavant, et l'ex-oratorien

lui avait annoncé M. de Vitrolles, et comme lui-même le pensait en entrant dans la salle du Conseil, repoussait l'Empire et son chef, et appelait le retour des Bourbons. Mais, avant de fermer le débat, il voulut acquitter la parole que, deux ans auparavant, dans la conférence d'Abo, il avait donnée au prince royal de Suède : « Toutes les combinaisons ne sont pas épuisées, » dit le Tzar en prononçant le nom de Bernadotte, mais si bas, que M. de Talleyrand crut pouvoir se donner le courage de sa nouvelle opinion. « Il n'y a que deux choses possibles, Sire, répondit-il à Alexandre, Napoléon ou Louis XVIII. Qui prétendrait-on nous donner à la place de l'Empereur? Un soldat? Nous n'en voulons plus. Si nous en désirions un, nous garderions celui que nous avons; c'est le premier soldat du monde : après lui, il n'en est pas un autre qui puisse réunir dix hommes à sa suite. En un mot, Sire, tout ce qui n'est pas Napoléon ou Louis XVIII est une intrigue.

— Eh bien, voilà qui est décidé, répliqua Alexandre; nous ne traiterons pas avec Napoléon. Mais ce n'est pas à nous, étrangers, à le précipiter du trône; nous pouvons encore moins y appeler les Bourbons. Qui se chargera de décider ces deux événements?

— Les Autorités constituées, Sire, répondit M. de Talleyrand après quelques instants de silence; je me fais fort d'obtenir le concours du Sénat. »

Les Alliés, depuis leur entrée en France, n'avaient cessé de publier qu'ils ne venaient pas lui imposer un gouvernement ni contrarier ses sympathies ou ses vœux; la déclaration du prince de Bénévent coupait court à toutes les contradictions, à tous les embarras; elle devait terminer la conférence. Aussi ses membres se disposaient-ils à se séparer, quand M. de

Fouché, alors ministre de la police. Trois prêtres précipitèrent également sa chute : M. de Talleyrand, l'archevêque de Pradt, et l'ex-abbé Louis, qui assistait, en qualité de diacre, M. de Talleyrand, lors de la messe que ce dernier, évêque d'Autun à cette époque, célébra sur l'Autel de la patrie, au Champ de Mars, le jour de la fête de la Fédération, en 1790.

Talleyrand fit observer que les résolutions que venaient d'adopter les souverains seraient sans résultat sérieux si la réunion ne devait pas dépasser la portée d'une simple conversation politique; il proposa d'en dresser une sorte de procès-verbal qui servirait de base et de guide à la marche ultérieure des puissances coalisées. On y consentit; le prince tint la plume; mais, au lieu d'un simple procès-verbal, ce fut un manifeste qu'il rédigea. Arrivé à ces mots : *Ils ne traiteront plus* (les souverains) *avec Napoléon Bonaparte*, il s'arrêta et fit remarquer au Conseil que cette exclusion n'atteignait pas la famille de l'Empereur, dont les droits demeuraient ainsi dans leur intégrité. Un silence profond se fit dans toute la salle, pas une voix ne répondit à cette observation; les regards du prince de Bénévent interrogèrent Alexandre, alors arrêté debout devant lui; ce dernier jeta les yeux, à son tour, sur le roi de Prusse et sur le prince de Schwartzenberg; ni l'un ni l'autre ne sortirent de leur immobilité. « Eh bien, s'écria Alexandre en se remettant à marcher avec vivacité, ajoutez : *ni avec aucun membre de sa famille!* » Le reste devenait de pure forme. La rédaction achevée, M. de Nesselrode en fit une copie. M. de Talleyrand venait de s'avancer trop loin pour ne pas vouloir engager les souverains de telle manière, qu'ils ne pussent reculer en deçà des limites que lui-même avait franchies. Il demanda l'impression et la publication immédiate de la déclaration. Alexandre hésita : « C'était aller bien vite, » disait-il. Mais, étourdi par le succès inespéré de la veille, enivré par sa marche triomphale sur les boulevards et par les acclamations dont quelques bouches indignes l'avaient salué; convaincu que cette déclaration satisfaisait au vœu de la France, il se laissa entraîner et céda. Une copie fut remise à un des frères Michaud, imprimeurs, qui, depuis le commencement de la conférence, attendait dans un cabinet voisin; et, une heure après, la pièce suivante était affichée sur tous les murs de Paris :

DÉCLARATION.

« Les armées des puissances alliées ont occupé la capitale de la France. Les souverains alliés accueillent le vœu de la nation française; ils déclarent :

« Que si les conditions de la paix devaient renfermer de plus fortes garanties lorsqu'il s'agissait d'enchaîner l'ambition de Bonaparte, elles doivent être plus favorables lorsque, par un retour vers un gouvernement sage, la France elle-même offrira l'assurance du repos. Les souverains proclament en conséquence :

« Qu'ils ne traiteront plus avec Napoléon Bonaparte ni avec aucun membre de sa famille;

« Qu'ils respectent l'intégrité de l'ancienne France, telle qu'elle a existé sous ses rois légitimes; ils peuvent même faire plus, parce qu'ils professeront toujours le principe que, pour le bonheur de l'Europe, il faut que la France soit grande et forte.

« Ils reconnaîtront et garantiront la Constitution que la nation française *se donnera*. Ils invitent, par conséquent, le Sénat à désigner sur-le-champ, un gouvernement provisoire qui puisse pourvoir aux besoins de l'administration, et à préparer la Constitution qui conviendra au peuple français.

« Les intentions que je viens d'exprimer me sont communes avec toutes les puissances alliées.

« Alexandre.

« Paris, le 31 mars 1814.

« Par S. M. I., comte de Nesselrode. »

Jamais document officiel ne débuta par un plus solennel mensonge. Des mouchoirs blancs agités aux fenêtres des boulevards ou attachés au bout de quelques cannes promenées par 25 à 50 individus, vieux émigrés ou jeunes étourdis; les affirmations effrontées de deux abbés mécontents de leur position et aspirant à jouer un rôle politique, voilà ce que M. de Talleyrand, parlant au nom des souverains alliés, osait donner au monde comme le *vœu de la nation française !* La dérision ne s'arrêtait point là : ce Sénat, qu'on invitait à nommer *sur-le-champ* un gouvernement provisoire, était le corps le plus avili de l'Empire, et la Constitution que la France était invitée à *se donner* allait être délibérée par lui seul, au milieu et sous la protection des baïonnettes étrangères! Considérée dans son ensemble, l'œuvre du prince de Bénévent ne manquait cependant pas d'habileté : sa forme embarrassée et ses phrases incertaines ménageaient toutes les opinions, laissaient le champ libre aux espérances de tous les partis ; elle ne fermait l'avenir qu'à la dynastie impériale. Ce vague ne pouvait satisfaire les quelques royalistes qui avaient déjà arboré la cocarde blanche. En quittant les abords de l'hôtel Talleyrand, après le défilé de l'armée alliée, ils étaient convenus de se retrouver, le soir, rue du Faubourg-Saint-Honoré, n° 45, chez M. de Mortfontaine. La déclaration des souverains venait d'être affichée lorsque sonna l'heure fixée pour le réunion. Les royalistes y arrivèrent décidés à faire triompher plus complétement la *bonne cause*. 25 à 30 seulement s'étaient montrés dans les rues ; ils se trouvèrent, chez M. de Mortfontaine, au nombre de plusieurs centaines.

Le maître de la maison présidait l'assemblée. Ce fut vainement qu'il essaya d'établir un peu d'ordre dans la délibération ; le débat, dès les premiers mots, avait dégénéré en un épouvantable vacarme : tout le monde criait à la fois ; c'était à qui parlerait le plus fort et le plus haut de ses services, de ses droits, de l'époque de son émigration ; bon nombre se vantaient de n'avoir servi l'*usurpateur* que pour mieux le trahir. Aux cris tumultueux, aux motions folles, violentes, qui se croisaient de tous côtés, on eût difficilement pensé qu'un but commun réunissait les assistants. Las de s'efforcer de parler sans pouvoir se faire entendre, un des membres les plus ardents, M. Sosthènes de la Rochefoucauld, sauta sur une table, et, d'une voix retentissante, s'écria que l'assemblée, au lieu de perdre un temps précieux, devrait envoyer une députation à l'empereur Alexandre. La proposition fut accueillie, et son auteur, accompagné par MM. Ferrand et César de Choiseul, désignés par la réunion, se mit en chemin pour l'hôtel de M. de Talleyrand, résidence d'Alexandre. M. de Chateaubriand, qu'ils rencontrèrent à la porte de la salle, fut prié de les accompagner, et consentit à les suivre. Arrivés devant M. de Nesselrode, qui les reçut à la place du Tzar, déjà retiré pour prendre du repos, M. de Chateaubriand refusa de porter la parole, et M. Ferrand ne put prononcer un seul mot. Ce fut M. Sosthènes qui se fit l'organe de ses amis politiques.

« Je viens de quitter l'Empereur, répondit M. de Nesselrode, et je me fais garant de ses intentions. Retournez vers vos amis et annoncez à tous les Français que S. M. I., touchée des cris qu'elle a entendus et des vœux qui lui ont été si vivement exprimés aujourd'hui, va rendre la couronne à celui à qui elle appartient. Louis XVIII remontera sur le trône de France. »

La députation retourna chez M. de Mortfontaine. De bruyantes acclamations y accueillirent la réponse de M. de Nesselrode. Le tumulte alors devint effroyable : tous voulaient se faire écouter. Le président ne savait comment lever la séance, lorsque M. Talon, éteignant les lumières, força tout le monde de quitter la salle.

Un des cavaliers qui avaient promené le matin leurs cocardes blanches sur les boulevards, ancien officier vendéen, homme intelligent et énergique, le marquis de la Grange, opérait, pendant ce tumulte, quelques changements qui devaient servir la cause royaliste bien plus activement que les cris et les démarches de M. Sosthènes et de ses amis. M. de la Grange connaissait la langue allemande : cette circonstance le mit en contact dans la journée avec plusieurs officiers généraux de l'armée alliée ; ses sympathies politiques et son nom resserrèrent ces rapports. Il en profita pour obtenir du général Sacken, créé le matin gouverneur militaire de Paris, un ordre qui plaçait tous les journaux sous la police d'un royaliste assez obscur, mais dévoué, nommé Morin. Après avoir installé

Morin à la préfecture, en sa qualité nouvelle, M. de la Grange se transporta dans tous les bureaux de journaux et y plaça des rédacteurs, qui s'y établirent soit en qualité d'anciens propriétaires dépossédés, comme aux *Débats*, soit en qualité de *censeurs*. Tous reçurent pour mot d'ordre d'annoncer que la cocarde blanche avait été arborée par la population de Paris, et que les armées alliées avaient été accueillies aux cris mille fois répétés de *Vive le roi! vivent les Bourbons!* Cette prise de possession de tous les instruments de la publicité politique fut accomplie dans la nuit. La métamorphose fut aussi soudaine que complète. Le 30 mars, toutes les nouvelles étaient rédigées dans le sens impérial[1]; chaque ligne respirait le plus entier dévouement à l'Empire et à l'Empereur : le 1er avril, ces mêmes journaux maudissaient l'Empire, donnaient à l'Empereur les noms les plus odieux, vantaient les bienfaits de l'invasion, appelaient de toutes leurs forces l'arrivée des princes de la maison de Bourbon, et reproduisaient de longs fragments empruntés à une brochure publiée, la veille au soir, par M. de Chateaubriand, sous le titre *De Bonaparte et des Bourbons*, et dans laquelle il accusait Napoléon d'avoir frappé le pape et de l'avoir traîné par ses cheveux blancs; d'avoir empoisonné ou fait étrangler des prisonniers de guerre et des détenus politiques; d'avoir plus corrompu les hommes et fait plus de mal au genre humain, en dix années, que tous les tyrans de Rome ensemble, depuis Néron jusqu'au dernier persécuteur des chrétiens; d'avoir dévoré, dans le même espace de temps, 15 milliards d'impôts, plus de 5 millions d'hommes, gagné 4 millions de fr. sur les soupes distribuées aux pauvres pendant la disette de 1812, spéculé sur les enterrements et mis un impôt sur les morts ; où, lui donnant les noms de fou furieux, de scélérat vulgaire et d'histrion, il lui reprochait

---

[1] Quelques journaux (les *Débats* entre autres) ne parurent pas le 31 mars; ceux qui furent publiés ne contenaient que des nouvelles de théâtre et des articles de littérature.

d'être un homme de peu, un enfant de petite famille, qui, s'il eût encore régné quelques années, eût fait de la France une caverne de brigands. Ce pamphlet, que la passion politique ne saurait excuser, car, écrit en pleine invasion, il déversait, au profit des envahisseurs, la haine et l'insulte sur l'homme en qui se personnifiait, à ce moment, l'indépendance française; ce pamphlet, disons-nous, eut un immense retentissement. La célébrité littéraire de l'auteur, la violence même des accusations, aidèrent au succès. Sa publication, en ralliant autour d'un mot d'ordre et d'une formule politique les adhérents encore épars et cachés de l'ancienne royauté, fit naître, pour ainsi dire, le parti royaliste ; elle valut un autre bénéfice aux Bourbons : le 31 mars, leur nom était ignoré ou oublié de la généralité des habitants de Paris; le 1er avril, ce nom, s'il causait une profonde surprise, intervenait, du moins, dans toutes les conversations, et les prétentions, sinon les droits de cette famille au trône de France, devenaient un fait public et incontesté[1].

---

[1] Dans les jours qui suivirent, les journaux ne se bornaient pas à donner à Napoléon les noms de *tyran*, d'*usurpateur*, de *Robespierre à cheval;* ils exaltaient les vertus des souverains alliés et rapportaient avec *attendrissement* une foule de *mots* vrais ou supposés, prononcés par Alexandre, et dont on pourra juger le mérite par la citation suivante :

« Sa Majesté (Alexandre) passa devant la colonne de la place Vendôme ; en regardant la statue, elle dit aux seigneurs qui l'entouraient : *Si j'étais placé si haut, je craindrais d'en être étourdi.* Ce mot si philosophique est digne d'un Marc-Aurèle. » (*Journal des Débats* et *Journal de Paris*.)

On lisait, à quelques jours de là, dans ce même *Journal de Paris :*

« Il est bon de savoir que Bonaparte ne s'appelait pas *Napoléon*, mais *Nicolas*; ni Bonaparte, mais Buonaparte; il avait retranché l'*u* pour se rattacher à une illustre famille de ce nom. »

« — Plusieurs personnes se sont amusées à faire différentes anagrammes du nom de *Buonaparte*, en ôtant l'*u* de ce nom; celle qui nous paraît le mieux peindre le personnage est celle-ci : *Nabot paré.* »

TESTAMENT DE BUONAPARTE.

Je lègue aux enfers mon génie,
Mes exploits aux aventuriers,
À mes partisans l'infamie,
Le grand-livre à mes créanciers ;

Aux Français l'horreur de mes crimes,
Mon exemple à tous les tyrans,
La France à ses rois légitimes,
Et l'hôpital à mes parents.

Les souverains, en proclamant qu'ils ne traiteraient plus avec Napoléon, n'avaient cependant pu déclarer qu'ils le privaient de son titre et de son autorité d'Empereur; ils n'avaient pas renversé l'Empire, rendu le trône vacant, ni restitué la couronne aux Bourbons. Cette tâche, comme on l'a vu, était dévolue au Sénat. M. de Talleyrand n'avait pas trop présumé de la servilité de ce corps avili; il devait en avoir la preuve le lendemain, dès son entrée, pour ainsi dire, dans la salle des séances.

Ce fut le prince de Bénévent lui-même qui, en sa double qualité de vice-grand électeur de l'Empire et de vice-président du Sénat, convoqua extraordinairement, le 1er avril, les membres de cette Assemblée. Le Sénat comptait cent quarante titulaires, dont six appartenaient à la famille impériale, et vingt-sept aux départements formés par les territoires réunis à la France depuis les premières guerres de la Révolution. Quatre-vingt-dix environ se trouvaient alors à Paris. Durant la matinée, chacun d'eux fut visité, et sollicité avec les instances les plus vives de venir assister à la séance; quelques-uns, en très-petit nombre, refusèrent d'y paraître, par dévouement pour la famille impériale; d'autres s'abstinrent par peur; plusieurs, qui s'étaient cachés, ne cédèrent qu'après une longue résistance; M. de Pastoret, entre autres, ne fut découvert et entraîné qu'au bout de quatre à cinq heures de recherches et d'efforts. Enfin, à quatre heures du soir, soixante-quatre membres, dont neuf appartenaient aux départements réunis, se trouvèrent dans la salle. La séance, indiquée pour deux heures et demie, put enfin commencer; M. de Talleyrand, tenant à la main quelques feuillets manuscrits, ouvrit la discussion en lisant, d'une voix hésitante, le discours suivant :

« Sénateurs, la lettre que j'ai eu l'honneur d'adresser à chacun de vous pour les prévenir de cette convocation leur en a fait connaître l'objet. Il s'agit de vous transmettre des propositions. Ce seul mot suffit pour indiquer la liberté que chacun de vous apporte dans cette Assemblée; elle vous donne le moyen de laisser prendre un généreux essor aux sentiments dont l'âme de chacun de vous est remplie, la volonté de sauver votre pays et la résolution d'accourir au secours d'un peuple délaissé.

« Sénateurs, les circonstances, quelque graves qu'elles soient, ne peuvent être au-dessus du patriotisme ferme et éclairé de tous les membres de cette Assemblée, et vous avez sûrement senti tous également la nécessité d'une délibération qui ferme la porte à tout retard et ne laisse pas écouler la journée sans rétablir l'action de l'administration, ce premier de tous les besoins, par la formation d'un gouvernement dont l'autorité, établie pour la nécessité du moment, ne peut qu'être rassurante. »

L'embarras de M. de Talleyrand, en lisant ces deux ou trois phrases obscures, incorrectes, écrites par l'abbé de Pradt, tenait moins sans doute aux difficultés de sa position qu'aux expressions dont l'archevêque de Malines avait cru devoir faire usage [1]. Son allocution, depuis le premier mot jusqu'au dernier, n'était qu'une indigne moquerie : il vantait l'esprit d'indépendance et de liberté qui allait présider aux délibérations du Sénat, quand les Sénateurs se réunissaient sur l'ordre donné par des souverains étrangers à qui le canon seul avait ouvert les portes de Paris et qu'appuyaient 200,000 soldats; il invoquait leur patriotisme et leur fermeté, lorsqu'il devait exiger de leur soumission le renversement des institutions dont ils étaient précisément institués les *conservateurs* [2].

---

[1] L'abbé de Pradt a raconté que M. de Talleyrand était entré au Sénat avec deux discours différents, l'un écrit par lui, de Pradt, l'autre par un personnage qu'il ne nomme pas. Si le prince de Bénévent lut le projet de l'archevêque de Malines, ce ne fut pas, ajoute ce dernier, par un motif quelconque de préférence, mais uniquement parce qu'il porta la main dans sa poche gauche, au lieu de la mettre dans sa poche droite.

[2] Le *Sénat conservateur*, dans l'Adresse qu'il présenta à Napoléon après la fatale campagne de Russie, disait « qu'*établi* pour la CONSERVATION de la quatrième dynastie, la France et la *postérité* le trouveraient *fidèle* à ce devoir sacré et que tous ses membres seraient toujours prêts à *périr* pour la défense de ce *palladium* (la dynastie) de la prospérité nationale. » Le Sénat terminait en demandant le sacre du roi de Rome, afin, disait cette Assemblée, de *lier* les Français par un nouveau serment. Cette Adresse fut présentée le 27 décembre 1812, quinze mois avant la prise de Paris.

Mais le despotisme impérial avait si complétement éteint le sens moral de cette Assemblée, que ses membres entendirent et acceptèrent avec le plus grand sérieux les éloges décernés par M. de Talleyrand à leur civique énergie, et que, tout aussitôt, ils mirent au service de ce personnage l'obéissance mécanique à laquelle les avait habitués Napoléon.

Au Sénat devaient appartenir la formation du gouvernement provisoire et la nomination de ses membres. Ce gouvernement n'en avait pas moins été constitué, dès la veille au soir, par M. de Talleyrand, agissant dans son cabinet, sans autre assistance que celle de ses intimes. Membre obligé de ce nouveau pouvoir, il s'en était réservé la présidence et avait choisi pour collègues le duc de Dalberg, le comte François de Jaucourt, le général Beurnonville et l'abbé de Montesquiou. Un membre de l'Assemblée constituante, ancien évêque alors marié; un duc d'origine allemande et de création impériale; un ancien marquis devenu comte de l'Empire; un ancien général de la République qu'avait longtemps signalé son exaltation révolutionnaire; enfin, un membre du clergé, correspondant de Louis XVIII, voilà l'étrange assemblage politique qui devait présider au renversement de Napoléon et au rétablissement des Bourbons; ces cinq personnages se trouvaient, en quelque sorte, résumer toutes les passions, tous les intérêts engagés dans les événements des vingt dernières années.

M. de Talleyrand n'eut besoin que d'annoncer ces choix pour les voir aussitôt acceptés par les Sénateurs et légalisés par un Sénatus-Consulte. Pas une observation ne s'éleva. A la vérité, cette réunion, pas plus que celles qui suivirent, n'avait rien de la solennité et des formes ordinaires d'une assemblée délibérante. Bien que revêtus de leur costume officiel, les Sénateurs causaient debout, divisés en petits groupes ou réunis autour du bureau, avec tout le laisser aller de gens qui s'entretiennent familièrement chez eux, entre eux et portes fermées. Quand M. de Talleyrand eut fait passer au secrétaire la liste de son gouvernement provisoire, il rappela que la déclaration des Alliés imposait au Sénat la tâche de préparer une Constitution. « Une Constitution ne s'improvise pas en quelques minutes ! » s'écrièrent plusieurs membres. Mais les souverains étrangers avaient parlé : le Sénat voulut du moins faire preuve d'empressement et de bon vouloir; on arrêta quelques bases sommaires que le gouvernement provisoire fut chargé de publier le lendemain, dans une *Adresse au peuple français*, où il annoncerait en principe :

1° Que le Sénat et le Corps législatif seraient partie intégrante de la Constitution projetée, sauf les modifications nécessaires pour assurer la liberté des suffrages et des opinions;

2° Que l'armée, les officiers et soldats en retraite, les veuves, conserveraient leurs grades, honneurs et pensions;

3° Qu'il ne serait porté aucune atteinte à la dette publique;

4° Que les ventes des domaines nationaux seraient irrévocablement maintenues;

5° Qu'aucun Français ne serait recherché pour les opinions politiques qu'il aurait pu émettre;

6° Que la liberté des cultes et des consciences serait maintenue et proclamée, ainsi que la liberté de la presse, sauf la répression légale des abus de cette liberté.

Le Sénat, collection non d'opinions, mais d'intérêts cupides, stipulait d'abord sa conservation; la liberté d'écrire, sans laquelle il n'existe ni institutions ni gouvernement libres, ne venait qu'en dernier lieu, et seulement par phrase incidente : l'Assemblée se sépara après cet effort. Voici les soixante-quatre membres dont les noms figurent au bas du procès-verbal de cette séance du 1ᵉʳ avril :

« Abrial, Barbé de Marbois, Barthélemy, le cardinal de Bayanne, de Berderbusch, Berthollet, Beurnonville, Buonacorsi, Carbonara, Chasseloup-Laubat, Cholet, Colaud, Cornet, Davout, de Grégori-Marcoringo, Dembarrère, Depère, Destutt de Tracy, Dubois-Dubay, Emmery, Fabre (de l'Aude), Ferino, Fontanes, Garat, Grégoire, d'Harville, d'Haubersaert, d'Hédouvillle, Herwin, de Jaucourt, Journu Aubert, Klein, Lambrechts, Lanjuinais, Launoi, Lebrun de Richemont, Lejeas, Lemercier, Lespinasse, Malleville, Meermann, Montbadon, Péré, Pontécoulant, Porcher de Richebourg, Rigal, Roger-Ducos, Saint-Martin de Lamothe, Sainte-Suzanne, Saur, Sérurier, Schimmel-Penninck, Soulès, Tascher, de Valmy, Van Dedem, Van Depoll, Vaubois, Villetard, Vimar, Volnay; prince de Bénévent, *président;* Pastoret, de Valence, *secrétaires*.

Dans cette première séance, le Sénat n'avait pas encore porté une main bien résolue sur l'édifice impérial. M. de Talleyrand, à la vérité, n'avait rien demandé au delà de ce que l'Assemblée venait de voter. Ce personnage, avant d'aller plus loin, voulait que la situation fût plus nettement décidée. Il consentait à suivre les événements; non à les devancer. Or toutes les questions restaient forcément en suspens tant que l'Empereur, entouré de ses maréchaux et de son armée, demeurait debout à Fontainebleau. Il était difficile d'en finir avec Napoléon autrement que par une grande bataille, par le *meurtre*, ou par une révolte. M. de Talleyrand, voyant les Alliés fort peu pressés de combattre, travaillait de tout son pouvoir à produire un autre dénoûment; mais il fallait l'attendre[1]. D'un autre côté, le prince de Bénévent n'avait ni garanties personnelles, ni promesses même de ces Bourbons, auxquels il venait de se convertir; il ignorait quelle reconnaissance il pouvait espérer d'eux. Son intention était donc de louvoyer jusqu'à ce qu'un fait décisif le tirât d'embarras, quand une démarche hardie, partie ce jour-là même de l'Hôtel de Ville, le contraignit à s'engager plus avant dans la voie ouverte par la déclaration du 31 mars.

Le soir de cette dernière journée, un membre du conseil municipal, esprit exalté, imagination ardente, homme de passion plutôt que de conviction, facile surtout aux émotions,

[1] Des projets de meurtre eurent positivement lieu; on en trouvera le détail dans le volume suivant, à l'occasion de l'épisode Maubreuil.

avait été vivement impressionné par les cris de *Vive le roi! vivent les Bourbons!* que proféraient les royalistes marchant en tête du cortége des souverains alliés. Cet homme, dont le nom fut voué depuis à une triste célébrité, était l'avocat Bellart. Il courut, dans la soirée, chez plusieurs de ses collègues, et, les entraînant par la chaleur de sa parole et par la passion qui venait subitement de l'illuminer, il convint avec eux d'une réunion qui, en effet, eut lieu le lendemain, à l'Hôtel de Ville. Treize membres seulement sur vingt-quatre se trouvèrent présents. M. Bellart leur proposa de publier une proclamation au peuple de Paris et une déclaration où le Conseil demanderait la déchéance de Napoléon, ainsi que le rappel des Bourbons. Une démarche aussi éclatante effraya les conseillers. On décida d'en référer au préfet de la Seine et à M. de Talleyrand. Le préfet, alors M. de Chabrol, répondit qu'il ne s'opposait point à cette manifestation; mais, attaché à l'Empereur, disait-il, par ses serments et par la reconnaissance, il ne pouvait prêter au Conseil qu'un concours purement moral. M. de Chabrol craignait de s'engager; il ignorait à qui appartiendrait le lendemain. M. de Talleyrand fut plus net : il accueillit fort mal la confidence et qualifia le projet du Conseil d'*excès de zèle*. M. Bellart ne fut pas ébranlé; sa proclamation était faite; il tenait à la publier; ses collègues, sans force contre sa volonté enthousiaste, le laissèrent aller, et, le soir du 1er avril, les passants purent lire, affichée sur les murs de Paris, la pièce suivante :

« Habitants de Paris, vos magistrats seraient traîtres envers vous et la patrie, si, par de viles considérations personnelles, ils comprimaient plus longtemps la voix de leur conscience.

« Elle leur crie que vous devez tous les maux qui vous accablent à un seul homme.

« C'est lui qui, chaque année, par la conscription, décime nos familles. Qui de nous n'a perdu un fils, un frère, des parents, des amis? Pour qui tous ces braves sont-ils morts? Pour lui seul, et non pour le pays. Pour quelle cause? Ils ont été immolés, uniquement immolés à la démence de laisser après lui le souvenir du plus épouvantable oppresseur qui ait pesé sur l'espèce humaine.

« C'est lui qui, au lieu de 400,000,000 que la France payait sous nos bons et anciens rois pour être libre, heureuse et tranquille, nous a surchargés de plus de 1,500,000,000 d'impôts auxquels il menaçait d'ajouter encore.

« C'est lui qui nous a fermé les mers des deux mondes, qui a tari toutes les sources de l'industrie nationale, arraché à nos champs les cultivateurs, les ouvriers à nos manufactures.

« A lui nous devons la haine de tous les peuples, sans l'avoir méritée, puisque, comme eux, nous fûmes les malheureuses victimes, bien plus que les tristes instruments de sa rage.

« N'est-ce pas lui aussi, qui, violant ce que les hommes ont de plus sacré, a retenu captif le vénérable chef de la religion, et privé de ses États, par une détestable perfidie, un roi, son allié, et livré à la dévastation la nation espagnole, notre antique et toujours fidèle amie !

« N'est-ce pas lui encore qui, ennemi de ses propres sujets, longtemps trompés par lui, après avoir refusé tout à l'heure une paix honorable dans laquelle notre malheureux pays, du moins, eût pu respirer, a fini par donner l'ordre parricide d'exposer inutilement la garde nationale pour la défense impossible de la capitale, sur laquelle il appelait ainsi toutes les vengeances de l'ennemi ?

« N'est-ce pas lui, enfin, qui, redoutant par-dessus tout la vérité, a chassé outrageusement, à la face de l'Europe, nos législateurs, parce qu'une fois ils ont tenté de la lui dire avec autant de ménagement que de dignité ?

« Qu'importe qu'il n'ait sacrifié qu'un petit nombre de personnes à ses haines ou bien à ses vengeances particulières, s'il a sacrifié la France, que disons-nous la France? toute l'Europe à son ambition sans mesure ?

« Ambition ou vengeance, la cause n'est rien. Quelle que soit cette cause, voyez l'effet; voyez ce vaste continent de l'Europe partout couvert des ossements confondus de Français et de peuples qui n'avaient rien à se demander les uns aux autres, qui ne se haïssaient pas, que les distances affranchissaient des querelles, et qu'il n'a précipités dans la guerre que pour remplir la terre du bruit de son nom.

« Que nous parle-t-on de ses victoires passées? Quel bien nous ont-elles fait, ces funestes victoires? La haine des peuples, les larmes de nos familles, le célibat forcé de nos filles, la ruine de toutes les fortunes, le veuvage prématuré de nos femmes, le désespoir des pères et des mères, à qui, d'une nombreuse postérité, il ne reste plus que la main d'un enfant pour leur fermer les yeux : voilà ce que nous ont produit ces victoires! Ce sont elles qui amènent aujourd'hui jusque dans nos murs, toujours restés vierges sous la paternelle administration de nos rois, ces étrangers dont la généreuse protection commande la reconnaissance, lorsqu'il nous eût été si doux de leur offrir une alliance désintéressée.

« Il n'est pas un d'entre vous qui, dans le secret de son cœur, ne le déteste comme un ennemi public; pas un qui, dans les plus intimes communications, n'ait formé le vœu de voir arriver un terme à tant d'inutiles cruautés.

« Ce vœu de nos cœurs et des vôtres, nous serions les déserteurs de la cause publique si nous tardions à l'exprimer.

« L'Europe en armes nous le demande; elle l'implore comme un bienfait envers l'humanité, comme le garant d'une paix universelle et durable.

« Parisiens, l'Europe en armes ne l'obtiendrait pas de vos magistrats, s'il n'était pas conforme à leurs devoirs.

« Mais c'est au nom de ces devoirs mêmes et des plus sacrés de tous, que nous abjurons toute obéissance envers l'usurpateur pour retourner à nos maîtres légitimes.

« S'il y a des périls à suivre ce mouvement du cœur et de la conscience, nous les acceptons. L'histoire et la reconnaissance des Français recueilleront nos noms; elles les légueront à l'estime de la postérité.

« En conséquence,

« Le conseil général du département de la Seine, conseil municipal de Paris, spontanément réuni,

« Déclare, à l'unanimité de ses membres présents,

« Qu'il renonce formellement à toute obéissance envers Napoléon Bonaparte;

« Exprime le vœu le plus ardent pour que le gouvernement monarchique soit rétabli dans la personne de Louis XVIII et de ses successeurs légitimes;

« Arrête que la présente déclaration et la proclamation qui l'explique seront imprimées, distribuées et affichées dans Paris, notifiées à toutes les autorités restées dans Paris et dans le département, et envoyées à tous les conseils généraux de départements. »

Ce plaidoyer déclamatoire, où la vérité était étouffée sous l'enflure et l'hyperbole, fut le premier cri jeté officiellement en faveur des Bourbons. Une démarche aussi décisive contrariait trop fortement la politique expectante de M. de Talleyrand pour qu'il ne s'efforçât pas de l'arrêter. Pendant la nuit, la police arracha tous les exemplaires affichés dans les rues; le *Moniteur* du lendemain et des jours suivants ne lui accorda pas la plus courte mention; la censure força les autres journaux à garder le silence; seul, le *Journal des Débats*, rendu, comme nous l'avons dit, à ses anciens propriétaires, osa reproduire l'œuvre de M. Bellart. Cette publicité suffit pour contraindre le gouvernement provisoire à faire un nouveau pas, et à demander la déchéance de l'Empereur.

Prendre l'initiative de cette mesure était une hardiesse qui dépassait la résolution du prince de Bénévent et des autres membres du gouvernement provisoire; ils connaissaient depuis la veille la réunion de l'armée impériale à Fontainebleau : une attaque désespérée, un soulèvement populaire pouvaient changer la situation. S'ils hésitaient, il n'était pas un membre du Sénat qui ne dût décliner, à plus forte raison, la responsabilité d'une proposition aussi périlleuse. La difficulté pourtant fut vaincue; et, par une de ces bizarreries que présentent les temps de crise et de révolution, ce furent précisément quelques amis de la liberté, égarés sur les bancs du Sénat, hommes honnêtes et convaincus, mais dont le patriotisme était plus sincère qu'intelligent, plus ferme qu'élevé, qui se firent, dans cette circonstance, les instruments de M. de Talleyrand et des Alliés, ainsi que les auxiliaires de la Restauration.

La plupart des Sénateurs avaient appartenu aux Assemblées de la première période révolutionnaire. Un très-petit nombre, sept ou huit au plus, parmi lesquels nous citerons MM. Garat, Grégoire, Lambrechts, Lanjuinais, Destutt de Tracy, étaient restés fidèles aux principes de cette grande époque : adversaires résolus du régime impérial, ils avaient combattu ou repoussé tous les Sénatus-Consultes sur lesquels Napoléon avait successivement assis sa dictature. Leurs collègues, mécontents et surpris de cette opposition persévérante, leur donnaient, comme une injure, le nom de *républicains*; Napoléon avait essayé de tromper l'opinion publique sur l'énergie de leurs convictions en les appelant des *idéologues*. En 1814, leur juste aversion pour le despotisme impérial les trompa. Préoccupés de la pensée de restituer à la France sa liberté et ses droits, ils oublièrent qu'un peuple conquis ne saurait être un peuple libre, et que, pour les nations, il n'existe pas de liberté possible sans l'indépendance; qu'en face de l'invasion étrangère un sentiment unique devait occuper les esprits, animer toutes les âmes, la lutte contre les envahisseurs; que là où étaient les Alliés, là se trouvait l'ennemi; et que les intérêts de la France, son honneur, dans ce moment de crise suprême, étaient inséparables du triomphe de nos armes et du maintien du chef élu par la nation. M. de Talleyrand fit à leur patriotisme abusé un appel qui fut trop facilement entendu. Le 2 avril au soir, à sept heures, dès l'ouverture de la séance extraordinaire convoquée, pour ce jour-là, sous la présidence de M. Barthélemy, M. Lambrechts demanda la déchéance.

Pas une voix ne s'éleva pour combattre la proposition; les plus intrépides, parmi les Sénateurs attachés à la famille impériale, quittèrent silencieusement la salle. Appuyée par les amis de M. Lambrechts, soutenue par les confidents du gouvernement provisoire, la motion fut mise aux voix : le résultat ne pouvait être douteux; on demandait, le Sénat s'empressa d'accorder. La résolution proposée par M. Lambrechts était ainsi conçue :

« Le Sénat déclare Napoléon Bonaparte et sa famille déchus du trône, et délie, en conséquence, le peuple français et l'armée du serment de fidélité. »

Jamais pouvoir ne fut renversé par moins d'efforts et en moins de temps. L'Empereur subissait la loi que lui-même avait faite. Le Sénat, dans ses mains, était devenu un instrument purement passif; l'instrument continuait à fonctionner avec la même obéissance aveugle ; la main qui le faisait mouvoir avait seule changé.

Déclarer la déchéance ne suffisait pas ; il fallait au moins dire les motifs de cette décision et apprendre au public comment le Sénat, qui brisait ainsi les serments du peuple et de l'armée, se trouvait, lui, délié des siens. Débattre ces questions était au-dessus des forces de la majorité ; elle obéissait, mais ne discutait pas ; M. Lambrechts fut donc chargé d'écrire les considérants du Sénatus-Consulte et de les apporter le lendemain. Puis, comme il était dans les habitudes de cette Assemblée, toutes les fois qu'elle avait enregistré un ordre du maître, d'aller elle-même lui en porter la nouvelle, en signe de soumission et de respect, elle se rendit en corps auprès du chef de la coalition pour lui faire l'indigne hommage du décret qu'elle venait de rendre. Cette bassesse, qui permettait à Alexandre de voir courbés devant lui, sollicitant un regard d'approbation, une parole d'éloges, la plupart des hommes qui avaient approché le plus près son rival, flatta l'orgueil de ce souverain. « Messieurs, leur dit-il, je suis charmé de me trouver au milieu de vous. Ce n'est ni l'ambition ni l'amour des conquêtes qui m'y ont conduit. Mes armées ne sont entrées en France que pour repousser une injuste agression. Je suis l'ami du peuple français. Ce que vous venez de faire redouble encore ce sentiment. » Puis, faisant allusion à quelques mots du président sur la Constitution que le Sénat devait préparer, il ajouta : « Il est juste, il est sage de donner à la France des institutions fortes, libérales, et qui soient en rapport avec les lumières nouvelles. »

Ces dernières paroles provoquèrent une sorte d'enthousiasme parmi les Sénateurs. Notre langue ne leur fournissait pas d'expressions assez fortes pour exalter la haute intelligence et les lumières supérieures du souverain dont le génie, planant au-dessus des préjugés de la puissance et des cours, comprenait ainsi les besoins de son époque. Un membre parla des nombreux prisonniers de guerre retenus en Russie. « Le gouvernement provisoire m'a demandé leur liberté, dit aussitôt Alexandre; je l'accorde au Sénat d'après les résolutions qu'il vient de prendre. » Cette promesse, conséquence obligée de la situation, porta au comble l'enthousiasme du Sénat; il ne se contenta pas de l'explosion de reconnaissance dont il fit alors retentir les salons de M. de Talleyrand; le lendemain, 3 avril, à l'ouverture de la séance, l'Assemblée s'empressa de consigner sur ses registres ce témoignage d'éclatante générosité.

Cette séance du 3 avril avait pour but spécial d'entendre la lecture du travail dont M. Lambrechts s'était chargé. Ce travail, acte d'accusation véritable, dressé par la minorité du Sénat contre cette Assemblée elle-même autant que contre l'Empereur, fut lu sans soulever la moindre observation et immédiatement adopté. Il servit de préambule au décret de déchéance, dont la rédaction définitive se trouva ainsi conçue :

DÉCRET.

« Le *Sénat conservateur*, considérant que, dans une monarchie constitutionnelle, le monarque n'existe qu'en vertu de la Constitution ou du pacte social;

« Que Napoléon Bonaparte, pendant quelque temps d'un gouvernement ferme et prudent, avait donné à la nation des sujets de compter pour l'avenir sur des actes de sagesse et de justice; mais qu'ensuite il a déchiré le pacte qui l'unissait au peuple français, notamment en levant des impôts, en établissant des taxes autrement qu'en vertu de la loi, contre la teneur expresse du serment qu'il avait prêté à son avénement au trône, conformément à l'article 53 de l'acte des Constitutions du 28 floréal an XII;

« Qu'il a commis cet attentat aux droits du peuple, alors même qu'il venait d'ajourner, sans nécessité, le Corps législatif, et de faire supprimer comme criminel un rapport de ce corps, auquel il contestait son titre et sa part à la représentation nationale;

« Qu'il a entrepris une suite de guerres en violation de l'article 50 de l'acte des Constitutions du 22 frimaire an VIII, qui veut que la déclaration de guerre soit proposée, discutée, décrétée et promulguée comme la loi;

« Qu'il a inconstitutionnellement rendu plusieurs décrets portant la peine de mort, notamment les deux décrets du 5 mars dernier [1], tendant à faire considérer comme nationale une guerre qui n'avait lieu que dans l'intérêt de son ambition démesurée;

« Qu'il a violé les lois constitutionnelles par ses décrets sur les prisons d'État;

« Qu'il a anéanti la responsabilité des ministres, confondu tous les pouvoirs et détruit l'indépendance des corps judiciaires;

« Considérant que la liberté de la presse, établie et consacrée comme un des droits de la nation, a été constamment soumise à la censure arbitraire de sa police, et qu'en même temps il s'est toujours servi de la presse pour remplir la France et l'Europe de faits controuvés, de maximes fausses, de doctrines favorables au despotisme et d'outrages contre les gouvernements étrangers;

« Que des actes et rapports entendus par le Sénat ont subi des altérations dans la publication qui en a été faite;

« Considérant qu'au lieu de régner dans la seule vue de l'intérêt, du bonheur et de la gloire du peuple français, aux termes de son serment, Napoléon a mis le comble aux malheurs de la patrie

« Par son refus de traiter à des conditions que l'intérêt national l'obligeait d'accepter, et qui ne compromettaient pas l'honneur français;

« Par l'abus qu'il a fait de tous les moyens qu'on lui a confiés, en hommes et en argent;

« Par l'abandon des blessés sans pansement, sans secours, sans subsistances;

« Par différentes mesures dont les suites étaient la ruine des villes, la dépopulation des campagnes, la famine et les maladies contagieuses;

« Considérant que, par toutes ces causes, le gouvernement impérial établi par le Sénatus-Consulte du 28 floréal an XII a cessé d'exister, et que le vœu manifeste de tous les Français appelle un ordre de choses dont le premier résultat soit le rétablissement de la paix générale et qui soit aussi l'époque d'une réconciliation solennelle entre tous les États de la grande famille européenne;

« Le Sénat déclare et décrète ce qui suit:

« Napoléon Bonaparte est déchu du trône, et le droit d'hérédité établi dans sa famille est aboli;

« Le peuple français et l'armée sont déliés du serment de fidélité envers Napoléon Bonaparte. »

[1] Les décrets de Fismes.

Le plus grand nombre de ces reproches, loin d'être empreints d'exagération, restaient plutôt au-dessous de la vérité; mais le moment était étrangement choisi pour les produire. Était-ce, d'ailleurs, aux Sénateurs à s'en armer pour accabler Napoléon vaincu? Monument honteux de la lâcheté humaine, ce décret, où chaque accusation portée contre l'Empereur retombait directement sur le Sénat, son adulateur et son complice infatigable, fut transmis au gouvernement provisoire et envoyé immédiatement dans tous les départements et aux armées; le soir même, il était affiché dans les principaux lieux publics, et des crieurs le publiaient dans toutes les rues de Paris.

Un des considérants s'appuyait, comme on l'a vu, sur l'ajournement du Corps législatif. Il peut paraître étrange que la réunion de cette Assemblée n'ait pas été la première mesure imposée aux Sénateurs par le gouvernement provisoire. M. de Talleyrand redoutait cet appui. Dans sa pensée, le nombre des membres du Corps législatif, leur origine et leur composition, donnaient à cette chambre une sorte d'indépendance dont le rapport du 31 décembre et les votes qui suivirent étaient la preuve irrécusable. On ne conduit pas, en effet, une assemblée de 2 à 300 personnes, représentants temporaires et responsables d'intérêts multiples et éloignés, aussi commodément qu'une réunion de 60 à 70 individus rompus, depuis longtemps, à l'obéissance la plus absolue, ayant la même origine et la même existence, qu'enchaîne une servilité commune, et qu'on tient enfermés dans une salle où tout se décide à huis clos, avec le laisser aller de la causerie intime. Mais le Sénat et ses actes étaient tombés dans un décri si général et si profond, que la déclaration de déchéance, pour être prise au sérieux, avait besoin du concours d'un corps politique ayant quelque puissance sur l'opinion. Le Corps législatif, depuis qu'il ne fonctionnait plus, avait conquis auprès des classes moyennes une certaine popularité et un certain renom de courage. Le gouvernement provisoire fit taire toute répugnance et lui demanda son adhésion. Le 3 avril, 80 membres environ, présents à Paris, se réunirent sous la présidence de M. Faulcon, et, après une courte délibération, adoptèrent la résolution suivante :

« Le *Corps législatif*, vu l'acte du Sénat du 2 de ce mois, par lequel il prononce la déchéance de Bonaparte et de sa famille, et déclare les Français dégagés envers lui de tous leurs liens civils et militaires;
« Vu l'arrêté du gouvernement provisoire du même jour, par lequel le Corps législatif est invité à participer à cette importante opération;
« Considérant que Napoléon Bonaparte a violé le pacte constitutionnel,
« Le Corps législatif, adhérant à l'acte du Sénat,
« Reconnaît et déclare la déchéance de Napoléon Bonaparte et des membres de sa famille. »

Après le vote de cette courte déclaration, qui empruntait à son laconisme même une sorte de dignité que n'avait pas la longue accumulation de griefs derrière laquelle le Sénat s'efforçait d'abriter ses adulations et ses bassesses passées, plusieurs membres montèrent à la tribune, les uns pour demander que la Chambre proclamât, séance tenante, les droits des Bourbons, les autres pour proposer l'envoi immédiat d'une députation auprès de Louis XVIII. Ces motions restèrent sans résultat. La Chambre n'avait été saisie par le gouvernement provisoire que de la seule question d'adhésion ; l'habitude et le respect des formes l'emportèrent. Le président leva la séance. Les différentes motions royalistes que nous venons de rapporter effrayèrent M. de Talleyrand : elles pouvaient, en se renouvelant, amoindrir son rôle et l'obliger à subir les conditions de l'ancienne royauté, quand il voulait, au contraire, lui imposer les siennes. Il coupa court à ce nouvel embarras en fermant provisoirement la salle. La réunion du 3 avril était la seule que devait tenir le Corps législatif jusqu'au mois de juin suivant.

L'adhésion de cette Assemblée entraîna celle de tous les autres corps constitués. La cour de cassation, la cour impériale (depuis cour royale), la cour des comptes, les tribunaux inférieurs, les maires, les officiers de la garde nationale, suivirent cet exemple, le soir même ou le lendemain. L'impulsion une fois donnée, on vit se renouveler l'éternel et honteux spectacle que présente, aux époques de changements politiques, le choc de toutes les cupidités et de toutes les ambitions qu'aiguillonne l'espoir ou la peur. La déchéance fut approuvée, applaudie par les fonctionnaires de tous les ordres et de tous les rangs. Les plus bas prosternés, la veille, devant l'Empereur, s'élevaient avec le plus de violence contre lui. C'était à qui se prononcerait le plus vite; à qui ferait le plus de bruit de la haine que lui avait toujours inspirée l'Empire; à qui parlerait le plus haut de son attachement pour le gouvernement nouveau. Cette fièvre de dévouement n'agitait pas seulement tout ce peuple de salariés qui avait des traitements à défendre; elle enflammait le zèle de cette tourbe de solliciteurs et d'intrigants que l'on voit, dans les moments de crise, se ruer à l'assaut de toutes les positions lucratives. Le gouvernement provisoire, installé à l'entre-sol de l'hôtel de M. de Talleyrand, au-dessous des grands appartements occupés par Alexandre, était difficilement accessible; ses membres, inconnus d'ailleurs de la foule, ne paraissaient pas en public. En revanche, les souverains alliés se montraient dans tous les lieux de promenade ou de réunion et aux principaux théâtres. Ils recueillaient donc les adulations, les applaudissements que les coureurs de places, les enthousiastes de circonstance et le monde officiel cherchaient vainement à adresser à M. de Talleyrand et à ses collègues. Un seul exemple donnera la mesure des basses adulations qui saluaient partout la présence de ces princes. Voici deux couplets chantés le 3 avril, par l'acteur Laïs, sur la scène de l'Opéra, aux acclamations de toute la salle, lorsque l'empereur de Russie et le roi de Prusse parurent dans la loge habituellement occupée par Napoléon :

<table>
<tr><td>

« Vive Alexandre !
Vive ce roi des rois !
Sans rien prétendre,
Sans nous dicter des lois,
Ce prince auguste
A le triple renom
De héros, de juste,
De nous rendre un Bourbon.

</td><td>

« Vive Guillaume
Et ses guerriers vaillants !
De ce royaume
Il sauve les enfants.
Par sa victoire
Il nous donne la paix,
Et compte sa gloire
Par ses nombreux bienfaits. »

</td></tr>
</table>

C'est la rougeur au front que nous reproduisons ces rimes abjectes. De tous les soldats alliés, les Prussiens étaient ceux qui avaient montré le plus de haine contre nos populations. Leur passage à travers nos départements avait été partout marqué par le pillage, le viol, le meurtre et l'incendie. Et c'était sur le premier théâtre de Paris, en présence de 3,000 spectateurs applaudissant à grand bruit, qu'on osait célébrer ces excès odieux comme des bienfaits ! Si les Prussiens étaient des sauveurs, quel nom méritaient donc nos malheureux soldats[1] ?

Disons-le bien vite : cette dégradation du caractère national restait, pour ainsi dire, à la surface de la société parisienne et ne pénétrait pas jusqu'aux couches vives de la population. Un observateur attentif, en parcourant les quartiers populeux du centre, mais surtout les faubourgs, pouvait facilement apercevoir que, là, le sentiment patriotique restait intact : il y avait du ressentiment au fond des cœurs, de la tristesse ou de la colère sur les physionomies ; on y insultait, on y arrachait les rares cocardes blanches qui s'aventuraient dans les principales rues. D'un autre côté, bien que les soldats alliés observassent la discipline la plus sévère ; qu'il leur fût interdit, sous peine de la vie, de se promener dans l'intérieur de Paris, ail-

---

[1] Nous avons sous les yeux une médaille en bronze d'un assez grand module qui fut frappée à cette époque, et où on lit : sur la face, *Frédéric-Guillaume III, roi de Prusse. Ange de paix. Paris*; sur le revers, *Gallia reddita Europæ* (la France rendue à l'Europe). *Aprile* (avril), 1814. Au centre du revers sont gravées trois fleurs de lis.

leurs que sur la double ligne des boulevards et des quais ; que leurs officiers, les Russes surtout, montrassent dans tous leurs rapports une politesse si attentive, que l'on pouvait croire qu'en devenant les hôtes de la capitale de la civilisation moderne ils désiraient mériter ses suffrages et se montrer dignes d'elle; malgré tous ces soins, les soldats alliés, disons-nous, ne pouvaient stationner ou se rendre aux barrières sans y être l'objet de provocations invariablement suivies de rencontres et de duels presque toujours fatals pour eux. Chaque soir, un certain nombre manquait aux appels.

Tel était l'état des choses à Paris le 4 avril, lorsque des bruits arrivés de Fontainebleau causèrent, dans le petit monde royaliste et parmi les fonctionnaires mêlés aux faits des cinq derniers jours, une agitation et un trouble extraordinaires : l'inquiétude était sur tous les visages. En même temps, la masse des régiments alliés campés dans l'intérieur de la ville, aux Champs-Élysées, au Champ de Mars, à l'esplanade des Invalides et sur les quais, se réunissaient et prenaient les armes. De nombreuses colonnes se portaient au midi de Paris, sur la route d'Essonne, et des ponts étaient jetés sur la Seine aux deux extrémités opposées des barrières, à Bercy et au-dessous de Chaillot. Nous devons dire la cause de ce mouvement.

CHAPITRE VIII

Napoléon à Fontainebleau, le 31 mars : arrivée de Marmont. L'Empereur passe la revue du corps de ce maréchal, le 1er avril ; incident ; rapport du colonel Fabvier sur l'entrée des Alliés dans Paris. Retour de Napoléon à Fontainebleau ; concentration de l'armée impériale entre cette ville et Paris. — Alexandre et le duc de Vicence ; retour de ce dernier auprès de Napoléon. — Allocution de l'Empereur à sa garde ; ordre du jour pour la marche de l'armée sur Paris ; résistance des maréchaux. — Napoléon abdique en faveur de sa femme et de son fils ; départ de ses plénipotentiaires pour Paris ; leur arrivée à Essonne. — Marmont ; sa conduite depuis le 31 mars ; son traité avec le prince de Schwartzenberg ; il accompagne les plénipotentiaires à Petit-Bourg ; le traité est rompu. — Paris, le 4 avril. — L'hôtel Talleyrand, le soir du 4. — Arrivée des plénipotentiaires ; conférence entre Alexandre, Macdonald, Ney, Caulaincourt et le général Dessolles. — Rejet de la régence, à la suite de la défection du 6e corps (corps de Marmont). — Scène de nuit. — Récit de la défection du 6e corps : départ d'Essonne ; arrivée du 6e corps à Versailles ; il se soulève et se met en marche pour Rambouillet ; Marmont accourt ; il apaise la révolte. — Retour du duc de Raguse à l'hôtel Talleyrand. — Les plénipotentiaires reviennent à Fontainebleau. — Napoléon veut continuer la guerre ; il abdique sans réserve. — Traité du 11 avril ; l'Empereur refuse de le signer et tente de se suicider ; il ratifie. — Séjour de Napoléon à Fontainebleau du 13 au 20 avril : son isolement, son abandon. — Adieux de l'Empereur à sa garde ; son départ ; son voyage à travers la France ; dangers qu'il court en Provence ; l s'embarque pour l'île d'Elbe.

Lorsque, le 31 mars au matin, Napoléon quitta la maison de poste de Fromenteau, après avoir connu par le duc de Vicence la capitulation définitive de Paris, il revint à Fontainebleau et s'installa, non dans les grands appartements, mais dans une espèce de logement militaire situé au premier étage, le long de la galerie de François Ier. A ce moment, les corps de Marmont et de Mortier achevaient leur mouvement de retraite, et venaient se ranger derrière la petite rivière d'Essonne ; tous les détachements sortis de Paris avec les deux maréchaux se ralliaient également en arrière de cette ligne. Marmont avait quitté Paris, de sa personne, à six heures du matin, une heure avant l'instant fixé pour la remise des barrières de Paris aux Alliés. Arrivé à son corps, ce maréchal établit son quartier général au village d'Essonne, tandis que le duc de Trévise portait le sien à deux lieues, sur la gauche, à Mennecy; et, après avoir visité ses différents postes, ordonné les dispositions nécessaires pour la sûreté de sa nouvelle position, le duc de Raguse partit pour Fontainebleau, afin d'y rendre compte à l'Empereur de ses mouvements et de ses actes, depuis dix jours, et de prendre ses ordres. Napoléon lui fit l'accueil le plus cordial, le retint à souper, et entendit, avec l'intérêt le plus marqué, la narration des événements des deux derniers jours : Marmont entra dans les plus grands détails sur la bataille qu'il avait soutenue la veille, fit valoir le courage déployé par ses officiers et ses soldats, cita un assez grand nombre de noms, entre autres celui du colonel Fabvier, dont il fit connaître la mission à l'Empereur, qui, lorsque le duc de Raguse eut terminé son récit, se montra prodigue d'éloges. La position d'Essonne, à l'avant-garde, devenait le poste le plus important de l'armée; Napoléon, en preuve de satisfaction et de confiance, dit au maréchal qu'il lui en laissait le commandement, et lui annonça que, le lendemain, il irait le voir et inspecter avec lui toute cette ligne. « Préparez vos listes de récompenses, ajouta-t-il, ce sera une occasion pour les distribuer. »

Le 1er avril, à six heures du matin, l'Empereur vint, en effet, à Essonne et visita toute la ligne avec le duc de Raguse. Toutes les promotions, toutes les décorations sollicitées par le maréchal en faveur des officiers et des soldats de son corps, furent immédiatement accordées; les colonels Fabvier et Denys, signataires de la capitulation, recevaient, entre autres, la croix de commandeurs de la Légion d'honneur. Un incident que nous devons raconter signala la fin de cette inspection.

Lorsque, l'avant-veille 30 mars, à cinq heures du soir,

Marmont avait fait cesser le feu en annonçant la signature de l'armistice aux officiers généraux sous ses ordres, l'un d'eux, le général de division Chastel, qui, bien que blessé, était venu, le matin, lui offrir ses services, s'indigna; Marmont lui avait confié plusieurs détachements isolés de toutes armes dont cet officier général avait immédiatement formé une colonne de partisans. Dans ce moment, le 30° régiment de dragons venait d'écraser trois bataillons russes, formés en carré dans les vignes d'une des buttes Chaumont. Cette charge, conduite par le colonel Ordener, avait eu lieu malgré le général Bordesoulle, qui criait au colonel d'arrêter, lui disant qu'il y avait capitulation signée, et que les coups qu'il portait étaient du sang inutilement répandu. « Vous feriez mieux de me donner votre réserve de cuirassiers, criait à son tour Ordener pendant qu'avec ses dragons il continuait à charger et à tuer; en quelques instants j'aurais balayé tout le plateau! » Le 30° reprenait sa position, lorsque parut le duc de Raguse, et c'était sur le front de ce brave régiment que se trouvait alors Chastel. « Un armistice! disait Chastel; c'est à n'y rien comprendre! ce n'est pas assez de laisser l'artillerie manquer de munitions ou de lui en donner dont elle ne peut se servir, on nous ordonne de nous retirer quand nous pouvons encore nous battre! C'est probablement ici comme sur tous les autres champs de bataille; il y a trahison partout! — Oui! oui! nous sommes trahis! répétaient les dragons en brandissant, avec une énergie furieuse, leurs longs sabres tout teints de sang russe; nous voulons encore nous battre! nous ne nous retirerons pas! »

Acteurs dans de simples scènes de détails, témoins de faits isolés, ne voyant rien au delà de ce qui se passait sur le terrain où ils luttaient, les officiers et les soldats de ces bandes héroïques ne pouvaient comprendre comment, se battant comme ils se battaient, tuant comme ils tuaient, repoussant et écrasant tous les détachements qui leur étaient opposés, chaque engagement général, depuis plusieurs mois, se terminait cependant par un échec ou par une retraite. La trahison seule expliquait pour eux l'impuissance inaccoutumée de leurs coups. Marmont n'essaya pas de lutter contre l'exaspération des détachements alors réunis autour de lui. Il s'éloigna en disant au général Chastel que, dès que les troupes auraient rejoint l'Empereur, il le ferait traduire devant un conseil de guerre.

Quand, le surlendemain, dans sa visite des lignes du duc de Raguse, Napoléon arriva devant la petite division du général Chastel, Marmont dénonça la conduite de ce dernier et demanda sa mise en jugement. Chastel, loin de se rétracter, renouvela ses accusations : il y avait trahison évidente, disait-il, depuis la bataille de Dresde. L'Empereur s'entremit; il s'efforça de calmer Chastel, et fit amicalement observer au maréchal qu'il fallait beaucoup pardonner à la généreuse irritation des troupes, ajoutant que ce n'était pas, d'ailleurs, le moment de se montrer sévère et de punir. Marmont céda. Au même instant, le colonel Fabvier, dont Napoléon attendait impatiemment la venue, et qu'il avait fait demander plusieurs fois, se présenta devant lui.

En entrant, la veille au soir, à la suite de l'empereur de Russie, dans l'hôtel de M. de Talleyrand, le colonel y avait rencontré un des amis particuliers de Marmont, M. de Bourrienne, qui se trouvait là, en qualité de capitaine d'une compagnie de la garde nationale de Paris, destinée à former, avec une compagnie de grenadiers russes, la garde d'honneur d'Alexandre. Après quelques mots rapidement échangés avec cet ancien chef du cabinet particulier de Napoléon, Fabvier s'était mis à la recherche du prince Wolkonski; la confusion qui régnait dans ce premier moment rendit longtemps ses démarches sans résultat; enfin, il put découvrir le prince russe, et, après de nouveaux retards, obtenir les ordres dont il avait besoin pour franchir les lignes alliées. Il était près de minuit lorsqu'il vint retrouver son cheval et son soldat d'ordonnance dans la cour de M. de Talleyrand. M. de Bourrienne, l'apercevant une seconde fois, accourt, et lui annonce qu'Alexandre vient de signer une *proclamation* où il déclarait, au nom du roi de Prusse et de l'empereur d'Autriche, comme au sien : *que désormais ils ne traiteraient plus avec Napoléon ni avec aucun membre de sa famille*. On imprimait cette proclamation, ajoutait-il; il l'avait lue, et on allait l'afficher dans tout Paris. A ce moment, l'escorte qui devait conduire le colonel arrivait; il s'éloigna avec elle, et, à la suite de longs détours auxquels on l'obligea, et qui prirent la plus grande partie de la nuit, Fabvier avait enfin pu atteindre les positions occupées par nos troupes. L'Empereur, après l'avoir complimenté sur sa conduite dans la journée de l'avant-veille, lui demanda les renseignements qu'il avait pu recueillir. Fabvier lui fit connaître ce qu'il avait vu et ce qu'il avait appris sur la force et la composition des troupes alliées. « Cela concorde parfaitement avec ce que je sais déjà, » lui dit Napoléon, qui ajouta aussitôt : « Quelle était l'attitude de la population pendant le défilé ? » Le colonel répondit avec franchise qu'il avait entendu des acclamations injurieuses. L'Empereur insista pour en connaître les termes. Fabvier obéit : « Les Parisiens sont malheureux, répondit Napoléon, ils deviennent injustes. » Le colonel parla ensuite des cris de *Vive le Roi !* poussés en tête du cortège, et des royalistes à *cocardes blanches* qu'il y avait vus. « Des cocardes blanches ! s'écria l'Empereur étonné. En êtes-vous bien sûr ? Vous vous êtes trompé. Ce sont quelques émigrés rentrés avec les Alliés, quelques hommes comme Saint-Priest et Langeron. — Non, Sire, elles étaient aux chapeaux de Français qui habitent Paris. — C'est impossible. Je ne peux vous croire. — Mais, Sire, j'ai l'honneur d'affirmer à Votre Majesté que j'ai même reconnu quelques-uns de ceux qui les portaient. — Si cela est, vous pouvez bien me les nommer, ajouta l'Empereur avec un air de doute. — Je sabrerais ces individus si je me trouvais en face d'eux, Sire ; mais je ne peux dire leurs noms à Votre Majesté. — Bah! quelques anciens émigrés du faubourg Saint-Germain! Eh bien, si vous dites vrai, il en est un qui devait bien certainement s'y trouver ; c'est cette pauvre tête de Sosthènes de la Rochefoucauld. Au reste, tout cela n'est rien. » Le colonel ne répondit pas, bien que M. Sosthènes fût précisément un des cavaliers royalistes qu'il avait reconnus ; il raconta ensuite ce que lui avait dit M. de Bourrienne de la *déclaration* des souverains alliés. L'Empereur parut encore douter de ce fait. « Votre Majesté en recevra probablement une copie aujourd'hui même, répliqua le colonel, car j'ai l'honneur de lui répéter que M. de Bourrienne m'a positivement affirmé avoir vu et lu la pièce imprimée. » Napoléon ne répondit que ces mots : « Ce pauvre Bourrienne, cela a dû lui faire bien du mal. » Son calme, pendant toute cette conversation, ne l'avait pas abandonné un seul instant ; il donna quelques ordres pour des travaux à faire aux avant-postes, et reprit le chemin de Fontainebleau.

Dans le cours de cette journée, les troupes qui accouraient des plaines de la Champagne à la suite de Napoléon achevèrent d'arriver, et vinrent prendre position, à leur tour, entre Fontainebleau et la ligne de l'Essonne. Marmont et Mortier n'étaient pas également les seuls maréchaux qui eussent alors rejoint le quartier général impérial : Moncey, Lefebvre, Ney, Macdonald, Oudinot, Berthier, s'y étaient successivement rendus. Un seul ministre, le duc de Bassano, se trouvait à Fontainebleau ; le duc de Vicence remplissait une mission près des souverains alliés : tous les autres chefs d'administration, partis avec l'Impératrice ou le roi Joseph, étaient à Blois.

Le 1er avril, Napoléon, campé à Fontainebleau, avec son avant-garde postée à une journée de marche de Paris, avait donc 50,000 hommes, au moins, c'est-à-dire toute une armée réunie sous sa main. En se jetant dans la capitale, le soir du

30 mars, soit seul, ainsi qu'il le voulait, soit même à la tête d'un certain nombre de soldats, l'Empereur aurait fait un acte de témérité; car, maîtres de toutes les collines au nord de Paris, ayant tous leurs fronts défendus par d'immenses lignes d'artillerie, les Alliés, du haut de ces rampes, auraient opposé une résistance que Napoléon n'aurait pu vaincre qu'au prix d'immenses sacrifices. Mais la position de l'ennemi, depuis le 31, était changée : les souverains avaient commis l'inconcevable faute de quitter cette ligne de hauteurs si difficilement abordables, pour descendre dans Paris et pour éparpiller leurs soldats sur les quais, les promenades, les boulevards extérieurs, et sur les différents chemins qui conduisent à Fontainebleau. Dans ces conditions, un effort de nos troupes, prompt, furieux, et secondé par le soulèvement de quelques quartiers du centre et des faubourgs, empêcherait évidemment la jonction de ces tronçons épars, isolerait les principaux chefs et jetterait dans chaque colonne, ainsi séparée, une épouvante et une démoralisation assez fortes pour paralyser toute résistance sérieuse. Ce coup d'audace, le général Bonaparte l'aurait tenté sur-le-champ; l'empereur Napoléon, durant quatre jours qui furent quatre siècles pour sa cause, hésita et attendit. Il essayait de négocier.

Le duc de Vicence, comme on l'a vu, s'était rendu le matin du 31 au château de Bondy, alors quartier général des souverains alliés. Le duc avait longtemps résidé à Saint-Pétersbourg comme ambassadeur de Napoléon : ce séjour ne l'avait seulement pas mis en relation officielle avec Alexandre; des rapports plus intimes, fondés sur le caractère et sur les qualités personnelles du duc, s'étaient établis. Ces rapports, l'absence avait pu les rompre; ils n'étaient pas oubliés. L'accueil du Tzar fut empressé, cordial. Mais, aux premiers mots que voulut prononcer Caulaincourt sur la situation politique, Alexandre l'arrêta, et lui dit qu'absorbé par les soins de son entrée dans la capitale française il était forcé de remettre au lendemain toute discussion sérieuse. « *Il est bien tard!* » s'écria Alexandre, lorsqu'ils se revirent le 1ᵉʳ avril. — Ce mot n'impliquait pas un parti pris irrévocable. Le duc de Vicence, encouragé, développa toutes les ressources, toutes les chances qui restaient à Napoléon; sa chaleur, ses instances, entraînèrent Alexandre; le 2, au soir, quand le Sénat avait déjà rendu son décret de déchéance, le duc fut congédié avec ces paroles : « Que Napoléon abdique, et l'on s'entendra peut-être pour la régence. »

Ce fut dans la nuit du 2 au 3 que le duc de Vicence vint rendre compte à l'Empereur de sa mission. Il lui conseilla de céder : les moments pressaient, disait-il; le rappel des Bourbons n'avait pas encore été officiellement proclamé, mais leur nom se prononçait partout; des adresses nombreuses sollicitaient leur retour; la cocarde blanche était publiquement arborée. Napoléon entendait ces conseils, ces détails, sans répondre; quelles que fussent les instances de son ministre, il gardait le silence; enfin, le jour venu, il sortit pour inspecter divers cantonnements. Plusieurs régiments de la garde, quand il rentra, étaient en bataille dans la grande cour du château. Sa vue excita les transports des officiers et des soldats. Le cercle, sur son ordre, fut immédiatement formé, et, poussant son cheval au centre, il dit d'une voix forte :

« Soldats! l'ennemi nous a dérobé trois marches et s'est rendu maître de Paris. Il faut l'en chasser! D'indignes Français, des émigrés auxquels nous avons pardonné, ont arboré la cocarde blanche et se sont joints aux ennemis. Les lâches! ils recevront le prix de ce nouvel attentat! Jurons de vaincre ou de mourir! Jurons de faire respecter cette cocarde tricolore qui, depuis vingt ans, nous trouve sur le chemin de la gloire et de l'honneur! »

Les cris *Nous le jurons! vive l'Empereur! Paris! Paris!* sortirent aussitôt de toutes les bouches. Napoléon était déjà rentré dans son cabinet, que les acclamations duraient encore.

Il avait rencontré cet enthousiasme parmi tous les détachements visités le matin; il le retrouva dans les différents corps qu'il inspecta dans le reste de la journée : cet admirable dévouement mit un terme à ses hésitations. Le 4 au matin, un ordre du jour apprit aux troupes que le quartier général allait être transféré entre Essonne et Ponthierry.

Accueillie avec transport par les soldats, par les officiers de grades inférieurs et par les jeunes généraux, cette nouvelle jeta la stupeur parmi les maréchaux et les officiers du haut état-major. Ces derniers, depuis deux jours, s'étaient mis en relation avec Paris; des lettres, des journaux, leur faisaient connaître la marche des événements; quelques-uns, le maréchal Oudinot, entre autres, avaient même reçu des communications directes du gouvernement provisoire.

Les ducs de Reggio et de Raguse étaient les deux lieutenants de l'Empereur sur lesquels M. de Talleyrand avait porté le principal effort des intrigues qui, dans sa pensée, devaient amener l'abandon ou la révolte des troupes, et faire de l'armée impériale elle-même l'instrument de la perte du chef de l'Empire. Les moyens de persuasion étaient différents pour les deux maréchaux. Nous dirons plus loin les considérations politiques à l'aide desquelles Marmont, demeuré à Essonne, fut entraîné. On prit moins de précautions avec Oudinot, soldat intrépide, mais intelligence peu étendue. Un de ses anciens aides de camp, le général Lamotte [1], fut chargé, au nom du gouvernement provisoire, de persuader au maréchal que l'empereur de Russie était décidé à ne plus traiter avec Napoléon, et que, *hors le maintien de ce dernier*, les Alliés étaient prêts à souscrire à toutes les conditions que la nation et l'armée pourraient demander. Oudinot devait se montrer d'autant plus accessible à ces ouvertures, que le nom des

---

[1] Beau-frère d'un avocat, M. Roux-Laborie, secrétaire du gouvernement provisoire, et dont le nom se trouvera lié dans le volume suivant à l'épisode Maubreuil.

Bourbons n'y intervenait pas. A ce moment, la moindre proposition en faveur de ces princes aurait indigné le maréchal. Il se laissa donc convaincre, et, dès la matinée du 3, à quelques pas seulement de l'Empereur, on put l'entendre, au milieu de ses collègues, dans les groupes de généraux, gémir sur la situation de la France, dont la fortune et la grandeur étaient sacrifiées à la folle ambition d'un seul homme, et déclarer que l'armée devait séparer ses intérêts de ceux d'un chef avec lequel il n'existait ni paix ni repos possible, et qui conduirait inévitablement la patrie à sa ruine.

Fatigués de la guerre, inquiets de l'avenir, tous les auditeurs du duc de Reggio approuvaient son langage; ils n'hésitaient que devant l'idée d'un lâche abandon. Ce fut dans ce moment de fermentation et d'incertitude que la condition d'*abdication*, posée par Alexandre à Caulaincourt, pour arriver à une régence et à la paix, vint à transpirer. Chacun accueillit le mot prononcé par le Tzar comme une sorte de révélation; on entrevoyait enfin une issue; on avait un but. Pendant la matinée du 3, l'abdication devint le texte de toutes les conversations, de toutes les controverses du palais impérial. Cette combinaison, moyen facile de transaction entre l'intérêt et le devoir, ne donnait pas seulement le repos à toutes les consciences, elle assurait la paix tant souhaitée; elle laissait debout l'Empire, la dynastie impériale, ainsi que toutes les fortunes, toutes les grandes existences attachées à ce gouvernement. *Pourquoi donc l'Empereur n'abdiquerait-il pas?* Voilà ce que l'on entendait, le 3 au soir, autour des maréchaux. *Il faut qu'il abdique!* fut le mot du lendemain. Cependant la pensée des hauts lieutenants de Napoléon, dans la première partie de la matinée du 4, n'allait pas au delà de conseils officieux, de représentations respectueuses. Mais, quand l'ordre qui transférait le quartier impérial au delà de Ponthierry-fut connu, lorsqu'on apprit que l'attaque de Paris était décidée, tous les sentiments amassés depuis deux jours firent explosion. Le projet partait d'un esprit insensé, s'écriait-on; c'était un coup de tête qui devait amener la destruction de l'armée et la ruine de Paris. Paris! tous y avaient leurs hôtels, leur famille, leur fortune. Quelques pourparlers eurent lieu à la hâte : une heure auparavant, on devait se borner à conseiller l'abdication; la résolution fut prise de la demander formellement, et, au besoin, de l'exiger.

Chaque jour, à midi, il y avait parade dans la cour du Cheval-Blanc. Les troupes qui défilèrent, ce jour-là, étaient nombreuses, ardentes, et s'attendaient à se mettre immédiatement en marche. Le défilé fini, Napoléon rentra dans ses appartements, reconduit par le haut état-major. Arrivé dans le dernier salon, où les maréchaux seuls le suivirent, Macdonald s'approcha, tenant à la main une lettre que lui avait adressée le général Beurnonville, et dans laquelle ce membre du gouvernement provisoire annonçait au maréchal le décret de déchéance rendu l'avant-veille, ainsi que l'intention des Alliés de ne plus traiter avec Napoléon ni avec aucun membre de sa famille. De tous les maréchaux alors présents à Fontainebleau, Macdonald était le plus calme, le plus réservé; c'était cette attitude précisément qui avait donné à ses collègues la pensée de se servir de lui pour entamer la discussion. « Qu'est-ce que cela? dit l'Empereur en prenant la lettre des mains du duc de Tarente. — Voyez, Sire, répondit ce dernier. — Cette lettre peut-elle être lue tout haut, monsieur le maréchal? — Oui, Sire. »

Un secrétaire du cabinet la prit et la lut. La physionomie de l'Empereur, qu'interrogeaient avidement tous les maréchaux, resta calme. « Demain, nous aurons raison de tout cela, dit l'Empereur quand la lecture fut achevée. Je compte sur vous, messieurs, » ajouta-t-il en s'adressant aux maréchaux.

Les détails de la scène qui suivit n'ont été connus que par les confidences des personnages alors enfermés avec l'Empereur. Quelques-uns ont probablement exagéré leur rôle dans l'intérêt de leur position sous le gouvernement royal ou dans l'intérêt de leur vanité. Quoi qu'il en soit, un fait reste certain, incontestable, c'est que l'ordre de transférer le quartier impérial au delà de Ponthierry était donné lorsque les maréchaux entrèrent dans le cabinet de l'Empereur, et qu'ils en sortirent avec son abdication. Quels motifs purent forcer Napoléon à ce changement de détermination? « Il y eut d'abord des insinuations respectueuses, a dit un personnage fort réservé, présent à l'entrevue; les représentations, les récriminations vinrent ensuite; puis on déclara qu'on ne marcherait pas. » D'après les sources qui nous ont semblé les moins suspectes, voici ce qui se serait passé :

Ces paroles « *Je compte sur vous, messieurs,* » furent le signal de l'explosion. Oudinot, Ney et Lefebvre répondirent que, sans doute, ils étaient toujours dévoués, mais que marcher sur Paris était un projet auquel il fallait renoncer, et que pas une épée ne sortirait du fourreau pour une entreprise aussi désespérée. « L'armée, du moins, me suivra, » dit l'Empereur en songeant aux acclamations dont l'avaient salué, quelques minutes auparavant, les soldats encore rangés dans la cour. « L'armée obéira à ses généraux, » répliquèrent durement Oudinot et Ney. Napoléon, étonné, regarda les deux maréchaux et leurs collègues; il put lire dans leur physionomie la résolution bien arrêtée de désobéir. Sa volonté, si vigoureuse et si forte quand elle s'exerçait dans toute la plénitude d'un pouvoir omnipotent, fléchit devant cette résistance inattendue; il garda un moment le silence, et dit d'une voix lente mais calme : « Que pensez-vous donc que je doive faire? — Abdiquer, répondirent Oudinot et Ney; il n'y a que l'abdication qui puisse nous tirer tous de là. » Le maréchal Lefebvre ajouta : « Voilà ce que vous avez gagné à ne pas suivre les conseils de vos amis quand ils vous engageaient à faire la paix. »

Ce triste débat, où un grand homme, pliant sous le poids

de sa propre grandeur, se trouvait aux prises avec des dévouements fatigués, des intérêts repus, impatients de soustraire leurs honneurs et leur fortune aux hasards d'une plus longue lutte, se termina comme avaient fini les discussions soulevées à Düben et à Saint-Dizier : Napoléon céda; il prit une plume, et, d'une main émue, écrivit la déclaration suivante :

« Les puissances alliées ayant proclamé que l'empereur Napoléon était le seul obstacle au rétablissement de la paix en Europe, l'empereur Napoléon, fidèle à son serment, déclare qu'il est prêt à descendre du trône, à quitter la France et même la vie pour le bien de la patrie, inséparable des droits de son fils, de ceux de la régence de l'Impératrice et du maintien des lois de l'Empire.

« Fait en notre palais de Fontainebleau, le 4 avril 1814.

« Napoléon. »

L'Empereur se leva, tendit le papier aux maréchaux et leur dit : « Tenez, messieurs! eh bien, êtes-vous contents? » Puis, se promenant à grands pas, il ajouta : « Messieurs, il faut aller à Paris défendre les intérêts de mon fils, les intérêts de l'armée, les intérêts de la France, surtout! Je nomme, pour mes commissaires, le duc de Vicence, les maréchaux prince de la Moskowa et duc de Raguse... Êtes-vous contents? Tous ces intérêts ne vous semblent-ils pas en bonnes mains? — Oui, Sire, » répondirent les maréchaux d'une commune voix. L'Empereur, cessant de marcher, s'assit alors sur un petit canapé placé près d'une fenêtre : l'émotion qu'il cherchait à vaincre devint, à la fin, la plus forte; il se leva de nouveau : « Non! non! s'écria-t-il, point de régence! Avec ma garde et le corps de Marmont, je serai demain dans Paris! » Les maréchaux se recrièrent; Ney dit quelques mots; Napoléon, passant rapidement et à diverses reprises sa main sur son front, s'arrêta, et, regardant les maréchaux, leur dit d'une voix forte et impérieuse : « Retirez-vous, messieurs! »

Si, dans ce moment, Napoléon, traversant le groupe de ses

hauts lieutenants, se fût montré aux officiers inférieurs et aux soldats, il aurait eu la preuve que les maréchaux, en parlant au nom de l'armée, avaient exprimé une répugnance et des sentiments qu'elle ne partageait pas. Les acclamations qu'il avait entendues quelques instants auparavant étaient sincères. L'armée ne connaissait que l'Empereur; un mot, un geste, auraient encore suffi pour la faire se précipiter tête baissée au-devant de tous les périls. Les officiers de troupe, alors présents à Fontainebleau, ont été plus loin, ils ont affirmé que si Napoléon, au lieu d'annoncer son projet et de laisser aux généraux le temps de délibérer, avait caché sa pensée et marché résolûment jusqu'au delà d'Essonne, ils ont affirmé, disons-nous, que non-seulement les soldats se seraient jetés avec furie au milieu des rues de Paris, décidés à s'ensevelir sous ses ruines, mais que les chefs eux-mêmes, emportés par l'élan des inférieurs, auraient bravement fait leur devoir. Mais c'est le sort de tous les souverains, même les plus illustres, de prendre la voix de leur entourage pour la voix publique : victimes de l'espèce de solitude dans laquelle ils se tiennent enfermés, et du vide que les habitudes de cour et de palais font autour d'eux, les paroles qu'ils entendent, quand elles ne sont pas l'écho de leur propre voix, n'expriment jamais que des opinions exceptionnelles, des sentiments isolés. Napoléon, même dans cet instant suprême, n'eut pas la force de secouer les liens d'une factice grandeur. Il se tint enfermé dans son cabinet. Au bout de quelque temps, il fit appeler le duc de Vicence, puis Macdonald. L'Empereur avait recouvré tout son calme quand le maréchal entra. « Eh bien, duc de Tarente, lui dit Napoléon, vous croyez donc que la régence est la seule chose possible? — Oui, Sire. — Alors, c'est vous que je charge d'aller négocier avec Alexandre à la place du duc de Raguse. Il vaut mieux que Marmont reste à son corps d'armée; il y est indispensable. Partez avec Ney; je me confie à vous; j'espère que vous avez tout à fait oublié ce qui nous a séparés pendant longtemps? — Oui, Sire; je n'y pense plus depuis 1809. — J'en suis bien aise, maréchal ; mais il faut que je vous le dise, j'avais tort. — Sire !... » Napoléon, en prononçant les dernières paroles adressées à Macdonald, était ému; il lui tendit la main, pressa vivement celle du maréchal et n'ajouta que ce mot : « Partez! »

Le duc de Vicence et les deux maréchaux montèrent presque immédiatement en voiture. Arrivés, vers les quatre heures, à Essonne, ils s'arrêtèrent chez le duc de Raguse et lui apprirent le but de leur mission, ainsi que les circonstances qui l'avaient décidée. Ils ajoutèrent qu'au moment de partir l'Empereur leur avait recommandé, non-seulement de lui communiquer tous ces détails, mais de lui dire qu'il le laissait encore maître, soit de rester à son corps d'armée, s'il y croyait sa présence indispensable, soit de remplir la mission de confiance particulière qu'il lui avait d'abord destinée. Dans ce dernier cas, des pouvoirs, tenus tout prêts, lui seraient expédiés sur-le-champ. « Si vous ne venez pas avec nous, dirent en terminant les plénipotentiaires, allez, du moins, à Fontainebleau ; l'Empereur a besoin de voir ses amis. »

Ces confidences jetèrent le trouble dans l'âme de Marmont; il ressentit les premières atteintes du remords qui devait si lourdement peser sur le reste de sa vie. Ce maréchal ne s'appartenait plus.

Lorsque, le 1er avril, Napoléon, après son inspection de la ligne de l'Essonne, avait quitté Marmont pour retourner à Fontainebleau, ce dernier était resté à son poste d'avant-garde. A quelques heures de là, le maréchal recevait la visite d'un de ses anciens aides de camp, le colonel Montessuis, qui lui était dépêché par M. de Talleyrand, avec plusieurs lettres, dont une du général Beurnonville, chargé de la partie militaire du gouvernement provisoire; une autre du général Dessolles, nommé au commandement en chef de la garde nationale de Paris; le reste était des amis particuliers du maréchal. Au lieu d'éconduire cet émissaire, Marmont l'accueillit, l'écouta. La journée du lendemain, 2, s'écoula tout entière en nouvelles visites, en nouveaux pourparlers, en discussions sans résultat. Le 3, le prince de Schwartzenberg, dont le quartier général était au château de Petit-Bourg, à deux lieues seulement d'Essonne, intervenait, à son tour, auprès du maréchal, et lui faisait l'ouverture suivante :

« Monsieur le maréchal,

« J'ai l'honneur de faire passer à Votre Excellence, par une personne sûre, tous les papiers et documents nécessaires pour mettre Votre Excellence au courant des événements qui se sont passés depuis que vous avez quitté la capitale, ainsi qu'une invitation des membres du gouvernement provisoire à vous ranger sous les drapeaux de la bonne cause française. Je vous engage, au nom de votre patrie et de l'humanité, à écouter des propositions qui doivent mettre un terme à l'effusion du sang précieux des braves que vous commandez.

« Agréez, monsieur le maréchal, etc.

« Le maréchal prince de Schwartzenberg. »

Tant que la négociation s'était maintenue à l'état de propositions verbales, Marmont avait facilement écouté; il hésita quand il fallut conclure; durant tout un jour il ne sut que résoudre. Il y avait lutte entre ses loyaux instincts de soldat et les considérations d'intérêt politique à l'aide desquelles on s'efforçait de l'entraîner. Par un odieux travestissement des sentiments les plus saints, c'était en invoquant son patriotisme, c'était au nom du pays épuisé, de l'indépendance et de l'honneur national compromis, que MM. de Talleyrand et Dessolles, surtout, sollicitaient sa défection; ils lui disaient : « La prise de Paris a décidé la question militaire; la cause de l'Empereur est perdue; mais il reste la France à sauver. Son sort est en vos mains. Adhérez aux actes du Sénat et du gouvernement provisoire; le reste de l'armée suivra votre exemple, et une paix solide, honorable, rendra enfin au pays le repos qu'il a perdu depuis 22 ans. » Ces incitations faisaient, pour ainsi dire, de

Marmont l'arbitre des destinées de la France. Ce rôle politique l'éblouit ; emporté par un fatal vertige, le duc de Raguse oublia que ce gouvernement provisoire et ce Sénat qui l'appelaient à eux agissaient sous l'influence de l'ennemi, siégeaient et délibéraient au milieu des Autrichiens, des Prussiens et des Russes. Par un dernier effort de sa conscience troublée, le maréchal réunit pourtant, avant de s'engager, les principaux généraux de son corps, et ce fut seulement après les avoir consultés, quand tous eurent approuvé la défection, que, dans la nuit du 3 au 4, il transmit au généralissime autrichien la réponse suivante :

« Monsieur le maréchal,

« J'ai reçu la lettre que Votre Altesse m'a fait l'honneur de m'écrire, ainsi que tous les papiers qu'elle renfermait. L'opinion publique a toujours été la règle de ma conduite. L'armée et le peuple se trouvent déliés du serment de fidélité envers l'empereur Napoléon par le décret du Sénat. Je suis disposé à concourir à un rapprochement entre le peuple et l'armée qui doit prévenir toute chance de guerre civile et arrêter l'effusion du sang français. En conséquence, je suis prêt à quitter, avec mes troupes, l'armée de l'empereur Napoléon, aux conditions suivantes, dont je vous demande la garantie par écrit :

« Art. 1er. Moi, Charles, prince de Schwartzenberg, maréchal et commandant en chef les armées alliées, je garantis à toutes les troupes françaises qui, par suite du décret du Sénat du 2 avril, quitteront les drapeaux de Napoléon Bonaparte, qu'elles pourront se retirer librement en Normandie avec armes, bagages et munitions, et avec les mêmes égards et honneurs militaires que se doivent les troupes alliées.

« Art. 2. Que si, par suite de ce mouvement, les événements de la guerre faisaient tomber entre les mains des puissances alliées la personne de Napoléon Bonaparte, sa vie et sa liberté lui seraient garanties dans un espace de terrain et dans un pays circonscrit, au choix des puissances alliées et du gouvernement français. »

Le prince de Schwartzenberg accepta ces conditions dans les termes suivants :

« Monsieur le maréchal,

« Je ne saurais assez vous exprimer la satisfaction que j'éprouve en apprenant l'empressement avec lequel vous vous rendez à l'invitation du gouvernement provisoire de vous ranger, conformément au décret du 2 de ce mois, sous les bannières de la cause française.

« Les services distingués que vous avez rendus à votre pays sont reconnus généralement ; mais vous y mettrez le comble en rendant à leur patrie le peu de braves échappés à l'ambition d'un seul homme.

« Je vous prie de croire que j'ai surtout apprécié la délicatesse de l'article que vous demandez et que j'accepte, relativement à la personne de Napoléon. Rien ne caractérise mieux cette belle générosité naturelle aux Français, et qui distingue particulièrement Votre Excellence.

« Agréez les assurances de ma haute considération.

« SCHWARTZENBERG.

« A mon quartier général, le 4 avril 1814. »

Ce traité, qui n'aurait pas été possible si la confiance de l'Empereur n'avait pas conservé à Marmont le commandement de l'avant-garde de l'armée, constitue la trahison du duc de Raguse. Il n'y est nullement question, comme on le voit, des droits ni du rappel des Bourbons. L'acte de déchéance, au reste, ne prononçait pas le nom de ces princes. La PAIX, voilà le but que, fatigués par vingt ans de guerre, alarmés par l'état de lassitude et d'épuisement où ils voyaient l'armée et le pays, poursuivaient la plupart des hommes qui furent mêlés aux événements des quatre premiers jours d'avril 1814. Cette paix, que Marmont ne croyait pas acheter trop cher au prix de son honneur militaire et de tous ses devoirs envers son bienfaiteur, son ami, l'abdication de l'Empereur la rendait assurée ; la défection du 6ᵉ corps devenait dès lors sans objet ; le maréchal le comprit. Aussi, après avoir fait connaître sa position aux plénipotentiaires, s'empressa-t-il de leur proposer de se rendre avec eux auprès de Schwartzenberg, à Petit-Bourg, pour rompre immédiatement son traité, et y attendre les sauf-conduits nécessaires à leur passage à travers les lignes alliées.

« Je vous accompagnerai ensuite chez l'empereur Alexandre, je joindrai mes efforts aux vôtres en faveur de la régence, » ajouta Marmont, ému par les dernières marques de la confiance infatigable, illimitée, que mettait Napoléon dans son dévouement et dans sa fidélité.

Il était nécessaire que les généraux, confidents du traité, connussent sa rupture, au moins momentanée. Non-seulement Marmont s'empressa de rédiger une sorte d'ordre du jour qui annonçait à tous les commandants de division l'abdication de l'Empereur, ainsi que la démarche que, de concert avec les trois plénipotentiaires, lui-même allait tenter en faveur de la régence; mais il donna au général Souham, chargé du commandement en son absence, comme le plus ancien général de division, et au général Bordesoulle, qu'il fit appeler l'un et l'autre, l'ordre formel de ne faire aucun mouvement jusqu'à son retour. Tous ces soins pris, le duc de Raguse, vers les cinq heures et demie, partit pour le quartier général du prince de Schwartzenberg avec Ney, Macdonald et Caulaincourt. Le généralissime autrichien lui rendit, en effet, sa parole; l'exécution du traité fut suspendue; les passe-ports demandés à Alexandre arrivèrent, et, vers les dix heures du soir, les trois maréchaux et le duc de Vicence purent enfin partir pour Paris.

Nous avons dit l'agitation et le mouvement qui, vers le milieu de cette journée, s'étaient fait remarquer, tant parmi le petit nombre de royalistes trop pressés de se mettre en évidence que dans le monde officiel et dans les rangs des coalisés. On venait de connaître à l'hôtel Talleyrand l'ordre du jour publié, le matin, à Fontainebleau pour transférer le quartier général impérial au delà de Ponthierry. Napoléon allait marcher sur Paris. Les Alliés, ne voulant pas y attendre son attaque, se préparaient à la soutenir en arrière d'Essonne, et les ponts établis sur la Seine au-dessus et au-dessous de la capitale étaient destinés, dans le cas d'une retraite, à épargner à leurs soldats les dangers d'un passage à travers les rues de cette immense cité. Toutes les ambitions, tous les intérêts engagés dans les manifestations des cinq derniers jours, avaient pris peur à ces nouvelles. L'enthousiasme pour

Alexandre, Frédéric-Guillaume et les Bourbons, se trouva soudainement calmé : les cris de *Vive le Roi! vivent les Alliés!* cessèrent; les cocardes blanches et les rubans blancs disparurent. Bon nombre de gens se tinrent immédiatement prêts à renier leurs paroles et leurs actes, et à prouver, s'il en était besoin, qu'ils n'avaient agi et parlé contre l'Empereur que pour servir mieux et plus sûrement la cause impériale. Cette métamorphose, si commune à toutes les époques de révolution, était facile aux ambitieux et aux intrigants de second ordre; il ne pouvait en être de même pour ceux des membres du Sénat qui avaient prononcé la déchéance, et pour les hauts fonctionnaires qui s'étaient officiellement ralliés au gouvernement provisoire. L'effroi fut grand parmi ces personnages; aussi les salons de M. de Talleyrand, dans la soirée du 4 avril, étaient-ils littéralement encombrés de gens accourus pour savoir s'ils devaient prendre la fuite ou rester. L'annonce de la suspension du mouvement de Napoléon sur Paris, puis la nouvelle de l'arrivée de plénipotentiaires chargés de traiter en faveur de la régence, ne purent les rassurer. Pour la plupart, la régence était encore la disgrâce ou l'exil; tous réunirent donc leurs efforts pour la faire écarter. M. de Talleyrand et ses collègues, les personnages étrangers à qui l'on supposait quelque influence sur les souverains, se virent immédiatement entourés, sollicités dans ce but. Les Alliés, leur disait-on, ne pouvaient honorablement consentir à la régence; ils étaient enchaînés par leurs promesses et par leurs actes des jours précédents. La déclaration du 31 mars ne proclamait-elle pas l'exclusion formelle de tous les membres de la famille impériale? N'était-ce pas sur la foi de cet engagement que tant de gens s'étaient compromis? Auraient-ils joué leur fortune, leur liberté, leur vie peut-être, s'ils avaient pensé que les souverains pussent jamais changer de résolution?

Ces reproches, ces plaintes, retentissaient dans toutes les salles de l'hôtel de M. de Talleyrand. Ce dernier s'en fit l'écho auprès d'Alexandre; le général Beurnonville les redit au roi de Prusse. Alexandre, en signant la déclaration du 31 mars, avait cédé à l'entraînement d'un triomphe inespéré; ses dispositions restaient peut-être les mêmes; mais l'ivresse du premier jour était dissipée; il jugeait mieux sa position. Ce souverain croyait que l'armée impériale manœuvrait derrière la haute Marne, à plus de soixante-dix lieues de Paris, quand il autorisait M. de Talleyrand à écrire « que les Alliés ne traiteraient plus avec Napoléon ni avec aucun membre de sa famille. » Aujourd'hui, ce terrible capitaine se trouvait à une journée et demie de marche, appuyé sur ses lieutenants les plus illustres et sur 50,000 soldats éprouvés. Et cependant il consentait à descendre du trône, à s'avouer vaincu ! Une transaction était-elle trop chère à ce prix? Depuis quatre jours, d'ailleurs, le gouvernement provisoire promettait la défection de quelques-uns des maréchaux de Napoléon, ainsi que la dissolution de ses troupes, et c'étaient deux de ces maréchaux qui venaient, au nom de l'armée elle-même, proposer de traiter ! Le tzar écouta donc sans s'émouvoir les observations de M. de Talleyrand, et se contenta de lui répondre que, quel que fût le parti adopté par les Alliés, jamais ils n'abandonneraient ceux qui se seraient compromis en se confiant à leurs déclarations.

Cette parole n'était pas fort rassurante; aussi, quand, vers minuit un quart, Ney, Macdonald et Caulaincourt, parurent dans les salons de l'hôtel Saint-Florentin, furent-ils vivement frappés de la morne attitude des groupes nombreux qu'il leur fallut traverser pour arriver au cabinet d'Alexandre. La pâleur était sur toutes les figures. « J'aurais bien de la peine, a dit un des personnages les plus compromis, témoin oculaire[1], à peindre l'anxiété, pour ne pas dire la consternation, de quelques membres du gouvernement provisoire, et des autres per-

---

[1] BOURRIENNE. *Mémoires*, t, X, p. 95. — M. de Bourrienne, ancien secrétaire de Napoléon, avait accepté du gouvernement provisoire la direction générale des postes.

sonnes réunies dans le salon où je me trouvais; il y en avait dont le visage était réellement *décomposé*[1]. »

L'empereur de Russie était seul lorsque les plénipotentiaires impériaux arrivèrent auprès de lui. Le général Dessolles entra immédiatement après eux; Alexandre l'avait fait appeler en qualité de commandant de la garde nationale et comme représentant de la population armée de Paris. La conférence, par cette adjonction, se trouvait composée de cinq personnes.

Le maréchal Macdonald ouvrit la discussion. Sa parole fut élevée, chaleureuse; il n'oublia rien de ce qui pouvait agir sur l'esprit ou remuer le cœur d'Alexandre. Il parla noblement de Napoléon, de sa gloire, de sa grandeur et de ses revers. Interprète des sentiments de l'armée, il peignit avec énergie ses sacrifices, son infatigable bravoure, son inébranlable dévouement à l'homme qui la conduisait depuis quinze ans. Fidèle à Napoléon aux jours de sa puissance, disait le maréchal, l'armée ne l'abandonnerait pas avec la fortune : tous, chefs et soldats, croiraient commettre un acte de lâcheté en ne soutenant pas sa cause, tant qu'il leur resterait des armes et un champ de bataille. « Cette cause, du reste, ajouta Macdonald, devient d'autant plus sacrée, que l'Empereur consent à quitter le trône, et que sa personne reste en dehors de la mission dont il nous a chargés. Il s'inquiète peu du sort qu'on lui réserve; nous avons plein pouvoir de traiter pour la régence, pour l'armée, pour la France; mais Napoléon nous a positivement défendu de rien stipuler pour lui. »

Ces derniers mots parurent causer une vive impression à Alexandre. « Cela ne m'étonne pas de lui, » dit-il d'une voix émue à Macdonald.

Ney prit ensuite la parole. Envisageant la question sous le point de vue militaire, il énuméra toutes les ressources, toutes

---

[1] « Je tiens de M. Anglès lui-même que les conspirateurs crurent un instant la partie perdue; il avait fait charger sa voiture de voyage, persuadé que tout était fini. » *Mémoires* du duc de Rovigo, t. VII. — M. Anglès remplissait, sous le gouvernement provisoire, l'*intérim* du ministère de la police.

les chances qui restaient à Napoléon, et fit un imposant tableau des forces impériales encore intactes au pied des Pyrénées, en Italie, sur le Rhône et dans toutes les places fortes du nord et de l'est de la France. « Si les Alliés, dit-il en terminant, repoussant le vœu de l'armée, refusent de traiter, non-seulement avec l'Empereur, mais même avec sa famille, que risque Napoléon en continuant la lutte? Quelle qu'en soit l'issue, la position qu'on veut lui faire ne saurait empirer. »

Caulaincourt appuya les observations de ses deux collègues par des considérations empruntées exclusivement à la politique. Il fit surtout ressortir l'étrange contradiction que présentaient les derniers actes des souverains, comparés avec leur langage depuis le début de la campagne. Dans tous les départements où ils avaient pénétré, dans toutes les villes où ils étaient entrés, les Alliés avaient proclamé qu'ils ne venaient pas imposer un gouvernement à la France, ni contraindre la volonté de ses habitants; et cependant, à peine maîtres de Paris, ils déclarent ne vouloir traiter ni avec Napoléon ni avec aucun des siens! Comment concilier cette exclusion avec la liberté du vœu national? Exclure, c'était condamner; cette condamnation était-ce la France qui l'avait prononcée?

Alexandre était visiblement ébranlé. Il ne répondait pas, et se bornait à répéter de temps en temps « que les choses étaient bien avancées avec le Sénat. » Le général Dessolles vint au secours du gouvernement provisoire. Il combattit la régence en appuyant particulièrement sur ce point, que cette combinaison n'offrirait aucune garantie sérieuse à la France ni à l'Europe, l'Empereur pouvant continuer à gouverner sous le nom de sa femme et de son fils. Il fit ensuite remarquer au Tzar combien il serait fâcheux pour l'honneur des Alliés que tant de personnes, entraînées depuis cinq jours par la déclaration du 31 fussent compromises pour y avoir ajouté confiance. « Pour moi, je l'avoue, ajouta-t-il en terminant, peut-être aurais-je hésité à me prononcer, si j'avais pu croire que les souverains dussent jamais abandonner une résolution aussi solennellement proclamée. »

Le général Dessolles avait mis dans ces dernières paroles une vivacité qui blessa le Tzar [1]. Alexandre répondit avec une certaine hauteur que la loyauté de ses alliés et la sienne étaient au-dessus de tous les soupçons ; que, quels que fussent les événements, nul n'aurait à se plaindre de s'y être confié. « Mais, ajouta-t-il, toutes les considérations de personnes doivent céder devant la nécessité politique; l'intérêt des Bourbons, famille oubliée de la France, et que l'Europe ne connaît plus, ne peut entrer en balance avec l'intérêt de tous les souverains, de tous les peuples. » Puis, s'adressant aux plénipotentiaires, il leur dit qu'il n'était point seul, qu'il consulterait le roi de Prusse, et que, dans quelques heures, il leur ferait connaître sa réponse.

L'entrevue officielle était terminée. Une sorte de causerie intime succéda. Alexandre se montra cordial avec Caulaincourt, bienveillant avec les deux maréchaux. Les trois plénipotentiaires regardaient leur cause comme gagnée. L'attitude du général Dessolles prouvait que lui-même partageait cette conviction. Tout à coup la porte du cabinet s'ouvre, un aide de camp s'avance une dépêche à la main, et prononce, en langue russe, quelques mots qui font pâlir Caulaincourt.

« Messieurs, dit Alexandre aux plénipotentiaires après avoir lu rapidement la dépêche, je résistais avec peine à vos instances; il m'en aurait coûté de repousser le vœu de l'armée française, surtout lorsqu'il était présenté par des hommes tels que vous. Mais cette armée n'est pas unanime; une partie ne veut plus de Napoléon; le corps tout entier du duc de Raguse, entre autres, abandonne la cause impériale et passe de notre côté; au moment où je parle, il traverse les lignes de mes soldats.

— C'est impossible! s'écrièrent les deux maréchaux.

[1] Le général, assure-t-on, laissa échapper quelques jurons.

— Lisez, messieurs, » répliqua Alexandre en leur présentant le papier qu'il tenait à la main.

Le prince de Schwartzenberg, dans cette dépêche, annonçait que tous les régiments composant le corps de Marmont venaient d'abandonner leurs positions et se retiraient sur Versailles. Les maréchaux étaient atterrés.

« Vous comprenez, messieurs, dit alors Alexandre, que ce fait change complétement la situation. L'abdication conditionnelle ne suffit plus ; Napoléon doit se résigner à une abdication absolue. »

Les plénipotentiaires quittèrent Alexandre. Bien que la nuit fût assez avancée, la foule n'avait pas diminué dans les salons de M. de Talleyrand ; l'anxiété y était toujours aussi vive. A la vue des deux maréchaux, sortant du cabinet du Tzar, on s'empressa autour d'eux ; chacun voulut les interroger. Le général Beurnonville, entre autres, s'approcha de Macdonald. « Ne me parlez pas, monsieur, s'écria ce dernier en reculant d'un pas ; je n'ai rien à vous dire ; vous m'avez fait oublier une amitié de trente ans ! » Puis, s'adressant au général Dupont, le capitulé de Baylen, que le gouvernement provisoire avait nommé commissaire au département de la guerre, et qui s'était également avancé vers lui, le maréchal ajouta : « Quant à vous, monsieur, votre conduite envers l'Empereur n'est pas généreuse ; peut-être vous a-t-il traité avec sévérité ; mais depuis quand venge-t-on son injure personnelle aux dépens de son pays ? »

La voix du maréchal était haute, son attitude indignée ; la vue de tous les lâches, de tous les traîtres qui, pâles de peur, se pressaient autour de lui, révoltait sa loyauté. M. de Talleyrand, craignant un éclat, s'approcha du groupe qui environnait le maréchal : « Messieurs, dit-il, songez que vous êtes ici chez l'empereur de Russie. Si vous voulez disputer... discuter, ajouta-t-il en se reprenant, descendez chez moi ! — Disputer ! qu'est-ce à dire ? répliqua le maréchal en laissant tomber sur le prince de Bénévent un regard de hauteur et de mépris. Quant à discuter, monsieur, c'est parfaitement inutile ; mes camarades et moi, nous ne reconnaissons pas votre gouvernement provisoire. »

Marmont s'était présenté avec les deux maréchaux et Caulaincourt à l'hôtel Saint-Florentin, mais il ne les avait point suivis dans le cabinet d'Alexandre. Il était revenu les attendre à l'hôtel du prince de la Moskowa. Quand ils y rentrèrent, Marmont venait d'apprendre, par le colonel Fabvier, la défection de son corps d'armée. « Je donnerais un bras, s'écria-t-il en apercevant les plénipotentiaires, pour réparer la faute de mes généraux. — Dites le *crime,* répliqua Macdonald ; et la tête, dans tous les cas, ne serait pas de trop. »

Non-seulement la défection des régiments composant le corps du duc de Raguse enlevait à l'Empereur près du cinquième de ses soldats, mais Fontainebleau restait à découvert, et Napoléon se trouvait à la discrétion des Alliés.

On a fort diversement expliqué ce fatal épisode ; les détails en sont restés fort ignorés, jusqu'ici[1] ; avant de les dire, nous reproduirons l'explication donnée par le duc de Raguse lui-même dans un *Mémoire justificatif,* opuscule de quelques pages, qu'il fit d'abord paraître dans le *Moniteur de Gand* du 18 avril 1815, et qu'il répandit ensuite en France, plusieurs semaines après le retour de l'Empereur de l'île d'Elbe. Arrivé, dans le cours de son récit, à la visite des trois plénipotentiaires lors de leur passage à Essonne, le maréchal s'exprime en ces termes :

« .....Le duc de Tarente, le prince de la Moskowa et le duc de Vicence arrivèrent chez moi à Essonne. Ils m'apprirent que l'Empereur venait d'être *forcé* à signer son abdication, et qu'ils allaient, à ce titre, négocier la suspension des hostilités. Je leur fis connaître les arrangements pris avec le prince de Schwartzenberg, et je leur déclarai alors que, puisqu'ils étaient d'accord pour un changement que le salut de l'État demandait, et qui était le *seul objet de mes démarches,* je ne me séparerais jamais d'eux. Le duc de Vicence exprima le désir de me voir les accompagner

[1] 1845, date de la première publication de ce volume.

à Paris, pensant que mon union avec eux, d'après ce qui venait de se passer (le traité avec Schwartzenberg), serait d'un grand poids; je me rendis à leur désir, laissant le commandement de mon corps d'armée au plus ancien général de division, lui *donnant l'ordre* de ne faire *aucun mouvement*, et lui annonçant mon prochain retour. J'expliquai mes motifs au prince de Schwartzenberg, qui, plein de loyauté, les trouva légitimes et sans réplique, et je remplis la promesse que j'avais faite à mes camarades. A huit heures du matin, un de mes aides de camp arriva et m'annonça que, *contre mes ordres formels et malgré ses plus instantes représentations, les* GÉNÉRAUX *avaient mis les troupes en mouvement pour Versailles*, à quatre heures du matin, *effrayés* qu'ils étaient des dangers personnels dont ils croyaient être menacés et dont ils avaient eu l'idée par l'arrivée et le départ de plusieurs officiers d'état-major venus de Fontainebleau. — La démarche était faite et la chose irréparable.

« Voilà le récit fidèle et vrai de cet événement, qui a eu et aura une si grande influence sur toute ma vie. »

Le *Mémoire justificatif* de Marmont porte la date du 1ᵉʳ avril 1815. A cette époque, les *généraux* qu'il accusait d'avoir mis les troupes en mouvement contre ses ordres formels, malgré les plus instantes représentations de son aide de camp (Fabvier), étaient tous vivants. L'Empereur venait de ressaisir la couronne; personne ne pouvait prévoir la catastrophe de Waterloo: toutes les chances, au contraire, semblaient être pour le succès durable de la cause impériale. Il y a plus : quelques-uns des généraux accusés étaient employés dans l'armée qui devait bientôt entrer en campagne; pas un d'eux cependant ne protesta, tous acceptèrent l'accusation. C'est que le duc de Raguse disait vrai; les faits avancés par lui étaient rigoureusement exacts; il ne taisait que les noms des coupables. Ces noms, l'histoire doit les dire; les chefs qui, sous l'empire du sentiment de terreur dont parle le duc de Raguse, entraînèrent le 6ᵉ corps à Versailles, dans la nuit du 4 au 5 avril, furent :

Les généraux de division Souham, commandant en chef par *intérim*, Bordesoulle, Compans, Digeon (de l'artillerie), Ledru des Essarts, et le général de brigade, chef d'état-major, Meynadier.

Voici ce qui s'était passé.

La contrainte morale à laquelle avait cédé l'Empereur en abdiquant pesait à sa fierté. La régence, d'ailleurs, pouvait ne pas être acceptée; dans le secret de son cœur, peut-être même espérait-il un refus. Dans tous les cas, sa position militaire devait rester forte. Le soir du 4 avril, vers les cinq heures, désireux de se tenir prêt à tout événement, il dépêcha aux avant-postes son premier officier d'ordonnance, le colonel Gourgaud. Le colonel était chargé de voir Marmont, resté à Essonne, puisque l'Empereur n'avait reçu aucune nouvelle de lui ni des plénipotentiaires; de visiter également le maréchal Mortier, dont le quartier général était à Mennecy; de recueillir leurs rapports sur la position des corps alliés placés devant eux; puis, dans le cas où l'ennemi semblerait ne préparer aucun mouvement, d'engager les deux maréchaux à venir souper à Fontainebleau. Reçu, à son arrivée chez Marmont, par le colonel Fabvier, Gourgaud s'étonna de ce que le duc de Raguse eût quitté son poste, en des circonstances aussi graves, sans en avertir l'Empereur. Il insistait sur le péril possible de cet abandon, quand parut un officier porteur d'une dépêche du général de brigade Lucotte. Ce général avait remplacé le duc de Padoue (général Arrighi), renversé de cheval par un coup d'obus à la bataille du 30 mars, dans le commandement d'une division de réserve attachée au 6ᵉ corps, et qui gardait alors le pont et la ville de Corbeil. La venue de cette dépêche parut à Gourgaud accuser plus haut que tout ce qu'il pouvait dire l'absence du duc de Raguse. « Il faut l'ouvrir, dit-il à Fabvier; peut-être annonce-t-elle une attaque de l'ennemi sur Corbeil. » Fabvier déchira l'enveloppe; elle renfermait quelques lignes du général, ainsi qu'une copie de l'ordre du jour adressé par le maréchal à tous les commandants de division, pour leur annoncer l'abdication de l'Empereur. Cette copie, faite à la hâte, mal écrite, avait éveillé les soupçons de Lucotte. « Je vous envoie, écri-

vait il au maréchal, une pièce qui vient de me parvenir et qui me semble une manœuvre de l'ennemi. L'Empereur ne saurait avoir abdiqué ; je ne peux croire à un pareil malheur. »
Fabvier reconnaissait les inconvénients qui pouvaient résulter du départ du maréchal, et dit au colonel Gourgaud que, pour les prévenir, au moins en partie, il se placerait immédiatement aux avant-postes, et se mettrait ainsi en mesure, à la moindre alerte, de hâter le retour de Marmont. Au bout de quelques instants d'intime causerie avec le premier officier d'ordonnance, son camarade et son ami[1], l'aide de camp du maréchal alla, en effet, prendre son poste d'observation à l'extrême avant-garde, sur la route même de Paris, et Gourgaud, remontant à cheval, parcourut les lignes avancées, puis se rendit au logement de Souham, chargé, nous l'avons dit, du commandement du 6ᵉ corps, comme le plus ancien général de division. Arrêté par deux grenadiers de faction à la porte, on lui dit que Souham venait de sortir pour visiter quelques postes ; il n'insista pas et prit le chemin de Mennecy. Il faisait nuit quand il y arriva ; le duc de Trévise était à souper. Gourgaud lui exposa sa mission ; le maréchal le fit reposer quelques instants, et tous deux partirent ensuite pour Fontainebleau.

Officier de la plus brillante bravoure, non-seulement le colonel Gourgaud figurait au premier rang, par sa capacité, dans l'état-major particulier de l'Empereur ; mais jeune, infatigable, caractère énergique et sûr, il était connu de toute l'armée pour l'officier de l'intime confiance de Napoléon. Sa présence inopinée au milieu du 6ᵉ corps en un pareil moment et à pareille heure, sa visite des principaux postes et des lignes du 6ᵉ corps, avaient alarmé Souham et les autres généraux de division. Complices, nous l'avons dit, du traité fait par le maréchal avec le prince de Schwartzenberg, leur con-

---

[1] Les colonels Gourgaud et Fabvier avaient été ensemble à l'École polytechnique et appartenaient tous deux à l'arme de l'artillerie.

science troublée vit dans la mission du colonel et dans l'ordre qui appelait, le soir même, Marmont à Fontainebleau, l'indice d'un danger qui devait probablement les atteindre. Plus de doute : l'Empereur soupçonnait la négociation, s'il ne la connaissait pas. La crainte de châtiments mérités les agitait déjà, quand vint une dépêche du maréchal Berthier, qui reproduisait l'invitation faite au duc de Raguse de se rendre au quartier impérial. Il était d'usage, lorsque l'Empereur chargeait un officier d'un ordre verbal pour un chef de corps, de transmettre cet ordre en double et par écrit, par la voie hiérarchique de l'état-major général. Le fait de cette dépêche n'avait donc rien que de naturel. Mais, dominés par le sentiment de leur faute et du péril auquel elle les exposait, Souham et les autres généraux perdirent tout sang-froid; le simple envoi de cette ampliation prit à leurs yeux un caractère d'insistance qui porta leur terreur au comble; tous virent la mort pour le lendemain; ils résolurent de se mettre en sûreté.

En 1814, le souper était encore dans les habitudes de la vie. Souham se chargea de réunir à sa table les officiers supérieurs de tous les corps d'infanterie, Bordesoulle ceux de la cavalerie. Ces officiers se rendirent à l'invitation; ils ignoraient la négociation avec Schwartzenberg, ainsi que l'abdication de l'Empereur : l'ordre du jour qui transférait le quartier général impérial au delà de Ponthierry leur était seul connu. Pas un d'eux ne fut donc surpris lorsque le général, dont ils étaient les convives, leur annonça que, dans la nuit même, toute l'armée impériale se mettrait en marche sur Paris. Des transports de joie éclatèrent à cette nouvelle. Enfin, on allait se battre ! Le repas se prolongea au milieu des plus patriotiques effusions et de toasts nombreux portés à l'Empereur et à son triomphe infaillible. Vers minuit, quelques colonels voulurent se retirer pour prendre un peu de repos. On les retint. L'Empereur, leur dit-on, devait arriver à Essonne avec le gros de l'armée, dès la pointe du jour; le 6ᵉ corps, désigné pour former l'avant-garde, était forcé de se mettre en mouvement vers les trois heures du matin : il devenait donc inutile de se coucher. On attendit. A l'heure indiquée, les troupes prirent les armes, et le corps d'armée, échelonné par brigades, ayant la division de cavalerie de Bordesoulle en tête, prit, vers les trois heures et demie du matin, la route de Paris. Il était nuit noire.

On a vu que le colonel Fabvier s'était placé aux avant-postes. Étonné de la marche de ces troupes, et n'obtenant aucune réponse satisfaisante des différents officiers qu'il essayait d'interroger, il franchit le pont d'Essonne que traversait alors un régiment d'infanterie, et trouva, à la gauche du pont, réunis autour d'un feu de bivac allumé à la porte d'un cabaret, plusieurs généraux, parmi lesquels étaient Bordesoulle, Compans et Souham. Il demanda d'un ton respectueux à ce dernier la cause du mouvement qui s'opérait. « Je n'ai pas l'habitude, répondit Souham, de rendre compte de mes actes à mes inférieurs. » Le colonel insista. « Marmont s'est mis en sûreté, ajouta Souham ; je suis de haute taille, moi, et je n'ai nulle envie de me voir raccourcir de toute la tête. » Fabvier ne se tint pas pour battu ; il répliqua que les généraux n'avaient rien à craindre pour leur sûreté. Un escadron de gendarmerie d'élite était la seule force qu'on pût envoyer contre eux. En faisant immédiatement passer leurs bagages de l'autre côté de la rivière, ne pouvaient ils pas, à la moindre alerte, franchir, à leur tour, les quelques pas qui les séparaient des grand'gardes de l'ennemi ? Que risquaient-ils donc de laisser les troupes dans leurs positions, et d'attendre ? Compans était de cet avis. « Tout cela est bel et bon, s'écria Souham en jurant ; mais le vin est tiré, il faut le boire ! » Fabvier annonça l'intention d'aller avertir le duc de Raguse ; les généraux lui dirent qu'ils ne s'y opposaient pas ; le colonel partit rapidement pour Paris.

Cependant les troupes continuaient leur mouvement. La route, contre leur attente, était sans obstacles: les régiments d'avant-garde avançaient sans avoir à répondre au moindre *Qui vive!* Seulement, un bruit étrange qui leur venait de chaque côté du chemin, et dont l'obscurité les empêchait de se rendre compte, tenait leur attention en éveil. Enfin, à la hauteur de Petit-Bourg l'aube du jour parut. Nos soldats regardèrent autour d'eux; d'abord ils se crurent dupes d'une illusion; bientôt un sentiment de vague inquiétude ralentit leur marche; au bout de quelques instants, ils s'arrêtèrent frappés de stupeur! Les deux côtés de la route étaient bordés par plusieurs lignes de troupes rangées en bataille; ces troupes, c'était l'ennemi; le 6ᵉ corps se trouvait au milieu de l'armée russe! Pour comble de honte, les Alliés rendaient les honneurs militaires à nos régiments; leurs fantassins portaient les armes, leurs cavaliers avaient le sabre haut, des fanfares éclataient sur toute cette double ligne. Le 30ᵉ dragons occupait la tête de la division Bordesoulle; un général commanda de rendre le salut et d'avancer. « Si mes dragons tirent le sabre, s'écria le colonel Ordener, ce sera pour charger! » Le général n'insista pas. Rétrograder était impossible. Ces braves gens, si ardents, si fiers quelques minutes auparavant, se remirent en marche, la rage au cœur. Arrivés à la Belle-Épine, point d'intersection du pavé de Choisy-le-Roi, on leur fit quitter la route de Paris et prendre le chemin de Versailles. Les généraux alliés, nous n'avons sans doute pas besoin de le dire, avaient été prévenus de cette marche, par les meneurs du 6ᵉ corps, dès les premières heures de la nuit.

Si l'aube du jour n'était venue pour l'avant-garde qu'après une heure et demie de marche, elle arriva assez à temps pour empêcher l'arrière-garde de s'engager trop loin. Cette arrière-garde, formée par le corps de partisans que commandait le général Chastel, et dont faisait partie un certain nombre de

Polonais, rebroussa brusquement chemin dès qu'elle aperçut les lignes russes, et ne s'arrêta qu'au pont d'Essonne, qu'elle mit immédiatement en état de défense.

Cette petite troupe ne fut point la seule qui parvint à échapper à la trahison. Le général Lucotte avait reçu de Souham l'ordre de suivre, avec sa division de réserve, le mouvement des autres divisions du 6° corps. Non-seulement Lucotte désobéit, mais il s'empressa de publier un ordre du jour où se trouvaient les passages suivants :

« La nuit dernière, des corps entiers ont quitté leurs positions. Chargé d'occuper Corbeil, je suis resté fidèle avec vous à mon poste.....

« .....Les braves ne *désertent* jamais, ils doivent mourir à leur poste. »

Par une coïncidence bizarre et qui témoigne de l'incertitude qui régnait alors dans les actes du gouvernement provisoire, cet ordre du jour qui flétrissait la *désertion* des autres généraux du 6° corps fut inséré sans commentaires et comme pièce officielle au *Moniteur* du 7 avril, dans le même numéro qui contenait les pièces de la négociation entre Marmont et Schwartzenberg, ainsi qu'une lettre du maréchal Ney dont nous aurons à parler plus loin.

La joie fut grande parmi les nombreux visiteurs de l'hôtel Talleyrand lorsque, dans cette matinée du 5 avril, ils apprirent à la fois la défection du corps de Marmont et le rejet absolu de la régence. L'ivresse, toutefois, fut de courte durée. Plusieurs aides de camp accourus à toute bride ne tardèrent pas à annoncer que le 6° corps était en pleine révolte.

En arrivant à Versailles, le général Bordesoulle s'était empressé d'écrire au duc de Raguse la lettre suivante :

« Versailles, 5 avril 1814.

« Monseigneur,

« M. le colonel Fabvier a dû dire à Votre Excellence les motifs qui nous ont engagés à exécuter le mouvement *que nous étions convenus de suspendre* jusqu'au retour de MM. le prince de la Moskowa et les ducs de Tarente et de Vicence. Nous sommes arrivés à Versailles avec tout ce qui compose le corps; absolument tout nous a suivis et avec connaissance du parti que nous prenions, l'ayant fait connaître à la troupe avant de marcher.

« Maintenant, monseigneur, pour tranquilliser les officiers sur leur sort, il serait urgent que le gouvernement provisoire fît une adresse proclamative à ce corps, et qu'en lui faisant connaître sur quoi il peut compter, on lui fît payer un mois de solde; sans cela, il est à craindre qu'il ne se débande.

« Messieurs les officiers généraux sont tous avec nous, M. Lucotte excepté. Ce joli monsieur nous avait dénoncés à l'Empereur.

« J'ai l'honneur d'être, monseigneur, etc.

« *Le général de division*, comte BORDESOULLE. »

En entraînant leurs régiments au milieu de l'ennemi, les généraux de Marmont avaient surtout cédé à la fausse conviction où ils étaient que l'Empereur connaissait le traité fait avec Schwartzenberg. Qui pouvait l'avoir prévenu? Un seul général, Lucotte, avait refusé de les suivre; les soupçons, dans les premières heures, se portèrent sur lui. Or l'Empereur, la veille au soir et dans le courant de la nuit, ne savait rien du traité; il le connut seulement quand la désertion était accomplie; Lucotte n'avait donc pu l'en avertir. Quant aux officiers et aux soldats du 6ᵉ corps, la retraite précipitée de l'arrière-garde, et les faits qui nous restent à raconter prouvent surabondamment que pas un de ces braves gens n'était le complice du général Bordesoulle.

Pendant que ce chef calomniait ainsi un de ses collègues et la troupe, dans le but sans doute d'amoindrir aux yeux du maréchal la gravité de sa désobéissance, les soldats, rassemblés en groupes tumultueux sur les promenades et sur les principales places de Versailles, s'emportaient contre leurs généraux et demandaient à rejoindre l'Empereur. D'un autre côté, les colonels de toutes armes, convoqués par leur collègue Ordener, se réunissaient chez ce dernier, et convenaient d'emmener le 6ᵉ corps à Rambouillet pour gagner ensuite Fontainebleau. La direction des troupes fut déférée à Ordener, qui prit aussitôt le commandement. Peu d'instants après, tous les régiments, infanterie, cavalerie et artillerie, quittaient Versailles aux cris répétés de *Vive l'Empereur!*

Cette révolte était de nature à tout remettre en question; elle pouvait décider la reprise des hostilités et imprimer aux efforts des troupes impériales indignées, furieuses, une énergie dont il était impossible de calculer les suites. Marmont, que la nouvelle des événements d'Essonne avait d'abord atterré, fut immédiatement entouré par les membres du gouvernement provisoire, qui le supplièrent d'intervenir; il céda à ces instances. Jusque-là, ses généraux étaient allés plus loin que lui-même dans la défection : il eut le triste courage de sacrifier jusqu'au bénéfice de cette position en consentant à arrêter la marche de son corps et à prendre ainsi l'entière responsabilité hiérarchique et morale du mouvement. Se jetant aussitôt dans une voiture, il courut à Versailles, qu'il traversa sans s'arrêter, atteignit ses régiments à deux lieues au delà de cette ville, au hameau de Trappes, et, allant droit au colonel Ordener, le menaça de le faire arrêter, puis traduire devant un conseil de guerre pour *usurpation de commandement*[1]. « Je vous en défie! » s'écria Ordener, qui se laissa alors emporter aux paroles les plus violentes. Cette résistance déconcerta Marmont, qui, invoquant alors son droit de commandement, et s'adressant aux officiers et aux soldats qui l'entouraient, leur rappela ses services, ses blessures, et leur demanda si c'était un maréchal dévoué comme lui que l'on pouvait soupçonner de vouloir trahir les intérêts de l'armée. « Le 6° corps n'a quitté Essonne, dit-il en terminant, que pour

[1] En consultant l'*Annuaire militaire* de 1843, on trouve que le colonel, qui, dans les circonstances que nous venons de rapporter, dut au suffrage de ses collègues le commandement momentané du 6° corps de l'armée impériale, est simple maréchal de camp commandant la subdivision militaire de Maine-et-Loire. En *trente ans*, le colonel de l'ex-30° dragons a avancé d'un grade. (Note imprimée en 1843, date de la première publication de ce volume.)

hâter la *paix*; elle va se conclure, croyez-en la parole de votre général. Obéissez-lui, et tout sera oublié. » Les soldats, entraînés, se replacèrent sous l'autorité du maréchal, qui ne les quitta qu'après leur avoir fait abandonner le chemin de Rambouillet et prendre la route de Normandie.

Son retour était vivement attendu. L'alarme était revenue parmi les Sénateurs et les membres du gouvernement provisoire; les souverains eux-mêmes montraient de l'inquiétude. Enfin le duc de Raguse parut. Voici en quels termes un personnage déjà cité, et témoin oculaire, raconte l'ovation qui accueillit le maréchal à son arrivée dans les salons de M. de Talleyrand : « Quinze ans sont passés, et il me semble encore assister à cette scène : tout le monde avait fini de dîner; il se mit seul à table devant un petit guéridon placé exprès au milieu de la salle et sur lequel on le servit. Chacun de nous allait causer avec lui et le complimenter. Il fut le héros de cette journée [1]. » Déplorable triomphe qui a fait maudire le nom de ce maréchal par tout un peuple, et qui laissera sur sa mémoire une tache éternelle!

La défection du 6ᵉ corps, dans la nuit du 4 au 5 avril, ne fit point la chute de Napoléon; la prise de Paris et l'abdication avaient déjà brisé le sceptre entre les mains de ce souverain. L'établissement impérial, toutefois, restait encore debout; et ce fut le duc de Raguse qui porta le coup de mort à cette cause, en apaisant, au profit du gouvernement provisoire, la patriotique révolte de ses soldats. En d'autres termes, Napoléon avait cessé d'être Empereur le 4 avril au matin; le 5, au soir, l'Empire, laissé en suspens pendant quelques heures, tombait à son tour, et faisait place à la Restauration. En effet, ce fut seulement à la fin de cette dernière journée, après le retour de Marmont, que les partisans improvisés des Bourbons osèrent faire décider officiellement le rappel de ces princes.

[1] Bourrienne. *Mémoires*, t. X, p. 109.

Avant de dire comment cet événement s'accomplit, nous suivrons l'Empereur jusqu'à son embarquement pour l'île d'Elbe. Les quinze jours que Napoléon passa encore à Fontainebleau, longue et solitaire agonie concentrée dans les murs de ce palais, et dont les angoisses furent alors ignorées de Paris comme du reste de la France, présentent un enseignement politique trop sérieux pour ne pas être racontés.

L'Empereur venait de recevoir de Paris une copie du traité convenu entre Marmont et le prince de Schwartzenberg, lorsque des officiers, expédiés par le général Chastel, lui annoncèrent la défection du 6° corps. Il voulut d'abord douter. Quand la conviction fut enfin entrée dans son esprit, sa parole s'arrêta, son regard devint fixe, et il ne rompit le silence que pour laisser échapper ces mots sur Marmont, que l'on accusait d'avoir ordonné le départ des troupes : « L'ingrat ! il sera plus malheureux que moi ! » On dut le laisser seul. Quelques heures après, l'ordre suivant était lu à la tête de tous les régiments de l'armée :

ORDRE DU JOUR.

A L'ARMÉE.

« Fontainebleau, le 5 avril 1814.

« L'Empereur remercie l'armée pour l'attachement qu'elle lui témoigne, et principalement parce qu'elle reconnaît que la France est en lui et non pas dans le peuple de la capitale. Le soldat suit la fortune et l'infortune de son général, son honneur est sa religion. Le duc de Raguse n'a point inspiré ce sentiment à ses compagnons d'armes ; il a passé aux Alliés. L'Empereur ne peut approuver la condition sous laquelle il a fait cette démarche ; il ne peut accepter la vie et la liberté de la merci d'un sujet.

« Le Sénat s'est permis de disposer du gouvernement français ; il a oublié qu'il doit à l'Empereur le pouvoir dont il abuse maintenant ; que c'est l'Empereur qui a sauvé une partie de ses membres des orages de la Révolution ; tiré de l'obscurité et protégé l'autre contre la haine de la nation.

« Le Sénat se fonde sur les articles de la Constitution pour la renverser; il ne rougit pas de faire des reproches à l'Empereur, sans remarquer que, comme premier corps de l'État, il a pris part à tous les événements. Il est allé si loin, qu'il a osé accuser l'Empereur d'avoir changé les actes dans leur publication. Le monde entier sait qu'il n'avait pas besoin de tels artifices. Un signe était un ordre pour le Sénat, qui, toujours, faisait plus qu'on ne désirait de lui. L'Empereur a toujours été accessible aux remontrances de ses ministres, et il attendait d'eux, dans cette circonstance, la justification la plus indéfinie des mesures qu'il avait prises. Si l'enthousiasme s'est mêlé dans les adresses et les discours publics, alors l'Empereur a été trompé. Mais ceux qui ont tenu ce langage doivent s'attribuer à eux-mêmes les suites de leurs flatteries.

« Le Sénat ne rougit pas de parler de libelles publiés contre les gouvernements étrangers; il oublie qu'ils furent rédigés dans son sein! Si longtemps que la fortune s'est montrée fidèle à leur souverain, ces hommes sont restés fidèles, et nulle plainte n'a été entendue sur les abus du Pouvoir. Si l'Empereur avait méprisé les hommes, comme on le lui a reproché, alors le monde reconnaîtrait aujourd'hui qu'il a eu des raisons qui motivaient son mépris. Il tenait sa dignité de Dieu et de la nation; eux seuls pouvaient l'en priver; il l'a toujours considérée comme un fardeau, et, lorsqu'il l'accepta, ce fut dans la conviction que lui seul était à même de la porter dignement.

« Le bonheur de la France paraissait être dans la destinée de l'Empereur; aujourd'hui que la fortune s'est décidée contre lui, la volonté de la nation seule pourrait le persuader de rester plus longtemps sur le trône. S'il se doit considérer comme le seul obstacle à la paix, il fait volontiers ce dernier sacrifice à la France. Il a en conséquence envoyé le prince de la Moskowa et les ducs de Vicence et de Tarente à Paris, pour entamer la négociation. L'armée peut être certaine que l'honneur de l'Empereur ne sera jamais en contradiction avec le bonheur de la France. »

Aucun des adversaires du régime impérial n'a fait ressortir avec plus d'amertume les fautes de l'Empereur et les vices de son gouvernement. Ces aveux de Napoléon sont la condamnation de tout son règne; ils font comprendre ses revers et sa chute, et, s'ils n'absolvent pas les hommes, ils justifient l'événement.

Nous avons dit que les trois plénipotentiaires de l'Empereur, en quittant Alexandre, étaient rentrés se reposer à l'hôtel du maréchal Ney. Ils revinrent à Fontainebleau dans la soirée. Ce fut Ney qui se chargea d'annoncer à Napoléon qu'on exigeait de lui une abdication pure et simple, sans autre condition que la garantie de sa sûreté personnelle. Sa parole fut sans ménagement. Il venait, au reste, de s'engager. Avant d'entrer dans le cabinet de l'Empereur, il avait écrit à M. de Talleyrand pour lui annoncer sa résolution d'embrasser « la cause des anciens rois [1]. » Macdonald et Caulaincourt, en confirmant le rejet de la régence, s'efforcèrent, par des formes plus douces, d'amortir la violence de ce nouveau coup. Le premier mouvement de l'Empereur fut de rompre toute négociation et d'en appeler, enfin, à la chance de nouvelles batailles. « Il n'y avait plus d'illusions possibles pour l'armée ni pour ses chefs, disait-il; les Alliés ne voulaient traiter à aucun prix. L'armée devait-elle donc rendre les armes sans combattre? »

En effet, outre les 40,000 soldats environ qui restaient encore cantonnés autour de Fontainebleau, 15 à 20,000, on l'a vu, se trouvaient près de l'Impératrice, à Blois, ou dans les garnisons placées entre cette ville et Paris [2]; 20,000 autres se maintenaient en arrière de Lyon; 20,000 arrivaient d'Italie, conduits par le général Grenier; 15,000 venaient de quit-

---

[1] Voici les passages essentiels de cette lettre :

« Je me suis rendu hier à Paris avec M. le maréchal duc de Tarente et M. le duc de Vicence, comme chargé de pleins pouvoirs pour défendre, près de S. M. l'empereur Alexandre, les intérêts de la dynastie de l'empereur Napoléon. Un *événement imprévu* ayant *tout à coup arrêté* les négociations qui, cependant, semblaient promettre les *plus heureux résultats*, je vis dès lors que, pour éviter à notre chère patrie les maux affreux d'une guerre civile, il ne restait plus aux Français qu'à embrasser la cause de nos anciens rois; et c'est pénétré de ce sentiment que je me suis rendu, ce soir, auprès de l'empereur Napoléon, pour lui manifester les vœux de la nation.... Demain matin, j'espère qu'il me remettra lui-même l'acte formel et authentique de son abdication; aussitôt après, j'aurai l'honneur d'aller voir Votre Altesse Sérénissime.

« Fontainebleau, ce 5 avril, onze heures et demie du soir. »

[2] Voir la 2ᵉ note, page 310.

ter la Catalogne avec Suchet, et 40,000, commandés par le maréchal Soult, disputaient à Wellington l'entrée des provinces du Midi. Ces troupes réunies présentaient une force de plus de 140,000 combattants, avec lesquels l'Empereur pouvait soutenir longtemps la guerre contre un ennemi lent, inquiet et susceptible d'être désuni. Ces considérations, Napoléon les opposait à la demande d'une abdication sans conditions. Durant deux jours, il résista à toutes les instances de ses plénipotentiaires. Un instant, sa pensée s'arrêta sur une retraite générale derrière la Loire. Une longue acclamation d'épouvante accueillit ce projet; c'était, disait-on, vouloir armer la moitié de la France contre l'autre, et s'exposer à une guerre d'aventures qui, portant le ravage partout, ne pourrait finir nulle part. « Eh bien, s'il faut renoncer à défendre la France, s'écria Napoléon, l'Italie ne nous offre-t-elle pas une retraite encore digne de nous? Veut-on m'y suivre encore une fois? Marchons vers les Alpes ! » Ce cri, écho lointain de cette voix du génie qui avait inspiré ses premiers commandements, ne fut ni entendu ni compris. Loin de là, il servit de texte aux plus étranges commentaires. Les fautes de Napoléon étaient des fautes politiques; les fautes militaires appartenaient à ses lieutenants; celles-ci lui furent toutes attribuées; on se mit à douter de la supériorité de son intelligence; quelques-uns même osèrent accuser sa raison. Des récriminations, des murmures, éclatèrent. Ney s'emporta. Triste condition de la grandeur ! Il aurait suffi à Napoléon de quitter ses appartements impériaux, de sortir de son palais, puis de marcher, pour se voir aussitôt suivi par toute une armée enthousiaste, intrépide; mais, confiné dans son cabinet, cerné, pour ainsi dire, par son entourage, il n'eut pas la force de secouer le joug de ses grands officiers, de se soustraire au fastueux isolement où le tenait son titre. Il consumait son temps et ses forces à lutter contre la lassitude de son haut état-major; au lieu d'agir, il cherchait à convaincre, il discutait. A ce moment, le rôle d'Empereur, qu'il s'efforçait de prolonger, semblait anéantir chez lui les facultés du général et du soldat. Son génie, comme l'ont affirmé ses ennemis, avait-il donc besoin, pour se révéler, de la double influence du succès et de la force? La fortune était-elle une des conditions de son audace, et, disciple du fatalisme oriental, ne savait-il que baisser la tête quand le sort venait à le frapper? Les gens qui lui sont restés le plus dévoués et qui l'ont approché le plus près expliquent l'indécision et la faiblesse qu'il montra à cette époque de revers, comme après la bataille de Waterloo, par une prostration morale et physique, résultat de longs jours sans repos, de nombreuses nuits sans sommeil et de la prodigieuse contention d'esprit à laquelle l'avaient obligé ses efforts des derniers mois. Même pour les hommes les plus admirablement doués, les forces humaines ont leurs limites.

Sa résistance à la fin fut vaincue. « Vous voulez du repos, dit-il à ses généraux, ayez-en donc! Hélas! vous ne savez pas combien de douleurs vous attendent sur vos lits de duvet! Quelques années de cette paix que vous achetez si cher vous moissonneront en plus grand nombre que ne pourrait le faire la guerre la plus désespérée [1] » S'approchant d'une espèce de guéridon placé au milieu de son cabinet, il écrivit alors sa seconde abdication; cette pièce, dont l'original manuscrit a été conservé, est ainsi conçue :

« Les puissances alliées ayant proclamé que l'empereur Napoléon était le seul obstacle au rétablissement de la paix en Europe, l'Empereur, fidèle à son serment, déclare qu'il renonce, pour lui et ses enfants, aux trônes de France et d'Italie, et qu'il n'est aucun sacrifice, même celui de la vie, qu'il ne soit prêt à faire aux intérêts de la France. »

Ney, Macdonald et Caulaincourt furent encore chargés de porter cet acte aux souverains et de stipuler, au nom de l'Empereur, les clauses du traité qui devait régler sa position et celle de sa famille. Leur départ fut le signal d'une espèce de

[1] *Manuscrit de 1814*, par le baron Fain.

désertion générale. Chacun saisissait le moindre prétexte pour quitter Fontainebleau. Les uns partaient, appelés, disaient-ils, par leurs affaires particulières; d'autres se faisaient donner une mission; ceux-ci s'absentaient dans l'intérêt de leur arme ou de leur corps; ceux-là pour aller chercher des fonds; d'autres, enfin, pour visiter leurs femmes ou leurs enfants malades. Tous, en arrivant à Paris, couraient porter leur adhésion au gouvernement provisoire. La solitude commença pour Napoléon. Il put enfin juger les hommes et mesurer l'étendue de sa chute. Le traité que négociaient alors ses plénipotentiaires lui était tout personnel. Hier, souverain le plus puissant du monde, il ôtait la couronne du front de ceux-ci, et donnait aux autres des royaumes : aujourd'hui, deux de ses maréchaux et son ministre des affaires étrangères discutaient avec les représentants de ces ennemis tant de fois et si longtemps vaincus, le lieu et les conditions de son exil. La pensée de ce débat révoltait sa fierté. Le colonel Gourgaud fut chargé d'aller redemander au duc de Vicence l'acte d'abdication. « A quoi bon un traité, écrivait-il à Caulaincourt, puisqu'on ne veut pas régler avec moi les intérêts de la France? Du moment qu'il ne s'agit que de ma personne, il n'y a pas de traité à faire. Je suis un vaincu. Un simple cartel suffit pour garantir ma liberté. » Gourgaud revint de Paris les mains vides ; le traité fut conclu le 11 avril. Caulaincourt l'apporta. Napoléon, en voyant le duc, réclama de nouveau son acte d'abdication. Caulaincourt lui fit observer que, dès la première séance, cette pièce, base de la négociation, avait dû être communiquée et déposée. Napoléon insista, ajoutant qu'il ne ratifierait pas. « Je ne veux pas de traité pour moi seul ! Je ne signerai pas ma honte ! » répétait-il à Caulaincourt. Vainement ce dernier épuisait tous les moyens de persuasion; Napoléon, durant toute la journée du 12, persista dans son refus. Quel était le motif de cette résolution si subite et si ferme, quand la cause impériale était abandonnée, même par l'Empereur? Le duc de

Vicence devait l'apprendre le lendemain. Voici en quels termes le baron Fain, dans son *Manuscrit de 1814*, raconte un des plus saisissants épisodes du séjour de Napoléon à Fontainebleau :

« Dans la nuit du 12 au 13 avril, le silence des longs corridors du palais est tout à coup troublé par des allées et des venues fréquentes. Les garçons du château montent et descendent; les bougies de l'appartement intérieur s'allument; les valets de chambre sont debout. On vient frapper à la porte du docteur Yvan; on va réveiller le général Bertrand; on appelle le duc de Vicence, on court chercher le duc de Bassano. Tous arrivent, et sont successivement introduits dans la chambre à coucher. En vain la curiosité prête une oreille inquiète; elle ne peut entendre que des gémissements et des sanglots qui s'échappent de l'antichambre et se prolongent sous la galerie voisine. Tout à coup le docteur Yvan sort; il descend précipitamment dans la cour, y trouve un cheval attaché aux grilles, monte dessus et s'éloigne au galop. Voici ce qu'on raconte du mystère de cette nuit :

« A l'époque de la retraite de Moscou, Napoléon s'était procuré, en cas d'accident, le moyen de ne pas tomber vivant entre les mains de l'ennemi. Il s'était fait remettre par son chirurgien Yvan un sachet d'opium[1] qu'il avait porté à son cou pendant tout le temps qu'avait duré le danger. Depuis il avait conservé avec grand soin ce sachet dans un secret de son nécessaire. Cette nuit, le moment lui avait paru arrivé de recourir à cette dernière ressource. Le valet de chambre, qui couchait derrière sa porte entr'ouverte, l'avait entendu se lever, l'avait vu délayer quelque chose dans un verre d'eau, boire et se recoucher. Bientôt les douleurs avaient arraché à Napoléon l'aveu de sa fin prochaine. C'était alors qu'il avait

---

[1] Ce n'était pas seulement de l'opium; c'était une préparation indiquée par Cabanis; la même dont Condorcet se servit pour se donner la mort. (*Note du baron* FAIN.)

fait appeler ses serviteurs les plus intimes. Yvan avait été appelé aussi; mais, apprenant ce qui venait de se passer, et entendant Napoléon se plaindre de ce que l'action du poison n'était pas assez prompte, il avait perdu la tête et s'était précipitamment sauvé de Fontainebleau. On ajoute qu'un long assoupissement était survenu, qu'après une sueur abondante les douleurs avaient cessé, et que les symptômes effrayants avaient fini par s'effacer, soit que la dose se fût trouvée insuffisante, soit que le temps en eût amorti le venin. On dit enfin que Napoléon, étonné de vivre, avait réfléchi quelques instants: *Dieu ne le veut pas!* s'était-il écrié. »

Les souverains alliés attendaient avec impatience la ratification du traité. Surpris de ne pas voir revenir Caulaincourt, Macdonald, resté à Paris, se rendit à son tour à Fontainebleau. Il y arriva le 13 au matin. Lorsqu'il entra dans la chambre de l'Empereur, il le trouva assis devant la cheminée, enveloppé dans une espèce de robe de chambre en basin blanc, les pieds nus dans des pantoufles, les coudes sur les genoux, et la tête appuyée sur ses deux mains. Napoléon était immobile. Le duc de Bassano et Caulaincourt se trouvaient seuls avec lui. La rêverie qui l'absorbait était si profonde, qu'il n'entendit pas le bruit des pas de Macdonald. « Sire, dit Caulaincourt en se penchant vers l'Empereur, voici le duc de Tarente. — Ah! c'est vous, maréchal? » répliqua Napoléon d'une voix pénible et en se tournant lentement vers Macdonald. Sa figure était prodigieusement changée. « Mon Dieu! Sire, s'écria le maréchal effrayé, Votre Majesté est donc indisposée? — Oui!... j'ai passé une bien mauvaise nuit. » Le maréchal, au bout de quelque temps, parla du traité; Napoléon demanda au duc de Vicence le double qu'il avait apporté, le lut sans faire d'observation, le ratifia ensuite sans hésiter, et dit à Macdonald : « Je ne suis plus assez riche pour récompenser vos derniers services. — Vous savez, Sire, que jamais l'intérêt ne m'a conduit. — Je le sais; je vois maintenant combien on m'avait trompé sur votre compte; j'entrevois aussi les motifs de ceux qui m'avaient prévenu contre vous. — Sire, je vous l'ai dit, depuis 1809, j'ai tout oublié. — C'est vrai; mais, puisque je ne peux plus vous récompenser comme je le désirerais, je veux du moins qu'un souvenir, bien faible à la vérité, puisse vous rappeler que je n'oublierai jamais ce que vous avez fait pour moi. Vicence, ajouta Napoléon en se tournant vers Caulaincourt, demandez le sabre qui me fut donné en Égypte par Mourad-Bey et que je portais à la bataille du mont Thabor. » Constant apporta le sabre; Napoléon le prit des mains de Caulaincourt et le remit au maréchal en lui disant : « Voilà, mon digne ami, la seule récompense que je puisse vous donner. — Sire, je le garderai toute ma vie; et si jamais j'ai un fils, ce sera son plus bel héritage. — Donnez-moi la main, maréchal, et embrassez-moi. » Ils se jetèrent dans les bras l'un de l'autre; tous deux pleuraient.

Il est des services et des hommes qu'on ne récompense pas avec de l'argent. Napoléon le savait; aussi, quand il parlait de sa fortune perdue, faisait-il seulement allusion à l'impuissance où il était désormais, comme souverain, de donner à Macdonald des marques publiques, éclatantes, d'affection et de confiance. Disons, à cette occasion, que sa pénurie était réelle. On sait qu'à la fin de 1813 il tenait en réserve, dans les caves des Tuileries, 250 millions, fruit des contributions de guerre que, par des articles secrets de ses traités, il avait frappées, avant 1810, sur l'Autriche et sur la Prusse. 100 millions avaient été versés dans les caisses publiques dès le mois de janvier 1814; des sommes assez importantes avaient, en outre, été données aux départements et aux communes les plus ravagées par la guerre, à des hospices, et à quelques généraux; le général Souham, entre autres, avait sollicité et obtenu, à titre de gratification, 6,000 fr., la veille même du jour où il était passé à l'ennemi. Le reste de ce trésor, à l'exception de quelques millions emportés à Blois ou restés aux Tuileries, et dont s'empara le gouvernement provisoire, comme nous aurons à le dire dans le volume suivant, avait été dépensé pour les besoins de la dernière campagne.

Caulaincourt et Macdonald portèrent aux souverains le traité ratifié. Ney n'était point revenu. De tous les maréchaux présents à Paris ou résidant dans les départements qui pouvaient communiquer avec le gouvernement provisoire, le duc de Tarente fut le dernier qui reconnut les actes du Sénat ; il ne le fit que lorsque Napoléon eut légalement cessé d'être souverain. Son adhésion contraste, par son laconisme, avec celles qui remplissent les colonnes du *Moniteur* de cette époque ; il resta noble et digne jusqu'au bout ; voici les termes de cet acte :

« Dégagé de mes serments par l'abdication de l'empereur Napoléon, je déclare adhérer aux actes du Sénat et du gouvernement provisoire. »

Nous n'analyserons pas ici le traité du 11 avril ; la plupart de ses clauses, comme nous aurons à le dire plus tard, restèrent inexécutées. Nous le reproduisons, d'ailleurs, à la fin de ce volume, en même temps que les ratifications de l'Empereur, du gouvernement provisoire, du gouvernement royal et du gouvernement anglais. Nous dirons seulement que Napoléon, pour quitter Fontainebleau, dut attendre la ratification de la cour de Londres ; elle ne parvint à Paris que le 17 et fut notifiée le 19. Le soir même, les commissaires destinés à accompagner l'Empereur jusqu'à son embarquement pour l'île d'Elbe arrivèrent à Fontainebleau.

Les sept jours écoulés depuis le matin où lui-même avait ratifié le traité se passèrent, pour Napoléon, dans une solitude presque complète. Seuls, de tous ses ministres, les ducs de Vicence et de Bassano ne l'abandonnèrent pas ; ils demeurèrent jusqu'au dernier moment auprès de lui, redoublant, pour sa personne, de soins, de respects et d'égards. Macdonald, Mortier et Moncey furent également les seuls maréchaux qui vinrent alors lui rendre visite. Berthier, aussi, était d'abord resté. L'Empereur, après son abdication, ne croyant pas devoir continuer à donner directement des ordres aux troupes, avait confié le commandement de l'armée à ce maréchal, qu'il avait grandi jusqu'à en faire un prince souverain[1]. Ce fut dans un souper où Berthier assistait que Napoléon lui annonça les nouvelles fonctions qu'il venait de lui conférer. Le prince de Neufchâtel remercia, et, après la première effusion de sa reconnaissance, il demanda, en hésitant, l'autorisation d'aller le lendemain à Paris; elle lui fut immédiatement accordée. « Mais vous ne ferez pas comme les autres, monsieur le maréchal, ajouta Napoléon avec un sourire qui n'était pas sans tristesse, vous tiendrez votre promesse; je vous reverrai, n'est-ce pas? — Oh! Sire, s'écria Berthier, comment pouvez-vous croire... » Il n'acheva pas sa phrase, tant semblait forte l'émotion que lui causait ce doute sur son attachement et sa fidélité; il y avait des larmes dans sa voix. — Avons-nous besoin d'ajouter que Berthier partit et ne revint pas? Il envoyait ses ordres de Paris. Confiné dans la bibliothèque du palais, Napoléon ne la quittait que pour se promener dans le petit jardin renfermé entre l'ancienne galerie des Cerfs et la chapelle, ou pour parcourir la galerie où se tenaient les personnes encore attachées à son service ainsi que le petit nombre d'officiers généraux restés à Fontainebleau. Il causait de toute chose, avec tous, familièrement et dans le plus grand calme. Une légère émotion l'agitait pourtant chaque fois qu'il entendait une voiture rouler dans les cours; il demandait si ce n'était pas Cambacérès, Clarke, Fontanes, Molé, ou quelque autre de ceux qu'il avait tant comblés, qui venaient lui faire leurs adieux. Son espérance se trouvait toujours trompée : il était tombé; un nouveau pouvoir s'élevait; c'était aux représentants de ce pouvoir que ses courtisans et ses flatteurs de la veille portaient

[1] Berthier avait reçu de l'Empereur la principauté de Neufchâtel, et, comme les souverains, ce maréchal ne signait plus ses actes publics que de son seul prénom *Alexandre*.

maintenant les hommages et les louanges dont ils l'avaient si longtemps enivré.

Ces déceptions, quelque résignation qu'il affectât, n'étaient pas sans amertume. On raconte que, le 13 avril, le jour même de la ratification du traité, causant de Marmont, il opposait à la conduite de ce maréchal la patriotique attitude du général Lucotte. Tombé dans la disgrâce de l'Empereur pour nous ne savons quel manquement à l'étiquette, le général Lucotte avait mis le comble à la colère de Napoléon en se permettant de discuter avec lui un ordre qui lui semblait injuste. Lucotte n'avait que son épée pour fortune; malgré ses services et sa vie irréprochable, il dut quitter les troupes impériales pour entrer dans l'armée du roi Joseph, en conservant toutefois son grade de général de brigade. Plusieurs actions brillantes lui firent donner, par ce frère de l'Empereur, le grade de général de division. Rentré en France avec le maréchal Soult, Lucotte était au nombre des officiers généraux attachés aux deux divisions qui furent retirées de l'armée d'Espagne pour faire la campagne de France à laquelle elles prirent une part glorieuse. La prévention de l'Empereur le suivit sur ce nouveau champ de bataille; on l'obligea de reprendre son ancien grade. « Voyez! disait l'Empereur à cette occasion, j'ai été injuste, dur, envers Lucotte, et il a refusé de me trahir! Tandis que Marmont!... En vérité, je peux me vanter d'avoir bien connu les hommes! » Un des assistants, le colonel Gourgaud, s'étonna que l'Empereur n'eût pas songé, depuis les événements d'Essonne, à réparer son injustice. « Malheureusement il n'est plus temps, » dit Napoléon. Le duc de Bassano lui fit observer qu'un décret antidaté de quarante-huit heures suffirait. Le décret fut immédiatement rédigé, et Lucotte recouvra son grade de général de division. Quelques officiers firent preuve à ce moment d'une bien noble confiance : quand d'autres cherchaient à se créer des titres à la bienveillance du gouvernement nouveau à l'aide de trahisons supposées ou d'une haine qu'ils n'avaient jamais eue, ces officiers venaient demander à l'Empereur des lettres de recommandation. On lisait dans celle qu'il donna, entre autres, à M. de Caraman, un de ses officiers d'ordonnance : « J'autorise M. de Caraman à me quitter. Je ne doute pas que son nouveau souverain n'ait d'utiles services à tirer de lui et à se louer de son zèle, de ses talents et de son dévouement. » Il écrivait au général polonais Kosakowski : « Je déclare avec plaisir, mon cher général, que vous m'êtes resté attaché et fidèle jusqu'au dernier moment. »

Ce fut le 20 au matin que les voitures qui devaient l'emmener vinrent se placer au pied de l'escalier de la cour du *Cheval Blanc;* la garde impériale était rangée en ligne dans cette cour; une foule immense, composée de toute la population de Fontainebleau et des villages voisins, se pressait aux grilles et dans les rues adjacentes. A onze heures et demie, les commissaires étrangers, chargés de l'accompagner, se présentèrent dans la pièce qui précédait son cabinet. On l'avertit. Quelques minutes après, le général Bertrand annonçait l'*Empereur!* Toutes les personnes présentes se rangèrent aussitôt sur deux files; Napoléon parut; sur son passage étaient placés un petit nombre d'amis et de serviteurs, reste de la cour la plus nombreuse et la plus brillante de l'Europe; il leur serra la main [1], traversa la galerie et descendit le grand escalier. A sa vue, les tambours battirent aux champs; d'un geste imposant, il leur fit faire silence; puis s'avançant vers sa garde, il éleva la voix et dit :

« Officiers, sous-officiers et soldats de ma vieille garde, je vous fais

[1] Le baron Fain, dans son *Manuscrit de 1814,* cite les noms suivants : le général Belliard, le colonel Gourgaud, le colonel de Bussi, le colonel Anatole de Montesquiou, le comte de Turenne, le général Fouler, le baron de Mesgrigny, le baron Fain (l'auteur du *Manuscrit*), le lieutenant-colonel Athalin, le baron de Laplace, le baron le Lorgne d'Ideville, le chevalier Jouanne, le général Kosakowski et son compatriote le colonel Vonsowitch. — Le valet de chambre de confiance de l'Empereur, Constant, et son mameluk Roustan, avaient disparu la veille.

mes adieux! Depuis vingt ans je vous ai constamment trouvés sur le chemin de l'honneur et de la gloire. Dans ces derniers temps comme dans ceux de notre prospérité, vous n'avez cessé d'être des modèles de fidélité et de bravoure.

« Avec des hommes tels que vous, notre cause n'était pas perdue! Mais la guerre était interminable; c'eût été la guerre civile, et la France en fût devenue plus malheureuse. J'ai donc sacrifié nos intérêts à ceux de la patrie. Je pars! vous, mes amis, continuez de servir la France. Son bonheur était mon unique pensée; il sera toujours l'objet de mes vœux.

« Ne plaigniez pas mon sort. Si j'ai consenti à me survivre, c'est pour servir encore à votre gloire. Je veux écrire les grandes choses que nous avons faites ensemble!...... Adieu, mes enfants! je voudrais vous presser tous sur mon cœur! Que j'embrasse au moins votre général, votre drapeau! »

Le général Petit s'avança, Napoléon le serra dans ses bras; il prit une aigle et la pressa vivement contre sa poitrine. « Chère aigle! s'écria-t-il en embrassant le glorieux emblème, que ce dernier baiser retentisse dans le cœur de tous mes soldats!

« Adieu, encore une fois, mes vieux compagnons! adieu! »

Les yeux de Napoléon étaient humides. Toute la garde pleurait. L'émotion avait gagné jusqu'au commissaire anglais, le colonel Campbell, qui fondait en larmes. L'Empereur monta dans une voiture où se trouvait déjà le général Bertrand; les chevaux partirent; la garde sortit lentement de la cour du château, et la foule s'écoula en silence.

Le voyage de Napoléon jusqu'au lieu de son embarquement dura huit jours. Son passage, pendant la première moitié de la route, fut partout salué par les acclamations qui accueillaient sa présence au temps de sa grandeur : Cosnes-la-Charité, Nevers, Moulins, Roanne, entre autres villes, se firent remarquer par l'énergie de leurs manifestations; associant l'infortune de Napoléon au sort de la patrie humiliée et vaincue, leurs habitants semblaient craindre de ne pas lui témoigner avec assez de chaleur leur attachement et leurs regrets. Chaque détachement de cavalerie qui se trouvait sur son chemin s'empressait de lui faire escorte, aussi longtemps et aussi loin que les chevaux pouvaient pousser leur course. Pour éviter ces démonstrations, dans l'intérêt même des officiers qui s'y laissaient entraîner, Napoléon précipitait sa marche, et ne s'arrêtait que lorsqu'il y était obligé par la fatigue des commissaires étrangers. Chacune de ces haltes était marquée par des réceptions où se présentaient, comme à l'époque de sa puissance, les autorités et les principaux habitants de la localité; il les interrogeait, comme il avait l'habitude de le faire, et dans le but, sans doute, de masquer ses erreurs et ses fautes, il accusait exclusivement la trahison des malheurs de l'invasion étrangère et de la rapidité de sa propre chute : « Comment, disait-il au maire de Roanne, vous étiez ici sans soldats? vous deviez avoir 6,000 hommes de troupes de l'armée d'Espagne. Ah! si je n'avais été trahi que quatorze fois par jour, je serais encore sur le trône! » L'attitude de la population changea dès qu'il fut entré dans la vallée du Rhône; aux acclamations succéda le silence; à mesure qu'il descendait ce fleuve, la contrainte et la froideur augmentaient; sur quelques points, on pouvait même apercevoir une expression de haine dans la contenance des habitants. Toutefois, ce fut à Avignon qu'il reçut les premières insultes; on s'y emporta contre lui en injures grossières et en menaces. Les habitants de la petite ville d'Orgon, qu'il dut ensuite traverser pour se rendre à Aix, ne s'en tinrent pas aux invectives; sa vie fut menacée. Dans leur effroi, les commissaires alliés chargés de protéger sa personne jusqu'au lieu d'embarquement, le supplièrent de se prêter à un déguisement; il consentit à revêtir l'uniforme de l'un d'eux : « Vous ne m'auriez pas reconnu sous ce costume, » dit-il à un ancien auditeur au Conseil d'État, alors sous-préfet d'Aix, et qui vint le visiter à son passage dans cette ville. « Ce sont ces messieurs, ajouta-t-il en montrant les commissaires, qui m'ont sollicité de le prendre, le jugeant nécessaire à ma sûreté. J'aurais pu avoir une escorte de trois mille hommes ; je l'ai refusée, préférant de me confier à la loyauté française. Je n'ai pas eu à me plaindre de cette confiance depuis Fontainebleau jusqu'à Avignon ; mais, depuis cette ville jusqu'ici, j'ai été insulté, et j'ai couru de sérieux dangers. Les Provençaux se déshonorent. Depuis que je suis en France, je n'ai pas eu un seul bon bataillon de Provençaux sous mes ordres ; ils ne sont bons que pour crier. Les Gascons sont fanfarons, mais ils sont braves. Dites à vos Provençaux que l'Empereur est bien mécontent d'eux. » Les insultes et les injures dont il se plaignait continuèrent à le poursuivre ; obligé de s'arrêter dans un château du département du Var, habité par quelques dames, il ne put contenir le sentiment qui l'oppressait, et leur dit en les abordant : « Il paraît que je suis pour les gens de ce pays un brigand et un scélérat ; du moins, tout le monde le dit, convenez-en, mesdames. Maintenant que la fortune m'est contraire, je suis un misérable et un tyran. Mais savez-vous ce que tout cela signifie ? J'ai voulu mettre la France au-dessus de l'Angleterre ; voilà tout. » Les indignes outrages qu'il eut à subir dans cette partie du Midi ne cessèrent qu'à Fréjus : les habitants de cette petite ville l'accueillirent avec le respect qui lui était dû ; les autorités s'empressèrent de venir le saluer : « Vous voyez Napoléon, ce maître du monde, dit-il au maire ; le voilà aujourd'hui empereur de l'île d'Elbe ! que pense-t-on ici de cet événement ? — Sire, on croit que vous vous êtes perdu par les droits réunis et par la guerre. — Je le sais, mais trop tard ; cependant je n'ai jamais fait que prévenir mes ennemis, étant sûr d'être attaqué par eux, si je ne les attaquais pas le premier. Au surplus, j'ai été trahi. Je suis content de la réception qu'on m'a faite dans cette ville. Je regrette que Fréjus soit en Provence. »

Ce fut le 28 avril que Napoléon s'embarqua au petit port

de Saint-Raphau, au même lieu où, quinze ans auparavant, à son retour d'Égypte, il avait débarqué pour aller saisir le pouvoir dont l'Europe victorieuse venait de le déposséder. Éternel résultat de passions sans mesure, d'une puissance sans limites, et leçon toujours perdue! Lorsque, le 22 juin 1812, Napoléon avait franchi le Niémen pour aller porter la guerre jusqu'aux extrémités du continent européen, son front était ceint d'une double couronne : Empereur, ses États s'étendaient des bouches de l'Elbe aux bouches du Tibre; la Hollande était française; la capitale du Monde catholique, Rome, était devenue le simple chef-lieu d'un département français; Roi d'Italie, il ne régnait pas seulement sur la Lombardie et les anciens États vénitiens; une de ses sœurs occupait le trône de Naples, et il avait, en outre, assis deux de ses frères sur les trônes d'Espagne et de Westphalie; Protecteur de la Confédération Helvétique, et Médiateur de la Confédération du Rhin, ses ordres étaient des lois pour la Suisse, pour la moitié de l'Allemagne, et leurs soldats n'avaient pas d'autre drapeau que le sien; enfin, il entraînait à sa suite, contre la Russie, les armées de l'Autriche et les armées de la Prusse. Vingt-deux mois seulement s'étaient écoulés : et tous ces trônes, si péniblement élevés, se trouvaient abattus; toutes les provinces qu'il avait conquises ou absorbées étaient perdues; sa double couronne était brisée; et de toute cette fortune prodigieuse, de tous ces vastes États, de tous ces immenses domaines, il ne lui restait plus que l'imperceptible îlot qu'il tenait de la pitié de ses ennemis, et vers lequel alors cinglait son navire.

FIN DU TOME PREMIER.

DOCUMENTS HISTORIQUES

TRAITÉ DU 11 AVRIL 1814
CONNU SOUS LE NOM DE TRAITÉ DE FONTAINEBLEAU.

S. M. l'empereur Napoléon, d'une part; et LL. MM. l'empereur d'Autriche, roi de Hongrie et de Bohême, l'empereur de toutes les Russies, et le roi de Prusse, stipulant, tant en leur nom qu'en celui de tous les alliés, de l'autre; ayant nommé pour leurs plénipotentiaires, savoir :

S. M. l'empereur Napoléon : les sieurs Armand-Augustin-Louis de Caulaincourt, duc de Vicence, son grand écuyer, sénateur, ministre des relations extérieures, grand-aigle de la Légion d'honneur, chevalier des ordres de Léopold d'Autriche, de Saint-André, de Saint-Alexandre-Newsky, de Sainte-Anne de Russie, et de plusieurs autres; Michel Ney, duc d'Elchingen et maréchal de l'Empire, grand-aigle de la Légion d'honneur, chevalier de la Couronne de fer et de l'ordre du Christ [1]; Jacques-Étienne-Alexandre Macdonald, duc de Tarente, maréchal de l'Empire, grand-aigle de la Légion d'honneur et chevalier de la Couronne de fer;

Et S. M. l'empereur d'Autriche, le sieur Clément-Wenceslas-Lothaire, prince de Metternich, Winebourg-Schsenhausen, chevalier de la Toison

---

[1] Il est à remarquer que le maréchal Ney ne prend pas le titre de prince de la Moskowa; on dit que ce fut par ménagement pour l'empereur Alexandre,

d'or, grand-croix de l'ordre royal de Saint-Étienne, grand-aigle de la Légion d'honneur, chevalier des ordres de Saint-André, de Saint-Alexandre-Newsky et de Sainte-Anne de Russie, de l'Aigle-Noir et de l'Aigle-Rouge de Prusse, grand-croix de l'ordre de Saint-Joseph de Wurzbourg, chevalier de l'ordre de Saint-Jean de Jérusalem, et de plusieurs autres, chancelier de l'ordre militaire de Marie-Thérèse, curateur de l'Académie impériale de S. M. I. et R. apostolique, et son ministre d'État des conférences et des affaires étrangères.

(Dans le traité avec la Russie sont les titres du baron de Nesselrode, et dans le traité avec la Prusse sont les titres du baron de Hardenberg.)

Les plénipotentiaires ci-dessus nommés, après avoir procédé à l'échange de leurs pleins pouvoirs respectifs, sont convenus des articles suivants :

Art. 1er. — S. M. l'empereur Napoléon renonce, pour lui et ses successeurs et descendants, ainsi que pour chacun des membres de sa famille, à tout droit de souveraineté et de domination, tant sur l'Empire français et le royaume d'Italie que sur tout autre pays.

Art. 2. — LL. MM. l'empereur Napoléon et l'impératrice Marie-Louise conserveront ces titres et qualités pour en jouir leur vie durant.

La mère, frères, sœurs, neveux et nièces de l'Empereur conserveront également, partout où ils se trouveront, les titres de princes de sa famille.

Art. 3. — L'île d'Elbe, adoptée par S. M. l'empereur Napoléon pour le lieu de son séjour, formera, sa vie durant, une principauté séparée, qui sera possédée par lui en toute souveraineté et propriété.

Il sera donné en outre en toute propriété à l'empereur Napoléon un revenu annuel de deux millions de francs en rentes sur le grand-livre de France, dont un million réversible à l'Impératrice [1].

Art. 4. — Toutes les puissances s'engagent à employer leurs bons offices pour faire respecter, par les Barbaresques, le pavillon et le territoire de l'île d'Elbe, et pour que dans ses rapports avec les Barbaresques elle soit assimilée à la France.

Art. 5. — Les duchés de Parme, de Plaisance et de Guastalla, seront donnés en toute propriété et souveraineté à S. M. l'impératrice Marie-Louise.

Ils passeront à son fils et à sa descendance en ligne directe; le prince son fils prendra, dès ce moment, le titre de prince de Parme, de Plaisance et de Guastalla.

---

[1] L'Empereur ne toucha jamais rien de ces deux millions; le gouvernement royal refusa de les lui payer.

Art. 6. — Il sera réservé, dans les pays auxquels Napoléon renonce pour lui et sa famille, des domaines, ou donné des rentes sur le grand-livre de France, produisant un revenu annuel net, et déduction faite de toutes charges, de 2,500,000 francs. Ces domaines ou rentes appartiendront en toute propriété, et pour en disposer comme bon leur semblera, aux princes et princesses de sa famille, et seront répartis entre eux, de manière à ce que le revenu de chacun soit dans la proportion suivante, savoir :

A Madame mère, 300,000 francs ;
Au roi Joseph et à la reine, 500,000 francs ;
Au roi Louis, 200,000 francs ;
A la reine Hortense et à ses enfants, 400,000 francs ;
Au roi Jérôme et à la reine, 500,000 francs ;
A la princesse Élisa, 300,000 francs ;
A la princesse Pauline, 300,000 francs.

Les princes et princesses de la famille de l'empereur Napoléon conserveront en outre tous les biens, meubles et immeubles, de quelque nature que ce soit, qu'ils possèdent à titre particulier, et notamment les rentes dont ils jouissent, également comme particuliers, sur le grand-livre de France, ou le Monte-Napoleone de Milan [1].

Art. 7. — Le traitement annuel de l'impératrice Joséphine sera réduit à un million, en domaines ou en inscriptions sur le grand-livre de France. Elle continuera à jouir en toute propriété de tous ses biens meubles et immeubles particuliers, et pourra en disposer conformément aux lois françaises.

Art. 8. — Il sera donné au prince Eugène, vice-roi d'Italie, un établissement convenable hors de France.

Art. 9. — Les propriétés que S. M. l'empereur Napoléon possède en France, soit comme domaine extraordinaire, soit comme domaine privé, resteront à la couronne.

Sur les fonds placés par l'empereur Napoléon, soit sur le grand-livre, soit sur la Banque de France, soit sur les actions des forêts [2], soit de toute autre manière et dont Sa Majesté fait l'abandon à la couronne, il sera réservé un capital qui n'excédera pas 2 millions, pour être employé en gratifications en faveur des personnes qui seront portées sur l'état

---

[1] Non-seulement les membres de la famille impériale n'ont jamais rien touché, mais leurs biens particuliers, saisis par le gouvernement royal, et placés sous le séquestre, furent ensuite donnés ou retenus sans indemnité.

[2] Il faut lire : *des canaux;* ces mots *actions des forêts* sont évidemment une erreur matérielle du copiste, puisqu'il n'a jamais existé d'actions des forêts.

que signera l'empereur Napoléon et qui sera remis au gouvernement français [1].

[1] État des gratifications accordées par l'empereur Napoléon, conformément à l'article 9 ci-dessus.

Savoir :

AUX GÉNÉRAUX DE LA GARDE.

Friant............................	50,000 fr.
Cambronne........................	50,000
Petit.............................	50,000
Ornano...........................	50,000
Curial............................	50,000
Michel...........................	50,000
Lefebvre-Desnouettes..............	50,000
Guyot............................	50,000
Lyons............................	50,000
Laferrière........................	50,000
Colbert...........................	50,000
Marin............................	50,000
Boulard..........................	50,000

AUX AIDES DE CAMP.

Drouot...........................	50,000
Corbineau........................	50,000
Dejean...........................	50,000
Caffarelli........................	50,000
Montesquiou......................	50,000
Bernard..........................	50,000
Bussy............................	50,000
Au général Fouler, écuyer de l'Empereur....	50,000
Au baron Fain, secrétaire du cabinet........	50,000
Au baron Menneval, secrétaire des commandements de l'impératrice Marie-Louise.....	50,000
Au baron Corvisard, premier médecin.......	50,000
Au colonel Gourgaud, premier officier d'ordonnance.	50,000
Au chevalier Jouanne, premier commis du cabinet.	40,000
Au baron Yvan, chirurgien ordinaire........	40,000
A trente officiers de la garde (état A).......	170,000
Au service de la chambre (état B)..........	100,000
Au service des écuries (état C)............	130,000
Au service de l'Impératrice et de la bouche (état D).	140,000
Au service des fourriers et du roi de Rome (état E).	70,000
Au service de santé de l'Empereur (état F)..	60,000
Total......	2,000,000 fr.

Ces gratifications n'ont jamais été payées.

Art. 10. — Tous les diamants de la couronne resteront à la France.

Art. 11. — L'empereur Napoléon fera retourner au Trésor et autres caisses publiques toutes les sommes et effets qui auraient été déplacés par ses ordres, à l'exception de ce qui provient de la liste civile.

Art. 12. — Les dettes de la maison de S. M. l'empereur Napoléon, telles qu'elles se trouvent au jour de la signature du présent traité, seront immédiatement acquittées sur les arrérages dus par le Trésor public à la liste civile, d'après les états qui seront signés par un commissaire nommé à cet effet.

Art. 13. — Les obligations du Monte-Napoleone de Milan envers tous ses créanciers, soit Français, soit étrangers, seront exactement remplies sans qu'il soit fait aucun changement à cet égard[1].

Art. 14. — On donnera tous les sauf-conduits nécessaires pour le libre voyage de S. M. l'empereur Napoléon, de l'Impératrice, des princes et princesses, et de toutes les personnes de leur suite qui voudront les accompagner ou s'établir hors de France, ainsi que pour le passage de tous les équipages, chevaux et effets qui leur appartiennent.

Les puissances alliées donneront en conséquence des officiers et quelques hommes d'escorte.

Art. 15. — La garde impériale française fournira un détachement de 12 à 1,500 hommes de toutes armes, pour servir d'escorte jusqu'à Saint-Tropez, lieu de l'embarquement.

Art. 16. — Il sera fourni une corvette armée et les bâtiments de transport nécessaires pour conduire au lieu de sa destination S. M. l'empereur Napoléon, ainsi que sa maison. La corvette demeurera en toute propriété à Sa Majesté.

Art. 17. — S. M. l'empereur Napoléon pourra emmener avec lui, et conserver pour sa garde, 400 hommes de bonne volonté, tant officiers que sous-officiers et soldats.

Art. 18. — Tous les Français qui auront suivi S. M. l'empereur Napoléon et sa famille seront tenus, s'ils ne veulent pas perdre leur qualité de Français, de rentrer en France dans le terme de trois ans, à moins qu'ils ne soient compris dans les exceptions que le gouvernement français se réserve d'accorder après l'expiration de ce terme.

Art. 19. — Les troupes polonaises de toutes armes qui sont au service de la France auront la liberté de retourner chez elles, en conservant armes et bagages, comme un témoignage de leurs services honorables. Les officiers, sous-officiers et soldats conserveront les décorations qui leur auront été accordées et les pensions affectées à ces décorations.

---

[1] Cet article est la seule condition que Napoléon ait mise à son abdication du trône d'Italie ; il n'a pas été respecté.

Art. 20. — Les hautes puissances alliées garantissent l'exécution de tous les articles du présent traité. Elles s'engagent à obtenir qu'ils soient adoptés et garantis par la France.

Art. 21. — Le présent traité sera ratifié et les ratifications en seront échangées à Paris dans le terme de deux jours, ou plus tôt si faire se peut.

Fait à Paris, le 11 avril 1814.

> *Signé :* Caulaincourt, duc de Vicence ;
> Le maréchal duc de Tarente, Macdonald ;
> Le maréchal duc d'Elchingen, Ney ;
>
> *Signé :* Le prince de Metternich.

Les mêmes articles ont été signés séparément, et sous la même date, de la part de la Russie, par le comte de Nesselrode, et, de la part de la Prusse, par le baron de Hardenberg.

II

DÉCLARATION DU GOUVERNEMENT PROVISOIRE.

Les puissances alliées ayant conclu un traité avec S. M. l'empereur Napoléon, et ce traité renfermant des dispositions à l'exécution desquelles le gouvernement français est dans le cas de prendre part, et des explications réciproques ayant eu lieu sur ce point, le gouvernement provisoire de France, dans la vue de concourir efficacement à toutes les mesures qui sont adoptées, se fait un devoir de déclarer qu'il y adhère autant que besoin est, et garantit, en tout ce qui concerne la France, l'exécution des stipulations renfermées dans ce traité, qui a été signé aujourd'hui entre MM. les plénipotentiaires des hautes puissances alliées, et ceux de S. M. l'empereur Napoléon.

Paris, le 11 avril 1814.

> *Signé :* Le prince de Bénévent, Dalberg, Jaucourt,
> Beurnonville, Montesquiou.

III

DÉCLARATION AU NOM DE S. M. LOUIS XVIII.

Le soussigné, ministre secrétaire d'État au département des affaires étrangères, ayant rendu compte au roi de la demande que LL. EE. messieurs les plénipotentiaires des cours alliées ont reçu de leurs souverains l'ordre de faire, relativement au traité du 11 avril, auquel le gouvernement provisoire a accédé, il a plu à Sa Majesté de l'autoriser à déclarer en son nom que les clauses du traité à la charge de la France seront fidèlement exécutées. Il a, en conséquence, l'honneur de le déclarer par la présente à Leurs Excellences.

Paris, le 31 mai 1814.

Signé : Le prince DE BÉNÉVENT.

IV

LETTRE DE LORD CASTLEREAGH A LORD BATHURST
RELATIVE AU TRAITÉ DE FONTAINEBLEAU.

Paris, le 13 avril 1814.

... Je me borne, en conséquence, pour le moment, à vous expliquer ce qui s'est passé par rapport à la destinée future et à l'établissement de Napoléon et de sa famille.

Votre Seigneurie connaît déjà l'acte d'abdication signé par Bonaparte le 4 de ce mois, et l'assurance qui lui a été donnée par l'empereur de Russie et par le gouvernement provisoire d'une pension de 6 millions de francs, avec un asile dans l'île d'Elbe. Bonaparte avait déposé cet acte entre les mains de M. de Caulaincourt et des maréchaux Ney et Macdonald, pour l'échanger contre un engagement formel de la part des Alliés, relatif à l'arrangement proposé. Les mêmes personnes étaient autorisées à consentir à un armistice et à déterminer une ligne de démarcation qui puisse en même temps être satisfaisante pour les Alliés et prévenir l'effusion inutile du sang humain.

A mon arrivée, je trouvai cet arrangement sur le point d'être adopté. On avait discuté une convention qui aurait dû être signée le même jour, si l'on avait annoncé l'approche des ministres alliés. Les motifs qui portaient à hâter la conclusion de cet acte étaient l'inconvénient, sinon le danger, qu'il y avait à ce que Napoléon demeurât à Fontainebleau, entouré de troupes qui lui restaient toujours fidèles; la crainte d'intrigues dans l'armée et la capitale, et l'avantage qu'avait, aux yeux de beaucoup d'officiers, un arrangement favorable à leur chef, qui leur permît de l'abandonner sans se déshonorer.

Dans la nuit après mon arrivée, les quatre ministres eurent une conférence sur la convention préparée avec le prince de Bénévent. J'y fis connaître mes objections, en exprimant en même temps le désir qu'on ne crût pas que j'y insistais, au risque de compromettre la tranquillité de la France, que pour empêcher l'exécution de la promesse donnée, à cause de l'urgence des circonstances, par la Russie.

Le prince de Bénévent reconnut la solidité de plusieurs de mes objections; mais il déclara en même temps qu'il croyait que le gouvernement provisoire ne pouvait avoir d'objet plus important que d'éviter tout ce qui pouvait, même pour un instant, prendre le caractère d'une guerre civile; et qu'il pensait aussi qu'une mesure de ce genre était essentielle pour faire passer l'armée du côté du gouvernement, dans une disposition qui permît de l'employer. D'après cette déclaration et celle du comte de Nesselrode, portant qu'en l'absence des Alliés l'Empereur, son maître, avait senti la nécessité d'agir pour le mieux, en leur nom aussi bien qu'en son propre nom, je m'abstins de toute opposition ultérieure au principe de la mesure, me bornant à suggérer quelques modifications dans les détails. Je refusai cependant, au nom de mon gouvernement, d'être plus que partie accédante au traité, et déclarai que l'acte d'accession de la Grande-Bretagne ne s'étendrait pas au delà des arrangements territoriaux proposés dans le traité. On regarda comme parfaitement fondée mon observation qu'il n'était pas nécessaire que nous prissions part à la forme du traité, nommément pour ce qui regardait la reconnaissance du titre de Napoléon, dans les circonstances actuelles. Je joins maintenant le protocole et la note qui déterminent le point d'extension auquel j'ai pris sur moi de faire des promesses au nom de ma cour.

Conformément à mes propositions, la reconnaissance des titres impériaux, dans la famille, fut limitée à la durée de la vie des individus, d'après ce qui s'est observé lorsque le roi de Pologne devint électeur de Saxe.

Quant à ce qui fut fait en faveur de l'Impératrice, non-seulement je n'y fis aucune objection, mais je le regardai comme dû à l'éclatant sacrifice des sentiments de famille que l'empereur d'Autriche fait à la cause de l'Europe. J'aurais désiré substituer une autre position à celle de l'île d'Elbe pour servir de retraite à Napoléon ; mais il n'y en a pas de disponible qui présente la sécurité sur laquelle il insiste, et contre laquelle on ne pourrait faire les mêmes objections ; et je ne crois pas pouvoir encourager l'alternative dont, d'après l'assurance de M. de Caulaincourt, Bonaparte avait plusieurs fois parlé d'avoir un asile en Angleterre.

La même nuit, les ministres alliés eurent une conférence avec M. de Caulaincourt et les maréchaux ; j'y assistai. Le traité fut examiné et accepté avec des changements ; depuis il a été signé et ratifié, et Bonaparte commence, demain ou après-demain, son voyage au Midi.

Signé : Castlereagh.

L'acte d'accession donné, au nom du gouvernement anglais, par lord Castlereagh, était ainsi conçu :

« Attendu que LL. MM. l'empereur d'Autriche, roi de Bohême et de Hongrie, l'empereur de toutes les Russies et le roi de Prusse, sont intervenus au traité conclu à Paris et signé le 11 avril de la présente année, à l'effet d'accorder, pour les termes respectivement fixés, tels qu'ils sont mentionnés dans le traité, à la personne et à la famille Napoléon Bonaparte, la possession en souveraineté de l'île d'Elbe et des duchés de Parme, de Plaisance et Guastalla, et pour régler tous autres objets ; lequel traité a été communiqué au prince régent de la Grande-Bretagne et d'Irlande par les ministres de LL. MM. II. et RR. susnommés, lesquels ministres, au nom de leurs souverains respectifs, ont engagé le prince régent à y accéder au nom et pour Sa Majesté.

« S. A. R. le prince régent, ayant une pleine connaissance du contenu dudit traité, y accède au nom et pour Sa Majesté, pour autant que la chose regarde les stipulations à la possession en souveraineté de l'île d'Elbe et des duchés de Parme, de Plaisance et Guastalla ; mais Son Altesse Royale ne doit pas être considérée comme étant partie intervenante aux autres conditions et stipulations y contenues.

« Donné de ma main et sous mon sceau, à Paris, le 17 avril 1814.

« Par ordre de S. A. R. le prince régent, agissant au nom et pour Sa Majesté.

« *Signé :* Castlereagh. »

FIN DES DOCUMENTS HISTORIQUES.

TABLE DES CHAPITRES

CONTENUS DANS LE TOME PREMIER.

CHAPITRE PREMIER

émigration à la mort de Louis XVI. — Départ du comte d'Artois pour Saint-Pétersbourg, et de Monsieur pour l'Italie; séjour de ce dernier à Turin, puis à Vérone. — Mort de Louis XVII. — Manifeste de Louis XVIII à son avénement. — Journée du 13 vendémiaire. — Expédition de Quiberon et de l'Ile-Dieu; lettre de Charette; sa mort. — La Prusse traite avec la République. — Continuation de la guerre avec l'Autriche; invasion de l'Italie par le Directoire; le Sénat de Venise et Louis XVIII; départ de ce prince pour l'armée de Condé; Pichegru; sa première négociation avec les Bourbons; ce général est rappelé par le Directoire. — Louis XVIII se retire à Blackenbourg; lettre de ce prince à Pichegru. — Agences royalistes; arrestations; conspiration de Pichegru et d'une partie des membres des conseils; journée du 18 fructidor. — L'Autriche traite avec la République. — Louis XVIII quitte Blackenbourg et se retire à Mittau; sa cour. — Coalition entre la Russie, l'Angleterre et l'Autriche; passage de Souwaroff à Mittau. — Chouannerie. — Négociation de Louis XVIII avec Barras; lettres patentes. — Succès des Alliés en Hollande et en Italie; situation de la République; victoires de Brune et de Masséna, à Berghem et à Zurich. — Bonaparte arrive d'Égypte; journées des 18 et 19 brumaire. 1

CHAPITRE II

Constitution de l'an VIII; établissement du gouvernement consulaire; retraite de Sieyès. — Propositions de Louis XVIII et du comte d'Artois au Premier Consul. — Fermeture de la liste des émigrés; leur rentrée en France. — Machine infernale. — Complot de Topino-Lebrun, Ceracchi, Demerville et Aréna. — Déportation de 130 républicains. — Découverte des auteurs de l'explosion du 3 nivôse. — Louis XVIII est obligé de quitter Mittau et de se réfugier en Prusse; il séjourne à Memel, à Kœnisberg, et s'arrête à Varsovie. — L'Angleterre traite avec la République. — Proposition des autorités prussiennes de Varsovie à Louis XVIII; réponse de ce prince; déclaration des membres de sa famille. — Conspiration de Georges Cadoudal; Moreau; suicide de Pichegru; condamnations. — Le duc d'Enghien : son enlèvement, sa condamnation et sa mort; rôle de M. de Talleyrand et de Murat. — Établissement de l'Empire; adresses; manœuvres politiques : Bonaparte, empereur. — Protestation de Louis XVIII. — Affaire Coulon. —

Entrevue de Louis XVIII et du comte d'Artois à Calmar; le premier y reçoit l'ordre de ne plus rentrer en Prusse; il demande et obtient de revenir à Mittau. — Déclaration du 2 décembre 1804; lettre explicative : le parti royaliste; tableau de l'opinion publique à Paris en 1806. — Traité d'alliance entre Alexandre et Napoléon. — Louis XVIII quitte une seconde fois Mittau; il s'embarque à Riga et arrive à Yarmouth; il ne peut débarquer. — Communication du gouvernement anglais à Louis XVIII, qui obtient de séjourner en Angleterre, et fixe sa résidence à Gosfield-Hall. 50

CHAPITRE III

Mort de la reine; Louis XVIII quitte Gosfield-Hall et vient habiter Hartwell; sa liste civile, situation morale de ce prince; sa correspondance. — Extinction du parti royaliste. — Mariage de Napoléon avec Marie-Louise d'Autriche. — Les almanachs nationaux et impériaux de 1802 à 1812; l'ancienne noblesse et la nouvelle. — Le *Moniteur* et la petite cour d'Hartwell à l'occasion du mariage de l'Empereur. — Fautes de Napoléon; ses paroles dans une des fêtes de Fontainebleau; prévisions remarquables du prince Eugène. — Mot de Louis XVIII à l'occasion de la naissance du roi de Rome; lettre de ce prince à Alexandre après la campagne de Russie. — Le duc d'Orléans en Espagne.
1813. — Arrivée de Napoléon aux Tuileries à son retour de Moscou; son entrevue avec le comte Mollien. Tableau de l'opinion publique à ce moment. — Préparatifs de guerre. Langage de Napoléon; mot du comte Lavallette. — Première campagne de Saxe : batailles de Lutzen, Bautzen et Würtschen; armistice de Pleisswitz. L'Autriche offre sa médiation : Entrevue du duc de Metternich avec l'Empereur; récit de Napoléon. — *Congrès de Prague*; sa rupture. — Reprise des hostilités : Bernadotte et Moreau. — Seconde campagne de Saxe : bataille de Dresde; mort de Moreau; mouvement de Vandamme sur Tœplitz; désastre de Kulm. — Marche de Napoléon sur Berlin; il s'arrête à Düben; défection de la Bavière et du Wurtemberg; l'Empereur rétrograde vers le Rhin; les trois journées de Leipsick; retraite et désorganisation de l'armée. Bataille de Hanau. — Napoléon repasse le Rhin; son arrivée à Saint-Cloud; sénatus-consultes; levées extraordinaires; les conscriptions sous l'Empire. — *Propositions de Francfort*; protestation de l'Angleterre. — *Question d'Anvers*; dépêche de lord Castlereagh au comte d'Aberdeen. Fixation d'un congrès à Manheim. — Progrès des Alliés. — Ouverture de l'Assemblée législative; discours de l'Empereur. — Le Corps législatif : son esprit; nomination de cinq commissaires; leur rapport sur les communications du gouvernement; dissolution de cette Assemblée. . 117

CHAPITRE IV

Réception aux Tuileries, le 1er janvier 1814 : allocution de l'Empereur au Corps législatif; scènes diverses. — Les Alliés franchissent la frontière sur deux points : proclamations des souverains et des généraux alliés. — Napoléon pourvoit au gouvernement de l'empire et réorganise la garde nationale de Paris; son allocution aux officiers de cette garde; dernier conseil de cabinet; paroles de l'Empereur au comte Mollien. — Napoléon part pour Châlons-sur-Marne. — Mouvement sur Saint-Dizier; l'armée de Blücher est coupée; Napoléon se porte sur Brienne. — Combat de Brienne; bataille de la Rothière; retraite des Français sur Troyes; combat de Rosnay; Napoléon se replie sur Nogent : son découragement; ses hésitations. — Congrès de Châtillon. — Blücher s'avance sur Paris; Napoléon marche pour arrêter ce mouvement; combat de Champaubert; bataille de Montmirail; combat de Château-Thierry; seconde bataille de Montmirail; Blücher se retire sur Châlons. — Schwartzenberg, à son tour, menace Paris; Napoléon quitte Blücher pour arrêter la marche des Autrichiens; combats de Guignes, de Mormans, de Nangis. Proposition d'armistice : lettre de l'Empereur à son frère Joseph. — Bataille de Montereau. — Napoléon poursuit Schwartzenberg; combat de Méry-sur-Seine, les Français entrent dans Troyes. . 201

CHAPITRE V

Manifestation royaliste à Troyes; exécution du chevalier de Gouault. — État de l'opinion au mois de février 1814. — Conférence militaire de Lusigny. — Première reddition de Soissons; réunion de tous les corps de l'armée de Blücher; ce général s'avance une seconde fois sur Paris. — Napoléon quitte Troyes et marche sur la Marne pour arrêter le mouvement des Prussiens; il arrive à la Ferté-sous-Jouarre. — Blücher met la Marne entre les Français et lui, et se retire sur l'Aisne; Napoléon le poursuit; seconde capitulation de Soissons; Blücher se retire sur Laon. — Bataille de Craonne; les Prussiens, maîtres de Laon, sont attaqués par Napoléon, qui se replie à son tour sur l'Aisne, occupe Soissons et chasse les Russes de Reims. — Second mouvement de Schwartzenberg sur Paris; Napoléon marche sur la Seine; panique des souverains alliés; ils rétrogradent encore au delà de Troyes. — Napoléon manœuvre pour opérer sur les derrières de l'ennemi; bataille d'Arcis-sur-Aube. — Pointe de Napoléon sur Saint-Dizier; décret de levée en masse; nouveau plan de campagne. — *Traité de Chaumont.* — Congrès de Châtillon; sa rupture. — Concentration de toutes les forces alliées à Châlons-sur-Marne; elles se portent en masse sur Paris. Napoléon quitte Saint-Dizier, traverse Troyes, Sens, Fontainebleau, et arrive à cinq lieues de Paris, le 30 mars, à dix heures du soir. . . 233

CHAPITRE VI

Les Bourbons : débarquement du duc de Berri à l'île de Jersey; immobilité de la Bretagne et de la Vendée. Arrivée du comte d'Artois en Suisse; il entre en France par Pontarlier; son séjour à Vesoul, puis à Nancy; sa retraite projetée derrière le Rhin; arrivée de M. de Vitrolles. — Le duc d'Angoulême à Saint-Jean-de-Luz; sa proclamation à l'armée française; ordre du jour du maréchal Soult; le duc veut retourner à Londres. — Bordeaux; quelques royalistes offrent de livrer cette ville aux Anglais; expédition de lord Beresford; *journée du 12 mars*. — *Paris* : M. de Talleyrand, ses salons, son entourage; M. de Dalberg, l'abbé de Pradt, l'abbé Louis. — M. de Vitrolles; son départ pour Bâle; il s'arrête à Châtillon, puis à Troyes; son entretien avec MM. de Metternich et de Nesselrode; entrevue avec Alexandre; ouverture pour la restauration des Bourbons. — Concentration de toutes les forces alliées à Châlons; hésitation des souverains; les trahisons au mois de mars 1814. — Envoi d'une députation royaliste à Bernadotte. — Les Alliés descendent en masse les deux rives de la Marne; ils rencontrent les ducs de Raguse et de Trévise, les généraux Pacthod et Amey; retraite des deux maréchaux; combats de Fère-Champenoise et de la Ferté-Gaucher; prise de Meaux. — Réunion du conseil de régence; délibération; lettre de l'Empereur; l'Impératrice et le roi de Rome partent pour Blois. — Arrivée des Alliés devant Paris. — Physionomie de Paris le 29 mars; situation; Joseph, Clarke et Hulin. — BATAILLE DE PARIS. — Paris et les frères de l'Empereur pendant la bataille; Joseph et le général Dejean. — Armistice; Marmont et le conseil municipal; capitulation. — Récit du général Belliard à l'Empereur, le 30 au soir, à Fromenteau. 267

CHAPITRE VII

Paris, le matin du 31 mars. — Le conseil municipal au château de Bondy. — Message à M. de Talleyrand. — Manifestation en faveur des Bourbons. — Entrée des Alliés dans Paris; leur défilé sur les boulevards; cavalcade royaliste; attitude de la population; la colonne de la place Vendôme; on essaye de renverser la statue de l'Empereur. — Les souverains sur la place Louis XV; le colonel Fabvier. — Alexandre chez M. de Talleyrand; conseil; délibération; déclaration des souverains. — Réunion royaliste dans le faubourg

Saint-Honoré; députation à l'empereur de Russie; réponse de M. de Nesselrode. — Les journaux. Convocation du Sénat; formation du gouvernement provisoire; séance du Sénat le 1er avril. — Le conseil municipal; manifeste de M. Bellart. — Séance du Sénat le 2 avril; déclaration de déchéance. — Les sénateurs chez Alexandre. — Séance du 3 avril; texte du décret de déchéance. — Réunion du Corps législatif; déclaration d'adhésion. — Adhésion des autres corps constitués. — Les souverains à l'Opéra. — Mouvement parmi les troupes alliées. 339

CHAPITRE VIII

Napoléon à Fontainebleau, le 31 mars : arrivée de Marmont. L'Empereur passe la revue du corps de ce maréchal, le 1er avril; incident; rapport du colonel Fabvier sur l'entrée des Alliés dans Paris. Retour de Napoléon à Fontainebleau; concentration de l'armée impériale entre cette ville et Paris. — Alexandre et le duc de Vicence; retour de ce dernier auprès de Napoléon. — Allocution de l'Empereur à sa garde; ordre du jour pour la marche de l'armée sur Paris; résistance des maréchaux. — Napoléon abdique en faveur de sa femme et de son fils; départ de ses plénipotentiaires pour Paris; leur arrivée à Essonne. — Marmont; sa conduite depuis le 31 mars; son traité avec le prince de Schwartzenberg; il accompagne les plénipotentiaires à Petit-Bourg; le traité est rompu. — Paris, le 4 avril. — L'hôtel Talleyrand, le soir du 4. — Arrivée des plénipotentiaires; conférence entre Alexandre, Macdonald, Ney, Caulaincourt et le général Dessolles. — Rejet de la régence, à la suite de la défection du 6e corps (corps de Marmont). — Scène de nuit. — Récit de la défection du 6e corps. — Départ d'Essonne. — Arrivée du 6e corps à Versailles; il se soulève et se met en marche pour Rambouillet; Marmont accourt; il apaise la révolte. — Retour du duc de Raguse à l'hôtel Talleyrand. — Les plénipotentiaires reviennent à Fontainebleau. — Napoléon veut continuer la guerre; il abdique sans réserve. — Traité du 11 avril; l'Empereur refuse de le signer et tente de se suicider; il ratifie. — Séjour de Napoléon à Fontainebleau du 13 au 20 avril : son isolement, son abandon. — Adieux de l'Empereur à sa garde; son départ; son voyage à travers la France; dangers qu'il court en Provence; il s'embarque pour l'île d'Elbe 381

FIN DE LA TABLE DES CHAPITRES.

PARIS. — IMP. SIMON RAÇON ET COMP., RUE D'ERFURTH, 1.

www.ingramcontent.com/pod-product-compliance
Lightning Source LLC
Chambersburg PA
CBHW051823230426
43671CB00008B/817